ROMANCE

Kirsty Crawford

LA VITA SEGRETA DEI MARITI

Romanzo

Traduzione di Manuela Faimali e Silvia Sanguine

CORBACCIO

Titolo originale: *The Secret Life of Husbands*
Traduzione dall'originale inglese
di *Manuela Faimali* e *Silvia Sanguine*

La traduzione è stata effettuata nell'ambito del programma di stage
previsto dal'Università IULM e sotto la supervisione di Massimo Bocchiola.

ISBN 978-88-7972-946-8

Capitolo 1

«È successo in fretta, non credi?»

«Eh, sì, davvero in fretta.»

«*Troppo* in fretta, secondo te?»

«Tutti gli altri la penseranno così. Nessuno al mondo ci consiglierebbe di farlo.»

«Siamo due pazzi?»

«Ci puoi giurare.»

L'anello brillava pericolosamente sulla vetrinetta. È bellissimo, pensò Ruth. Tre diamanti, trattenuti da griffe in oro bianco, con la perfezione e il fascino del ghiaccio. Ma cosa ci facciamo qui?

Il gioielliere li fissava serio, troppo abituato a scene di questo tipo per commuoversi davanti al rossore delle loro guance e agli occhi accesi. «Sono brillanti» spiegò. «Un carato e mezzo l'uno.»

«È bellissimo, vero?»

Ned le strinse forte la mano. «Sicuro. Un superclassico.»

«Che diranno gli altri?»

«Cosa ci importa? L'importante è quello che vogliamo noi.»

«Giusto.» L'anello scintillava. Gli strinse la mano anche lei, sentendosi mancare il respiro.

«Allora?»

«Penso sia quello giusto» disse lentamente, stentando a credere alle sue stesse parole.

Ned si rivolse al gioielliere. «Lo prendiamo.»

Quel giorno non erano usciti con l'intenzione di fidanzarsi. Tutto era cominciato al mercatino dell'antiquariato, quando si erano fermati davanti a una bancarella che vendeva bigiotteria assortita. Ruth era sempre alla ricerca di collane e spille antiche, e si mise a guardare alcuni degli oggetti esposti. La donna dietro il banco, vedendo i loro volti, aveva subito tirato fuori un vassoio con quelli che definì in tono solenne «anelli di diamanti d'antiquariato, di altissima qualità».

Ruth e Ned risero imbarazzati e diedero la debita occhiata agli anelli. Ruth ne prese uno dalla base di velluto: un grande solitario, incastonato in un anello di platino.

«Ehi!» esclamò la proprietaria della bancarella. «Devo dire che ha buon gusto. È una meraviglia, eh? Una rosetta. In vero platino. Un capolavoro.»

Ruth sollevò il diamante alla luce, che lo fece scintillare: quindi lo esaminò più da vicino.

«Ha dei puntini neri» osservò, porgendolo alla signora. «È normale?»

«Certo» rispose. «È segno che si tratta di un buon diamante. È il carbonio, sa... I diamanti son fatti di carbonio... significa che è autentico.»

«È molto carino» disse Ned. «Ruth, che ne dici se facciamo un giro e ci pensiamo su?»

Uscirono dal mercatino. Ned rideva.

«Cosa c'è da ridere?»

«Non ne so molto di diamanti, ma di sicuro so che non

dovrebbero avere puntini neri. È vero che sono di carbonio, ma le impurità che contengono generalmente sono bolle d'aria, macchie o altri minerali. Perfino io so che a un diamante si richiede la purezza... almeno, a un diamante che valga la pena di possedere.»

Sboccarono in una strada trafficata, dove le auto procedevano spedite verso la circonvallazione, le vie a senso unico e i parcheggi di Oxford. Si fermarono un momento, senza parlare.

«Andiamo al fiume» propose infine Ned.

Costeggiarono il traffico frenetico mano nella mano, senza neanche provare a parlare in mezzo a tutto quel rumore, finché giunsero in Abingdon Road dove le auto erano incanalate in direzione delle periferie e dell'autostrada, insieme ai pullman che avanzavano lungo St Aldates.

Entrarono nel parco di Christ Church, dove il rumore e i gas di scarico si dissolvevano nella quiete più assoluta, e si incamminarono verso il fiume. Sull'acqua scivolava leggero un otto di canottieri che si allenavano prima dell'inizio del semestre. Il giorno era limpido e solatio, ma la prima spolverata di foglie annunciava che si stava avvicinando la fine dell'estate. Non erano i soli a piedi per gli ampi sentieri in riva al fiume: c'erano genitori che spingevano passeggini, richiamando i figli che scorrazzavano qua e là, coppiette che si tenevano per mano, turisti che fotografavano i rematori e le lontane guglie di Christ Church, Merton e Corpus Christi.

Ned e Ruth si lasciarono alle spalle tutti quanti per spostarsi su un sentiero più fresco e ombroso, nel punto in cui il Cherwell confluiva nel Tamigi, facendosi verde scuro, e i rami più bassi fluttuavano sull'acqua tranquilla, disturbata solo dalle anatre e da qualche barchino di passaggio. Si sedettero su una panca, sempre tenendosi per mano.

«Quell'anello...» disse Ned, più nervoso di quanto Ruth l'avesse mai sentito. «Lo vuoi? Non intendo precisamente quello con i puntini neri. Ma *un* anello. Un anello di diamanti. Lo vuoi?»

«Non so...» Anche la voce di Ruth era alta e tremante. Pensava di aver capito cosa intendesse Ned, ma aveva bisogno di sentirselo dire chiaramente. Non poteva rischiare di fraintendere il significato delle sue parole.

«Be'... In realtà non me l'ero immaginato proprio così. Avevo in mente un programma grandioso che prevedeva ristoranti e rose e me stesso in ginocchio da te, ma non importa...» Le sorrise. «Non potevo sapere che una signora, cercando di rifilarci degli anelli, avrebbe tirato fuori l'argomento in questo modo, ma ora ci siamo. Ruth...»

Il suo sguardo quasi la spaventò, e d'istinto Ruth avrebbe voluto coprirgli la bocca con la mano perché sapeva che, una volta pronunciate quelle parole, non si poteva più tornare indietro.

«...Io so che stiamo insieme da appena tre mesi, e che sei venuta a vivere con me solo la settimana scorsa. Tuo padre mi conosce a malapena, e la tua gatta ancora scappa terrorizzata quando entro in camera... e questo non è che l'inizio. Ma credo sia una cosa buona, l'ho creduto fin dal primo momento. E anche tu, vero?»

Le stringeva forte la mano, fissandola con uno sguardo intenso. La vicinanza di lui le faceva un piacere immenso, ma riuscì a trattenere l'impulso di abbracciarlo. Sentiva le farfalle frullare nello stomaco. «Certo che hai fatto bene» sussurrò.

«Sei proprio sicurissima?»

«Al cento per cento. Lo sai.»

«Allora perché non facciamo le cose serie, eh?» Poi, una pausa. «Sposiamoci.»

Pervasa da un turbine di emozioni, Ruth ebbe l'impressione di poter stramazzare da un momento all'altro. Rimase senza fiato, stringendo i pugni. Cosa ha detto? *Sposiamoci!* Oltre alla gioia indescrivibile s'insinuò in lei un dubbio. *È proprio lui?* chiedeva una vocina al suo interno. *Ne sei sicura? È proprio lui l'uomo che vuoi sposare?* Ma una voce più forte la incoraggiò a rispondere: *E allora? Quale delle due? Sì o no?*

Le sembrava di stare su un trampolino altissimo, ma dal basso le giungevano grida di incitamento. *Salta!* dicevano. *Quaggiù è meraviglioso. Te lo prometto.* Ma lei non sapeva se volesse saltare oppure no. Se l'avesse fatto, non avrebbe più potuto tornare indietro.

In quel momento si rese conto che aveva pensato di sposare Ned praticamente dal momento in cui si erano conosciuti, e aveva sperato che lui glielo chiedesse... anzi l'aveva desiderato con tutta se stessa. Sentirselo domandare davvero, però, era ben diverso. Era spaventata, anche se dentro di sé scoppiava di gioia. Una piccola parte di lei sperava che potessero rimandare quella domanda da dove era venuta e accantonarla del tutto.

«Allora?» le domandò Ned. Aveva il volto pallido e ansioso, e Ruth sentiva la sua mano tremare. «Oddio, ho rovinato tutto, vero? Sembri sconvolta. Scioccata. Ti senti male?»

«No Ned, sto bene. E non hai rovinato tutto. Non avresti potuto» si affrettò a rispondere Ruth. «Sono... sono solo sorpresa...» La vocina dentro di lei scomparve. Si sentiva eccitata, irresponsabile e felice. Al diavolo, pensò. Io salto. «Ma certo che ti voglio sposare. Non potrei immaginare niente di più perfetto. Né di essere più felice di così.»

Ancora frastornati, puntarono verso una vera gioielleria sulla High Street, con sfavillanti vassoi di velluto esposti in vetrine protette da grate metalliche e un campanello di ottone da suonare prima di entrare. Scelsero un anello in oro bianco con tre diamanti e, dopo averlo provato, Ruth non se lo tolse più. Non aveva mai portato dei diamanti prima di allora, ed era così strano camminare per strada con al dito quelle tre pietre splendide: le sembrava di essere andata a fare shopping in abito da sera. Aveva il terrore di essere rapinata, o che un diamante si staccasse, o che potesse romperlo facendo qualche movimento, perciò teneva la mano rigida e il suo sguardo cadeva di continuo sull'anello, per accertarsi che fosse ancora intatto.

Poi andarono da Randolph per brindare a champagne, scambiandosi sorrisi come due scioccherelli e scoppiando a ridere in continuazione, ancora increduli per la decisione meravigliosa, avventata ed eccitante che avevano appena preso.

«Dovrei chiamare mio padre» rifletté Ruth. «Dirlo a qualcun altro renderà tutto più reale.» Poi, facendosi più ansiosa, sospirò: «E i tuoi genitori? Non sanno nemmeno chi sono! Chissà cosa penseranno!»

«Saranno entusiasti» la rassicurò Ned. «Ti ameranno almeno quanto me. Non si può non amarti.»

Ruth scoppiò a ridere. «Siamo due pazzi! È assurdo!»

«Non tanto assurdo. Ci conosciamo da tre mesi, non da tre ore. A dire il vero, è la cosa più logica che io abbia mai fatto.» Le si avvicinò per baciarla. «Ruth, dico sul serio. Questo è l'inizio di una nuova vita, e sarà fantastica. Ne sono sicuro.»

«Davvero?» Lei lo guardò sentendosi inondare di felicità. Non era uno stupido sbaglio, di questo era certa. Ormai si era lasciata alle spalle tutta la tristezza e le difficoltà del passato. Ned aveva ragione: quella era la fine della vecchia vita e l'inizio di qualcosa di nuovo.

Saremo tanto felici. Non vedo l'ora.

Capitolo 2

«Ruth, Ruth!»

Ruth si fermò sulla scala appoggiando sul ginocchio il cestino-raccoglitore delle cartelle cliniche, e si sporse oltre la ringhiera per vedere chi la stesse chiamando.

Al piano di sotto vide la dottoressa Fletcher di fronte alla porta del suo studio. «Hai un attimo?»

«Ma certo.»

L'ambulatorio era in pausa pranzo, l'unico momento in cui le porte erano chiuse e il personale si concedeva un attimo di riposo, come i nuotatori che inspirano profondamente tra una bracciata e l'altra.

Ruth ridiscese la vecchia scala sgangherata, uno degli ultimi pezzi originali della casa georgiana trasformata in ambulatorio medico. Senz'altro presto l'avrebbero rimossa per sostituirla con una scala più sicura, che i malati potessero salire senza difficoltà – riducendo così le richieste di danni. Quando entrò nello studio, Ruth vide la dottoressa Fletcher già seduta alla scrivania, di fronte allo schermo del suo computer, che batteva sulla tastiera. Sentendola entrare, la dottoressa si voltò verso di lei.

«Ciao. Grazie per essere venuta. Siediti.»

«Non c'è di che.» Ruth si sedette sulla sedia accanto alla scrivania.

La dottoressa cominciò a fissarla. A parte la fronte leggermente aggrottata, il suo volto era impassibile come sempre: liscio, ovale e inespressivo. Con quel naso lungo e sottile e gli occhi semichiusi, quasi privi di ciglia, a Ruth ricordava una nobildonna dei Tudor.

«Peccato che non abbiamo fatto subito qualche fotografia» continuò la dottoressa Fletcher. Si alzò, avvicinandosi a Ruth. «Hai preso un bel po' di botte, vero? Però non ti è rimasto neanche un segno.» Prese tra le mani il mento di Ruth e le sollevò il viso alla luce. Il suo tocco era delicato e tranquillizzante, una piacevole sensazione di tenerezza. «Povera vecchia Ruth.»

«I lividi sono scomparsi già da un po'. Ho sempre fatto in fretta a guarire, e poi è successo varie settimane fa» spiegò Ruth. «Comunque, la parte peggiore è stato lo shock.» Dopo l'aggressione, per qualche tempo le era rimasto un alone grigio-bluastro e dei lividi giallognoli sullo zigomo, e un'ombra scura sopra la mascella. La pelle era molto sensibile, faceva male solo a toccarla, ma il vero dolore l'aveva provato nel momento in cui quel ragazzo l'aveva aggredita.

«Mi spiace ma ho trovato solo ora il tempo di scrivere questo rapporto. Volevo assicurarmi di aver annotato tutto correttamente. Bisogna spiegare perché vogliamo escludere la famiglia dal registro dei pazienti. È stato Michael Petheridge, giusto? E tu... non hai fatto niente che potesse spaventarlo o provocarlo?»

«Assolutamente niente. Mi ha aggredita mentre cercavo di vaccinarlo.»

Ripercorse con la mente quegli attimi: il ragazzo aveva lanciato un grido d'orrore alla vista della siringa. Lei aveva appena forato la fiala, aspirato il vaccino e spruzzato un sottile zampillo di liquido nell'aria. L'immagine successiva è quella della siringa che le scivola di mano andando a infrangersi sul pavimento e di lei colpita da una raffica di pugni, che lotta disperatamente per difendersi.

«Ha solo dieci anni» osservò la dottoressa.

«Ma tu l'hai visto...»

La dottoressa annuì. Michael Petheridge era alto e grasso, sempre chiuso in una pesante giacca imbottita, sguardo vitreo. Aveva il fisico di un ragazzo di quindici anni e soffriva di qualche disturbo del carattere – Ruth non conosceva i dettagli. La madre era rimasta seduta, esausta e intontita dallo sforzo di occuparsi di lui, pressoché incapace di intervenire, finché Ruth non le aveva gridato di fermare suo figlio. Quando quella le aveva tolto Michael di dosso, Ruth si era portata una mano tremante al volto, intorpidito per i colpi ricevuti, e le erano cadute sul cardigan alcune ciocche di capelli.

«Li togliamo tutti e due dal registro!» esclamò risoluta la dottoressa.

«Oh.» Questo risvegliò l'innata sensibilità di Ruth. Subito dopo l'aggressione aveva odiato quel ragazzino. Ma, con il volto ancora coperto di lividi, aveva già cominciato a perdonarlo per quello che aveva fatto. In fin dei conti era soltanto un bambino, i cui primi anni di vita, immaginava Ruth, dovevano essere stati molto diversi dai suoi, dominati forse dal caos della televisione, dai cibi in scatola e dal divorzio dei genitori, che lo avevano privato di tutte quelle cose che per lei avevano valore. Ruth voleva aiutare coloro che versavano nella stessa situazione facendo il possibile per render loro la vita più sopportabile, magari accompagnandoli lungo un sentiero che poteva condurre a un futuro migliore.

Ma lui aveva rifiutato il suo aiuto. Piuttosto che accettarlo, aveva preferito picchiarla e farle del male. Era come quell'ubriaco al pronto soccorso che, credendosi insultato, aveva tentato di colpirla alla testa con una sedia, o come quella donna violenta che, sotto l'effetto di uno strano cocktail di droghe, le aveva afferrato il polso con una forza che Ruth non aveva mai provato, e non voleva lasciarsi togliere i frammenti di vetro dal viso – «sono così carini» aveva detto, con il volto coperto di sangue. Poi c'era stata la vecchia che le aveva graffiato il viso mentre Ruth la stava mettendo a sedere sul letto, e tantissimi altri. Erano quelle persone che non reagivano come ci si aspetterebbe quando si offre a qualcuno l'aiuto di cui ha bisogno.

Cosa hai fatto con quelli che non volevano essere aiutati? si domandava Ruth. Cos'hai fatto quando ti hanno respinta?

In parte erano stati proprio l'imprevedibilità dei pazienti, insieme agli estenuanti turni di lavoro e alle interminabili routine della vita ospedaliera, che l'avevano indotta a fare subito domanda per diventare infermiera in ambulatorio.

Era sollevata al pensiero che Michael Petheridge e la madre sarebbero stati depennati dal registro dei pazienti. Non voleva vederli mai più. Non aveva più niente da offrir loro.

«Forse è la cosa migliore per tutti» commentò Ruth.

«A proposito, ho saputo la bella notizia» esclamò sorridendo la dottoressa. «Congratulazioni. Sarai entusiasta. E qui cosa vedo!» Prese la mano di Ruth e la voltò per esaminare l'anello che portava al dito. «Splendido.»

Ruth sorrise. «Grazie. Mi sembra ancora molto strano portare dei diamanti così.»

«Ti ci abituerai.» L'enorme smeraldo orlato di diamanti che portava al dito la dottoressa Fletcher brillava con discrezione, incastonato in un massiccio anello nuziale in platino. «È stato un idillio travolgente, vero?»

«Più o meno. Stiamo insieme da tre mesi.»

«Oddio, che veloci. Ma se sei convinta, non c'è motivo di aspettare...»

«Assolutamente no.»

«Be', ancora complimenti. Sono contentissima per te. Prima o poi dovrai portare qui il tuo fidanzato per farcelo conoscere. Avete già fissato il Grande Giorno? Suppongo che subito dopo vorrai prenderti qualche settimana per il viaggio di nozze...»

«Non ne ho idea. Non abbiamo ancora programmato niente. È successo tutto così all'improvviso.»

«Oh, non c'è fretta. Dunque...» La dottoressa si voltò di nuovo verso lo schermo del computer. «Ti manderò questa relazione via e-mail. Dalle un'occhiata e fammi sapere se vuoi cambiare qualcosa.»

«Va bene» rispose Ruth. L'interrogatorio era finito, non c'era dubbio. La dottoressa era esperta nel porre fine agli incontri, dopo anni passati a convincere i pazienti più ostinati a uscire dal suo studio e a proseguire per la loro strada. Ruth si alzò e prese il cestino delle cartelle cliniche. «Arrivederci.»

La dottoressa, completamente assorta dal suo computer, borbottò qualcosa di incomprensibile.

Ruth sorrise e uscì piano, tornando verso le scale.

Ruth entrò nel viale d'accesso alla vecchia canonica e fermò la macchina di fronte alle basse finestre della sala da pranzo. La luce era accesa, e si intravedeva il fuoco che ardeva nel caminetto.

Fece il giro della casa per passare dalla porta sul retro. «Papà?» chiamò, entrando in cucina.

«Sono qui!»

Seguì il suono della sua voce, attraversando la stanza della colazione e raggiungendo il salone.

«Dove sei?»

«Qui sotto.»

Ruth vide che la porta della cantina era aperta e il bagliore della lampadina rischiarava le scale. Si avvicinò alla porta e guardò giù verso quegli abissi di polvere. Il volto di suo padre fece capolino in fondo alla scala, imbrattato di sporcizia, con una ragnatela impigliata nei capelli bianchi. Le sorrise e si strofinò le mani sul grembiule.

«Ciao tesoro. Come stai? Com'è andata al lavoro?»

«Tutto bene. Ma cosa fai in cantina? Ci sono problemi?»

«No, no. Tutto a posto. Sto solo valutando qualche possibilità, tutto qui.»

«Oddio.» Ruth si accigliò. Ogni volta che suo padre si buttava in uno dei suoi progetti, la coglieva sempre lo stesso senso di ansia. La vecchia canonica era un elegante edificio antico di pietra grigia, con vetrate e travi a vista. Si trovava all'estremità del paese, all'ombra della ben più imponente canonica nuova, ora proprietà di un plurimilionario che arrivava ogni fine settimana in elicottero, accompagnato dal frastuono delle pale rotanti. Accanto alla nuova canonica, in un cortile coperto di una fitta vegetazione, tra curiose tombe in rovina e alcuni tassi, si trovava la chiesa, dietro la quale si estendevano campi e siepi a perdita d'occhio. Alla vecchia canonica, in realtà, serviva semplicemente un minimo di cura e manutenzione, eppure suo padre non smetteva mai di armeggiare, rivoluzionando questa e quella stanza, imbiancando ogni volta che ne sentiva l'impulso e affidandosi alla sua personale concezione del bello. Ruth aveva l'impressione che la madre, che era stata tanto orgogliosa della sua bella casa, non avrebbe approvato.

«Ora salgo» annunciò Silas: e la piccola lampadina si spense bruscamente.

Le diede un bacio sonoro. «È bello rivederti. Ormai mi ricordo a malapena come sei fatta, adesso che vivi in quella villetta a chilometri di distanza. Come sta la mia bambina?»

«Sto bene.»

«Com'è la vita da fidanzata?»

Ruth sorrise. «Molto piacevole, grazie.»

Tornarono in cucina assieme. Silas, pieno di entusiasmo, si lavò le mani sporche nel lavandino creando una schiuma grigia. «Hai letto il giornale, oggi?» le chiese senza voltarsi. «Sembra che il ministro della Salute abbia promesso di salvare cinquantamila vite quest'anno. Chiederò a Cordy se riesce a trovarmi qualche aggancio.»

«In che senso?»

«Be', sai... Per inserire il mio nome nella lista.» Silas ridacchiò alla sua stessa battuta. «Non mi dispiacerebbe che il ministro della Salute garantisse per la mia sopravvivenza. Potrebbe far miracoli per il premio dell'assicurazione sulla vita.»

«Se c'è qualcuno in grado di farlo, quella è proprio Cordy, ne sono certa.»

«Come sta Ned? Dov'è stasera?»

«È andato a un torneo di poker con il suo amico Tom. Ci sono solo io.»

«Oh, bene!» esclamò Silas, visibilmente soddisfatto. «Dovremo mettercela tutta per tirare avanti senza di lui.

Cordy ci raggiungerà più tardi, quindi saremo noi due soli.»

Ed è così che piace a papà, pensò, mentre lo guardava asciugarsi le mani. Dopo la morte della madre di Ruth, il padre si era attaccato alle due figlie, riluttante a lasciarle andare e ad ammettere che ormai si erano fatte donne. Quando Ruth aveva otto anni, Silas aveva battuto a macchina due contratti, uno per lei e uno per Cordelia, in cui dichiaravano: «Prometto che non crescerò mai e resterò per sempre una bambina», e le due sorelle, ridacchiando, avevano firmato con il loro nome. A volte Ruth si chiedeva se un giorno il padre le avrebbe mostrato quel contratto, che recava la sua firma scritta accuratamente a pennarello, con due speciali riccioli sulla R, pretendendo di sapere perché non avesse rispettato l'accordo.

«Dici che Ned si è messo a giocare d'azzardo?» chiese il padre. «Deve starci attento. È la via della dannazione. Ho visto uomini perdere fino all'ultimo penny giocando a carte o alla roulette.»

«Davvero? E chi?» Ruth si immaginò il padre al casinò, con indosso un abito da sera, che seguiva il gioco appoggiato al tavolo del blackjack.

«Una volta ho visto Arthur Harrison perdere una bella sommetta puntando a carte.»

«Quanto?»

«Parecchio.»

«Dieci sterline?»

«Quasi venti, direi.»

Ruth ridacchiò. «È scandaloso. Non preoccuparti, papà. Sono certa che Ned non ci cadrà.»

«Sarà meglio per lui. Un uomo sposato ha delle responsabilità, non può permettersi di buttare al vento i soldi come se fossero coriandoli. Be', sarai affamata. Vediamo cos'ho... L'altro giorno è passata Priscilla e mi ha portato qualcosa da mangiare, dovrebbe essercene ancora un po'. Posso metterlo a scaldare in forno. C'erano delle lasagne. Sformato di pesce...» Silas aprì il frigorifero, esaminandone il contenuto.

Ruth si avvicinò a guardare da sopra la sua spalla. C'erano piatti di cibo scoperti, tutti mezzi vuoti, e quello che ne rimaneva portava i solchi lasciati dalle cucchiaiate. «Ci hai già messo mano vedo...»

«Oh sì. Riscaldo quello che voglio e lo mangio direttamente dal piatto. Così evito di lavare.»

«E dopo cosa fai?... lo lasci raffreddare e lo rimetti in frigorifero, per poi riscaldarlo di nuovo?» domandò Ruth, incredula.

«Non lo lascio nemmeno raffreddare. Me lo dimenticherei, e addio. Lo rimetto dentro subito. Così si raffredda ancora prima, no?»

Ruth fissò lo sformato di pesce mangiato a metà. «Papà, così ti suicidi. Non lo sai che è pericolosissimo? Prenderai un'intossicazione alimentare.»

«Tu dici? Ora che mi ci fai pensare, ultimamente ho avuto parecchi disturbi di stomaco...»

«Questi vanno buttati.» Ruth afferrò i piatti e andò con passo deciso alla pattumiera per gettare via tutto. «Scampi! Dio mio... Scommetto che la signora Jackson li aveva anche congelati. Non posso credere che tu sia ancora vivo.»

«Non vedevo l'ora di mangiarlo, quello sformato di pesce...» commentò suo padre con tristezza, mentre Ruth consegnava i rimasugli alla pattumiera. «Peccato.»

«Posso preparartene uno fresco. Meglio ancora: ti insegno a cucinarlo.»

«Non imparerò mai.» Silas sembrava deciso. «Non va bene. Noi uomini non siamo fatti per i lavori di casa.»

Ruth levò gli occhi al cielo. Non voleva ricominciare la solita discussione. Suo padre era convinto che gli uomini fossero biologicamente incapaci di fare determinate cose, e precisamente pulire, cucinare e stirare. Perfino quando lei gli aveva fatto notare che i soldati erano in grado di farle in modo impeccabile, lui si era rifiutato di ammettere che forse si stava sbagliando. «Le donne lo fanno meglio» ripeteva con ostinazione. «Vedono cose che noi uomini semplicemente non vediamo.» Era pienamente soddisfatto di tirare avanti alla bell'e meglio, lasciando che le sue figlie lo rimettessero in sesto di tanto in tanto, o la sua vicina vedova, o chiunque avesse voglia di fare quelle cose da cui lui si sentiva escluso per virtù o per una questione di sesso. La signora Jackson non è di grande aiuto, pensò Ruth. Le piace riempire Silas di attenzioni, e non fa che confermagli continuamente che ha ragione a considerarsi un incapace, perché difficilmente potrebbe prendersi cura di se stesso.

«Come sta la signora Jackson?» chiese Ruth, mentre metteva i piatti a bagno nell'acqua calda, cercando qualcosa da preparare per cena.

«Bene, bene. Più o meno come al solito. Matta da legare, ovviamente. Non fa che parlare in continuazione di quanto è dimagrita. È ridicolo. A quanto vedo non ha perso nemmeno un grammo, è ancora enorme. E se davvero avesse perso tutti i chili che sostiene di aver perso, a quest'ora dovrebbe essere uno stecchino.»

«Povera signora Jackson. È davvero grassa, ma ce la sta mettendo tutta... Spero che tu non le abbia detto qualche cattiveria.»

«Ma certo che sì. È molto più generoso, a lungo andare.»

«Oh, papà! Cosa le hai detto?»

«Non preoccuparti, non sono stato crudele. So che sei convinta che io sia profondamente insensibile, ma in realtà non lo sono. Lei mi ha detto: 'Hai notato che ho perso tre chili dalla scorsa settimana?', e io le ho risposto: 'No Priscilla, non l'ho notato. Piuttosto, sembri ingrassata. Hai fatto controllare la bilancia? Può darsi che sia rotta'.»

Ruth sospirò. «*Papà!*»

Silas scoppiò a ridere. «Ma sto scherzando, è ovvio. Le ho detto solo: 'Priscilla, non hai bisogno di perdere peso... e poi lo sai come siamo fatti noi uomini. Potresti presentarti qui la prossima settimana con i capelli rossi e il seno rifatto e probabilmente non me ne accorgerei nemmeno'. Devo essere gentile con la vecchia. Ha perso quel lavoro, sai...»

«Non un altro, spero...» Ruth trovò formaggio e pasta, e pensò di preparare dei maccheroni al forno... se solo ci fosse stato un po' più di latte. Comunque si sarebbe fatta bastare quello che c'era.

«Sì, aveva trovato un lavoro al castello di Windsor. Faceva la guida. Mostrava alla gente la cappella e cose del genere. Comunque, è stata licenziata. L'hanno trovata mentre si aggirava con fare sospetto dopo la fine del turno di lavoro. Credo che sperasse di incontrare la regina.»

«E perché mai?»

«Non ne ho idea. Sai che a Priscilla vengono spesso queste idee folli. Probabilmente voleva chiedere a Sua Maestà se la trovava dimagrita, o che altro. Comunque, di questi tempi non tollerano nulla di vagamente sospetto, e la povera Priscilla non ha avuto scampo. Licenziata in tronco. Non è riuscita nemmeno a vedere l'orlo del cappotto di Sua Maestà scomparire dietro l'angolo. Deve trovarsi qualcos'altro da fare. Per me, però, è un vantaggio. Negli ultimi tempi mi ha portato un sacco di cibo.»

«Be', questo è positivo.» Ruth cominciò a preparare la cena. Era contenta che suo padre avesse la signora Jackson che passava a trovarlo e con cui poteva fare due chiacchiere. Di certo quella donna non era il tipo di compagnia che Ruth avrebbe scelto per sé: ma sembrava che suo padre non se ne curasse. Questo la faceva sentire meno in colpa per essersi trasferita, lasciandolo solo.

Mentre Ruth cucinava continuarono a chiacchierare, e quando la cena fu pronta si spostarono nella sala da colazione per mangiare seduti a un tavolo, dato che quello della sala da pranzo era sempre troppo ingombro di cianfrusaglie per poterlo usare.

«Mettine da parte un po' per Cordy» disse Silas, mentre Ruth distribuiva le porzioni.

«Credo che ormai non verrà più.»

«Verrà, verrà.»

«Sono quasi le otto e mezzo. L'avranno senz'altro trattenuta in ospedale. Probabilmente tornerà a casa e crollerà dal sonno. Quasi quasi spero che vada così, non mi piace l'idea che guidi fino a qui quando è così stanca.»

Sembrava passato molto tempo dall'ultima volta in cui aveva visto Cordelia con un'aria che non fosse esausta, con quel volto dal colorito pallido, quasi tendente al grigio, e due ombre violacee sotto gli occhi. Teneva sempre i lunghi capelli biondi raccolti senza cura in una crocchia scompigliata, lasciando scoperto il viso, e a qualsiasi ora del giorno continuava a sbadigliare, per la fame, per lo stress, lamentandosi sempre del suo destino da dottoressa sovraccarica di lavoro, con troppi pazienti, troppo poco tempo e troppi pochi soldi. A Ruth bastava guardarla per sentirsi felice di essersi liberata della frenesia dell'ospedale.

«Verrà» ribatté Silas, fiducioso. «Domani è il suo giorno di riposo e l'ho convinta a rimanere qui per il fine settimana. Per tirarla fuori da quella piccola topaia in cui vive. Perché non resti anche tu?» le propose, speranzoso. «La tua vecchia stanza è già pronta. Se rimani qui, domattina ci facciamo una bella colazione e poi una passeggiata. Potremmo andare in cerca di more. Che ne dici? Non è una bella idea?»

Suo padre cercava sempre di avere a casa Ruth e Cordy da sole, assieme, così che potessero fare tutto quello che facevano da bambine. Ruth sospirò. «Sarebbe bello, ma non posso. Domani andiamo a York per fare visita ai genitori di Ned, e dobbiamo partire presto.»

«Capisco. Be', spero che vi divertiate.» Si accigliò sopra i suoi maccheroni al forno.

«Non fare il muso. Sai bene che non posso lasciar passare tutto come se niente fosse. Ho un'altra vita ora, altri impegni.»

«Lo so.» Silas la guardò con un leggero velo di tristezza. «Io ci provo davvero a capire, e sono felice per te, sul serio. Ma non posso fingere che per me sia facile accettare che una delle mie bambine si sia fidanzata.»

«Papà, ho trent'anni. Non sono più una bambina. Sono anni che non vivo più qui. Preoccupati piuttosto per Cordy, che a trentaquattro anni non ha nemmeno uno straccio di ragazzo.»

Suo padre si strinse nelle spalle. «Cordy sta bene. È sposata con il suo lavoro. Ma dimmi un po'... com'è questa famiglia? Gli Harvey?»

«Haskell.»

«D'accordo, gli Haskell.»

«Be'... ci sono la madre di Ned, Jackie, e suo padre Steven, che è in pensione come te. Poi c'è sua sorella, Susan. Non l'ho ancora conosciuta, ma so che lavora a Londra per una rivista e pare sia molto affascinante. È poco più grande di lui. Tutto qui.»

Silas le lanciò un'occhiata. «Come sei misteriosa.»

«Non è vero.»

«Oh sì. Non ti sei sbottonata molto. Non mi hai raccontato niente di come sono. D'ora in poi dovrò vedere questi Haskell almeno due volte all'anno, dato che avete deciso di sposarvi... So già cosa succederà dopo. Dovrò invitare la madre di Neddy a ballare il primo valzer ogni volta che la incontro. Si aspetterà galanterie vecchio stile: fiori, cioccolatini e complimenti per l'acconciatura. Dovrò offrire da bere a questo Steven e chiedergli della pesca e se ha guardato il cricket. Almeno potresti prepararmi subito al peggio.»

Ruth giocherellava con i suoi maccheroni al forno, sollevando con la forchetta mezzelune di pasta e incantandosi a fissarle. Alla fine disse: «Papà, il fatto è che... in realtà non li ho ancora incontrati. Domani li vedrò per la prima volta.»

Silas inarcò le sopracciglia. «Ned non ti ha mai portato a casa a conoscere i suoi genitori? Nemmeno prima di farti la proposta? Che strano! E come gli ha detto del vostro fidanzamento?»

Ruth rimase in silenzio.

«*Cosa?*» esclamò Silas. «Stai forse dicendo che non lo sanno ancora? Io ho messo l'annuncio sul *Times*! È uscito venerdì.»

«Loro non leggono il *Times*.»

«E anche sul *Telegraph*.»

«Non comprano nemmeno quello.»

«Oh, bene... tutto a posto allora. Sempre che non afferrino che più o meno duecentomila persone hanno saputo del fidanzamento del figlio prima di loro.»

«Non so perché ti dia tanto fastidio. Volevamo dirglielo di persona, è per questo che andiamo da loro domani.»

«Senz'altro vi conviene sistemare le cose prima del giorno del matrimonio. Ma come diavolo ragiona Ned? Se una di voi due mi trattasse in questo modo, non so come reagirei.»

Ruth arrossì e posò la forchetta. «Per favore, papà, non prendertela con Ned.»

«Non capisco cosa intendi con *prendermela* con Ned. Non dico mai niente di male su Ned. Sono solo sorpreso per l'assurdità del suo comportamento. Mi sembra un po' sospetto, tutto qui.»

«È vero... tu non *dici* niente, ti limiti a fare insinuazioni. Sai cosa provo per lui. Stiamo per sposarci. Diventerà mio marito. Capisco che tu possa pensare che stiamo correndo troppo, che è troppo presto, ma noi sappiamo bene quello che vogliamo, e cioè sposarci. L'unico motivo per cui non abbiamo ancora incontrato i suoi genitori è perché tutto è successo così in fretta, e loro abitano davvero lontano...»

«Non si può dire che York sia all'altro capo dell'universo. Non è Edimburgo. Non è nemmeno Aberdeen...»

«Lo so» rispose Ruth irritata. «Non è un sacco di altri posti, ma il fatto è che non siamo ancora riusciti ad andarci. Non voglio che tu te la prenda con Ned, non gli hai dato nemmeno una possibilità. Ti prego papà... Voglio che siamo felici.»

Per qualche istante Silas non disse nulla, poi i suoi occhi si intenerirono e le sorrise. «Piccola Ruthy. È tutto quello che hai sempre voluto, vero? Tutto preciso, bello e sicuro, e tutti felici. Mi ricordo di quando eri piccola e alla sera mettevi le tue bamboline nelle culle, rimboccando le coperte e dando loro il bacio della buonanotte. Sei ancora fatta così, vero?»

«Tu credi?» Tutt'a un tratto si sentì completamente spossata. Servivano così tanti sforzi, così tante energie, per fare in modo che le cose andassero per il verso giusto, che tutto seguisse la retta via. «Promettimi solo che sarai buono con Ned. E che, quando finalmente incontrerai gli Haskell, non dirai cose strane.»

Silas sembrava offeso. «Fidati di me. Sarò il fascino in persona. La signora Haskell resterà di stucco.»

Cordy arrivò molto tardi, come sempre trafelata e di premura.

«Dio, scusatemi. Lo so, è tardissimo, in pratica è già domani. Indovinate un po': mi hanno trattenuta in ospedale. Sono stata di turno dalle sei di stamattina. Bastardi. C'è qualcosa da mangiare?»

«In cucina» rispose Ruth, allungandosi per dare un bacio sulla guancia alla sorella. Cordy era molto più alta di Ruth, e pesava circa la metà.

«Lo metterò a scaldare in forno» disse Silas in tono autorevole, come se in quel modo la cena si trasformasse in una sua creazione. «Povera Cordy. Ti fanno lavorare troppo.»

Cordy sospirò mentre si toglieva il cappotto. «Grazie a Dio sono a casa. Non te ne stai andando, vero?»

«Dovrò andarmene tra poco. Si sta facendo tardi. Ned dovrebbe tornare dal torneo di poker a momenti.»

«E suppongo che si aspetti di trovarti sulla porta ad accoglierlo, con le sue ciabatte calde in una mano e una tazza di cioccolata nell'altra...»

«No!» esclamò Ruth esasperata. «Ma perché ce l'avete tutti con noi?»

Cordy si sedette, stupita per quella reazione. «Calmati. Dicevo solo per scherzo. Nessuno ce l'ha con te o con Ned. Cosa ti ha detto papà? È stato straordinariamente inopportuno come al solito? Vecchio stupido.»

«Era giù in cantina quando sono arrivata. Valutava possibilità.»

«Mhm... questo è un segnale di pericolo, poco ma sicuro. Speriamo che non vada a finire come con quel grande trionfo del gabinetto di sopra.»

L'ultimo progetto di Silas era stato quello di riattare il piccolo ripostiglio in fondo alla casa ricavando un altro bagno – che in pratica si era rivelato inutilizzabile, perché il vetro dell'ampia finestra non era oscurato o smerigliato, il che voleva dire che chiunque fosse in bagno era perfettamente visibile da fuori.

«Il postino non è mai più riuscito a guardarmi in faccia» ricordò Cordy, «da quando ho incrociato il suo sguardo mentre stava entrando nel viale e io ero seduta sul water.»

Ruth ridacchiò. «Alla mamma sarebbe preso un colpo.»

«Ti ricordi quando gli è venuta l'idea di dipingere le travi della sala da pranzo di rosa?»

«O di rivestire lo studio di pino?»

Scoppiarono a ridere.

«Pensi che stia bene qui da solo?» domandò Ruth un attimo dopo. Non poteva fare a meno di provare ancora quel senso di ansia per il padre, che lei immaginava fosse uno strascico del periodo in cui era morta sua madre.

Cordy si sfilò le scarpe e distese le gambe per scaldarsi i piedi di fronte al fuoco. «Ma certo che sta bene. Non devi preoccuparti così tanto per lui. Hai qualcosa di ben più inquietante a cui pensare.»

«Cosa intendi?»

«Prova a immaginare il discorso di papà alle vostre nozze!» Cordy fece una smorfia. «Un'altra obiezione da aggiungere alla lunga lista di cose per cui è meglio evitare il matrimonio. Allora, dov'è questa cena? Sto morendo di fame.»

Quando arrivò a casa Ned era già al caldo sotto le coperte, assonnato.

«Sei in ritardo» disse sbadigliando, quando Ruth entrò in camera e cominciò a svestirsi.

«Mi spiace. Effetto a catena. Anche Cordy è arrivata tardi.»

Ned si strinse il piumone attorno alle spalle. «Domattina dobbiamo partire presto. Per non incontrare traffico.»

«Non preoccuparti, sarò fresca come una rosa, e il doppio più allegra.» Si avvicinò al letto e si sedette sul bordo. Ned alzò il viso per farsi dare un bacio. «Sono piuttosto eccitata adesso. Credi che gli piacerò?»

«Ti adoreranno.» Ned le tirò la gonna da sotto il piumone. «Dài, vieni a letto. Ti voglio qui sotto con me.»

«Va bene, ci metto un attimo. A proposito, avete vinto?»

«Oh, sì.» Ned le sorrise. «Non ho proprio ripagato l'anello, ma dammi tempo. Io e Tom siamo una coppia imbattibile. Li abbiamo stracciati.»

Capitolo 3

Tre mesi prima, andando alla festa di Valentina, Ruth non si aspettava certo che la sua vita sarebbe cambiata di colpo, al bar di un chiassoso locale a pochi passi da Queen Street. Era single da due anni, e ormai si era abituata a stare da sola senza preoccuparsi molto degli uomini. La sua ultima relazione era diventata monotona, soffocante, e da quando era finita Ruth si godeva la libertà di poter fare quello che voleva. Aver ripreso il controllo della sua vita le dava una tranquillità a cui non avrebbe mai rinunciato in cambio di una storia mediocre: per questo teneva a debita distanza tutti gli sbavanti e gli ubriaconi troppo loquaci. Era stanca di cercare di far sentire interessanti persone noiose, per poi struggersi nel dubbio di piacergli o meno.

Se ne stava in piedi al centro del locale affollato, chiedendosi perché ci fosse andata. Era strapieno e dominato dal frastuono di voci che cercavano di sovrastare la musica martellante. Sembrava che tutti avessero una sigaretta accesa, e vicino al soffitto aleggiava una densa nebbiolina di fumo.

Non conosco nessuno, pensò. Avrei fatto meglio a starmene a casa.

Ma Valentina era una delle sue colleghe infermiere: erano state assieme all'università e poi in corsia, perciò Ruth non se la sentiva di darle buca. Si chiedeva perché mai avesse passato tanto tempo a prepararsi, indossando il suo top di raso preferito color verde acqua sopra i jeans, infilando i piedi nelle alte zeppe di sughero, truccandosi gli occhi con un ombretto brillante e del mascara per rendere le ciglia più spesse e di un castano più scuro, e la bocca con un lucidalabbra rosa pastello. Adesso le sembrava un'inutile perdita di tempo.

Cercherò Valentina, decise, e si fece largo a fatica nella calca di schiene e gomiti, finché non riuscì a trovare la festeggiata. Valentina portava un top scintillante di chiffon color carne e dei cortissimi hot pant bianchi, ai piedi tacchi alti che mettevano in risalto le lunghe gambe abbronzate. In una mano teneva un bicchiere alto dal cui bordo sporgevano tre cannucce, nell'altra una sigaretta che agitava mentre parlava con l'uomo al suo fianco.

«Tanti auguri Valentina!» esclamò Ruth, alzando la voce per sovrastare il baccano.

«Ruthie, *tesoro*! Sono contenta che alla fine tu sia venuta, grazie mille!» Valentina si precipitò a baciarla, lasciando sulla guancia di Ruth il segno del lucidalabbra. «Dio, come sono felice di vederti. Ti presento... mhm...» Fece un gesto in direzione del ragazzo con cui stava parlando. «È uno degli amici di Jeff, giocano a rugby insieme. Ora» continuò Valentina, con un tono il più possibile ammiccante, scavalcando il rumore di sottofondo, «voi siete le due persone più intelligenti e affascinanti che ci sono qui, insieme farete senz'altro scintille.»

Detto questo, Valentina si girò vacillando sui tacchi a spillo, mentre aspirava alternativamente dalla cannuccia e dalla sigaretta.

Ruth imprecò tra sé e sé. Cristo, la odio quando si comporta così. Era l'abitudine più sgradevole di Valentina. Quando non voleva perdere tempo con qualcuno, faceva sempre lo scaricabarile: presentava quel qualcuno a un completo estraneo con cui aveva poco o nulla in comune, e poi se ne andava.

La attraversò un fremito di irritazione mentre cercava di tirare fuori tutta la sua vivacità e il suo entusiasmo. Doveva resistere almeno cinque minuti prima di andarsene, poteva farcela. Al diavolo. Non ho nemmeno un drink per alleviare il dolore. «Così conosci Jeff?» Il fatto che fosse amico del fidanzato di Valentina non era un grande titolo, dato che Jeff era un vero idiota, senza il minimo interesse per qualunque cosa che non fossero le automobili, la birra e il rugby.

«Non esageriamo» rispose lui. «La scorsa settimana, durante la solita partitina di rugby al parco, un bestione mi ha placcato con una ferocia che non ricordavo dai tempi in cui la mia scuola fece il terribile sbaglio di partecipare a un torneo in Nuova Zelanda. Quando ho ripreso i sensi, mi sono aggiustato il naso e ho raccolto i denti sparsi tutt'attorno, quell'uomo mi si è presentato come Jeff, e per farsi perdonare mi ha invitato a questa festa.»

Ruth cominciò leggermente a rilassarsi. Quantomeno sa parlare, pensò, e questo la rese nervosa. Valentina aveva ragione, probabilmente era intelligente. E ora lui avrebbe pensato che anche lei lo era, perché l'aveva detto Valentina, e a quel punto si sarebbero affrontati in una specie di sfida accademica nel tentativo di dimostrare che lei era all'altezza della descrizione fatta da Valentina.

Cosa dovrei fare? Discutere su come si formano le mortizze? Mettermi a elencare tutti i re e le regine d'Inghilterra? si disse.

«Mi sembra di capire che Jeff e Valentina facciamo coppia fissa...» disse lui con modi garbati.

«Si fa per dire. Senz'altro si accoppiano molto» rispose Ruth. «Ma non so se reggeranno a lungo. Credo che le risorse mentali di Jeff si siano esaurite già da qualche tempo.»

Il ragazzo rise. «Come hai conosciuto Valentina?»

«Abbiamo fatto tirocinio assieme.»

Sul volto di lui comparve un'espressione perplessa. «Per diventare cosa?»

«Infermiere. Abbiamo fatto praticantato nello stesso ospedale. Ma ora io lavoro nell'ambulatorio di un medico generico.»

«Oh... un'infermiera.» Alzò le sopracciglia con aria interessata.

Ruth aspettò che proseguisse. Stava per farle qualche osservazione maliziosa sulla sua divisa? O forse le avrebbe rivolto una di quelle battute ammiccanti che Ruth aveva già sentito un'infinità di volte?

«Be', sei favolosa...»

«È molto carino da parte tua, considerando che mi hai appena conosciuta...»

«No, intendo tutte voi infermiere. Siete straordinarie. Quando mia madre si è ammalata, lo scorso anno, le infermiere hanno fatto un lavoro fantastico. Siete tutte delle eroine nazionali, per quanto mi riguarda.»

«Sei gentile. Di solito, quando qualcuno scopre che faccio l'infermiera ha una reazione ben peggiore. Ti stupiresti se sapessi quanta gente mi chiede di dare un'occhiata a una gamba dolorante, a un orecchio tappato, o a una ferita in suppurazione sul fianco.»

«Non preoccuparti» la rassicurò. «Io non ho nessun problema... be', ora che mi ci fai pensare, mi è venuta una piccola vescica giocando a rugby e mi sembra che si stia riempiendo di una specie di liquido chiaro: magari se hai un momento...» Sollevò il piede e cominciò ad abbassare la calza. Poi, vedendo l'espressione di Ruth, fece un ampio sorriso. «Stavo scherzando. Come ti chiami?»

«Ruth.»

«Ruth» ripeté lentamente, come se stesse provando un abito per controllare la taglia. «Un bel nome. Ruth. Io sono Ned. Perché non andiamo a prenderci da bere e cerchiamo un posto per chiacchierare un po'?»

Quello era Ned. Le aveva detto di essere un ingegnere – «non di quelli che riparano le cose, o le costruiscono, io le progetto» – e che abitava in una villetta di sua proprietà in un paesino appena fuori Oxford. I suoi genitori vivevano vicino a York, e lui era cresciuto lì, assieme alla sorella maggiore. Lavorava sodo, ma amava lo sport, e la cosa in un primo momento le fece temere che si trattasse di uno di quegli uomini noiosi, capaci di parlare solo di calcio, ma poi venne fuori che era appassionato anche di molte altre cose: film, libri e musica, soprattutto di gruppi indie pop come i Belle & Sebastian – «ogni volta che posso vado ai loro concerti. Sarò pure un giocatore di rugby, ma dentro di me c'è un ragazzo che ama l'arte e i fiorellini di campo, e questo ragazzo ha una voglia disperata di uscire fuori.»

A Ruth piaceva. «Cosa ti ha spinto a trasferirti qui? Volevi stare alla larga dai tuoi genitori?» gli domandò.

«Non proprio. Finita l'università, tutti i miei amici si sono trasferiti in questa zona, perciò sono venuto anch'io.»

«Tutti i tuoi amici?» esclamò sorpresa.

«Sì, siamo un bel gruppetto, una piccola comitiva. Non

intendo tutti quelli che ho conosciuto in vita mia – sarebbe stupido.» Sorrise. «Dopo l'università si trasferiscono quasi tutti a Londra, e portano avanti lì le loro amicizie. Noi, invece, abbiamo deciso di non farlo. Be', a dire il vero ha deciso Tom – è il più vecchio dei miei amici – scegliendo di venire a vivere a Oxford, e poi Jeremy ha avuto un posto all'università per un dottorato in filosofia, così ci siamo aggregati tutti.»

«Ti piace stare qui?»

Lui rifletté un attimo, poi annuì. «Sì, mi piace davvero. Non ho mai desiderato la vita di città. Mi piace troppo l'aria pulita. Pensavo che il Sud mi sarebbe sembrato un po' soporifero, ma ormai mi ci sono abituato. Il prezzo della birra è sempre deprimente, ma a parte quello è tutto perfetto. E tu? Da dove vieni?»

«Io sto in appartamento con un'amica a Summertown. Ho vissuto sempre in questa zona. Sono cresciuta a una cinquantina di chilometri da Oxford. Non so perché non me ne sono mai andata, mi sembra che le cose siano semplicemente andate in questo modo.» Mentre raccontava, Ruth sapeva che non era stato tutto così casuale come voleva far credere. Nel suo subconscio aveva deciso di stare vicina al padre, si sentiva in dovere di badare a lui adesso che era rimasto solo. Quando Cordelia era andata a studiare medicina a Cambridge, Ruth si era sobbarcata la responsabilità di rimanere vicina a casa. Per questo aveva deciso di laurearsi come infermiera alla Oxford Brookes, facendo pratica all'ospedale John Radcliffe, prima di cominciare a lavorare in corsia. Temendo che Ned la trovasse noiosa, aggiunse subito: «Non è che non mi piaccia viaggiare, sono anche stata in Francia e negli Stati Uniti e in tanti altri posti. Un tempo avevo in programma di fare l'infermiera all'estero per un'organizzazione umanitaria, lavorando in zone difficili per aiutare la gente. Chissà, forse prima o poi lo farò.»

«Perché hai deciso di diventare infermiera?»

«Oh, sai... il desiderio di aiutare gli altri. Quel fervore idealistico che hanno tutti gli adolescenti. In realtà...» si fermò un istante, poi continuò: «Se vuoi sapere la verità, è stato dopo aver visto le infermiere che si prendevano cura di mia madre quando era malata. Erano così gentili e pazienti con lei. Le davano tutta la dolcezza e l'assistenza di cui aveva bisogno, e la confortavano, anche alla fine, quando lei sapeva che stava per morire. Volevo diventare come loro. Sai... tenere per mano le persone nei momenti peggiori.» Fece un sorrisetto nervoso.

Ruth non raccontava quasi mai della morte di sua madre alle persone che aveva appena conosciuto. Si era resa conto che le reazioni degli altri – imbarazzo, impaccio o una specie di pena eccessiva per lei – la mettevano a disagio e la facevano sentire in un certo senso insensibile.

Ned si fece serio in viso. «Deve essere stato tremendo per te.» Aspettò che lei continuasse a raccontare, se voleva farlo.

«Sì. Un periodo davvero brutto. Avevo solo tredici anni quando è morta.» Provò di nuovo quel vago disagio, come se stesse fingendo o dicendo una bugia. Aveva come la sensazione di dover scoppiare a piangere o svenire per il solo fatto di aver parlato della madre morta, e se non lo faceva significava che non doveva esserle davvero importato.

Invece le era importato, *eccome*. In certi momenti si era sentita squarciare da quel dolore atroce, ma ce l'aveva messa tutta per reprimerlo, spingendolo sempre più nel proprio intimo, dove non avrebbe potuto farle del male. E alla fine era riuscita a scacciarlo.

«È sempre dura a quell'età» continuò Ruth con leggerezza, per evitare che l'atmosfera si facesse troppo malinconica. «Quasi tutte le mie amiche sembravano avere una vita così spensierata. Sai, si preoccupavano del loro aspetto, se la loro paghetta sarebbe bastata fino alla fine del mese o se qualche ragazzo le avrebbe invitate fuori – altrimenti per loro sarebbe stata la catastrofe. Le invidiavo davvero, perché a casa mia era tutto diverso. Era un posto molto deprimente, come puoi immaginare.»

All'improvviso ebbe un flashback di quel periodo, talmente vivido e immediato che sembrava appena successo: oscurità, porte chiuse, suo padre e sua sorella barricati nelle loro stanze, isolati nel loro intimo dolore, mentre sua madre in ospedale si spegneva a poco a poco. Le risate, i giochi e il baccano cessarono bruscamente e la casa si riempì di silenzio e di segreti, mentre Ruth si chiedeva cosa potesse fare per fermare quella grande e terribile disgrazia che si era abbattuta su di loro.

«Sarà stata una situazione difficile» commentò Ned. «Eri molto giovane...»

«Sono cresciuta piuttosto in fretta. Serviva qualcuno che mandasse avanti la casa, ma mio padre e mia sorella non se la sentivano. Credo di aver solo cercato di rendere le cose un po' più facili per tutti.»

«E ora sei un'infermiera.»

Ruth assunse un'aria da santa. «La mia missione è curare i malati» disse sottovoce, parlando come una suora. «E alleviare le sofferenze degli altri.»

Ned rise. «Be', così mi fai vergognare. Ho passato gran parte della mia adolescenza a sentirmi depresso senza avere nessun motivo sensato per esserlo. Amavo la musica malinconica e componevo poesie orrende sulla miseria della vita moderna. Mi vestivo sempre di nero, durante le vacanze giravo imbronciato per il campo giochi, prendendo a calci i sassi e guardando i passanti con il walkman nelle orecchie. Se ti avessi conosciuta allora, avrei potuto consigliarti della buona musica con cui deprimerti. E saresti piaciuta molto a mia madre.»

«Non andate d'accordo?»

«Be'... Sì, tutto sommato. È una brava persona, a modo suo. Non siamo molto uniti, a essere sincero. Mi sono sentito sempre un po' a disagio, da quella volta in cui le ho chiesto cosa avrebbe fatto se fosse scattato l'allarme nucleare con i tre minuti di preavviso. A metà degli anni Ottanta era il nostro chiodo fisso, ti ricordi? Avevo più o meno dodici anni, e dopo aver letto *Quando soffia il vento* ero terrorizzato dal timore assurdo della bomba. Mia madre ci disse che, se avesse sentito la sirena, avrebbe trascinato me e mia sorella in strada e ci avrebbe tagliato la gola.»

Ruth rimase a bocca aperta. «Sul serio? E perché?»

«Così non avremmo dovuto subire le conseguenze di un attacco nucleare, presumo. È stato solo quel dettaglio superfluo di trascinarci fuori che mi ha colpito. In pratica scatta l'allarme, la mamma apre il cassetto dei coltelli e prende quello grande, quello che papà usa per l'arrosto, ma poi pensa: 'potrà anche essere una bomba atomica, ma non ha senso rovinare il pavimento della cucina. Sgozzerò i bambini in strada'.»

«Forse era solo per essere sicura che sareste stati devastati dall'esplosione, in caso lo sgozzamento non avesse funzionato.» Ruth rifletté un secondo. «Ma, se fosse stato un falso allarme?»

«Era proprio quello che mi preoccupava. E mi domandavo anche: perché non pensa a tagliarsi lei la gola, lasciandomi correre i miei rischi?»

Ruth lo osservò per un momento e lui le sorrise. Poi scoppiarono entrambi a ridere, e un attimo dopo erano in preda a un fortissimo attacco di risate che li scuotevano in modo incontrollabile. Nel momento stesso in cui sembravano placarsi, a Ruth bastava incrociare lo sguardo di Ned per ricominciare di nuovo, finché non si trovò con il viso coperto di lacrime.

«Dio mio!» ansimò Ruth, asciugandosi le guance. Quando lo guardò, Ned le stava sorridendo, con il corpo proteso verso di lei e tutto il volto illuminato da un sorriso. Lei lo fissò, e sentì crescere dentro di sé un sentimento stranissimo, che la faceva sentire leggermente confusa e scossa. Forse è mancanza di ossigeno per le troppe risate, pensò. Il viso di Ned sembrava quasi brillare, con gli occhi luccicanti e la bocca che, sorridendo, si faceva sempre più dolce. Ruth diede un'occhiata al suo bicchiere di vino, chiedendosi quanto avesse bevuto e se quella sensazione fosse l'ebbrezza che la stava cogliendo alla sprovvista. Poi, quando fu pervasa dal calore che le risaliva dallo stomaco, si sentì euforica come non le capitava ormai da molto tempo.

Valentina si avvicinò al loro tavolo elettrizzata, vacillando sui tacchi alti, per avvisarli che stavano trasferendosi tutti in un altro locale, e invitare Ruth e Ned a unirsi a loro. A quel punto, Ruth si accorse con una certa sorpresa che la calca di gente era scomparsa e il locale era quasi vuoto. Il barista stava accompagnando i clienti all'uscita, chiudendo la porta alle loro spalle. In un istante, le attraversarono la mente immagini di lei e Ned insieme – i volti vicini dopo aver bevuto altri bicchieri, loro due che ballavano stretti, magari un bacio sul taxi.

«Io non vengo» annunciò Ned.

Tutte le dolci fantasie di Ruth svanirono.

«Anch'io andrei a casa» disse lei, mascherando la delusione e chiedendosi dove avrebbe potuto trovare un taxi.

Per un attimo la sua frase rimase in sospeso. Era molto probabile che a quel punto le loro strade si sarebbero separate e tutto il potenziale che si era progressivamente creato tra loro si sarebbe dissipato, come energia inutilizzata. Ma poi lui le propose distrattamente: «Perché non andiamo a cena da qualche parte?» e da quel momento di strade separate fra loro non si parlò mai più.

«Ruth, sei innamorata?» le chiese al telefono suo padre con un tono di accusa.

Lei arrossì, anche se suo padre non poteva certo vedere la schiena nuda di Ned addormentato nel suo letto.

«Come ti salta in mente?» domandò Ruth, accostando la porta della stanza per evitare di svegliare Ned.

«Allora sei innamorata. Meno male che non hai voluto fare l'avvocato, saresti stata un disastro. Tutti sanno che 'come ti salta in mente?' significa 'sì, hai perfettamente ragione ma non voglio ammetterlo'. Ora te lo spiego, come mi è venuto in mente. Ho prove inconfutabili. Primo, è da settimane che non mi telefoni e non vieni a trovarmi...»

«Ma papà! Ti ho telefonato martedì!»

«... e secondo me l'ha detto la tua coinquilina.»

«E cosa ti avrebbe detto?» Ruth maledisse quella chiacchierona di Lizzy.

«Solo che sei chiusa in camera con un uomo ormai da quindici giorni e non esci mai se non sfoggiando un sorriso estasiato per chiedere del tè, dei biscotti eccetera.»

«Non è proprio la verità...»

«Ma mi sembra che non siamo lontani.»

«Be'...» Teneva il telefono vicino alla bocca. Era molto

restia a parlarne. Temeva che sarebbe stato come cercare di descrivere un sogno: tutto lo splendore e la magia sarebbero svaniti e lei sarebbe rimasta con qualcosa che chiunque altro avrebbe trovato incomprensibile e piuttosto noioso. Non voleva esporre questo sentimento nuovo e prezioso alla luce violenta del giorno prima che fosse il momento, temendo che potesse ammalarsi e morire. Ma un'altra parte di lei, quella parte che fremeva per l'eccitazione, voleva disperatamente condividere quell'esperienza, gridando al mondo: «È appena successo un miracolo incredibile! Mi sono innamorata! Non è la solita noiosa attrazione per qualcuno, o una simpatia, o un passatempo divertente, o tutte quelle cose che provano gli altri. Questo è vero amore, come quello di cui parlano i libri e le poesie e le canzoni. Un amore di quelli che non capitano tutti i giorni, ed è ancora più meraviglioso di quanto potessi immaginare».

«Si chiama Ned» disse alla fine, consapevole di quanto suonasse inadeguato, e augurandosi di trovare le parole giuste per spiegarsi.

«Ned.» Suo padre rimase un momento in silenzio. «Come il Seagoon della radio?»

«Quello è Neddy.»

«Ned, Neddy... è uguale.» Sospirò. «Immagino che non ti rivedrò mai più. Passerai tutto il tempo con questo Neddy.»

«Ma certo che mi rivedrai. A dire il vero, volevo proprio fartelo conoscere.»

«Davvero?» Silas sembrava sospettoso. «Mi avevi detto che non mi avresti mai più presentato un ragazzo dopo l'ultimo.»

«Rob non capiva il tuo senso dell'umorismo. Non gli

piacevano le rime che facevi su di lui. Temo che siano poche le persone che apprezzano le pessime battute che fai.»

«Ma questo Neddy è all'altezza, vero?»

«Sì» rispose Ruth, e sentì una piacevole stretta allo stomaco a quel pensiero.

Quando tornò in camera, Ned dormiva ancora, ma adesso era voltato sul fianco, con le ciglia che si allungavano sulle guance e la bocca da cherubino appena socchiusa. Si distese accanto a lui, adagiandosi contro la sua schiena, e accarezzando con la mano la sua pelle liscia. Il caldo profumo del suo corpo e l'odore di muschio sotto le braccia la eccitarono; si avvinghiò a lui con una gamba e gli passò una mano attorno alla vita.

Ned respirò profondamente, aprì gli occhi e si voltò. «Ciao tesoro» la salutò con una voce debole, assonnata. «Già sveglia?»

«Ha chiamato mio padre. Si è lamentato perché non mi faccio vedere da un po'. So che è presto da morire, ma mi stavo chiedendo se ti piacerebbe venire a vedere la vecchia canonica e a conoscere quel vecchio strambo di mio padre.» Strinse tra le mani il sedere sodo di lui. «Ti dà fastidio? Forse sto correndo troppo?»

Lui le prese la mano e baciò le dita. «Assolutamente no, mi piacerebbe conoscere tuo padre. Ma non oggi. Oggi voglio passare tutto il tempo a letto con te. Penso che riusciremo a fare tre meravigliosi round di sesso prima di pranzo.» La baciò sulla bocca, stringendola contro il suo corpo caldo.

«Non scendiamo mai da questo letto» disse Ruth ridacchiando.

«Lo so. Non è fantastico?»

L'esperienza di sentirsi completamente a proprio agio con un uomo appena conosciuto era strana per Ruth. Le sue relazioni precedenti erano state segnate da una specie di angosciosa diplomazia, nella quale tentava di decifrare cosa stesse pensando il suo amante per tenersi un passo avanti rispetto a lui, preoccupandosi sempre del proprio aspetto, del proprio corpo e delle proprie prestazioni sessuali.

Ma questa volta era diverso. Aveva subito avuto la più completa fiducia in Ned e in quello che c'era tra loro. Per la prima volta in vita sua non le interessava sapere se lui pensasse che aveva il sedere troppo grosso, o il naso troppo lungo, o le ginocchia troppo magre. Sapeva che Ned la trovava stupenda e irresistibile, e che era innamorato di lei; riusciva a capirlo perché anche lei provava la stessa cosa. In lui non trovava difetti, ma solo una pelle, un corpo e un profumo meravigliosi, che le piacevano da impazzire.

Li aveva travolti all'improvviso con la forza di una tempesta, ma invece di flagellarli con il vento della passione, il loro amore si era presentato come una luce beata, giunta a calmarli e a infondere felicità nella loro vita. Questo amore non aveva scatenato in Ruth la paura di essere usata o abbandonata, come era successo nelle relazioni passate, ma le aveva dato un senso di pienezza. Era convinta che niente avrebbe mai cambiato quello che Ned provava per lei, o lei per lui, quindi poteva correre il rischio di portarlo a casa e presentarlo ai suoi. Le venne da pensare che per lei Ned poteva essere più importante perfino della famiglia.

Non aveva nulla di cui preoccuparsi: la visita alla vecchia canonica fu un successo. A Ned la casa piacque molto, e suo padre era in ottima forma. Anziché ripetere con insistenza: «Aah, Neddy», con la pronuncia languida e strascicata di Peter Sellers, Silas fu davvero il fascino in persona, e lo accolse in modo molto cordiale. Sembrava felicissimo della compagnia di un altro uomo, e cercò ogni espediente per tenere Ned tutto per sé.

«Questo ti interesserà, Ned. Vieni a dare un'occhiata» ripeteva in continuazione, anche se non aveva motivo di credere che Ned potesse essere particolarmente interessato a sapere come si montano i giunti a tenone o come si installa un calorifero. Accompagnò Ned in una lunga visita estenuante al giardino, lasciando la figlia a preparare il pranzo della domenica. Mentre pelava le patate, Ruth osservava i due che si facevano strada attorno alle varie verdure, e suo padre indicava punti di particolare interesse, come il mucchio dei rifiuti.

Ruth lasciò cadere una patata nel lavandino, travolta da un senso di pienezza. Si sentì pervadere dal calore di un sentimento che le sembrava molto simile alla felicità perfetta. Avere Ned qui, nella casa che amo, pensò. E anche mio padre. Si sta bene. Ma come ho fatto a non accorgermi prima del vuoto che avevo dentro?

Dopo la morte di sua madre, Ruth aveva sofferto più per il dolore degli altri che non per il proprio. Non poteva sopportare di vedere suo padre piangere, o Cordy tutta sola, abbandonata sulla panchina in un angolo del giardino. Aveva fatto del suo meglio per riempire quel vuoto terribile, occupandosi del padre e della sorella nell'unico modo che conosceva: imitando sua madre. Ma per quanto ci avesse provato, non era servito a nulla. Non faceva alcuna differenza quanti pasti cucinasse, quanto spesso pulisse la casa, quanta biancheria lavasse, e neppure che mettesse i fiori preferiti di sua madre in un vaso in soggiorno e preparasse focaccine per il tè del pomeriggio: restava sempre il senso di qualcosa di vitale che era venuto a mancare. Una parte di lei aveva sperato che suo padre e Cordy un giorno le avrebbero detto: «Oh, ora non ci importa più che la mamma sia morta perché c'è qui Ruth che fa tutto alla perfezione», ma non era mai accaduto. Quindi era andata avanti con la sensazione straziante di fare del proprio meglio e, malgrado tutto, fallire.

Adesso, però, aveva capito che cercare di prendere il posto di sua madre non avrebbe mai funzionato. La vera soluzione era creare una nuova famiglia e instaurare nuovi legami. La cosa più sensata era smettere di vedere suo padre come il genitore e se stessa come l'eterna bambina. Era giunto il momento di diventare adulta. Avrebbe abbandonato i vecchi schemi per adottarne uno nuovo, di cui lei e Ned sarebbero stati il cuore pulsante, e avrebbero nutrito gli altri con il loro calore e la loro forza.

Tornò a immergere le mani nell'acqua fredda e prese un'altra patata, canticchiando tra sé.

«Quand'è che mi porti a conoscere i tuoi?» domandò Ruth una domenica mattina, mentre i due oziavano nel letto di Ned. Ormai erano fidanzati da una settimana, e Ned non aveva ancora dato la bella notizia ai suoi genitori. Che strano, pensò Ruth. Certo non tutte le famiglie vivono seguendo le stesse regole, e anche la mia, per quanto chiacchierona e scherzosa, ha avuto i suoi momenti di silenzio – forse Ned sta attraversando proprio uno di quei momenti. Eppure... un fidanzamento! Ruth trovava quantomeno insolito che non gliel'avesse detto subito, anche solo per telefono. Ed era ingiusto che gli Haskell fossero stati esclusi dalla festa, quando la sua stessa famiglia aveva avuto il piacere di apprendere tutto subito, per di più avendo già conosciuto Ned. Alla notizia del fidanzamento Silas e Cordy avevano reagito in modo impeccabile, scambiando baci e abbracci con entrambi. Silas aveva stappato una bottiglia del suo pregiato champagne d'annata, insistendo per mettere un inserto sul giornale. Sembrava scorretto che gli Haskell non sapessero ancora nulla. Ma la decisione spettava a Ned, e lui sosteneva di volerglielo dire di persona.

Ned stava esaminando con attenzione una ciocca dei capelli ramati di Ruth avvolti attorno al dito. «I tuoi capelli hanno un colore davvero fantastico» mormorò. «Castano, rosso, arancio, oro, tutti mischiati assieme. Guarda come brillano alla luce.»

«Tra poco diventeranno grigi, soprattutto per lo stress di dover riordinare il tuo tremendo disordine. Ahi» esclamò, mentre Ned le tirava delicatamente i capelli.

«Immagino che vorrai riordinare anche me, rassettarmi. Cercherai qualche formula magica nei tuoi vecchi libri. Tre tazze di aceto, un mestolo di bicarbonato di sodio, un limone, code di gatto, occhi di tritone, zampe di rana...»

«Un po' di rispetto, se non ti dispiace. La mia collezione di libri d'epoca di economia domestica si sta rivelando estremamente interessante, e anche utile.»

«D'epoca!» Ned scoppiò a ridere. «Vuoi dire stravecchi.»

«Andiamo, devi ammettere che questa casa è piuttosto lurida. Alla mia ex compagna di corsia verrebbe un colpo se vedesse in che stato tieni il bagno. *Germi, infermiera Blackiston! Eliminali, eliminali, eliminali!* Quand'è l'ultima volta che l'hai pulito?»

«Sono molto impegnato» rispose con ostinazione.

«Sì, a guardare la televisione. A giocare a rugby.»

«I lavori domestici sono noiosi...»

«Ma necessari.»

«Non dire altro. Mi ricordi mia madre. Un po' di disordine non ha mai ucciso nessuno.»

«Non sto parlando del disordine... sto parlando della proliferazione dei funghi. Tutt'altra cosa.» Lo guardò incuriosita. «Davvero ti ricordo tua madre?»

Ned la fissò. «No, non è vero. A essere sincero, non le assomigli affatto.»

«Mhm, è un bene o un male? Non ne sono sicura, però non mi sembra che tu abbia molta voglia di andare a trovare i tuoi, quindi potrebbe essere un bene. Dài, forza, smettila di evitare l'argomento. Quando andiamo a conoscerli?»

«Il problema è che...» Districò i capelli e la strinse a sé. «Non credo che potrei reggere le quattro ore di viaggio senza mai venire a letto con te. Per questo è stato così difficile da programmare. Esigerò da te il rispetto dei miei diritti coniugali appena prima di partire e appena dopo essere tornati, in caso contrario non risponderò delle conseguenze.»

Le diede un bacio appassionato, poi la guardò. Ruth amava l'intimità che provava stando così vicina a lui, riuscendo a vedere le striature color nocciola nei suoi occhi verdi. Quante altre persone l'avevano visto, visto *davvero*, come l'aveva visto lei, tanto da conoscere alla perfezione la spruzzata di lentiggini che aveva sul braccio, le sopracciglia con le stesse sfumature dei capelli, il modo in cui le ciglia gli si arricciavano? Chi altro conosceva la bellezza e il calore del suo dolce profumo, o il fatto che avesse dei piedi straordinariamente belli? Solo io, pensò Ruth, e si sentì felice. Ned le aveva accennato a un paio di ex ragazze, ma ora non significavano più nulla. Nessun'altra donna poteva avere un legame del genere con lui, non nel modo in cui lo sentiva lei, come se non avesse mai provato con nessun altro l'intimità che aveva con Ned.

«In realtà» disse Ned lentamente, «avevo pensato che potremmo andarci sabato prossimo, se sei libera.»

«Certo che sono libera. Mi piacerebbe molto andarci. Prima lo facciamo, meglio è, dico davvero.» Ruth sorrise. «Sarebbe ora.»

Era curiosa di conoscere la famiglia di Ned, a maggior ragione data la loro assenza nella vita del figlio. Non c'erano loro fotografie nella villetta, né alcun indizio che potesse rivelarle com'erano fatti. Il telefono era suonato più volte da quando Ruth stava lì, ma Ned aveva risposto al piano di sopra, per poi scendere poco dopo dicendo: «Era solo mia madre» senza aggiungere altro.

Le uniche fotografie in casa ritraevano Ned con i suoi amici, gli stessi cinque volti catturati nel corso degli anni e in combinazioni diverse, che rivelavano lievi segni di cambiamento dati dall'età. In bagno erano appese grandi cornici piene di fotografie scattate durante le vacanze e alle varie feste. Una, al centro di una grossa cornice, li ritraeva tutti sdraiati sulla neve a formare un cerchio, le punte dei loro berretti di lana congiunte al centro: quattro ragazzi e una ragazza dai capelli ricci e neri che sbucavano dal cappello. Sorridevano alla macchina fotografica, tutti con le guance e il naso arrossati dal freddo.

Chi avrà scattato la foto? si domandò Ruth, osservandola. Ned non era cambiato molto, ma da ragazzo il suo volto presentava angoli diversi, sconosciuti.

«Chi sono questi?» chiese, mentre tornava a letto con la cornice in mano. «Sono i famosi amici di cui mi hai tanto parlato?»

«Sì.» Ned si mise a sedere, sistemandosi il cuscino dietro la schiena. «Sono proprio loro.» Additò un paio di fotografie in cui erano tutti seduti in riva al fiume in una giornata estiva. «Qui avevamo fatto un picnic vicino a casa di Tom. Tom è questo.» Le indicò un bel ragazzo. «Andavamo a scuola insieme. Migliori amici. In un certo senso è strano che fossimo così uniti, siamo cresciuti in ambienti molto diversi. I miei genitori lavoravano come pazzi e hanno fatto un mare di sacrifici per mandarmi a un collegio privato. Tom, invece, ci è finito dopo essere stato respinto a Eton, Winchester e Radley. È molto testardo. Più gli dicevano di impegnarsi per l'esame d'ammissione, e meno si preoccupava. E così si è ritrovato nella mia scuola.» Poi le indicò le altre persone. «Questo è Jeremy. Timido ma brillante. E quello è Luke. Anche lui brillante ma molto meno timido. E questo sono io.»

«Un bel gruppetto di ragazzi svegli. E questa chi è?» Ruth puntò il dito sull'immagine della ragazza seduta a gambe incrociate sull'erba. Era esile, i capelli le ricadevano sul collo in folti ricci. Portava dei jeans e un top; le spalle scoperte e pallide erano inarcate, le mani infilate sotto le cosce. Stava ridendo, con gli occhi chiusi e la bocca aperta, sprigionando una silenziosa allegria.

«Ah. Quella è Erin.»

«L'unica ragazza ammessa?»

Ned rise. «Forse. O forse era l'unica ragazza che poteva interessarsi a noi.»

«Perché? Eravate strani?» Le sembravano tutti abbastanza normali.

Ned alzò le spalle. «Diciamo di vedute un po' ristrette. Non ci piacevano molto gli estranei.»

«Come vi siete conosciuti?»

«Oh, il momento fatidico. Al primo anno di università, io e Tom abbiamo deciso di sviluppare il nostro lato teatrale, dopo che lui aveva fatto scalpore interpretando Miranda nella rappresentazione di *La tempesta* della compagnia della scuola.» Le indicò la frangia bionda di Tom. «Aveva dei capelli da donna, vedi. E devo ammettere che quel vestito gli donava molto. Alcuni ragazzi del sesto anno sembravano abbastanza arrapati da lui. Io avevo avuto un successo strepitoso nel ruolo del capitano della nave, con la mia unica battuta: 'Bravo, infondi un po' di coraggio nei marinai: e che si mettano subito al lavoro, altrimenti ce ne andremo tutti in secco: presto, presto'. Dopo quella volta volevo qualcosa di più – una parte con più di due battute quantomeno. Così ci siamo buttati entrambi su un club amatoriale di arte drammatica per matricole, gestito da un giovane molto effeminato di nome Alasdair, e ci hanno subito inserito in un gruppetto che stava improvvisando una commediola. Non ricordo precisamente cosa abbiamo fatto – qualcosa di penosamente prevedibile, suppongo. Una parodia di Noël Coward o qualcosa del genere. Nel gruppo c'erano Luke – quello più basso –, Jeremy ed Erin. Siamo diventati praticamente inseparabili. Si dice che il secondo e il terzo anno di università li si passi a cercare di liberarsi degli amici conosciuti la prima settimana... per noi non è stato così. Siamo diventati sempre più uniti. Andavamo in vacanza assieme, come puoi vedere dalle foto. Eravamo compagni di appartamento, uscivamo, abbiamo partecipato ad altre rappresentazioni, e così via...»

«E ora abitate anche nella stessa parte del mondo, più di dieci anni dopo. È fantastico. Non conosco molti gruppi di amici tanto affiatati. Fran, la mia migliore amica dell'università, si è trasferita a Manchester più o meno sei mesi fa, ma non mi è mai venuto in mente di seguirla.»

«Ti sembra davvero così strano? Conosco tantissime

persone che rimangono in contatto. Comunque, tu qui hai un sacco di amiche – tutte quelle infermiere che conosci.»

«È perché ho sempre vissuto qui, e le ragazze che ho conosciuto all'università sono rimaste a lavorare al Radcliffe, è così che funziona il sistema. Non è proprio la stessa cosa decidere di trasferirsi in massa nella stessa città.»

«Non viviamo nella stessa città. Luke e sua moglie Abigail vivono dalla parte opposta di Oxford. Jeremy ha affittato una stanza in Walton Street. Tom ed Erin stanno in un paese qui vicino. Se dovremo separarci immagino che lo faremo. È solo che per il momento ci sta bene così.»

Ruth diede un'altra occhiata alla fotografia. «E così Tom ed Erin hanno finito per mettersi insieme...»

Ned annuì.

«Quand'è che mi presenti i tuoi amici?»

Ned spinse via la cornice e si voltò verso di lei, accoccolandosi sulla sua spalla. «Voglio tenerti tutta per me finché posso» disse in tono scherzoso, mordendole dolcemente il braccio. «Non voglio dividerti con nessuno.»

Capitolo 4

Il sabato mattina si alzarono presto per andare a York. Ned era serio e taciturno: Starà pensando al viaggio, immaginò Ruth. Lei sentiva che era importante non arrivare in ritardo, e che tutto doveva filare liscio il più possibile.

Sotto la doccia, Ruth guardò il suo anello di fidanzamento, l'acqua calda che rimbalzava sui brillanti bianchi, e pensò che forse sarebbe stato meglio toglierselo, per quella prima visita. Sembrava un segno di arroganza, o comunque ricordava troppo chiaramente che il patto con Ned era ormai firmato e suggellato da un anello, senza il bisogno dell'approvazione dei genitori di lui. Sottolineava la scarsa sollecitudine con cui erano stati messi al corrente.

Me lo tolgo, decise Ruth. Non si sa mai.

Tornò in camera da letto avvolta nell'asciugamano, se lo sfilò e lo mise sulla cassettiera. Quel dito, fin troppo elegante negli ultimi giorni, ora le sembrava nudo, e non le piaceva. Non le andava neppure l'idea di lasciare l'anello lì, abbandonato, tutto il giorno: così lo indossò di nuovo. Me lo tolgo più tardi.

Le sembrava ancora incredibile: era fidanzata e stava per sposarsi. Dopo aver accettato la proposta di Ned, nella loro vita tutto aveva cominciato a funzionare. Si era insinuata una forza esterna, a cui non poteva resistere, la forza della tradizione e delle aspettative, *delle cose da fare*, semplicemente. Avevano l'anello, ma quello era solo l'inizio: d'un tratto sembrava ci fosse un milione di cose da organizzare, se davvero avevano intenzione di fare quel passo e sposarsi.

Si vestì in camera, sotto gli occhi di Maisie, la vecchia gatta tigrata che, raggomitolata sul letto, di tanto in tanto si leccava una zampa.

«Come sto, micetta?» le chiese Ruth, voltandosi per guardarsi allo specchio. Abbigliamento pratico e sobrio, almeno lo sperava: una gonna nera a tinta unita, camicia e un cardigan di pizzo con un nastro intorno alla vita. Troppo serioso? Troppo noioso? Era così difficile saperlo, senza avere la minima idea di che persone stesse per incontrare.

Per provare a immaginarsi la famiglia di Ned, aveva preso i pochi particolari che lui le aveva dato, ricamandoci sopra con la fantasia. Erano sempre vissuti fuori York e avevano grandi progetti per lui, diceva Ned: avevano lavorato sodo per mandarlo a una scuola privata, che gli aveva eliminato quasi del tutto l'accento, a favore di una pronuncia «standard» impeccabile – ma le «a» e le «o» brevi gli erano rimaste. Era stato il primo della famiglia ad andare all'università. Ruth s'immaginava due genitori affabili e laboriosi, pieni di saggezza e di calore domestico. Inconsapevolmente aveva attribuito a Ned quel retroterra che avrebbe voluto per lui; si era figurata una casa allegra e felice, invasa dal profumo del cibo casalingo. I genitori se li immaginava fedeli sostenitori della comunità locale, Jackie grassoccia e rubiconda, in gamba e gioviale, con indosso un grembiule anche quando andava a fare la spesa. Steven se lo figurava forse come magistrato locale o direttore di banca, rispettabile e rispettato. La sorella, Susan, era bruttina, una versione più spenta della solidità di Ned, un'aria da bibliotecaria zitella, insolita quanto basta a Londra.

«Ruth, sei pronta? Dobbiamo andare» gridò Ned dal piano di sotto.

«Sto arrivando!» rispose. Inspirò profondamente e fece un'ultima carezza alla gatta. «Augurami buona fortuna, Maisie.»

In autostrada, mentre l'auto percorreva tranquillamente i chilometri da Oxford a York, la madre rubiconda e il villino coperto di rose cominciarono a sembrarle sempre più ridicoli. No, certo, non sarebbe stato così.

«Raccontami che tipi sono» disse Ruth, guardando Ned alla guida. «Ho bisogno di essere preparata.»

Lui alzò le spalle. «Pensa pure quello che vuoi. Tanto fra un'ora li conoscerai di persona. Qualsiasi cosa io dica sarebbe inutile.»

«Dài... cosa dovrei aspettarmi?»

Ned tacque.

«Non capisco» esclamò allegramente Ruth. «Mi dici sempre tutto. Non saranno poi così male, no?»

Ned fissava la strada davanti a lui con aria esasperata. «Cosa vuoi che ti dica...!» sbottò. «Santo Cielo! Io non ti ho chiesto un rapporto dettagliato sulla tua famiglia, se non sbaglio. Ho aspettato di vedere com'erano e basta. Lasciamo perdere, su.»

Offesa, Ruth si chiuse in se stessa. Non avevano mai litigato, né avuto discussioni; mai, fino a quel momento, c'era stato un battibecco. Quando Ned superava un'automobile, Ruth la guardava scivolare indietro; e proseguirono in silenzio.

La casa sorgeva sull'asfalto liscio, in una curva di moderne villette di mattoni, tutte identiche a lei. Di fronte, vi era un lungo prato verde dai bordi perfettamente curati e potature rotonde attorno alle basi degli alberi. L'erba era così perfetta che Ruth si aspettò quasi di vedere un cartello che ammonisse la gente di non calpestarla. Le pianticelle tutt'intorno – intervallate da piccoli spazi di terriccio – avevano fiorellini rosa e foglie viola luccicanti, appena distinguibili dal suolo bruno.

Si incamminarono verso la porta d'ingresso.

Ruth aveva la bocca arida per la tensione. Si aggiustò la borsetta sulla spalla e strinse forte la mano a Ned.

«Non preoccuparti, andrà tutto bene» la rassicurò.

«Non mi lascerai da sola, vero? Avrei dovuto portare dei fiori, o qualcos'altro.»

«Va bene così.» Ned suonò il campanello e si udirono due lunghe note discendenti. Un'ombra s'avvicinò al vetro opaco e Ruth fece un grande sorriso in preparazione.

La porta si aprì e una donna fece lentamente capolino, quasi timorosa. Ruth era sorpresa. Solo allora si rese conto che si era fatta un'idea tutta sua della madre di Ned. La realtà era completamente diversa da quello che s'aspettava. La donna di fronte a lei era bassa e magra, vestita in modo anonimo: pantaloni blu scuro, una camicia bianca e un cardigan. Aveva i capelli tinti, ma non era un tipo vistoso: un caschetto liscio biondo-miele con sfumature argentee, accuratamente «fonato» verso l'interno all'altezza del mento. Gli occhi erano rotondi e castani, e portava degli occhiali con una montatura di titanio quasi invisibile. Quando si posò su Ruth, il suo sguardo appariva vulnerabile e interrogativo.

«Tu devi essere Ruth» disse dolcemente. Poi guardò

Ned con un grande sorriso, che le increspò i lineamenti del volto. «Ciao caro.»

«Ciao mamma.» Ned si chinò e la baciò sulla guancia.

«Buongiorno, signora Haskell» disse educatamente Ruth, chiedendosi se avrebbe dovuto provare a baciarla anche lei.

La madre di Ned stava indietro, nell'ombra dell'ingresso. «Prego, venite dentro...» li invitò «venite pure.»

Mentre entravano, la madre di Ned disse: «Scusate il disordine».

Ruth non capiva cosa intendesse dire: raramente era stata in una casa così ordinata. Lungo il corridoio d'ingresso c'erano diversi tavolini, e su ciascuno una piccola collezione di foto e soprammobili di porcellana. Fotografie in cornici dorate erano appese alle pareti a intervalli ben studiati. Passarono davanti a una vetrinetta piena di bamboline in costumi nazionali, che sembrava fossero state paralizzate durante un'allegra danza al suono di una musica inudibile.

«Questo è il soggiorno» spiegò la madre di Ned, precedendoli in un'ampia sala, verso la parte sul retro dell'abitazione.

«Che bello» commentò Ruth. Aveva un po' freddo e scrollò impercettibilmente le spalle. «Avete proprio una bella casa.»

Al pari dell'ingresso, il soggiorno era in ordine e arredato con cura. I mobili erano pesanti e di stile omogeneo, coperti di tessuto damascato beige con frange su ogni lato. Cuscini dai colori contrastanti erano accatastati con arte su ogni posto a sedere, come per dissuadere chiunque dall'accomodarcisi sopra. Anche il tappeto era chiarissimo, di quelli che ti sfidano a bere una tazza di caffè o un bicchiere di vino rosso, o a calpestarlo con le scarpe quando torni da una passeggiata. Anche le tende – drappeggiate e con mantovane – erano frangiate, tenute aperte da grossi fiocchi. Su tavolini rotondi con centrini di seta beige erano appoggiate altre fotografie; Ruth ne vide di sfuggita una di Ned in toga da laureato. Al centro del soffitto pendeva un lampadario di cristallo composto da diverse file di gocce di vetro. C'erano altre vetrinette piene di preziosi bicchieri colorati e servizi da tè, mentre un grosso specchio dalla cornice d'oro molto lavorata pendeva sopra la stufa elettrica.

«Faccio del mio meglio» disse la signora Haskell con la sua vocina dolce. «È impegnativo tenerla in ordine, ma ci tengo. Ti piace davvero?» Il tono sembrava quasi ansioso.

«Sì, sì» rispose Ruth, decisa. «È una bellissima casa.»

S'accomodarono rigidamente sui duri cuscini. «Vi va un tè?» chiese la signora Haskell. «Tra non molto pranzeremo, ma immagino gradiate una tazza di tè dopo il viaggio.»

«Oh sì, grazie» disse subito Ruth, con una specie di allegria forzata che usava a volte con i pazienti. Sapeva che si stava comportando in modo poco spontaneo e non vedeva l'ora che, poco a poco, quel disagio iniziale scomparisse, per poi rilassarsi tutti quanti.

«Steven!» gridò Jackie, facendo balzare Ruth dallo spavento. «Steve! Porta il tè!»

Un attimo dopo, un uomo alto, bruttino, con i baffi grigi – in pantaloni grigi e camicia bianca – entrò vagando con in mano un vassoio pieghevole da tè.

«Ciao, papà» salutò Ned, sorridendo.

«Oh, ciao Ned» rispose Steven Haskell, guardandolo come se non si fosse assolutamente aspettato di vedere suo figlio in soggiorno, ma contento per la sorpresa. «Come va?»

«Bene, bene. Tutto ok. E tu?»

«Io bene. Non c'è male.»

«Lei è Ruth» disse Ned, indicandola. Stava seduta dritta come un fuso, come un cane che si aspetta un premio, con un grande sorriso stampato sul volto.

«Ciao, cara.» Steven sembrava vedesse la moglie per la prima volta. Fece un cenno con il capo a Ruth e sorrise, ma non si mosse per avvicinarsi. «Piacere di conoscerti.»

«Appoggia lì il vassoio» ordinò la madre di Ned, additando un punto di fianco a lei, «e poi porta il tè».

Steven aprì il vassoio dalle gambe lunghe, deboli e metalliche, e lo mise dove gli era stato detto. Poi uscì di nuovo.

«Come stai allora, Ned?» domandò Jackie Haskell, con quella strana voce dolce. Non suonava naturale, pensò Ruth; era come se si fosse esercitata a tenerla bassa, al livello di un mezzo sussurro. «Come va il lavoro?»

«Bene.» Ned accavallò le gambe ed esaminò la suola del suo stivale giocherellando con i lacci. «Tutto a posto.»

«Ti trattano bene?»

«Sì sì, nessun problema.»

«E la casa?»

«Bene.»

Jackie guardò Ruth sbattendo lentamente i grandi occhi castani dietro gli occhiali. «Sei andata ad abitare nel villino, vero?»

«Sì» rispose Ruth. Si sentiva imbarazzatissima per essere una parte tanto importante della vita di Ned, senza aver mai visto prima sua madre. Dobbiamo solo superare questa fase, pensò. Poi andrà tutto bene. Ricordò che Ned le aveva detto: «Ti adoreranno» e si aggrappava a quell'idea, benché nessuno dei genitori avesse molto l'aria di chi adori qualcuno.

«E ti piace?»

«Sì, molto.»

«Forse tu riuscirai meglio di me a convincere Edward a tenerlo in ordine.»

«Chi?»

Jackie la fissò per un momento, poi fece una smorfia. Appoggiò attentamente le mani sulle ginocchia. «Edward.»

«Sono io» disse Ned. «Edward è il mio vero nome.»

«Oh.» Ruth rise, nervosa. «Ma certo. Che stupida.» Aveva visto della corrispondenza indirizzata al Signor E. Haskell, ma, da quando lo conosceva, tutti lo avevano chiamato sempre e solo Ned. «È abbastanza bravo, comunque.» Sorrise a Ned, sperando nel suo appoggio. Poi le venne in mente la loro camera e lo stato in cui l'avevano lasciata quella mattina: il piumone ammassato in mezzo al letto, le lenzuola sgualcite, i panni sporchi ammucchiati sul pavimento... e si sentì di nuovo in imbarazzo. Diventò tutta rossa e avvertì il prurito del sudore sotto i capelli.

«Veramente carini quelli.» Indicò la vetrinetta con i bicchieri colorati. Jackie seguì il suo sguardo e si addolcì. Sembrava orgogliosa.

«Carini, vero? Le cose carine sono proprio la mia passione. Vedi quel servizio di bicchierini da liquore? Sono fatti a mano. Li ho comprati a Praga... bicchieri originali, fatti a mano. Ho anche tirato sul prezzo.»

«Sono stupendi» disse Ruth con sincerità, e in quel momento i preziosi bicchieri colorati sembravano davvero dei fari di eleganza. «Scommetto che su una tovaglia bianca stanno benissimo.»

«Non li abbiamo mai usati. Sono solo per bellezza.»

Steven Haskell tornò con un altro vassoio, portando stavolta una teiera di porcellana, una lattiera, una zuccheriera, tazze, piattini e un piatto di biscotti. Trasferì tutto sul primo vassoio e, poi, si accomodò su una sedia accanto alla porta, come se fosse pronto a riscattare fuori in qualunque momento, nel caso gli venisse ordinato.

Jackie versò il tè cerimoniosamente, posando con cura un filtro in ogni tazza. Porse la prima a Ruth, dopo averci messo due zollette di zucchero candido e aver mescolato.

«Grazie» disse Ruth, anche se lei non lo prendeva mai zuccherato. Bevve un sorso: era insipido, con così tanto latte che sapeva quasi di whiskey, dolce fino alla nausea. *Devo berlo*, pensò. Di sicuro Ruth non era il tipo che osava fare commenti; aveva una paura terribile di essere scortese a fare richieste in casa degli altri.

Ci fu un'educata ma imbarazzante pausa di silenzio, mentre tutti sorseggiavano il tè. Quand'è che Ned si decide a dire qualcosa? si chiese. Quando ha intenzione di dirglielo?

«Edward ci ha detto che fai l'infermiera». Jackie appoggiò la tazza sul piattino con un leggero tintinnio.

«Sì, esatto» rispose vivace. «Lavoro in un ambulatorio a Oxford. Ma non sono lì da tanto: prima ho lavorato tre anni al pronto soccorso del John Radcliffe. È un ospedale molto vecchio... È grandissimo, ma è così vecchio che le sale sono troppo piccole, c'è a malapena lo spazio per girarsi, e io ero sola a gestire una corsia piuttosto impegnativa. Me ne sono andata, perché i turni di notte stavano diventando troppo pesanti.»

Jackie annuiva, dicendo «mhm, mhm» a labbra serrate; e quando Ruth si fermò s'intromise subito. «Devi essere una persona molto premurosa.»

«Be', non saprei... Faccio del mio meglio, ecco.»

«Edward te l'ha detto che l'anno scorso mi sono ammalata? Non stavo bene affatto. Gli altri non capiscono. Mi guardano e credono che io ce la faccia. Mi vedono da fuori e pensano che sia d'acciaio, ma non è così. Sono stressatissima. Ho la pressione alle stelle e dei dolori terribili. Ieri sera – Steven te lo può confermare, è vero Steven? – urlavo quasi per il dolore. Mi fa male qui», si premette l'addome, poi la schiena, «e qui.»

«Deve fare molto male» disse Ruth lentamente, pensando: Cosa vuole che faccia io? Vuole che le faccia una diagnosi? «Che cosa dice il suo medico?»

«Oh, quello!» Jackie agitò una mano con disprezzo. «Non sa nemmeno quel che dice. Non sa come mi sento io! I dottori sono tutti uguali. Degli assassini.»

«Be', non si può generalizzare» commentò Ruth, chiedendosi dove sarebbe andata a finire la conversazione.

«Su, mamma» disse Ned, sorridendo. «Non dire sciocchezze. Il dottor Portman sa fare il suo mestiere».

«È un vecchio imbroglione. È felicissimo appena fa fuori qualcuno oltre i cinquanta.» Un altro pensiero sembrò balenarle in mente e si protese verso Ruth, lo sguardo turbato. Ricominciò a sussurrare. «Edward mi ha detto che la tua mamma è morta. Li hai presi da lei i capelli rossi?»

«Mhm, no. Da mia nonna, mi sa.»

«Be', può saltare una generazione... Quanti anni aveva quando è morta?»

«Quarantuno.»

«Oh, giovanissima. Più di me. Povera donna. Cos'è stato?»

«Un tumore alle ovaie.»

Il volto di Jackie si contrasse come per una fitta. Emise un gemito sommesso. «Oh, è terribile. Davvero tremendo. E tu dovevi essere così piccola. Oh, Ruth... Per lei dev'essere stato uno strazio lasciarti. Probabilmente veglia su di te dal cielo. Pensa alla gioia che ti ha dato, non tormentarti con il dolore. Era un angelo entrato nella tua vita, ma se n'è andato troppo presto. Dammi la mano.» Ruth tese la mano verso quella della madre di Ned, che la afferrò tra le sue, fredde e lisce. Poi Jackie cambiò espressione: aggrottò la fronte, girando la mano di Ruth verso l'alto. «E questo cos'è?»

L'anello di fidanzamento brillava alla luce di una lampada.

«Cos'è questo?» chiese di nuovo Jackie con insistenza, in tono aspro.

Oddio, pensò Ruth, imprecando contro se stessa per essersi dimenticata di togliersi l'anello. Ned si spostò di fianco a lei, impacciato.

«Be', è quello di cui siamo venuti a parlarvi, mamma...»

«Ti sei fidanzato, Edward? Con una che io non avevo mai conosciuto? Ti sei *fidanzato*? E quando pensavi di dirmelo?» Il tono indignato di Jackie saliva.

«Sono venuto a dirvelo adesso...»

«Da quant'è che va avanti questa storia?» Gli occhi castani non erano più umidi e teneri, ma duri come pietra. La rabbia le deformava la bocca.

«Solo da due settimane» disse Ruth, con l'intenzione di calmarla. Stava per spiegare, ma Jackie prese fiato:

«*Due settimane?* È una vergogna! A tua madre, questo!» Si girò verso Ned. «Mi hai profondamente delusa, Edward.» Ansimava come se fosse una persona sofferente, poi si alzò in piedi e uscì dalla stanza barcollando, con una mano teatralmente stretta al petto. Ned si alzò, diede un'occhiata a Ruth e disse: «È meglio che la segua. Non preoccuparti. Ci penso io a calmarla».

Un minuto dopo Ruth era lì da sola con Steven Huskell, ancora seduto sulla sua sedia accanto alla porta, composto, come un maggiordomo in servizio.

«Non farle caso» la rassicurò. «Si calmerà. Oh, bene, è una splendida notizia. Mi chiedevo quando si sarebbe sistemato nostro figlio. Mi sembri una ragazza molto simpatica. Vediamo un po' quel brillante.»

Ruth allungò la mano, sorridendo timida. «Pensa che la signora si calmerà?»

«Certo, non preoccuparti. Superata la tempesta, tornerà di nuovo tutto tranquillo. Tutto dimenticato. Ooh, molto carino. Diamanti veri, eh? Riescono a fare cose meravigliose con lo zirconio cubico, oggigiorno.»

Restarono insieme per quaranta minuti: Ruth faceva domande cortesi sul giardino e il quartiere, ma per tutto il tempo si sentì un po' a disagio, scontenta che la visita avesse preso quella brutta piega. Perché Ned non aveva parlato subito del fidanzamento? si chiedeva. Perché non mi sono tolta quel maledetto anello? Sua madre mi odierà per sempre? Oh, accidenti... Peggio di così non poteva andare.

Alzò lo sguardo ansiosa, appena tornò Ned. «Tutto a posto?»

«Sì, si è calmata. Vuole vederti.»

La condusse nell'ingresso e poi su per le scale.

«Davvero è tutto a posto?» chiese in fretta Ruth, bisbigliando.

«Ha fatto un po' di scene, ma è passata.» Arrivati davanti a una porta, Ned bussò delicatamente e aprì. «C'è Ruth, mamma. Entra pure.»

Ruth avanzò nell'oscurità. Jackie stava sotto le lenzuola, nel grande letto matrimoniale al centro della camera. Le tende erano chiuse e la stanza semibuia.

Dal letto una vocina disse: «Vieni qui, Ruth. Siediti sul letto».

Ruth si avvicinò e si sedette sul bordo. Jackie sfilò una mano da sotto le lenzuola, posandola sul ginocchio di Ruth.

«Come sta?» chiese la ragazza nel tono più gentile che poté. «Come si sente? Mi dispiace sia stato uno shock così grande per lei.»

«E così, hai intenzione di sposare il nostro Edward...» La voce di Jackie s'era fatta di nuovo dolce e acuta, un sussurro. «Non capisco il modo in cui avvengono le cose oggi. È molto diverso da quando eravamo giovani noi. Ma io desidero che mio figlio abbia il meglio, Ruth, e sono sicura che tu mi comprendi. Un giorno capirai, quando anche tu avrai dei figli. Si desidera soltanto la loro felicità. Adesso ho una domanda da farti... poi andiamo avanti.» Ci fu una pausa. Ruth attese, esitante. «Sei incinta? È per questo che fate tutto così in fretta?»

«Oh!» Ruth rise nervosamente. «Mhm... no. No. Non aspetto un bambino.»

«Sicura?»

«Sì, sì, ne sono sicura.»

«Dev'essere vero amore, allora, è così?»

«Lo spero» disse Ruth sorridente, notando in quella vocina una punta di sarcasmo.

La mano fredda e leggera la accarezzò. «Ruth... devi considerarmi come se fossi tua mamma, d'ora in poi. Abbiamo bisogno l'una dell'altra, lo sento. Tu puoi essere mia figlia. E io posso essere tua madre.»

Ruth era confusa. Non ce l'aveva già, una figlia?

«Ti piacerebbe, Ruth?»

«Ma certo. Per me è molto importante stare vicino a lei e a suo marito.»

«Voglio che mi chiami mamma. Lo farai? Mi chiamerai mamma?»

Ruth non avrebbe voluto assolutamente, ma non le sembrava il momento di contraddirla. «Be'...»

«Lo farai?»

«Certo.» Perché non riesco mai a dire quello che vorrei? si chiedeva, angosciata.

«Dobbiamo stare vicine. Ne ho bisogno, Ruth. Tu fai l'infermiera. E sei istruita. Ti stimo, Ruth. Ti ammiro...»

«Oh, non...» intervenne Ruth. «Veramente...»

«Penso di potermi fidare di te. Vero?»

Ci fu una pausa. Ruth guardava i tondi occhi castani brillare dietro le lenti, nella semioscurità. «Ma certo.»

«Non tutto è andato liscio come speravamo, eh?» commentò Ruth quando furono in autostrada, diretti a sud. Mentre il marito serviva il pollo arrosto con le verdure, Jackie era rimasta a letto. Ruth aveva avvertito il peso della sua assenza durante tutto il pranzo, immaginandosela a letto, al piano superiore, in quella stanza buia. Gli altri due sembravano non curarsene; Ned e suo padre chiacchierarono come se niente fosse, sia a tavola sia al momento del caffè, mentre guardavano un po' di sport davanti alla televisione. Infine venne l'ora del ritorno.

«Be' no, in effetti. Comunque, non importa il modo in cui abbiamo dato la notizia... sarebbe stato difficile in ogni caso. Un sistema semplice non c'era.»

«E perché mai? Perché... tua madre non è contenta per te?»

«È complicato e basta... Sai come vanno le cose tra madri e figli. Nessuno è mai all'altezza... e così via.»

«Ho capito» rispose incerta Ruth. «Ma alla fine era tutto a posto? Cosa le hai detto?»

«L'ho solo tranquillizzata. L'ha sconvolta essere all'oscuro della cosa... oltre al fatto che non ti aveva mai visto. È un po' protettiva nei miei riguardi, sai com'è...»

«*Te l'avevo detto* che dovevamo andarci prima.»

«Lo so, lo so.»

«Scommetto che pensa che ti abbia incastrato io.»

Per un po' proseguirono in silenzio. Ruth ricordava l'impressione avuta entrando in quella stanza buia, vedendo Jackie a letto, sotto le lenzuola, come il lupo cattivo che finge di essere la nonna. «Ha avuto quasi un attacco isterico, come una di quelle madri moraliste dell'età vittoriana.»

Per un attimo Ned non parlò, poi disse in tono seccato: «Era solo un po' sconvolta, nient'altro. Mettiti nei suoi panni».

«Certo, certo» assentì Ruth, sbrigativamente. Aveva notato nella sua voce che ne prendeva le difese e non voleva sembrare critica verso la sua famiglia. Ma è stata colpa tua, non poteva smettere di pensare, dovevi parlargliene subito. Non disse nulla; a cosa sarebbe servito discuterne? Le balenò in mente una nitida immagine della vecchia canonica: poteva sentirne il calore, ricordarne l'aspetto consumato, quella sensazione di vite vissute lì dentro. Quel luogo era intriso di umanità, era come se gli anni e l'esperienza avessero portato con sé calma e saggezza. Pensò alla grande cordialità di suo padre, contrastante con la fredda atmosfera di cemento di casa Haskell. Sono fortunata, pensò. Anche se capita qualcosa di brutto, c'è sempre casa mia. Ma povero Ned, cresciuto in quella casa fredda e orripilante. Scommetto che non gli hanno mai lasciato fare un po' di casino.

«Pensi che gli sia piaciuta?» chiese Ruth alla fine.
«Ma certo. Non preoccuparti, dico sul serio.»
«Alla fine tutto a posto, dunque.» Voleva dirgli di Jackie che le aveva chiesto di essere per lei una figlia, ma avvertiva freddezza e impazienza nella voce di Ned. Non vuole parlarne, pensò. È suscettibile, sull'argomento.
Ned premette un tasto sul lettore cd e non parlarono più, finché non furono quasi arrivati a casa.

Capitolo 5

«Pronto, Ruth? Parlo con *Ruth*? Spero di non disturbarti, chiamando così all'improvviso. Sono Erin, un'amica di Ned. Ti ha parlato di me?»

«Oh, ciao... Sì, sì, certo.» La ragazza delle fotografie. All'altro capo del telefono. Ruth se la immaginò come se fosse saltata fuori direttamente dalla foto di gruppo sulla sponda del fiume: magra, spalle abbronzate, un top con bretelline e un paio di jeans, capelli ricciutissimi che le ricadevano sul collo. Diciannove anni.

«Lo so, è piuttosto scortese da parte mia telefonarti così, senza preavviso... scusami, ma non riuscivo ad aspettare ancora. Sono settimane che non vedo Ned, pensavo che magari aveva conosciuto un nuovo amico... poi, invece, sentiamo che si è fidanzato. Siamo tutti indignati, non c'è che dire.»

«Davvero?» Ruth si sentì a disagio, presa in contropiede. Avrebbe dovuto replicare con una battuta disinvolta, ma non le venne in mente nulla.

Erin rise. «Sto scherzando... be', più o meno. *Siamo* indignati *sì*, per non averti ancora conosciuta. E Ned lo sa che, in questo tipo di cose, è necessaria la nostra approvazione. Luke e Abigail li abbiamo esaminati molto attentamente per mesi, prima che lui si sognasse anche solo di nominare la parola M. Quindi, vogliamo iniziare subito. Ho parlato con gli altri: insistiamo che stasera usciate con noi. So che non avete altri impegni, perché, se Ned non è fuori con noi, non fa mai niente al sabato sera. Non avete programmi, vero? Non lo avrai mica trasformato in un patito dei locali o uno che passa tutte le serate al cinema o roba del genere?»

«Mhm, no, non dovremmo avere programmi...» La mattinata era stata tranquilla, si era messa a leggere i giornali e aveva ritagliato una ricetta che la ispirava. Aveva intenzione di andare a Oxford al mercato coperto, a cercare un fagiano da cucinare per cena.

«Bene. Allora ci vediamo al Fox & Hounds alle otto, d'accordo?»

Quando Ned scese, capelli ancora bagnati dopo la doccia e piedi scalzi, Ruth esclamò: «A quanto pare, stasera abbiamo un appuntamento».

«Ah sì?»

Ruth arrivò dalla cucina. Ned stava grattando Maisie sotto il mento, e lei rispondeva con un affettuoso ron ron. «Ha appena chiamato Erin. Vuole che stasera ci vediamo con gli altri al Fox & Hounds.»

«Oh!» Ned non smise di massaggiare il mento alla gatta, ma aggrottò la fronte. «Tu vuoi andarci?»

«È ora che li conosca, non credi? Dopotutto, continui a vedere i ragazzi al rugby e Tom alle serate di poker. Si chiederanno se esisto davvero.»

«In effetti...»

Ruth si avvicinò e fece scivolare le sue braccia attorno a lui. «Be', non sembra che tu ne abbia molta voglia. Sono i tuoi migliori amici.»

«Sì, sì, ho voglia...» La baciò sulla punta del naso. «Ma

siamo stati così bene in queste ultime settimane, io e te da soli.»

«Lo so. Non ci va di uscire dalla nostra tana, eh?»

«È come se qui avessimo tutto ciò di cui abbiamo bisogno.»

«Ma dobbiamo pur rischiare, qualche volta.»

«Dobbiamo proprio? Non possiamo starcene qui per sempre e lasciar perdere tutto il resto?»

«A lungo andare, di sicuro impazziremmo.»

«Forse... Ma preferirei diventare pazzo con te, piuttosto che rimanere savio senza.»

«Spero che alla fine troveremo una via di mezzo.» Ruth rise. «Non possiamo starcene isolati per l'eternità. E poi voglio conoscere i tuoi amici, è importante per me. Voglio assegnare delle voci e dei caratteri a tutte quelle foto che hai in giro per casa. Giudicheranno molto strano che ti sia fidanzato con qualcuno che non hanno mai visto.»

«Sì, sono rimasti tutti un po' male... Non immaginavo proprio che agli altri importasse così tanto...» disse Ned, dispiaciuto.

«I tuoi genitori, i tuoi amici... penseranno che sei voluto scappare da tutti quanti.»

«Non è così... Be', allora andiamo al pub stasera. Ci farà bene uscire un po' di casa, in effetti.»

Nel parcheggio, Ruth prese il bus-navetta per Oxford, diretta al mercato coperto. I banchi dei macellai erano pieni di selvaggina: gli animali erano ricoperti da splendide pellicce e piumaggi rossicci, grigi e marroni. Una bambina, che era lì con la madre, piangeva davanti a un coniglio morto, appeso al gancio di una macelleria con le zampe incrociate, legate come quelle di un condannato, gli occhi chiusi. «P-p-povero c-c-coniglietto» singhiozzava.

In alternativa possiamo sempre mangiare il coniglio, pensò Ruth. Conosceva una ricetta buonissima, con senape e vino bianco. Tuttavia decise di rimanere dell'idea originaria ed entrò per cercare un bel fagiano. Uscendo, fu tentata dalla rosticceria all'altro lato della strada, con quei biscotti così invitanti... ma, mentre si chiedeva se comprare o no del pudding, sentì chiamare il suo nome.

Valentina si avvicinava, agitando una sigaretta. «Ehi, Nonna Papera! Cosa c'è per cena?»

«Ciao, cara. Che ci fai qui? Fagiano. Lo faccio con le prugne secche.»

Valentina le diede un bacio, facendo una smorfia. «Mhm... buono! Sarà certamente squisito, ma io rimango fedele alle mie lasagne della Tesco, grazie. Dài, andiamo a prenderci un caffè. Dopo viene anche Isabelle. Resta pure tu, ci divertiremo.»

«D'accordo, vengo, ma non faccio in tempo a vedere Isabelle. Devo tornare a casa.»

«Va bene...» Valentina ridacchiava, mentre si dirigevano al bar. «Mi devi un bel po' di tempo.»

«Per cosa?»

«Mi devi un favore, tesoro! Ho sentito che hai rimorchiato *alla grande,* durante la mia festa di compleanno. Ma che brava sono stata, ti ho anche portato il principe azzurro! Fammi vedere la mano.» Appena trovarono un tavolino per sedersi, Valentina esaminò l'anello. «Che lusso! Ti sta andando tutto a meraviglia, eh? Un lavoro invidiabile da infermiera in ambulatorio, e un bell'abito da sposa da comprare».

«Sì, non c'è male...». Ruth cercò di non sembrare compiaciuta, ma non poté trattenere un sorriso raggiante.

«Sono contenta per te, cara. Te lo meriti.»

«Di cosa ti occupi, ora?»

«Sono responsabile di reparto: le équipe di infermiere riferiscono a me ogni loro movimento. Penso di lasciare il lavoro, comunque.»

«È per la schiena?» Era noto il mal di schiena delle infermiere procurato loro dagli anni trascorsi a sollevare i pazienti.

«No, no. Parto come volontaria all'estero. Vado a lavorare nello Sri Lanka. Questo è il progetto, almeno. Oppure in Pakistan. O in Darfur. Ovunque ci sia bisogno.»

«È una bellissima idea. È quel che ho sempre pensato di fare io» disse Ruth. Aggrottò la fronte. Era come se Valentina avesse scelto la strada che avrebbe preso lei nella sua vita, se non avesse conosciuto Ned.

«Lo so, cara. Sei tu che mi hai dato l'idea. Ho appena fatto un corso di medicina tropicale a Londra, mi sono messa in congedo per motivi di studio.» Valentina soffiò fuori il fumo della sigaretta. «Devo vedere posti nuovi. Tornare alle cose fondamentali, ricordarmi cosa significa davvero questo lavoro. Qui siamo così impantanati con la burocrazia... non riesco nemmeno a guardare i pazienti negli occhi, perché sono troppo occupata a prendere nota di ogni minimo dettaglio, non sia mai vada male qualcosa e loro ci facciano causa. Sai cosa mi ha fatto decidere? Isabelle mi ha detto che al pronto soccorso ci sono avvocati che danno ai pazienti i loro biglietti da visita, *incoraggiandoli* a farci causa, se appena possono farlo...»

«Sul serio?» Ruth era sconcertata. «Che razza di farabutti! E succede qui da noi? Sembra una di quelle cose che capitano solo in America.»

«Eh, va così. Certe cose stanno cambiando per il meglio, ma non certo l'aspetto legale. Voglio andare in un posto dove la persona che curo migliori e sia contenta di guarire... non dove il paziente trama di prendersi un risarcimento piovuto dal cielo, perché non gli piace il tipo di benda che uso.» Valentina la fissò per un momento. «Non è troppo tardi, Ruth. Puoi farlo anche tu, se vuoi. Se questo ragazzo ti ama davvero te lo permetterà.»

«Oh, no... non è per quello.» Si sentiva confusa. Una volta non aveva forse programmato di andare via? Allora perché, quando ci provava, non riusciva proprio a pensare di partire?

«La cena era squisita. Il fagiano è il mio nuovo piatto preferito, e mi aggiungo ai fan delle prugne secche. Sono un uomo fortunato. Dove hai imparato a cucinare così bene?»

Stavano andando al pub, un chilometro al buio in una stradina secondaria, a braccetto.

«Ho imparato da sola. Grazie ai quei vecchi libri che prendi tanto in giro.»

«Non dubito che contengano la saggezza di anni e anni. Comunque, se significa che vai avanti a farmi da mangiare così, per me puoi averne quanti ne vuoi.»

«Se vuoi t'insegno a cucinare.»

«Dài! Mi piacerebbe.»

Gli strinse la mano, sorridendo, anche se lui non poteva vederla. Era così aperto alle novità e alle nuove esperienze, non si considerava mai troppo bravo in niente. Era una delle tante qualità che amava di Ned. Questa, e il suo modo insicuro di cantare, quando ascoltava una canzone delle sue voci preferite, come Nick Drake o Elliott Smith; e il modo in cui lo sentiva ridere davanti alla televisione, mentre se ne stava seduto a guardarla da solo. Amava vederlo fantasticare mentre lavava i piatti, o ascoltarlo sguazzare nella vasca dopo il rugby, facendo una minestra di fango e di erba. Le sembrava di trovare ogni giorno qualcosa in più che le ricordasse quant'era felice con lui, e com'era fortunata che lui fosse stato lì, ad aspettarla.

Mentre passeggiavano, Ruth cercava di dominare la sua crescente apprensione. In fin dei conti, non aveva appena imparato che quelle idee che sembrano buone in teoria, si rivelano meno entusiasmanti, una volta messe in pratica? Conoscere gli Haskell, per un momento le aveva fatto vedere Ned sotto una luce un po' diversa; era divenuto quasi un estraneo, perché affezionato così profondamente a persone con cui lei aveva trovato difficile legare; ci aveva messo qualche giorno per riprendersi e riappropriarsi del suo Ned.

Con i suoi amici potrebbe capitare la stessa cosa, pensava. Potrebbero farci allontanare. Ned potrebbe non essere lo stesso, con loro e con me.

Ebbe la forte tentazione di fermarsi e dire a Ned che dovevano tornare subito a casa, per custodire gelosamente la loro solitudine il più a lungo possibile. Dopotutto, non avevano bisogno di uscire dalla loro calda e piacevole intimità. Una volta fuori dalla tana, non sarebbe stato più lo stesso. Dall'inizio, quando lei era andata a vedere il cottage, aveva spento il cellulare e Ned si era rifiutato di rispondere al telefono. Facevano lunghe passeggiate – solo loro, attorniati dai campi – e parlavano all'infinito, scarpinando per i sentieri. C'era così tanto da dirsi e così tanto da raccontarsi delle loro vite e delle loro idee. Non li interessava nessun altro. Ora, mentre si avvicinavano al pub, non sapeva se essere più dispiaciuta perché quella storia esclusiva e intensa stava finendo, o più felice di conoscere le parti della vita di Ned che era curiosissima di scoprire.

Adesso è troppo tardi per tornare indietro, pensò Ruth. Comunque, devo fare una bella impressione, voglio piacere ai suoi amici. Di sicuro la loro approvazione è importante. Non abbastanza perché Ned smetta di amarmi, si disse frettolosa. La tormentava una piccola paura: che l'influenza dei suoi amici potesse essere più forte di quanto lei credesse.

Il pub era costruito in solida pietra di Cotswold giallogrigia, il piano superiore ricoperto completamente da folta edera. La porta di legno, illuminata da una grossa lanterna di ferro appesa in alto, dava accesso a un bar dal soffitto basso, con un pavimento sconnesso lastricato e pareti a pannelli di legno, contro le quali erano appoggiate delle panche di legno.

Ned disse: «Saranno di là, dove ci sono i tavolini».

Dopo l'ingresso – Ned dovette chinarsi per passarci – c'era un'altra stanza, anche questa con pannelli di legno, ma le panche erano imbottite, disposte a semicerchio e con dei tavolini in mezzo.

«Ehi, Ned!» fu il primo grido, a cui seguì un coro di voci. Sembrava che una folla di persone in fondo al locale fosse saltata in piedi urlando, facendo cenno di avvicinarsi.

Quando le raggiunsero, non erano così tante come sembrava: tre uomini e due donne, stranamente familiari per via delle fotografie, ma con la complessità sconcertante della vita reale. Assorbirono Ned nel loro cerchio e lo abbracciarono, congratulandosi per il fidanzamento e rimproverandolo in modo scherzoso per essere stato lontano così tanto tempo. Ruth aspettò che l'attenzione si spostasse su di lei, poiché sapeva che sarebbe stato così.

«Allora sei tu la donna misteriosa.» La voce proveniva dal ragazzo che Ruth riconobbe come Tom: biondo, occhi azzurri e volto inespressivo. «Cosa facciamo con questo Ned che si fidanza così? Ne abbiamo parlato tutti insieme e vorremmo che vi sottoponeste a una serie di semplici test: psicometria, grafologia, frenologia, macchina della verità. Le solite cose.»

Ruth sorrise educatamente.

Poi Ned proclamò: «Bene, le presentazioni. Lei è Ruth».

Tutti la salutarono in coro. Ruth continuava a sorridere e a fare cenni con la testa, pensando: Come sono tesa! Annuendo in questo modo, sembrerò la Regina! Avrebbe desiderato sentirsi rilassata e a suo agio, come tutti gli altri.

Ned indicò un ragazzo alto dall'aspetto trasandato, fronte alta, capelli castani, un po' stempiatello, con la barba brizzolata. «Jeremy. Un patito dello studio dei classici.»

«Ciao, signorina» salutò Jeremy. Sorrideva in modo curioso, da una parte sola, e giocherellava con una sigaretta spenta arrotolata.

Ruth ricambiò il saluto: «Ciao! Piacere di conoscervi», facendo un altro piccolo cenno con il capo. Ora che aveva in mente di non voler sembrare la Regina in un bagno di folla, non riusciva a smettere. Di questo passo, gli chiederò se viene da lontan, pensò.

Ned indicò una coppia nell'angolo – due persone basse e piuttosto in carne. «Luke e la sua mogliettina Abigail.»

Abigail allungò una mano, Ruth la prese per stringerla, ma Abigail si avvicinò per darle un bacio schioccante sulla guancia. «Oh, povera, povera piccola... che coraggio, prendersi Ned per tutta la vita! I nostri cuori sanguinano per te, cara. Sembri troppo giovane e innocente per una cosa simile.»

«Non farlo» aggiunse Luke, solennemente. «Io mi pento di essermi sposato. Ora è troppo tardi. Non mi conviene divorziare, vero tesoro?»

«No, sarebbe peggio per te.» Abigail sorrise: aveva

una faccia simpatica. «Ti prenderei fino all'ultimo penny. Finiresti in una roulotte a Whitstable, prima di renderti conto di cosa è successo. Ruth, sei la benvenuta. Ned, prendi subito qualcosa da bere per la tua fidanzata. Anzi, ordina un po' di quel meraviglioso champagne che vendono qui e festeggiamo tutti insieme. Vieni a sederti qui vicino a me, Ruth.» Spostò il suo grosso sedere più vicino al marito, lasciando uno spazietto per Ruth.

«Aspetta, non ho finito. Lui è Tom» disse Ned. Tom, rannicchiato nell'angolo, salutò: «Ciao!»

«Ed Erin» aggiunse Ned, «con cui hai già parlato. Bene. Ora che abbiamo fatto le presentazioni, vado a prendere da bere.»

«Non puoi immaginare come sono contenta di conoscerti» dichiarò Erin.

Ruth l'aveva notata subito, appena aveva visto gli amici di Ned. Era impossibile non notarla. Accanto a Erin, gli altri parevano sbiaditi, mentre lei brillava, seduta contro la parete di legno scuro. Nelle fotografie si capiva benissimo che Erin era attraente, un tipo non comune: ma in carne e ossa era bella, proprio bella, con i foltissimi ricci neri e gli occhi azzurri, in un'affascinante combinazione che la faceva sembrare irlandese. Aveva la pelle bianca e luminosa, che ne esaltava i colori marcati; era magra e flessuosa, con mani eleganti dalle dita affusolate. Aveva un modo di raccogliere i suoi ricci scomposti, attorcigliandoli dietro alla testa, per cui non si poteva fare a meno di ammirare quella massa preraffaellita di capelli scuri e il bianco del polso sottile e della mano che li tenevano.

Ruth era sbalordita; Ned non l'aveva preparata a una donna così. Se un momento prima si era sentita come la Regina, adesso era come quella bimba che deve porgere a sua maestà il bouquet di fiori, impacciata e nervosa al suo cospetto.

«Siamo così contenti che Ned ti abbia incontrato» esclamò Erin con calore. «Vogliamo sapere tutto di te.»

«Dài, siediti.» Abigail tamburellava le dita sul pezzettino di panca di fianco a lei.

«Vieni qui» disse Erin, decisa. «Vicino a me c'è più spazio.»

Ned andò a prendere lo champagne e subito bombardarono Ruth di domande. All'inizio, fu distaccata e formale, ma presto iniziò a rilassarsi; erano affabili e aperti, interessati a lei e a quel che aveva da dire. Cominciò a riacquistare fiducia in se stessa. Quando seppero che faceva l'infermiera, Tom disse: «Raccontaci la cosa più raccapricciante che tu abbia mai visto».

«Come sei morboso!» esclamò Erin. «Ignoralo, Ruth.»

«No, dài... qual è la cosa peggiore?»

«Una delle cose più strane che abbia mai visto è stato un uomo che è venuto al pronto soccorso e ha cercato di uccidere sua moglie» rispose Ruth. «L'aveva già accoltellata una volta, per quello lei era lì. A un certo punto è piombato dentro con un coltellaccio per farla fuori.»

Restarono a bocca aperta e si misero a ridere.

«E poi lo ha fatto?» chiese Abigail.

«No. Ormai abbiamo le guardie giurate. Non è andato lontano. E comunque è intervenuta anche la polizia armata. È stato un vero dramma, quella volta. Ma ogni giorno ha i suoi drammi, alcuni peggiori di altri.»

«Qual è il più grande problema di Oxford?» chiese Jeremy, accendendo la sua piccola sigaretta. «L'alcol? I suicidi tra gli studenti? Malattie trasmesse sessualmente?»

«Oh, no. La droga. Questa città oggi ha grossissimi

problemi con l'eroina. Quando lavoravo al pronto soccorso, una settimana sì e una no c'era una macchina che frenava fuori dall'ospedale sgommando, si fermava, buttavano fuori un corpo e poi ripartivano con un'altra sgommata.»

«Morto?» sussurrò Erin.

«Overdose. Mi sono quasi abituata a fare rianimazione nel parcheggio.»

La guardarono con rispetto.

«E la cosa più triste?» chiese Tom, ignorando Erin che ripeteva di non fare domande così orribili. «Qual è la cosa più triste che hai dovuto fare?»

Ruth rispose: «La cosa più triste è quando muore un bambino. Quando devi dirlo ai genitori. Non c'è niente di peggio».

Ci fu un attimo di silenzio, poi Luke intervenne allegro: «Be', è molto utile conoscere un'infermiera, devo dire. Soprattutto visto che ultimamente mi fa male la schiena. Ne sai qualcosa di mal di schiena, Ruth?»

Quando Ned tornò e si sedette vicino a lei, stringendole la mano sotto al tavolo, dove nessun altro poteva vedere, Ruth era già incantata dai suoi amici. Dopo un po', la pressione sulla nuova arrivata diminuì; iniziarono a parlare sia tra di loro sia con lei, e poi Ruth riuscì a mescolarsi nel sottofondo e a sentire le loro simpatiche battute, gli scherzi e le amichevoli vanterie. Era affascinata da questo nuovo lato di Ned, il modo in cui era così integrato nel gruppo, ne conosceva le particolarità e sapeva come comportarsi al suo interno.

«Devo dirvi una cosa, scommetto che non la sapete!» annunciò Luke. Ci fu un mormorio generale di bonaria derisione.

«Luke è convinto di essere una grande mente» spiegò Ned a Ruth. «Non farti spaventare.»

«No, dài... questo vi interesserà. L'ho appena scoperto oggi.»

Ned bisbigliò: «Si diverte a leggere e aggiornare Wikipedia. Salta sempre fuori con queste perle di informazioni inutili.»

«Che cos'è Wikipedia?»

«È un'enciclopedia online, dove puoi aggiungere tu le voci.»

«Senti un po', Ned» lo richiamò Luke. «Sapete che in russo c'è una parola per dire ruffiano scroccone? *Sheramizhnik*. E da dove deriva, secondo voi?»

«Non ne ho idea» disse Ned.

«Aprite bene le orecchie, ve la ripeto». Luke pronunciò lentamente: «Sher-a-mizh-nik».

«Non so voi, ma io ne so come prima» osservò Tom. «Dillo pure lentamente quanto vuoi.»

«Va bene, pensate al francese... Viene da *cher ami*: caro amico. E il motivo per cui il francese 'caro amico' si è trasformato nell'espressione russa 'ruffiano scroccone' è che, quando i soldati di Napoleone stavano morendo di fame nel rigido inverno russo, dopo aver perso il treno di rifornimento e dopo la dura sconfitta, imploravano i contadini di dar loro da mangiare, supplicandoli e chiamandoli cari amici.» A questo punto recitò istrionicamente: «*Ah, mon cher ami, aide-moi!*» e poi, con un gutturale accento russo: «*Sheramizhnik*, via di qui!»

«Molto *interessante*» commentò Ruth, sinceramente colpita.

Tutti risero e Ruth arrossì, chiedendosi che cosa mai avesse detto.

«Povera innocente!» esclamò Jeremy. «Non è abituata alle uscite di Luke.»

«Attenta» aggiunse Tom. «Non incoraggiarlo.»

Abigail si piegò in avanti. «Mi chiedo se saresti interessata a uno scambio di mogli... per sempre, eh. Luke ha molte, molte più notizie interessanti da condividere con te, e a me non dispiacerebbe un placcaggio di rugby con Ned...» Alzò le sopracciglia in modo allusivo.

«Calma, calma» dichiarò Ned. «Ruth non si tocca. Niente battutine per almeno un altro mese, finché non si sarà abituata a tutti voi.»

«Le sue altre ragazze, avevamo il permesso di prenderle in giro» protestò Luke, ma venne zittito da una gomitata di Abigail.

Erin sorrise a Ruth. «Non preoccuparti di noi. È tutto fumo, te lo assicuriamo. Siamo così contenti che Ned abbia trovato una persona meravigliosa quanto lui. Non abbiamo ancora brindato alla nuova coppia? Su, allora!»

Sollevarono i bicchieri e Ned la abbracciò, mentre gli amici brindavano in loro onore.

«Pronto? Sono Erin.»

«Ciao, come stai?» Ruth si incastrò il telefono sotto il mento, prese la caffettiera e versò un po' di caffè nella tazza. Dopo l'incontro della sera prima al pub, aveva ormai deciso che voleva essere accettata nel gruppo, ma era esitante nel buttarcisi a capofitto; una chiamata inattesa di Erin, quindi, era un buon segno.

«Bene, grazie. Oggi hai impegni?»

Si guardò intorno. Ned si era alzato presto, si era preparato un sandwich con il bacon, aveva dato un'occhiata ai giornali ed era uscito, lasciando in giro la piastra tostapane sporca, briciole dappertutto e un coltello unto di ketchup sul piano della cucina. Ruth aveva intenzione di mettere su un po' di musica e fare le pulizie, caricare la lavatrice e poi, magari, sedersi davanti a un caffè e a un giornale, a dare uno sguardo al cruciverba del sabato. «No. E tu?»

«Muoio dalla voglia di uscire di casa, guarda... Perché non ci si vede al bar di Blythe Street? Poi possiamo trovarci al pub coi ragazzi.»

«Perfetto.»

«Bene» disse Erin, soddisfatta. «Ci vediamo fra tre quarti d'ora? Il tempo di farmi una doccia.»

«D'accordo.»

Quando Ruth arrivò lì, Erin era già seduta al bar. Aveva i capelli raccolti sulla nuca, la testa china su un enorme pezzo di carta, e stava aspettando Ruth.

«Ciao!» Ruth si sedette vicino a lei. «Scusa il ritardo.»

«Figurati, non preoccuparti. Oltretutto, ho bisogno di leggere questo copione.»

Ned le aveva detto che Erin faceva l'attrice. «Ha del talento» le aveva raccontato, mentre tornavano a casa dal pub. «A differenza di noialtri, che ci diamo tante arie, ma alla fine... Una volta, ha pure convinto un agente a venire a vederla a uno spettacolo di studenti che inscenavano il *Macbeth*. Era la Lady Macbeth più incredibile che tu possa immaginare: riuscivi a capire benissimo perché Macbeth correva a eseguire i suoi ordini. Poi ha lavorato come professionista ancora prima che ci diplomassimo. Del resto, Erin è fatta così. È molto determinata, quando sa quel che vuole. Non sarà un'attrice di Hollywood, ma se la cava.»

Un agente e una carriera da attrice non facevano altro che accrescere il fascino di Erin. Ruth guardava il copione, colpita. «È bello?»

Erin stortò il naso. «È un film. Credo di non avere speranze, ma vale la pena andare al provino, almeno per conoscere il regista. Dovrebbe essere un regista emergente.»

«È una bella parte?»

«Sì, diciamo di sì. Comunque, non penso che mi prenderanno: il mio agente dice che hanno chiamato in pratica tutte le belle ragazzine di Londra per una lettura... ma io non sono tra quelle.»

«Certo che lo sei» replicò Ruth, sincera.

Erin aveva un'aria dispiaciuta. «Sul curriculum posso pure scrivere di avere ventinove anni, ma non è la verità.»

«Ma potresti benissimo passare per una di venticinque anni.» È vero, pensò Ruth, con un pizzico d'invidia: Erin aveva una pelle così luminosa e pura che, a volte, sembrava quasi una bambina. Di sicuro non dimostrava più di trent'anni; dal vivo, era persino meglio che sulle foto. Era ingrassata un po' in viso, e le donava. Tuttavia, c'era in lei qualcosa che non aveva età. Forse sarebbe rimasta sempre uguale, finché all'improvviso la vecchiaia non l'avrebbe rovinata; come Dorian Gray che, appena distrusse il suo ritratto, sfiorì nel giro di pochi secondi.

«Dici sul serio?» Erin si accarezzò la guancia con il dorso della mano. «Sembro una vecchia strega.»

«Ma va'! Stavo proprio pensando l'altro giorno: 'Devo scoprire che cosa usa Erin per il viso', perché hai un aspetto così... fresco. Come nelle pubblicità.» È strano trovarsi qui a incoraggiare Erin, pensò Ruth. Lei, così insicura di carattere, era lì a dover fare da sostegno a quella ragazza bellissima. Perché ci facciamo del male da sole? si chiese. Giusto di recente, Ruth aveva trovato una propria foto scattata otto anni prima a una festa e si era sorpresa di vedersi così magra, lo sguardo vivace, la pelle giovane... be', carina. Eppure, a quei tempi continuava a lamentarsi di essere brutta e grassa. Sarebbe sempre stato così? Non siamo mai davvero consapevoli né soddisfatti di come siamo, finché non lo siamo più?

«Oh grazie, sei molto gentile. Vieni pure a rovistare nel mio bagno, quando vuoi. Per i cosmetici spendo cifre assurde. Ma il mio commercialista dice che si può scaricare tutto, quindi...» Erin si appoggiò allo schienale e fece segno alla cameriera di portare un altro cappuccino. «Questo provino è una vera perdita di tempo, tanto non ho speranze. Il fatto di non abitare a Londra è già un problema. Dovrei vivere lì, farmi conoscere nei posti che contano, crearmi delle amicizie, uscire con il mio agente. Ma Tom non ne vuole sapere di trasferirsi a Londra. Non ha mai desiderato andar via da qui, lontano dai suoi amici.»

«Non siamo poi tanto lontani da Londra.»

«Lo so, lo so, ma non è come stare sul posto. Non posso chiedergli di trasferirsi, comunque. Ha investito molto nel suo lavoro qui, perciò sarebbe una follia lasciare tutto adesso. E poi...» Sorrise a Ruth. «Non lascerebbe mai Ned, Jeremy, Luke... Nemmeno io, del resto. Non so neppure perché ne parlo, tanto non accadrà mai. Mi dovrò rassegnare all'idea di fiondarmi in autostrada all'ultimo momento, appena mi chiamano per un provino.»

La cameriera arrivò con due tazze di cappuccino schiumoso.

«Può portarmi un croissant alle mandorle, per favore?» le chiese Ruth.

Mentre la cameriera si allontanava, Erin sospirò. «Qui fanno dei croissant squisiti. Beata te, io non posso mangiare niente di simile... devo resistere alla tentazione, cascasse il mondo. Il provino per questo film è la prossima settimana e non voglio sembrare una palla di lardo, vicino a tutte quelle spilungone.»

Ruth era ben consapevole di avere un seno prosperoso e due belle cosce larghe, piazzate comodamente sulla sedia. Erin era snella, aggraziata, con un fisico da ballerina. Ne mangio solo metà, si ripromise Ruth. Ma quando ebbe davanti quel cornetto di sfoglia, spolverato di zucchero a velo e ripieno di soffice crema alle mandorle, non riuscì a resistere.

Erin sorseggiava delicatamente il suo cappuccino. È una di quelle persone che hanno un'eleganza innata, pensò Ruth. Il tipo di donna che sapeva dove comprare il cachemire migliore, i pantaloni neri più sfiziosi, la marca di jeans sconosciuta che portavano i vip. Quel giorno era vestita in modo semplice: una camicia bianca sotto un maglioncino azzurro chiaro, pantaloni stretti di tweed lilla e stivali. Stava benissimo, e ogni capo portato da lei sembrava dieci volte più caro ed esclusivo di tutto quello che Ruth aveva nell'armadio, anche se magari era stato preso al mercato. Dipenderà dal modo in cui indossa i vestiti, pensò Ruth. Erin dava l'impressione di venire costantemente osservata: come se stesse sempre recitando, sempre consapevole di avere gli occhi addosso – non perché lei desiderasse attirare l'attenzione degli altri, ma perché gli altri non potevano fare a meno di guardarla.

Inclinò la testa da una parte e fissò Ruth, con il suo imperscrutabile sguardo di velluto blu. «E così, come vi siete conosciuti voi due... tu e Ned?»

«Niente di straordinario, temo. A una festa, al compleanno di una mia amica. Mi spiace che la storia non sia più interessante. Ci siamo trovati bene, siamo usciti a cena, siamo usciti di nuovo e abbiamo cominciato a frequentarci...» Suonava così banale... niente di quella meravigliosa magia, piena di trasporto ed emozione, che lei ricordava.

«Oh, dài. Che roba noiosa! Dev'esserci pur stato il colpo di fulmine. Quando è scoccato?»

«No, no... niente colpo di fulmine. Ce ne siamo resi conto piano piano, è iniziato tutto con molta calma e si è costruito col tempo. Hai presente quel lungo accordo che si spegne lentamente, alla fine di *Sergeant Pepper* dei Beatles? Ecco, come quello, ma al contrario.»

«Così hai capito di aver incontrato la tua anima gemella?» Erin sollevò una delle sue impeccabili sopracciglia.

«Sì, diciamo di sì. L'altra parte di te di cui sei alla ricerca. Ti sembra così... perfetta. Non c'è altro modo per spiegarlo.»

«Avete deciso d'intraprendere il lungo viaggio insieme abbastanza in fretta, voi due. Dovete essere molto sicuri di quel che fate.»

«Sicurissimi.» Ruth affondò il cucchiaino nella schiuma bianca e raccolse il cioccolato fuso. L'anello di fidanzamento brillava, catturando la luce del mattino. Che cosa vuole sapere? si chiese. Pensa che non siamo fatti l'uno per l'altra?

«Oh, bene! Era ora, del resto. Ned merita di essere amato come si deve. Lui sa amare molto, sai. Sono contenta che tu gli permetta di amare nel modo giusto.»

«Cosa vuoi dire?»

«L'amore non è sempre rose e fiori... Certe persone possono anche amare in modo distruttivo. Come i molestatori, o chi ha quella sindrome che ti fa innamorare follemente di un estraneo e vedere i suoi messaggi sui cartelli o nelle nuvole. Ci si può innamorare di assassini e terroristi. Ammalarsi per amore. Persino amare contro la propria volontà.»

Non mi stupisco che faccia l'attrice, pensò Ruth. «Ned ha fatto cose del genere?»

Erin rise. «Sono soltanto esempi. Non è mai stato molto fortunato in amore, comunque. Non ha mai avuto una storia seria, con nessuna ragazza.»

«Il bello dell'amore è che basta essere fortunati una volta. Serve un amore soltanto.»

«Certo, in un mondo perfetto.»

«Non sei d'accordo?»

Erin fece spallucce. «L'idea è bellissima, ma non si resta uguali per sempre. Si cresce, si cambia. Una persona che per te è perfetta in un momento della tua vita, potrebbe rivelarsi poi completamente sbagliata... e qualcuno che hai ignorato quando eri più giovane potrebbe trasformarsi nel tuo partner ideale. Credo che, se uno si sposa a diciotto anni e a ottanta è ancora innamorato, ha avuto addirittura più fortuna che a vincere la lotteria. Non vorrei sembrare cinica... però la penso così.»

Ruth mordeva lentamente il suo croissant. Anche noi, pensava. Anche noi avremo quella fortuna.

«Lo so, non mi credi!» esclamò Erin. «Vi trovate in quella fase in cui siete convinti che sarete pazzi per sempre l'uno dell'altro. Conosci la poesia *Love*, di Rupert Brooke?»

Ruth scosse la testa.

«Forse ora non è il momento di leggerla... dopo il matrimonio, magari. Adesso, comunque, siete rapiti dallo stupore della mano e della spalla. Quando la leggerai, capirai cosa voglio dire.»

Ruth era risentita. Secondo lei siamo spacciati, pensò. Ma che diavolo ne sai? Nessuno sa come stiamo io e Ned insieme. Voleva dire a Erin che si sbagliava, ma non riusciva a trovare le parole giuste, così le rispose: «La cosa strana è che gli altri non riescono a convincersi che non abbiamo bisogno di trascinare per due anni la nostra storia, prima di fidanzarci. Siamo sicuri dei nostri sentimenti. Sappiamo di aver trovato la persona giusta e adesso vogliamo andare avanti. Vorrei che la gente smettesse di chiedermi se sono sicura di quel che faccio».

«Ricordati che tu e Ned siete una coppia nuova.» La voce di Erin aveva un tono mellifluo, la dizione da attrice scandiva ogni parola, caricandola di allusività. «So che ti sembra tutto scritto nel firmamento, ma noi conosciamo un Ned diverso, un Ned separato da te. Ci vorrà un po', prima che tutti si adeguino. Non puoi meravigliarti, se ciò non avviene subito.»

Ruth si sentì rimproverata. Erin rise, vedendo il suo sconforto, e rizzò la testa da una parte, il fine collo bianco in una posa elegante. «Su, non preoccuparti. Ti adoriamo tutti, Ruth. E Ned è cambiato, da quando ha conosciuto te.»

«Sul serio?»

«Sì, sì.»

«E come?» Era curiosissima di avere informazioni su Ned e su come loro, Ruth e Ned, erano visti dagli altri. Voleva che la loro relazione venisse approvata, e le piaceva quel piccolo brivido voyeuristico di vedersi per un attimo attraverso gli occhi di qualcun altro.

Erin rifletté per un momento. «Ha molta più fiducia... in se stesso. L'ho proprio notato. Ha perso alcune delle sue piccole abitudini nervose... e, naturalmente, brilla di quella luce interiore che hanno tutti gli innamorati – facendo sempre tanto bel sesso, è ovvio –, ed è meraviglioso. Come te. Splendi come una piccola lampadina.» Sorrise a Ruth. «È un momento bellissimo, goditelo.»

«Sì, *davvero.*» Ruth sorrise radiosa, incapace di tenere nascosta la sua felicità. Anche il solo sentir nominare Ned continuava a darle un piccolo fremito di gioia. «Sono così fortunata. Non riesco a credere che sia successo a me.»

«Sei proprio innamorata persa, eh?»

«Sì» rispose Ruth sincera.

Erin si mise a ridere, la voce d'attrice esperta modulata in una chiara scala discendente. «Ma che dolce! E pensare... è strano per me, per tutti noi, perché conosciamo il nostro caro Ned e gli vogliamo bene, ma vedervi presi dalla vostra passione... be', è come se Ned, che ho sempre visto tutto infangato in tenuta da rugby, o furioso nel traffico, si fosse appena rivelato il principe azzurro.»

Per un attimo Ruth si sentì una sciocca, come se Erin le stesse svelando che era soltanto in preda a un'illusione che presto si sarebbe infranta. Poi ricordò il viso di Ned, il suo profumo e il suo modo di toccarla, e si sentì trionfante: era abbastanza intelligente per vedere quale fosse la realtà, mentre gli altri erano troppo ciechi.

«Ma tu e Tom avrete provato le stesse cose, quando vi siete messi insieme» disse Ruth.

Erin sorrise di nuovo. «Certo. So esattamente quello che state vivendo.»

Ruth ed Erin arrivarono al pub prima dei ragazzi, ma questi le raggiunsero dopo qualche minuto, paonazzi e sporchi di fango, commentando in modo chiassoso la loro partita di rugby.

Ned e Tom andarono al tavolo dalle ragazze. Ned aveva la fronte macchiata d'erba e teneva in mano delle scarpe incrostate di fango. Si avvicinò a Ruth e le diede un bacio, le labbra salate di sudore. «Ciao, amore.» Chinandosi, baciò Erin su una guancia. «Ciao, Ricciolona.»

«Com'è andata la partita?» chiese Ruth, che voleva abbracciarlo, ma si trattenne per via del fango.

«Benissimo. Sono stato il migliore in campo, vero?»

Tom si sedette di fronte a Erin, le prese la mano e la baciò. Lei gli fece un sorriso, e Tom confermò a Ruth: «Sì, verissimo. Ned ha preso il passaggio più spettacolare. Ha fatto tre finte, con le più belle piroette che si siano mai viste fuori dal teatro di Sadler's Wells, poi è scattato su per il campo ed è andato in meta».

«Davvero?» esclamò Ruth, esaltata dalla bravura e dall'abilità fisica di Ned.

«È stata proprio una bell'azione, devo ammetterlo, ma non è tutto merito mio.»

«Non perché non ci abbia provato» aggiunse Tom. «Cosa prendi? Offro io.»

Sono così diversi, pensò Ruth. Tom era più basso e più tozzo di Ned, con un massa incolta di capelli biondi, folti e drittissimi, che gli andavano negli occhi. A prima vista, biondo con gli occhi azzurri, sembrava bello; eppure, più Ruth lo guardava, meno le piaceva. Aveva gli occhi leggermente sporgenti e di un azzurro un po' troppo pallido per essere affascinante. I lineamenti erano regolari, ma non le piaceva quel suo naso stretto e fine, il labbro superiore sottile e il modo in cui la bocca si curvava in giù, quando era chiusa.

Non sorride molto, pensò Ruth. Anche se fa sempre battute. Ned mi ha parlato centinaia di volte di com'è simpatico Tom... Io, però, non me ne sono ancora accorta.

Jeremy, sporco di fango come gli altri, li raggiunse al tavolo, con una sigaretta fra le labbra. Era addirittura più alto di Ned, aveva un volto magro e spigoloso, e un modo goffo di atteggiarsi; a Ruth piaceva quel fascino particolare di Jeremy, anche se ci aveva scambiato appena due parole. Con la sua maniera ellittica di parlare, Jeremy trasformava qualsiasi tipo di conversazione in una sfida. «Ehilà!» disse a Erin. «Come va?»

«Ciao!» rispose Erin, sorridendo. «Tutto bene, tu?»

«Alla grande.» Guardò Ruth. «Ohi, ciao, signorina.» Poi si rivolse ai ragazzi. «Grazie per la partita. Ci siete la settimana prossima?»

«Stesso posto, stessa ora» confermò Ned.

«Perfetto.» Jeremy lanciò uno sguardo a tutto il tavolo come saluto generale. «Ci vediamo.» Alzò i tacchi e se ne andò verso l'uscita.

«E Luke dov'è?» chiese Erin.

«È scappato via» rispose Ned. «Abigail l'ha lasciato venire a rugby, ma a condizione che tornasse per mezzogiorno.»

«Spero che vi rendiate conto di come siete fortunati ad avere delle mogli comprensive come Ruth e me» sottolineò Erin con leggerezza.

«Fidanzata» corresse Ned. «Ruth è la mia fidanzata.»

Erin fece scivolare il suo sguardo blu verso Ruth. «Sì, certo, ma è quasi la stessa cosa... Non avete ancora deciso la data del gran giorno?»

«Pensavamo subito dopo Natale.» Ruth prese istintivamente la mano a Ned. «A nessuno piacciono le giornate buie di gennaio. Pensavamo che un matrimonio tirerebbe su un po' tutti.»

«Mancano solo quattro mesi! Avete tante cose da fare in poco tempo!»

«Non così tante... e siccome gennaio, di solito, non è periodo di matrimoni, non dobbiamo preoccuparci che sia tutto già prenotato.»

«Religioso o civile?»

«Non abbiamo ancora discusso bene di tutti i particolari...»

«Lo credevo un dettaglio piuttosto importante.» Erin sorrise a Ned. «Volete sposarvi davanti al Signore? O solo davanti alla legge?»

Ned rispose: «Probabilmente ci sposeremo nella chiesa del paese di Ruth, dove lei è stata battezzata».

«Oh, bello. Dobbiamo vederci ancora, Ruth, e farci una bella chiacchierata a riguardo. Voglio sapere di tutti i vostri progetti. Adesso, Tom...» Erin si alzò. «È meglio che andiamo.» Guardò Ned. «Venite la settimana prossima, vero?»

Ruth guardò Ned, confusa: «Dove?»

«Ned non te l'ha detto? Spesso ci troviamo a cena da noi al sabato. Almeno una volta al mese, è un appuntamento fisso, più o meno...» spiegò Erin, «così pensavo che... be', vengono tutti.»

«Ci saremo anche noi» assicurò Ned. «Ci fa piacere, vero Ruth?»

«Certo.»

«Bene» concluse Erin, soddisfatta. Mise una mano sulla testa di Ned per un momento e disse dolcemente: «Sei mancato per troppo tempo».

Capitolo 6

«Che ne pensi?» domandò Ruth esitante, mentre lavava i piatti insieme a Cordy nella vecchia canonica.

«Oh, simpatica» rispose Cordy, con decisione.

«Mhm» fece Ruth, combattuta fra il desiderio che sembrasse tutto a posto e il bisogno di confidarsi con la sorella.

«Anche se, a essere sincera...»

«Cosa?»

«Non è esattamente la suocera che io vorrei avere.»

«Ecco, temevo che la pensassi così.»

«Si può sapere che diavolo ha? Non l'ho proprio capita... Prima è tutta allegra e felice, continua a ridere e a chiacchierare... Poi le viene la luna storta e cambia umore. Alla fine, si è praticamente addormentata sul divano. E poi quella cosa che ha detto su di te!»

Era stato inevitabile dover invitare gli Haskell a conoscere la sua famiglia, perciò Ruth si costrinse a organizzare l'incontro. Sin dalla visita a York, aveva avuto paura della famiglia di Ned; era sicura che le attribuissero la colpa del mancato annuncio del fidanzamento di loro figlio. Tuttavia, desiderava appianare al più presto le incomprensioni, sostituendo il ricordo del loro primo incontro con uno migliore. Quindi la prospettiva di un pranzo di famiglia alla vecchia canonica l'aveva messa ancora più in agitazione del viaggio a York.

Secondo lei, Jackie si era divertita. Erano arrivati puntualissimi e, all'inizio, Jackie si era comportata come una ragazzina, facendo un po' la civetta. Aveva assalito Ruth con manifestazioni di grande affetto, baciandola e sussurrandole all'orecchio: «Che bello rivederti, cara!». Appena ne aveva l'occasione, le teneva la mano e, a intervalli regolari, la chiamava teneramente «la mia nuova figlia». Eppure i suoi occhi avevano un non so che di vitreo, lo sguardo era vagante; a volte perdeva il filo, facendo svanire il discorso nel nulla.

Silas fu molto cordiale e del tutto a suo agio; andò distribuendo aperitivi della sua miscela personale di bloody mary, preparato con abbondanti quantità di sale, pepe, sherry, grosse polpette di cren e gambi di sedano che vi galleggiavano dentro. Sembrava andar d'accordo con entrambi i genitori di Ned e li faceva ridere con le sue arguzie, per quanto a volte parevano non capire bene di cosa stesse parlando. Steven sembrò anche non accorgersi del disagio di Ruth, la quale stette tutto il tempo sulle spine: cercava d'interpretare il comportamento di Jackie, assicurandosi che avesse qualunque cosa di cui aveva bisogno, sperando di essere abbastanza premurosa e gentile, per rimediare alla prima gaffe. Quando Jackie aveva fissato attonita il bloody mary con quel suo sedano fronzuto, Ruth l'aveva subito sostituito con un gin tonic, che sembrava molto più di suo gradimento.

Durante il pranzo che Steven domandò: «Allora, avete fissato una data, voi due?»

«Pensavamo a gennaio...» rispose Ned.

Jackie fece una smorfia. «Oh no. Gennaio non va bene! Porta sfortuna, sono sicura. E, comunque, non potete così presto... Ruth non farebbe in tempo a dimagrire abbastanza.»

Tutti guardarono Ruth, che diventò paonazza.

«Mamma» intervenne Ned, irritato. «Ruth non ha bisogno di dimagrire.»

«Be', solo un pochino.» Jackie guardò gli altri commensali, spalancando i suoi occhioni castani, con aria d'innocenza ferita. «Cosa c'è?»

«Così è già una bella sposa» disse con garbo Steven.

«A noi uomini piacciono le donne con le curve, e un po' in carne» sentenziò Silas, cercando di essere sincero e tirare su Ruth, ma peggiorò le cose.

«Oh, santo cielo!» esclamò Jackie indispettita. «Non intendevo dire che è la donna cannone! Ma forse diminuire un pochino di peso non le farebbe male.»

Cordy guardava Jackie con sincero disgusto e Ruth vide la sorella prendere fiato. Ha intenzione di dire quello che pensa, si terrorizzò Ruth. Aveva già capito che questa visita sarebbe andata come la precedente. Non le importava cosa Jackie dicesse di lei – avrebbe annuito e detto allegramente di sì, anche se la futura suocera l'avesse definita una perfetta sosia dell'uomo elefante – pur di mantenere la pace e non far arrabbiare nessuno.

«Sto già facendo la dieta prematrimoniale» annunciò, alzandosi in piedi e iniziando a raccogliere i piatti vuoti. «Non sarebbe un matrimonio come si deve, senza una dieta. Avete sentito parlare della dieta IG? Dicono che sia la migliore per mantenersi a lungo...» Farfugliando qualcosa su livelli di zucchero nel sangue, insulina e voglie, sentì che era riuscita a scansare il peggio; nel pomeriggio, tuttavia, non si recuperò completamente il buon umore. Dopo pranzo, Jackie era parsa molto assonnata e, dopo non molto, Steven suggerì di tornare a casa, con gran sollievo di Ruth.

«Perché Ned non ti ha difesa?» chiedeva ora Cordy, immergendo un altro piatto nell'acqua calda.

«Mi ha difesa.»

«Non più di tanto. Io le avrei detto di piantarla. Imporre il suo fascismo estetico su di te... per non dire che è stata maleducatissima, da vergognarsi. Non hai nessun bisogno di dimagrire. Sei perfettamente normale, e sana come un pesce. A dir la verità mi fa venire un nervoso... Non le crederai mica?»

Ruth rifletté un momento. Le credeva? Perché non era arrabbiata come Cordy? Probabilmente perché, al pari di quasi tutte le donne che conosceva, in cuor suo desiderava essere più magra, ed era sicura che sarebbe stata molto più carina. Inoltre, iniziava a capire che Jackie era abituata a dire esattamente quello che pensava, senza alcun filtro che le facesse valutare i sentimenti altrui. Era qualcosa di cui avrebbe dovuto tener conto, l'aveva capito. Jackie, ovviamente, non riteneva di doversi attenere alle regole di buona educazione, che la maggior parte della gente rispettava. In nome dei buoni rapporti, Ruth era pronta a sopportare tutto questo.

Disse: «Credo che Ned sia un po' protettivo nei confronti di sua madre. Credo che Jackie sia un po'... vulnerabile. Suscettibile. Ha problemi di nervi, ha detto Ned».

«Vuoi dire che è viziata. Il marito mi fa venire in mente uno di quei cani per i ciechi... sai, silenzioso, fedele, che supera gli ostacoli per la sua padrona, senza fiatare. Prende qualcosa? Calmanti? Antidepressivi?»

«Non lo so. Può darsi. Perché?»

«Dài, non ti sembrava sotto l'effetto di pastiglie o roba simile? Io ho avuto quest'impressione.» Cordy la guardò attentamente. «Prova a tenere un po' le distanze, Ruth. Non lasciarti accecare dal bisogno di ottenere la sua approvazione.»

«Non capisco che cosa vuoi dire» replicò Ruth, amareggiata.

«La stai difendendo. Trovi giustificazioni. È con te che si è comportata male.»

«Be'... bisogna tener conto della situazione, non ti pare?»

«Mah, forse.» Cordy alzò le spalle. «Comunque, stai in guardia.»

Ruth tolse un paio di fotografie dalla mensola sopra il camino e al loro posto ne mise due di lei e Ned. Durante la pausa pranzo, era uscita ad acquistare delle cornici carine per quelle foto: voleva personalizzare un po' il cottage. Avendo ferie da prendere prima di Natale, pensava di fare qualche abbellimento alla casa, con pittura e tappezzeria nuove.

«Ce n'è proprio bisogno?» aveva chiesto Ned, sorpreso, guardando le pareti malconce e i vecchi lampadari polverosi.

«Ehm... sì. Posso?»

«Fa' quel che vuoi, cara. Non me ne intendo di colori.»

«Forse perché hai sempre vissuto in tutto quel beige.»

Ned era scoppiato a ridere. «Molto probabile. Comunque, dimmi cosa vuoi che faccia e ti aiuterò.»

Avevano deciso di prendere le ferie nello stesso periodo, per mettersi a rinnovare la casa; Ruth ne era entusiasta, andava in giro per negozi e grandi magazzini, alla ricerca di cosucce varie.

Ruth era lì, in piedi, a vedere come stavano le cornici nuove. Una foto era stata fatta alla vecchia canonica da

Silas: aveva litigato per un po' con la macchina digitale, prima di scattarne una decente a Ned e Ruth insieme, seduti alle radici della grande quercia del giardino. Erano sorridenti, gli occhi che brillavano, il braccio di Ned attorno alle spalle di lei.

Noi due, pensò Ruth, fissandola. Era rassicurante guardarla: una conferma della loro unione.

La cena da Erin e Tom era stata piacevole, ma aveva minato la fiducia appena acquisita da Ruth di far parte della cerchia degli amici di Ned. Non aveva mai passato una serata in cui si fosse sentita altrettanto esclusa. Non che intendessero tagliarla fuori; solo che Ruth non c'entrava nulla con i loro ricordi e i loro scherzi; il suo unico ruolo era stato quello di ascoltare e ridere, anche quando non capiva bene cosa ci fosse di divertente.

Tutti intorno al tavolo, si passavano a turno la parola; a volte, qualcuno la lanciava a chi non se l'aspettava, oppure s'apriva un tête-à-tête per far divertire gli altri, prima di riprendere il gioco. L'unica persona a cui non si chiedeva di partecipare era Ruth. Lei, d'altro canto, stava ad ascoltare, cercando di seguire i loro discorsi e sperando di riuscire a stare dietro alle battute, che si succedevano a ritmo serrato.

«Avete sentito cos'ha Jeremy nella sua vasca da bagno?» domandò Tom, allontanando il piatto. Il gruppo era stranamente tranquillo, erano tutti seduti intorno al tavolo da pranzo di legno scuro, a lume di candela. La casa era una villa di mattoni rossi anni Trenta, con le finestre ad arco e un ampio giardino. Era più grande della villetta di Ruth e Ned, e le stanze avevano più carattere, con anfratti, credenze e battiscopa. L'arredamento era in stile anni Trenta, con qualche tocco moderno e piccole stravaganze, come il tappeto fucsia nel salotto e un mobile bar con i vetri colorati, che avrebbero potuto stonare e che, invece, facevano un figurone. Proprio il tipo di cose che una come Erin era capace di abbinare, pensò Ruth.

Quando arrivarono, Erin era schizzata fuori dalla cucina, esclamando: «È arrivato il mio Ned? Ned, vieni qui subito, ho bisogno del tuo aiuto!» e Ned la raggiunse obbediente, lasciando Tom ad accompagnare Ruth in salotto e a offrirle da bere.

«Se vuoi, puoi bere il gin... quello di marca buona» aveva detto Tom, con gentilezza. «Di solito lo tengo per Jeremy. Non tocca nient'altro.»

Ruth aveva accettato, mettendosi a sedere con lui, a disagio, perciò fu sollevata quando arrivarono gli altri.

«Cosa c'è nella vasca di Jeremy?» chiedeva ora Abigail.

«Acqua?» propose Luke. «O sono troppo ingenuo?»

«Diglielo» intervenne Tom, ridendo divertito, mentre versava altro vino e passava la bottiglia a Ned.

Jeremy, di fronte a Tom all'altra estremità del tavolo, fece spallucce. «Non è così strano come lo fate sembrare.»

«Sì che lo è. Diglielo.»

«Nella vasca ho una volpe morta» rivelò Jeremy alla fine. Ci fu un urlo generale di scandalo.

«Oh santo cielo, e perché mai?» esclamò Erin. «Morta... quanto?»

«Perché, ci sono diversi gradi di morte?»

«No, voglio dire... morta da quanto?»

Jeremy alzò le spalle. «Sembrava da non molto, quando l'ho trovata per strada.»

«Perché ti vorresti tenere una volpe morta?» chiese Ned; e a Ruth sembrò una domanda logica.

Jeremy lo guardò, esacerbato. «Perché potrebbe tornare *utile*, ecco perché. Ho cercato di conservarla, riempiendo la vasca di cubetti di ghiaccio, ma si è inzuppata tutta. Speravo di riuscire a spellarla in qualche modo – ho sempre desiderato una pelliccia di volpe – ma mi sa che ho sbagliato dall'inizio. Ora, comunque, è un po' malconcia. Di sicuro, non è la coda folta e lucente che sognavo io. Una coda di volpe è piuttosto fine, quando tutta la pelliccia è fradicia e ammassata, come potreste verificare con i vostri occhi.»

«Perché non l'hai messa nel freezer?» chiese Erin. «Come si fa con la lana mohair... O con l'angora...»

«Non credo che i miei coinquilini avrebbero gradito. Comunque, non ci entra.»

«E non dicono niente, se la tieni nella vasca?» domandò Abigail, incredula.

«Non sono *molto* contenti.» Jeremy fece di nuovo quella sua faccia esasperata, e tirò fuori dalla tasca la scatoletta del tabacco. «Continuano a lamentarsi, i bastardi. Proprio quando sto cercando anche di scrivere qualcosa su quello stronzo di Cicerone. Non hanno pietà per un uomo tormentato. Non si può pretendere che dia retta alla pomposità del pallosissimo *De finibus bonorum et malorum* e, nello stesso tempo, a quanto puzza una volpe.»

«Forse dovresti buttarla...» azzardò Ruth.

Jeremy si voltò per guardarla, buttando fuori un po' di fumo dal naso. «Temo che è quel che accadrà alla fine, signorina. Ma sembra un tale *spreco...*»

«Ti serve qualcosa di più piccolo, che occupi meno spazio. Ti compro io un bel coniglio morto» disse Ned. «Puoi tenerlo in un secchio in camera tua, evitando tutte le lamentele cattive dei tuoi coinquilini che non capiscono niente.»

Jeremy sogghignò, raccogliendo il tabacco con le lunghe dita. «Ah, amico mio. Tu sì che sei raffinato!»

A Ruth sembrava che, in contrasto con il loro indubbio affetto reciproco, i ragazzi facessero a gara per qualcosa, ma non riusciva a capire che cosa. Per chi è il più divertente? si chiedeva. O il più intelligente? Ma non sembrava così. La competizione maggiore è tra Tom e Jeremy, decise osservandoli al lume della candela, l'uno di fronte all'altro, sul mogano lucido. E gli altri dove si inserivano? A quanto pareva, le donne erano escluse dalla gara, ma Erin sembrava presiederla, calma e imperturbabile, come una regina che guarda i suoi campioni.

Per tutto il tempo, Ruth si sentì rimarcare come il passato di ognuno di loro fosse profondamente legato a quello degli altri; tutto sembrava destare un ricordo.

«Vi ricordate di quella volta al Prado?» chiese Luke, davanti al budino. «Quando Ned dovette cercare il bagno di corsa?»

«Passavate ore e ore davanti a quei benedetti Goya» protestò Ned. «Non ne potevo più di aspettare.»

«Be', avresti fatto meglio» replicò Luke. «Perché così avrei potuto svelarti come si dice bagno in spagnolo.»

«Credevo che quella fosse la strada per il bar. Ho continuato a vedere cartelli che indicavano la birra.» Ned si mise a ridere.

«Quella è la *cerveza*» precisò Luke, altero. «Tu stavi vedendo la parola *servicios*, che è completamente diversa.»

«Per te. Ma a me sembrava quasi uguale. E ogni volta chc la vcdcvo, mi scappava sempre di più, cavolo! Per fortuna ho trovato una guida inglese che mi ha indicato la direzione giusta.»

«Dovevi soltanto chiedere a me» protestò Luke.

«Tu stavi discutendo con Jeremy i punti più interessanti dell'uso del rosa in El Greco, se non sbaglio.»

«A me piace definirlo il suo periodo delle increspature lampone» sottolineò Jeremy, arrotolando sul tavolo un'altra delle sue piccole sigarette odorose.

Erin s'intromise: «Io preferivo le *tapas* che abbiamo preso dopo. Vi ricordate di quel posto con tutte quelle piante e la paella nera?»

Ruth se li immaginò, tutti snelli, abbronzati, appena più che ventenni, in giro insieme per l'Europa durante una delle loro vacanze. Avrebbe desiderato averli conosciuti allora ed essersi unita al gruppo.

«Vi ricordate di quel posto a Roma?» chiese Luke. «E l'agnello alla griglia? Caspita, com'era buono. La Sabatina o qualcosa del genere. Vicino al quartiere ebraico.»

«Certo! Quell'enorme griglia a vista e il vecchio piegato lì, a girare tutti quei tipi di carne diversi» disse Jeremy.

«La Sabatina?» ripeté Erin. «Non me lo ricordo. Quando ci siamo andati?»

«*Tu no*, cara» precisò Jeremy, secco. «Tu non c'eri. Era il giorno in cui tu e Tom vi eravate persi. Ti ricordi?»

Ci fu un silenzio strano e imbarazzante.

«Oh!» Erin rise con solo un'ombra di disagio. «Certo che mi ricordo. Be', peccato che ci siamo persi l'agnello alla griglia... mi piace un sacco. Da Roma, poi dove eravamo andati? A Napoli?»

Abigail intervenne dicendo: «Ho sentito queste benedette storie talmente tante volte, che mi sembra di conoscere l'itinerario del vostro tour in Europa meglio di voi. Siete andati a Napoli, tesori miei, e avete trovato chiuso, e poi c'era quel topo sul marciapiede e il campeggio sul Vesuvio con le nuvole di zolfo. Possiamo parlare di qualcos'altro? Non dimentichiamoci che la povera Ruth non ha la più pallida idea di cosa stiate dicendo».

«Giochiamo a qualcosa» suggerì Tom.

Gli altri approvarono in coro. «A scrabble?» propose Luke. «Quello degli ubriachi? O quello con le parole straniere?»

«Io però, al momento, preferisco i quiz di cultura generale del Novecento» dichiarò Tom.

«Ecco un'altra cosa» confidò sottovoce Abigail a Ruth. «Questi vanno tutti pazzi per i giochi. Non te ne andrai mai da una serata qui, senza aver giocato a qualcosa. Io sono un disastro, perciò non preoccuparti. Si esaltano tutti...»

«È vero» s'intromise Erin, sentendo la fine della conversazione, mentre riempiva di nuovo il bicchiere a Ruth. «Se ci sono i punti e un vincitore alla fine, allora giochiamo. Vi ricordate...» si rivolse al resto della tavolata «...quando andavamo matti per il bridge? Una volta, siamo stati su due notti intere, senza sosta, a giocare partite interminabili di bridge, facendo l'angolista a turno.» Scrollò il capo. «Credo sia per quello che mi sono fatta bocciare agli esami di fine semestre. Che cosa stupida!»

«Però divertente» intervenne Jeremy. «Non si riesce a smettere.»

«Allora dài, scrabble straniero!» annunciò Luke.

«Solo perché sai tre lingue» brontolò Ned. «Giochiamo a scrabble tradizionale. Facciamo abituare Ruth a poco a poco. A proposito, penso che dovremmo fare delle squadre, altrimenti stiamo qui tutta la notte.»

«Stai in squadra con me, Orso?» fece Erin con una moina, posando la sua mano su quella di Ned. «Tu sai un sacco di parole con tre lettere e io sono una *frana.*» Guardò intorno a lei il resto della tavolata. «Che ne dite? Due squadre? Dividiamo le coppie? Sembra più giusto così, no?»

«Io tengo il tabellone» disse Tom, alzandosi.

«E Ruth può stare in squadra con me» annunciò Jeremy, facendole un sorriso. «Vieni qui, signorina, e siediti di fianco a me.»

Più tardi, a letto, erano entrambi un po' brilli e poco loquaci – ma Ned era ansioso di sapere se Ruth si era divertita.

«Sì, una bella serata. Mi è piaciuto scoprire com'era la tua vita prima che mi incontrassi» affermò Ruth. «Anche se a scrabble abbiamo perso.»

«Jeremy non era contento» disse Ned con una risata. «Odia perdere.»

«Tu ed Erin sembravate una bella squadra.»

«E be', avevamo Luke. L'asso nella manica. Riesce sempre a tirar fuori una parola da qualsiasi combinazione di lettere.»

Qualcosa la tormentava. Ricordò che cosa fosse. «Come ti ha chiamato? Prima di giocare.»

«Oh, è solo un vecchio soprannome. A volte all'università mi chiamavano Orso. Sai, Edward e nomignoli vari... Teddy. Teddy Bear, l'orsacchiotto. È venuto fuori così, credo.»

«Ti chiamano ancora Orso?»

«No, no.» Dopo un momento Ned le chiese: «Erin ti piace?»

Lei ci pensò. Provava sentimenti contrastanti nei riguardi di Erin, ne era consapevole, divisa tra l'ammirazione e una specie di gelosia... non per il suo fascino, la bellezza e lo stile, ma per tutto quello che aveva conosciuto e condiviso con Ned. Era come se Erin possedesse un parte di lui. «La conosco appena, ma sembra molto simpatica. È stata carina con me.»

«È sempre stato difficile, per Erin. In pratica è una di

noi, è come un maschio. Non ha mai avuto tante amiche. Credo che le altre ragazze abbiano un po' paura di lei.»

«Perché è così bella...»

«Sì, è bellissima» affermò Ned lentamente. «E attira l'attenzione. Per questo recita, credo. Non può farci niente. E, così, fa allontanare le persone.»

«Io non mi allontano.»

«Lo so. Perché tu sei una persona generosa e la gelosia non sai nemmeno dove sta di casa. Ma non sono tutti meravigliosi come te... anzi, proprio nessuno.» Ned le diede un bacio sulla punta del naso.

«Lei e Tom sono felici?» chiese Ruth, d'un tratto.

«Non lo so. Credo di sì.»

«Da quanto stanno insieme?»

Ned aggrottò la fronte. «Mhm... vediamo... Da una decina di anni, ormai.»

«Da quanto sono sposati?»

«Oh, non sono sposati.»

«Ma lei porta l'anello.» Ruth l'aveva notato: una splendida fascia di platino con sei diamanti che brillavano, incastonati a fondo nel metallo.

«È una specie di fede... una di quelle che porti quando non sei proprio sposato, ma quasi.»

«Eppure, l'altro giorno aveva detto quella cosa sulle mogli... che Luke non aveva una moglie comprensiva come lei, e tu hai detto che io ero la tua fidanzata, ma nessuno ha detto che neanche Erin era sposata.»

Ned si appoggiò al cuscino, fissando il soffitto, e si passò una mano tra i capelli. «Credo che, ormai, si consideri praticamente sposata.»

«Quindi le reggete tutti il gioco.»

«Non direi... È che... non so... È un'attrice. Riesce a fingere in modo convincente e, alla fine, le credi.»

Ruth aggrottò la fronte. Non le sembrava giusto, in ogni caso. Ned stava forse dicendo che Erin aveva il potere di trasformare la realtà e farla accettare a tutti loro? «Quello che non capisco è perché *non sono* sposati. voglio dire, Erin è senza dubbio una ragazza molto attraente. Mi stupisco che Tom non abbia fatto di tutto per accalappiarsela.»

«Il matrimonio non fa per Tom... ci mette molto a decidersi. Credo che Erin abbia rinunciato a portarlo all'altare. Non so nemmeno se le importi, in fondo... Ormai conosce Tom come le sue tasche. Tom si è trasferito in quella casa solo perché Erin minacciava di fare il diavolo a quattro, se lui non avesse venduto il bugigattolo dove hanno vissuto per anni. All'inizio, quando le ha dato quell'anello, siamo rimasti tutti abbastanza meravigliati. Non era da lui compiere un gesto che lo impegnasse per sempre. Ma credo che, in quel momento, fosse un po' più interessato a qualcosa di definitivo, probabilmente per assicurarsi che Erin non intendesse tornare da Jeremy.

«Jeremy?» chiese Ruth, sorpresa. «Jeremy... *Jeremy*?»

«Sì. Non te l'avevo detto?»

«No.» Ruth era esasperata. Perché gli uomini non danno mai peso alle storie delle persone? Non capiscono quant'erano interessanti? «Mi stai dicendo che Erin e Jeremy sono stati insieme?»

«Oh sì, per anni. Tutti gli anni dell'università. Poi, però, si sono lasciati, e lei si è messa con Tom.»

«Ah certo, semplice.» Una punta di sarcasmo nella voce di Ruth.

«Deve esserci qualcos'altro... raccontami.»

Ned alzò lo sguardo al soffitto. «Santo cielo, vuoi proprio sapere tutto nei minimi particolari! È una storia lunga. Sono stanco, domani ti racconto, te lo prometto.» Fece un grosso sbadiglio. «Non so quanto potrò esserti utile, non sono molto bravo in queste cose.»

«Be', provaci.»

«Va bene. Purché adesso mi lasci dormire. D'accordo?»

«D'accordo.»

L'indomani, mentre uscivano, Ruth pensò che uno degli aspetti che preferiva di Ned era la sua grande passione per le camminate. Non gli piacevano le automobili; teneva solo la sua vecchia Volkswagen scassata perché era indispensabile, ma non le attribuiva alcun valore. Se fosse potuto andare a piedi o in bicicletta, invece che in macchina, l'avrebbe fatto. Ruth aveva sempre trovato un po' ridicoli i suoi ex che impazzivano per le auto: tutta quell'esaltazione per la potenza di un motore o per gli accessori la faceva ridere e, a lungo andare, la annoiava.

La loro villetta era situata lontano dal centro del paese, da cui distava un miglio lungo la strada principale, una volta lasciati alle spalle il parco pubblico, la scuola elementare e le file di negozi e pub che formavano il cuore del villaggio. La via proseguiva nei boschi, tra i filari di piante: una strada spruzzata di fango, in mezzo alla natura, che portava al paese successivo, dove vivevano Erin e Tom.

Camminavano a passo rapido, avvolti in sciarpa e cappotto, inspirando l'aria pungente. Ormai era arrivato l'autunno; non potevano più fingere che fosse solo un po' di freddo estivo. Benché ci fossero ancora giornate calde e serene, la brezza diveniva, a poco a poco, sempre più gelida. V'erano già mucchi di foglie scricchiolanti sotto i piedi, le insegne dei negozi dondolavano spinte dalle forti folate di vento, e la freschezza verde limone dei faggi attorno al parco svaniva, sfumando repentinamente nel giallo. Seguirono il marciapiede all'uscita dal paese, poi procedettero lungo il bordo della strada; Ned sul terreno duro e Ruth nell'erba alta, attenta a dove metteva i piedi, con le mani in tasca.

«Allora dài» lo esortò Ruth. «Raccontami un po'.»

Ned si mise a spiegare, dapprima titubante, poi prese il ritmo. «Eravamo tutti un po' colpiti da Erin, credo, e anche un po' spaventati. Tom, Luke e io avevamo frequentato scuole maschili e a malapena avevamo rivolto la parola a una ragazza. Poi arrivò Erin, che voleva essere nostra amica, e ci diceva che eravamo tutti intelligenti e simpatici. Ci ha un po' confuso, a essere sinceri. In fin dei conti, Erin poteva avere chiunque – tutti i ragazzi le facevano la corte – ma lei voleva stare con noi. Non che fossimo dei tagliati fuori, ma non certo i più in vista. Ci sentivamo lusingati... tutti quanti.»

«Vi siete innamorati tutti di lei?»

Ned la guardò di traverso. «Ci prendemmo tutti un po' di cotta per lei, ma passò presto. Oltretutto, fu subito chiaro che era interessata a Jeremy, e noialtri ce ne facemmo una ragione... be', tranne Tom, ma ai tempi nessuno lo sapeva.»

«Perché Jeremy?» Era perplessa; non sembravano fatti l'uno per l'altra. Jeremy, alto e goffo, di certo era privo della raffinatezza che una come Erin poteva trovare affascinante.

Ned scrollò le spalle. «Chissà cosa vedono le persone le une delle altre... Comunque, secondo me, Jeremy è intelligente e un tantino eccentrico, ed Erin è molto attratta dai tipi intelligenti e fuori dal comune.»

«*Tu sei* intelligente» affermò subito Ruth, protettiva.

«Non sono proprio ai livelli di Jeremy. Lui è sempre stato naturalmente geniale.»

«Be', e che mi dici di Tom? È intelligente?»

Ned rifletté un momento. «Abbastanza. Ma è anche un tipo difficile, ed è questo che eccita Erin. Lei ama le sfide. Di solito, tutti gli uomini le stanno addosso, quindi le piace uno che la tratta un po' male. Poi ci sono anche altre cose che apprezza di Tom... l'ambiente da cui viene. La famiglia. Tutto l'insieme.»

«Come l'ha conquistato?»

«Sinceramente, non lo so» rispose distratto Ned.

«Oh, dài... dovrai pur sapere qualcosa.»

Lui sospirò. «Invece, no. Non so bene cosa sia successo, a dire la verità. Un bel giorno Jeremy ed Erin si sono lasciati... Credo che lei disse che voleva prendersi una pausa di riflessione per pensare al futuro. Poi, all'improvviso, dopo la nostra vacanza in Europa, lei e Tom si sono messi insieme.»

«E Jeremy non se l'è presa?»

«Anche se fosse, ormai è acqua passata.»

Ruth ci pensò. Le pareva strano che il gruppo rimanesse così compatto, nonostante uno scambio di partner. Di sicuro non andavano tanto d'accordo come sembrava.

«Sapevi cosa provava Tom per lei?»

«L'avevo intuito. C'erano stati dei segnali. E poi vivevamo tutti insieme allora.»

«Tutti... *tutti*?»

«Io. Tom. Erin. Condividevamo un appartamento.»

Ruth non lo sapeva. La storia sembrava sempre più ingarbugliata. Qualcosa la infastidiva, la preoccupava, causandole una profonda inquietudine. «E tu?» domandò, quasi nervosa.

«Io, cosa?»

«Hai... sei mai stato innamorato di Erin? Non dico solo cotto, ma... innamorato veramente?» Ebbe subito paura di quello che Ned avrebbe potuto risponderle. Ma lui la abbracciò e la strinse a sé.

«No» lui rispose. «La prima volta che la vidi, rimasi un po' incantato più o meno per cinque minuti, ma da allora siamo stati soltanto amici. Per questo andiamo così d'accordo, perché non c'è mai stato nulla tra di noi, né ci sarà mai.»

«Ma perché? È così bella. Non ti piace?»

«Oh, no. Neanche per sogno.» Le diede un pizzicotto sul naso, mentre passeggiavano. «Tu sei la più bella del mondo. Ti prego, non pensare nemmeno per un attimo che potrei mai preferire un'altra a te.»

«Non fare lo sciocco.» Ruth gli diede una spinta, per gioco. Ma fra sé si sentiva sollevata. Per un momento, aveva provato un terribile brivido di paura, ed era felice che non avesse fondamento.

Ruth infilò la chiave nella serratura, cercando di tenere tutta la spesa e, allo stesso tempo, aprire la porta, quando inaspettatamente questa si aprì, e comparve Ned in giubbotto da bicicletta fluorescente.

«Oh, grazie» esclamò, sorridendo. «Stavo per far cadere tutto.»

Ned prese qualche borsa e le portò in cucina, dicendo: «Veramente stavo per uscire».

«Dove vai?»

«Ha telefonato Erin. Le si è rotto il riscaldamento. A quanto pare, casa sua è una ghiacciaia.»

«Scusa, non può aggiustarlo Tom?»

«Lavora fino a tardi, e così faccio un salto... solo per vedere se riesco a individuare il guasto.»

Ruth cercò di dissimulare il fastidio. «Quando tornerai? Ti aspetto per cena?»

«Boh... Dovrei tornare presto. Ho la chiave dei termosifoni, quindi volevo cercare di spurgarli, per vedere se c'è un blocco d'aria o qualcosa... A dopo!» E uscì sbattendo la porta.

Ruth sospirò, seccata. Ma è tutto vero? si chiese. È come penso io, che Erin lo chiama sempre da lei, e Ned si precipita a eseguire i suoi ordini come una specie di domestico a contratto? O sono io che me la prendo troppo?

Forse Ruth era ipersensibile. Doveva cercare di non essere egoista, obbligandolo a dedicarsi totalmente a lei; Ned conosceva i suoi amici da molto più tempo rispetto a Ruth. Non c'era da stupirsi se ci sarebbe voluto un po' prima che gli equilibri di potere si spostassero. Inoltre, per carattere, Ned era portato ad aiutare chiunque fosse in difficoltà... Ecco un altro motivo per cui lo amava.

Arrivò Maisie, attraverso lo sportellino basculante: scavalcò con delicatezza, scansando rapidamente la coda, prima che quello si chiudesse.

«Ciao Maisie, la mia piccolina!» esclamò Ruth, accovacciandosi per non spaventare la gatta, che le zigzagò tra le gambe, facendole le fusa. C'era voluto un po', ma alla fine Maisie sembrava essersi ambientata. All'inizio troppo paurosa per avventurarsi fuori, adesso era contenta di scivolare via in giardino, così – con sollievo – Ruth aveva messo via la vaschetta con la lettiera. Non era bello trovarsela davanti la mattina. Ora che Maisie era così vecchia, non era pignola e pulita come una volta, e la lettiera sparpagliata su tutto il pavimento della cucina era pessima come prima visione della giornata.

«Adesso va tutto bene però, eh? Ora questa è casa tua...» canticchiò Ruth. Riempì la ciotola della gatta e si versò un bicchiere di vino. Poi guardò l'orologio: erano quasi le sette. «Da un momento all'altro...» mormorò. Accese la radio, pensando a cosa fare per cena. Qualche minuto dopo, come aveva previsto, squillò il telefono. Succedeva una sera sì e una no, a volte per giorni di fila; cercava di evitare di rispondere, se poteva, lasciandolo fare a Ned, perché non sapeva mai bene con chi avrebbe parlato. A volte era una voce di donna che domandava brusca: «C'è Edward Haskell?» e, quando lei rispondeva che non era ancora tornato dal lavoro, tagliava corto: «Può dirgli che ha chiamato la signora Haskell, per favore? Grazie». Altre volte, la voce suonava dolce e affettuosa: «Ruth, sei tu? Sono la mamma. Come va?». Era un mistero. Quando tentava di scherzarci sopra con Ned, lui aggrottava la fronte e diceva: «E tu ignorala».

Tuttavia era difficile ignorare qualcuno che chiamava così spesso e sembrava non ricordare che, durante l'ultima telefonata, aveva fatto finta di non sapere chi avesse risposto.

Avrebbe voluto lasciarlo suonare, ma è dura resistere a un telefono che squilla. La cornetta chiedeva di essere alzata, come un bambino in lacrime. «Pronto?»

Ci fu una lunga pausa, come se la persona dall'altra parte non avesse ancora deciso cosa fare, nel caso rispondesse davvero qualcuno.

«Ruth.»

«Sì?» S'inceppò mentalmente nel dire «mamma», così chiese vivace: «Come *stai*?»

«Sono la mamma di Edward.»

«Lo so. Buonasera.»

«C'è Ned?»

«No, è appena uscito. Ma se chiami un po' più tardi, lo trovi.»

«E allora, questo matrimonio?»

«Be'... veramente abbiamo appena iniziato a pensarci... niente di concreto.»

«Dove lo celebrate? Ho già aspettato abbastanza che voi due vi decideste, e non ho intenzione di aspettare ancora. Ho parlato con il gestore del nostro circolo, e mi ha detto che organizzano molti matrimoni. Vi tratterebbero bene – pranzo completo per un centinaio di persone, bar, discoteca – e non è nemmeno caro. Così per ora ho prenotato, ma vogliono una caparra.»

«Oh...» Ruth era disorientata. Non sapeva da dove cominciare. Si sforzò di dire qualcosa. «Noi... io... È molto gentile da parte tua, ma... veramente...»

«Vuoi che lasci io la caparra?»

«No, no. È meglio che ne parli io con Ned, prima.»

«Sarà contentissimo, se lo conosco bene. Però dovete dirmi la data e farmi avere l'assegno.»

«Va bene» rispose Ruth. Avrebbe voluto dire: 'Molto gentile, ma non è necessario, pensiamo noi ai preparativi', ma non ci riuscì. Era un incubo avere a che fare con una persona così imprevedibile, ma la cui opinione contava, eccome; il pugno di ferro che usava con i pazienti difficili le si era trasformato in gelatina.

«Richiamami più tardi» concluse Jackie con decisione, e riagganciò.

Ned arrivò mezz'ora dopo, infreddolito in volto per la serata ventosa. «Brrr! Non era niente di grave. Non so se l'ho aggiustato, ma un'occhiatina l'ho data.» Vide la faccia di Ruth. «Cosa c'è che non va?»

Gli disse cos'era successo. Da quando aveva telefonato Jackie, era riuscita a farsi venire una crisi d'ansia. Ora le nozze che aveva immaginato nell'anno nuovo, celebrate nella vecchia canonica della chiesetta vicino a casa sua, dal vicario che conosceva da quando era nata, se le vedeva travolte e rimpiazzate da un matrimonio estivo, in un posto imprecisato nel Nord, dove si sarebbe sentita un'estranea.

«Devi parlarle» esclamò Ruth, disperata. «Non voglio che si occupi lei di tutto. Glielo dirai?»

«Certo.» Ned parlava con calma, tentando di tranquillizzarla. «Non preoccuparti. A volte fa così, è un po' impaziente e, quando inizia ad agitarsi per qualcosa, passa subito all'azione.»

«Non capisco perché abbia preso l'iniziativa senza chiedere niente a noi.»

Ruth si sedette al tavolo del soggiorno, le spalle curve. Le sembrava che una simile villania fosse un atto d'ostilità. Mi vuol far capire che non le piaccio, pensò. Eh già, cos'altro può essere?

«Tanto non è ancora deciso... A lei probabilmente sembra una bellissima idea... conosce i proprietari, sa che non la imbroglino, crede che sia un buon affare. Lo fa solo per dare una mano.»

«Ma non dà una mano, così!» Ned si ostinava a considerare innocua l'intromissione di sua madre. «Questo è il *nostro* matrimonio. Sono contenta che abbia pensato al suo circolo per la festa eccetera, ma non fa per noi.»

«Lo so, glielo dirò. Dobbiamo solo tenerla un po' al corrente dei preparativi... Così eviterà di agitarsi.»

«Comunque non capisco» insistette Ruth. Aveva tenuto nascosta fin troppo tempo l'ansia che Jackie le causava; ora pretendeva che Ned le desse delle spiegazioni. Doveva pur sapere perché sua madre si comportava in quel modo! Allora perché sembrava *lei* quella da tranquillizzare? Perché si sentiva *lei* quella irragionevole? «Perché fa così? Non mi sognerei mai d'impormi su qualcuno in questo modo, io.»

Ned fece quell'espressione assente che aveva spesso, quando parlavano di sua madre. «Ruth... lascia perdere. Mia madre non è perfetta, lo so. Fa le cose a modo suo, e non sempre coincide con quello che, secondo gli altri, è giusto.» Fece spallucce, come per dire: «Ecco la spiegazione».

«E tu glielo permetti? Non le dici mai che ha superato i limiti?» D'un tratto, si ricordò di come Ned non avesse detto quasi nulla, quando Jackie l'aveva offesa durante il pranzo alla vecchia canonica. «Le è permesso fare tutto ciò che vuole?»

«Certe cose non le capisci...» rispose Ned, brusco.

«Non dovresti dirmele magari, visto che si tratta della mia futura suocera?»

Ned si voltò, con una posizione delle spalle che Ruth aveva ormai imparato a decifrare: Ned si rifiutava di dire altro. Si sentì pervadere da un attacco d'ansia: odiava il modo in cui Jackie si stava mettendo tra loro. Devo far andare tutto bene, pensò. Devo convincerla. Nel panico, per un momento si chiese se dovesse cedere, accettando di tenere la festa al club di Jackie. Tuttavia, l'immagine che le si formò nella mente le faceva venire i nervi e un po' anche da ridere. La rabbia iniziava ad attenuarsi, lasciando il posto a uno stanco stordimento. «Non so cos'ho fatto, per darle tanto fastidio» disse alla fine Ruth con un filo di voce, facendo capire che voleva fare pace.

Ned si girò ancora verso di lei. «Non hai fatto nulla, tu. È lei... È fatta così e basta. Bisogna trattarla con le pinze...»

«Vorrei piacerle, sul serio. Sto provandoci in tutti i modi, lo sai. Ogni volta che chiama, le parlo e ascolto qualsiasi cosa abbia da dire...»

«Lo so. E sei fantastica. Infatti le piaci molto, davvero... Ma come ti ho detto...» Aggrottò la fronte e fece un sospiro. «È il suo carattere... Tu continua così e andrà tutto bene.»

Ned faceva apposta l'evasivo, e Ruth sapeva che non si sarebbe lasciato sfuggire altro sull'argomento. Non aveva scelta, se non lasciar perdere. La risolverò da me, decise. So di poterla convincere, se mi metto davvero d'impegno.

Più tardi, Ned prese il telefono nella stanza degli ospiti e ne uscì un'ora dopo, esausto.

«Come va?» si informò Ruth, ansiosa. Si era aggirata lì intorno, captando il tono della voce di Ned che saliva e si abbassava, ma senza sentire che cosa si stessero dicendo. Da quel che riuscì a decifrare, non avevano gridato: le abilità diplomatiche di Ned erano state efficaci.

«Sì sì» rispose brusco. «Non preoccuparti per il club, non se ne farà nulla. Adesso, però, dovremmo andar avanti noi con i preparativi, così lei non potrà continuare a metterci il becco. Continua ad arrovellarsi il cervello, come un cane che rosicchia un osso; non si darà pace, finché non le faremo sapere cosa abbiamo deciso.»

«Grazie.» Ruth lo abbracciò, sollevata. «Allora è meglio che cominciamo a pensare ai preparativi.» Gli sorrise, felice ora che l'ansia era passata. «Sarà divertente. Prendo qualche rivista nuziale, così iniziamo a decidere che cosa vorremmo.»

Ned mugugnò bonariamente. «Sarò felice di fare tutto quello che vuoi.»

«Ma io voglio che le decisioni siano di *entrambi.*»

«Lo so... ma prima dimmi quello che vuoi tu, e vediamo se sono d'accordo anch'io... e sarà così, probabilmente.»

«Non sei simpatico» disse Ruth, imbronciata, volendo fare pace. Ned era andato in battaglia a combattere per lei e aveva vinto. Adesso lei si pentiva della propria reazione esagerata.

«Ah no?» le disse, baciandola sull'orecchio.

«Mhm, be', a volte...»

«E adesso?»

Lo baciò. Non devo preoccuparmi di Jackie, promise a se stessa. Non ci penserò più.

Capitolo 7

Erin guida con la stessa naturalezza con cui fa tutto il resto, pensò Ruth. Il solo fatto di vederla guidare semplicemente bilanciando il polso sottile sul volante, l'altra mano sulla leva del cambio, faceva innervosire Ruth, che l'avrebbe preferita un po' meno disinvolta, mentre sfrecciavano per le stradine di campagna prendendo le curve cieche a velocità temeraria.

«Sei stata davvero gentile» disse Ruth, cercando di distogliere lo sguardo dal contachilometri.

«Non c'è problema» rispose Erin sorridendo. «Era il minimo che potessi fare.»

Ned e Ruth stavano verniciando il soggiorno quando Erin aveva telefonato e, per una volta, non aveva voluto parlare con Ned. Dopo aver chiacchierato qualche minuto con Ruth, le chiese: «Be', come va con l'abito da sposa? Trovato niente?»

«Non ancora. Ho cercato, ma finora nulla.» Lei e Cordy erano andate in spedizione una volta, e Valentina l'aveva accompagnata una seconda, ma non avevano avuto fortuna. All'inizio avevano tentato con i sarti tradizionali di Oxford, di quelli che confezionavano abiti per tutte le ragazze della contea. Gli attaccapanni erano ricoperti di austere creazioni in seta e raso color avorio, tutte con un'ampia gonna, strascico e tantissimi bottoni, da abbinare a un diadema, un velo antico e uno sposo ricco. Ruth si sentiva falsa indossandoli. Quindi avevano puntato sui grandi magazzini e sui negozi del centro specializzati in abiti da sposa, ma neanche quei vestiti andavano bene. Avevano qualcosa di troppo normale – niente di impegnativo, tutti assolutamente belli, però non avevano nulla di speciale: erano semplicemente adeguati allo scopo. Per essere capi ordinari, tra l'altro, erano piuttosto cari, e Ruth aveva cominciato a deprimersi. Sarebbe stato diverso se avesse avuto un'idea precisa di come doveva essere il suo abito da sposa. Ruth credeva di avere gusti facili, eppure non ne aveva ancora trovato uno che potesse andare bene.

«Allora devi venire con me. Conosco un posto perfetto. Arrivo subito.»

Lasciando Ned a terminare il lavoro, Ruth si lavò le mani sporche di vernice e aspettò che Erin passasse a prenderla con la sua Mini Cooper.

«Ho sentito parlare di questo posto» osservò Erin, mentre raggiungevano uno dei paesini più remoti del Gloucestershire. «È sperduto nel niente e un po' bizzarro. Però me l'ha consigliato il costumista di un lavoro che ho fatto per la tv, pare che sia incredibile. Lo usano spesso per film e servizi fotografici.»

Appena giunsero al negozietto, capirono subito che era davvero diverso dagli altri. La vetrina era stipata da cima a fondo di accessori, uno più vivace e sfavillante dell'altro: collane, ventagli, scarpe, veli ricamati, orecchini, bracciali, fiori di seta, gioielli per le dita e i capelli e i polsi, e due splendidi corsetti tempestati di gemme.

Ruth restò a bocca aperta. «Questi tessuti sono stupendi! Dio mio, stavo cercando una stoffa identica a quel corpetto a fiori per le tende della camera da letto. Ma... ne sei sicura? Voglio dire, questo posto mi sembra adatto a qualcuno un po' più... ehm... eccentrico di me.»

Erin rise. «Sembra una specie di baule dei travestimenti, vero? Ma non abbiamo ancora visto gli abiti. Comunque, i colori sgargianti sono l'ideale in pieno inverno. Diciamoci la verità, le alternative sono due: o la regina delle nevi, vestita di bianco e ricoperta di finta pelliccia – fa molto *Narnia*, ma forse è un po' scontato – oppure un faro scintillante di luce, fascino e colori.»

«Non ho altre possibilità?» azzardò Ruth. «Temo che non vada bene nessuna delle due.»

«Be', andiamo a dare un'occhiata.»

Una volta entrate, si resero conto che la vetrina era studiata per catturare lo sguardo, la spettacolarità fatta apposta per adescare i clienti. L'interno era leggermente più sobrio, pur essendo pieno di accessori stupendi. Ruth fu attratta da deliziosi fiori composti da gioielli, violette di ametiste orlate da spirali d'oro, un gioiello simile a quelli realizzati da Fabergé per la famiglia imperiale russa.

«Questi come si portano?» chiese a Erin, la quale era già in fibrillazione alla vista di un paio di scarpe di Madame de Pompadour in seta damascata d'argento con rosette di raso bianco.

«Si mettono tra i capelli, così!» proruppe una voce alle sue spalle, e Ruth, voltandosi, vide una donna alta e imponente che indossava un lungo abito nero di velluto, i capelli raccolti in un cappello di pelliccia e gli occhi di quel finto blu fiordaliso tipico delle lenti a contatto colorate. Avanzò dall'oscurità in fondo al negozio come un orso che emerge dalla sua tana, quindi raccolse i capelli di Ruth con una mano, lisciandoli con l'altra. «Oh, che capelli stupendi! E che colore, il biondo-rame più bello che abbia mai visto! Queste violette le starebbero una meraviglia. Guardi.» Con un rapido movimento le attorcigliò i capelli e, mentre con una mano le teneva la testa, con l'altra prese i gioielli, montati su lunghe spille, e in un attimo glieli infilò tra i capelli, in modo che li tenessero fermi, con i graziosi fiori che scintillavano ai lati della testa. «Ecco fatto. Non sono stupendi?»

«Sì...» mormorò Ruth, voltandosi di lato per vedere che effetto facessero.

«Ti stanno davvero benissimo, Ruth.» Erin comparve accanto a lei, fissandone l'immagine nello specchio.

«È per un matrimonio?» chiese la signora. «Si sta per sposare, vero?» Indicò l'anello al dito di Ruth.

«Sì.»

«Allora è venuta nel posto giusto!» esclamò la donna. «Qui troverà il vestito dei suoi sogni, glielo prometto. Sono Xenia Yasparov e sono la stilista migliore del mondo. Si stupirebbe se le dicessi chi viene da me. Non posso rivelare esattamente chi sono, ma parliamo di reali di fama internazionale! Principesse! Regine! E star del mondo della musica e del teatro.»

Ruth trattenne una risatina. Non sapeva se stesse dicendo la verità, ma senz'altro era una scena a effetto. Era certa che il nome fosse inventato, come probabilmente tutto il resto.

Erin spiegò: «La mia amica si sposa in chiesa a gennaio, e non ha ancora trovato un abito adeguato».

«Ora lo troverà» rispose fiduciosa Xenia Yasparov. «Qui c'è tutto quello di cui ha bisogno.»

Dapprima Ruth non era convinta: la stilista la accompagnò a un appendiabiti per mostrarle uno strano groviglio di merletti e fiori finti. C'erano fiocchi rosa cuciti su veli di un blu acceso, corpetti di chintz che sembravano usciti da una farsa ottocentesca, con lunghi lacci a penzoloni. Xenia la convinse a provare un abito in stile elisabettiano – «è perfetto per l'inverno! Ed è orlato di vero visone. La prego, non mi dica che ha qualcosa in contrario» – ma il collo di pelliccia, il rigido corpetto e la stoffa pesante tempestata di perline la facevano sentire come se dovesse andare a un ballo in maschera.

«È bellissima» mormorò la stilista in tono solenne. «Sembra la regina Elisabetta I da giovane, con quei capelli rossi. Credo che sia quello giusto per lei.»

«Forse sarei un po' fuori luogo.» Ruth si voltò per guardarsi allo specchio, e sperava di trovare la forza di opporsi alla stilista perché, in caso contrario, avrebbe dovuto convincere Ned a sposarsi in farsetto e calzamaglia.

«Allora se lo tolga subito!» gridò Xenia. «Deve sentirsi la star, il top! Venga, ho altre cose...»

Le mostrò alcune creazioni di un bianco spumeggiante, che a Ruth ricordavano le fotografie scattate da Cecil Beaton alla Regina Madre negli anni Trenta, poi delle crinoline a balze e vestiti aderenti con scollatura a cuore stile anni Cinquanta.

«Vuoi un abito bianco?» le chiese Erin, mentre rimettevano a posto un vestito di organza.

«Non lo so. Forse no. So che la tradizione vorrebbe così, ma...»

«Oh!» esclamò Xenia a un tratto. «Ho proprio la cosa che fa per lei. Non so perché non ci ho pensato prima. Aspetti.» Scomparve nel buio in fondo al negozio per riemergere un attimo dopo portando con sé un abito lungo con una manica minuziosamente drappeggiata. «Questo è nuovo – un prototipo. Ma è come se lo avessi disegnato pensando a lei, perché è perfetto.»

Mostrò loro il vestito: era un tubino di seta di un pallido verde acqua, tagliato di sbieco, che sulla gruccia sembrava privo di forma. Era abbinato a una lunga giacca di seta della stessa tonalità delicata, ma interamente ricamata con filo di seta d'argento e con uno splendido motivo intricato in stile cinese: piccoli uccelli cangianti ornati di gemme colorate, nascosti tra rampicanti verdi e argentati e delicati fiorellini di seta.

Erin rimase a bocca aperta. «È delizioso!»

«È vero» assentì la stilista con orgoglio. «Deve provarlo. Credo che le andrà bene. I miei prototipi li faccio più grandi degli altri stilisti perché sono alta anch'io.»

«Non so...» disse Ruth perplessa. «È splendido, ma non credo che stia bene sul mio fisico. Sembra più adatto a te, Erin.»

«Almeno provalo» cercò di convincerla Erin.

«Lo provi» le fece eco la stilista con la sua voce cupa.

Ruth si sbagliava. Era convinta che la seta tagliata di sbieco sarebbe stata spietata con il suo corpo formoso, e invece le conferiva la sagoma prosperosa di Jean Harlow, aderendo nei punti giusti. Sopra, la giacca ricamata smorzava l'eccessiva sensualità del tubino, donandole quell'aria di pudicizia che si addiceva a un matrimonio in chiesa. Era ferma davanti allo specchio, meravigliata alla vista della sua immagine scintillante.

«Sei bellissima» disse Erin, la voce leggermente strozzata. «Dio mio, guardami. Sono commossa. Hai un'aria così romantica, come una principessa delle favole!»

«Ma sembro una sposa?»

«Cos'altro potresti essere?»

Ruth non riusciva a distogliere lo sguardo dall'abito luccicante. «Forse sarebbe meglio bianco?»

Xenia rispose: «Potrei anche farne uno bianco... ma dovrei ordinare delle stoffe apposite, ci vorrebbero mesi».

«Perché bianco?» esclamò Erin. «È un assurdo in quest'epoca! Tutte quelle fesserie sulla verginità. Poi arriverai a dirmi che vuoi amare, onorare e obbedire. E comunque non è come se fosse scarlatto. Questo verde pallido è favoloso, mi fa pensare al bordo dei petali di un'ortensia bianca. È così elegante. E con i tuoi colori... guardati!»

Era vero: l'abito metteva in risalto la sua carnagione color crema, spesso sbiadita dalle tinte forti, e i capelli brillavano intensamente, ancora raccolti nelle violette ornate di gemme. Per la prima volta non si sentiva messa in ombra da Erin.

«E le scarpe» mormorò Xenia soddisfatta. «Guardi queste...» Infilò ai piedi di Ruth un paio di ciabatte di velluto verde pallido con piccoli tacchi argentati. «Perfette!»

«È davvero meraviglioso» sussurrò Ruth. Si immaginava sul portone della chiesa, un gioiello che si stagliava contro l'antica pietra grigia. Era proprio quello che aveva sognato, pur senza saperlo. Si rivolse a Xenia. «Quanto costa?»

«Vestito e giacca? Oddio... questo è solo il mio prototipo. Mi ci vorrà un po' per confezionare l'abito.»

«Ma questo... mi va benissimo. Voglio questo.»

«Non so...» La stilista si accigliò. In preda al panico, Ruth fu colta da quel desiderio struggente che si prova quando qualcosa sembra essere a portata di mano e poi ci viene strappato via.

Cercò di non dare a vedere le sue emozioni, ma dopo essersi ammirata di nuovo allo specchio, disse lentamente: «Se fosse disposta a vendermi il prototipo gliene sarei molto grata. Non credo di poter aspettare che ne confezioni uno nuovo, e non c'è davvero nient'altro che mi piaccia».

Xenia rifletté un momento. «Be', per me vorrebbe dire ricominciare quest'abito da capo. Ma forse, se comprasse anche i fermacapelli e le scarpe, ne varrebbe la pena.»

«Quanto mi verrebbe a costare?»

Quando Xenia indicò la cifra, Erin inspirò con un gemito e Ruth si sentì quasi svenire. Era il triplo di quello che aveva in mente di spendere.

«Tuo padre potrebbe darti una mano?» chiese Erin sottovoce.

«Non lo so. Forse sì. Ho anche dei soldi che mi ha lasciato mia madre, li ho sempre tenuti da parte per il mio matrimonio. Immagino che potrei usarne un po'.»

«Mettiamola così: la cifra comprende anche le scarpe e i capelli, dato che con questo vestito il velo non serve. All'acconciatura e al trucco ci penso io, lo sai che sono brava. E poi, non essendo bianco, potrai sempre riutilizzarlo.»

«Sì, potrei riutilizzarlo» rispose Ruth, guardando quel vestito che ormai voleva a tutti i costi. Non poteva più pensare di sposarsi con indosso un abito che non fosse quello. Alzò lo sguardo verso Xenia Yasparov. Era una follia, ma in fin dei conti si trattava del suo abito da sposa. «Lo prendo» disse.

«Grazie mille per avermi portato in quel negozio» disse a Erin mentre tornavano verso casa. «È importante, per me.»

«Non puoi andare da sola a cercare il tuo abito da sposa! Io mi sono divertita un sacco. Adoro guardare vestiti costosissimi. Però è un peccato che tua sorella non ti abbia accompagnata.»

«Cordy non ha mai tempo durante il giorno. Ha troppi impegni.»

«È lei la tua damigella d'onore?»

«Immagino di sì. Non gliel'ho ancora chiesto. Oddio, ecco un altro problema. Cosa diavolo indosserà, con me vestita in quel modo?»

«Diciamo che farà molta fatica a metterti in ombra. Se fossi in te cercherei qualcosa nel reparto degli abiti da sera. Una cosa elegante ma non troppo. In grigio, magari. Oppure color cachi.»

Ruth scoppiò a ridere. «Sembra orrendo, da come lo descrivi.»

«Devi esserci tu al centro dell'attenzione. La damigella d'onore ha un compito da svolgere, non le servono fronzoli e merletti.»

«Be', mancano ancora un paio di mesi. Faremo in tempo a trovare qualcosa. Ti sono davvero grata per il tuo aiuto, Erin, sul serio.»

«Per me è sempre un piacere.»

«Com'è andata?» le chiese Ned, sentendola rientrare. Doveva essere stata fuori per ore. Ma almeno ce l'aveva fatta: aveva trovato l'abito da sposa. Era valsa la pena di averci messo un giorno intero.

«Tutto bene.» Ruth andò in cucina, dove Ned era seduto al tavolo, una birra in mano, la maglietta macchiata di sudore. «È stata dura verniciare il legno?»

«Altroché, più di quanto immagini. E ho fatto anche la libreria in camera.»

«Sei un tesoro. Grazie. Ti prometto che alle tende del soggiorno ci penso io. Quello spetta a me.»

«Prenditela pure con calma.» Ned sogghignò. «Be'... l'hai trovato?»

«Cosa?» chiese lei con aria innocente, versandosi un bicchiere d'acqua.

«Cosa...» ripeté lui in tono di scherno. «*Cosa?* L'abito, no? Dài, dimmi tutto.»

«Sì, l'ho trovato. Credo che ti piacerà. È un'enorme meringa gialla con abbinato un cappellino. Sembro una di quelle bambole vestite di crinolina. Stavo anche pensando di prendere un ombrellino in tinta.»

«E magari anche una capretta da tenere a un guinzaglio giallo» scherzò Ned.

«Buona idea!» Si sedette di fronte a lui. «O magari tu potresti metterti un costume da capra... così ti porterei in giro.»

«Un'immagine fin troppo realistica del nostro rapporto.» Le prese la mano e la baciò. «Non vorrei che i nostri amici e parenti ci vedessero in quel modo.» La fissò per un momento. «Mhm... lo sai che sei stupenda? Oggi sembri raggiante.»

«Davvero?» Era ancora in preda all'eccitazione per aver trovato l'abito, che adesso era diventato il suo segreto.

«Sì.» Si allungò verso di lei, baciandola dolcemente sulle labbra. Ned sapeva un po' di salato, per il sudore del duro lavoro di verniciatura. Quei baci teneri e delicati si fecero più lunghi e intensi, finché non furono totalmente assorti l'uno nell'altra.

Ned si staccò un attimo da lei. «Andiamo di sopra» sussurrò. Uscirono dalla cucina assieme, incespicando e ridacchiando tra un bacio e l'altro mentre salivano in camera. Si buttarono sul letto. Ruth amava quei momenti e il modo in cui Ned la faceva sentire: era talmente piacevole che non avrebbe più potuto rinunciare a quella gioia calda e profonda che provava mentre lui la stringeva tra le braccia, avvinghiandosi a lei. Anche se ormai il loro modo di fare l'amore le era diventato familiare, Ruth raggiungeva sempre lo stesso apice di eccitazione e meraviglia che aveva provato la prima volta. Le piaceva tutto di lui: le braccia possenti, con una spruzzata di lentiggini, l'addome piatto, i pochi peli morbidi sul petto e il dolce odore di muschio che sembrava impregnargli il corpo e i capelli. Con le mani gli accarezzò il sedere per poi risalire lungo la schiena muscolosa, mentre lui le sussurrava all'orecchio il proprio piacere, ricambiando le sue carezze.

Quando il telefono squillò la prima volta non lo sentirono nemmeno, talmente erano persi l'uno nell'altra. Solo al terzo squillo, che stridette per tutta la casa, Ned si staccò da lei.

«Devo rispondere?»

«Lascialo suonare. Non sarà niente di importante. Richiameranno.»

«Forse dovrei...» Allungò la mano per prendere il telefono dal comodino.

«Non rispondere. Sarà Tom, di sicuro...» Si morse il labbro, seccata, mentre Ned premeva il tasto del ricevitore.

«Pronto?» Chiuse gli occhi per un attimo. «Oh, ciao mamma.» Si scostò da lei, sdraiandosi sulla schiena, e cominciò a sfregarsi la fronte poco più su delle sopracciglia. «No, no... tutto bene. Sì.»

Ruth restò immobile, per non dare segni della propria presenza accanto a Ned. Cercò di calmare l'irritazione che provava nei suoi confronti, ascoltando la voce metallica che proveniva dal telefono. Non riuscì a cogliere le parole, sentiva solamente un brusio lieve, incessante. Allora provò a dedurre la conversazione dalle frasi di Ned.

«Sì, anche lei sta bene... sì. Be', non lo so, non gliel'ho chiesto. Ti ho detto la data... è il 18 gennaio...»

Parlano del matrimonio, dedusse Ruth. Si sentì in colpa

per non essersi tenuta in contatto con la signora Haskell per discuterne. Ned le aveva comunicato la data, e per il momento sarebbe bastato.

«Lo so, lo so... nessuno pretende niente da te... non devi farlo. Sul serio, mamma...» Rimase per un po' in silenzio, ascoltando a occhi chiusi. «Sì, ho capito, ma non credo sia il caso... Va bene, ora glielo chiedo.»

Coprì il ricevitore e le chiese sottovoce: «Che programmi hai per Natale?».

Ruth fu colta di sorpresa. Non aveva ancora pensato a Natale: i preparativi del matrimonio l'avevano tenuta così impegnata da farglielo quasi dimenticare. Del resto, cosa c'era da programmare? Quest'anno sarebbe stato esattamente uguale a tutti gli altri.

«Programmi?» sussurrò. «Pensavo di fare quello che faccio ogni anno, cioè andare da mio padre. Sto sempre lì dalla vigilia fino a Capodanno.»

Ned tolse la mano dal telefono, scostandosi di nuovo da lei. «Mamma, penso che andremo da Ruth.» Ci fu un'altra lunga pausa quando la voce metallica ricominciò a parlare. «Va bene, gliene parlerò, okay? Ti richiamo appena abbiamo deciso. Sì, ciao.»

Riagganciò il telefono con aria seccata.

«Non mi era neanche venuto in mente. Se l'è presa? Ho dato per scontato che saremmo andati da me.» Ruth non poteva immaginare di trascorrere il Natale in un posto che non fosse la vecchia canonica, con il fuoco acceso, l'albero addobbato con le solite vecchie decorazioni, anche quelle ormai malconce, che lei e Cordy avevano fatto alle elementari, e tutti i loro riti di famiglia. Ci sarebbero state ostriche, salsiccette calde e Chablis fresco per la cena della vigilia, i canti natalizi alla radio e poi del whiskey per riscaldarsi prima di andare alla messa di mezzanotte, anche se la chiesa era a soli due minuti a piedi. Il giorno dopo, una volta svuotate le calze, avrebbero scartato i regali sotto l'albero e, dopo una lunga colazione, Ruth si sarebbe messa a preparare il pranzo di Natale per gli altri, generalmente manzo, cervo, oppure, se era in vena di tradizioni, oca. Poi avrebbero fatto una lunga passeggiata in paese, imbattendosi in vecchi amici che, come loro, cercavano di smaltire il pranzo, prima di fare un salto dalla signora Jackson per un tè e un dolce natalizio. Ruth si rese conto che non poteva immaginare un Natale diverso da quello: *quello* era il Natale.

«Anche mia madre ha un senso di protezione verso il Natale. Le piace farlo a modo suo. Siamo sempre noi: io, mamma, papà e Susan, e qualche parente. Prima veniva anche il fratello di mia madre, ma dopo il litigio di qualche anno fa non si è più presentato. Però, a parte lui, il resto è sempre uguale.»

«E tua madre vuole che andiamo?»

«Se lo aspetta.»

Rimasero per un attimo in silenzio, immersi nei loro pensieri. Poi Ruth chiese con calma: «È arrabbiata anche per il matrimonio?»

Ned sospirò. Le prese la mano, premendosela sul petto. «Lei ha... le sue idee su come andrebbero fatte le cose. E credo che sia un po' troppo su di giri, sta morendo dalla voglia di intromettersi per organizzare tutto quanto.»

«Ma... il matrimonio è il *mio*. Sono io la sposa, e ce lo stiamo pagando da soli. Lei ha tua sorella, no? Non può organizzarlo a lei il matrimonio?»

«A dire la verità, non sembra che Susan abbia intenzione di sposarsi nell'immediato futuro. E se anche fosse, non credo che la mamma riuscirebbe a intromettersi. Non sono in buoni rapporti. Immagino che, se mai Susan decidesse di sposarsi, lo farebbe il più lontano possibile da casa.»

«Come mai non vanno d'accordo?»

«Oh, sai, le solite cose. Quasi nessuno va d'accordo con la propria mamma, no? Soprattutto le figlie femmine.»

Ruth non capiva. Le sembrava di aver avuto sempre un bel rapporto con sua madre; quasi tutti i suoi ricordi erano momenti di risate e d'affetto. Lei, però, non aveva dovuto rapportarsi con la madre mentre attraversava il terreno tortuoso dell'adolescenza. In quel caso, forse, sarebbe andato tutto storto, come sembrava succedesse a tanti altri.

«Credi... credi che, se passassimo il Natale con tua madre, lei potrebbe tenersi un po' in disparte dal matrimonio?» chiese Ruth con voce incerta. Voleva fare la cosa giusta, e voleva piacere a tutti i costi ai genitori di Ned. Ma era pur sempre il suo matrimonio e non aveva nessuna intenzione di rovinarlo.

«Forse. Non lo so. Non posso prometterti niente.»

«Santo Stefano andrebbe bene lo stesso?»

«Non credo.»

«Be'... e se invitassimo lei e tuo padre alla vecchia canonica per Natale?» suggerì ispirata. «C'è un sacco di spazio! Ai tuoi piacerebbe, è così accogliente e natalizia, sembra uscita da una fiaba per bambini. Perché non glielo proponi?»

«Non accetterebbe mai» rispose Ned con dolcezza. «È il suo momento. Il suo giorno. Ha tutta la responsabilità su di sé. Non sopporterebbe di fare l'ospite.»

«Oh...» Ruth si immaginò il Natale in quel soggiorno freddo e asettico. Sentì un tuffo al cuore, e un velo di depressione calò su di lei. «Allora... suppongo che dovremo andarci. Sono certa che mio padre capirà. Andremo da lui a Santo Stefano.»

È questo, rifletté Ruth, quello che succede quando si diventa una coppia. Si entra a far parte di una nuova famiglia mantenendo al tempo stesso la propria. E adesso c'erano due diverse fedeltà e due diversi obblighi. D'ora in poi avrebbero fatto a turno, festeggiando il Natale alla vecchia canonica solo ad anni alterni. Suo padre e Cordy sarebbero rimasti soli, poi, un giorno, Cordy avrebbe conosciuto qualcuno e se ne sarebbe andata anche lei, e forse suo padre non avrebbe più avuto nessuno con cui trascorrere il giorno di Natale. Quel pensiero era insopportabile. Era furiosa per essere stata costretta a rinunciare a qualcosa che amava così tanto.

Si voltò sul fianco, dandogli le spalle, e si schiacciò il cuscino sotto la testa stringendolo forte tra i pugni. Ned le si avvicinò, posandole un braccio sulla spalla e avvicinando la testa a quella di lei.

«Grazie» disse. «Ti spiace molto?»

«No» rispose lei con voce sommessa. «No, va bene così.»

Ruth riscaldò per un attimo lo speculum tra le mani, con qualche impaccio dovuto ai guanti in lattice.

«Ora potrebbe sentire un leggero fastidio, ma non le farò male» spiegò, avvicinandosi alla donna sul lettino. La paziente, vestita solo nella parte superiore del corpo, aveva un'aria ansiosa e vulnerabile. Ruth le sorrise. «Ci metterò un secondo. Ora unisca le piante dei piedi e abbassi le ginocchia il più possibile.»

«È come fare Pilates» scherzò la signora, cercando di superare l'imbarazzo. «Deve essere strano per lei dover visitare centinaia di... donne.»

«In realtà, ormai non ci penso neanche» rispose Ruth. «Mi viene automatico.» Compì la procedura di routine, prelevando uno striscio di cellule e trasferendole sul vetrino da mandare in laboratorio. «Ecco fatto.»

«È stata davvero velocissima. L'ultima volta è stato terribile. Lei è molto più brava.» La paziente si mise a sedere con sollievo, riprendendo i vestiti.

«La ringrazio. Nel giro di qualche settimana dovrebbe ricevere una lettera con i risultati del test. Se non dovesse arrivarle, ci chiami. È capitato che alcuni risultati andassero persi o arrivassero in ritardo.»

«Tutto qui?»

«Sì, tutto qui. Probabilmente non dovrà rifare il test per un bel po'.»

«Be', grazie allora.» La donna si vestì rapidamente e se ne andò, mentre Ruth metteva lo speculum nello sterilizzatore, compilava i moduli necessari e aggiornava i dati a computer. Poi – chi era il prossimo? Controllò gli appuntamenti. Un bimbo di otto settimane doveva fare la prima vaccinazione. Le piacevano quelle visite: aveva qualche minuto per godersi un dolce e tenero neonato. Di solito le facevano delle smorfie e ridacchiavano mentre lei preparava l'ago sottile e la fiala e poi, ignari di quello che stava per succedere, la osservavano mentre, con una mano, teneva una coscia paffuta. Si sentiva stringere il cuore per lo shock e la sorpresa che trasformavano i loro visini mentre lei infilava l'ago, e i vagiti di dolore che seguivano portavano spesso le tenere neomamme alle lacrime.

Le tornò alla mente quel ragazzino che l'aveva aggredita, Michael Petheridge, e si domandò che fine avesse fatto. Probabilmente avevano già ricevuto la lettera in cui li pregavano di rivolgersi a un altro ambulatorio. A Ruth spiaceva per quella povera donna. Quante volte era già successo? In quanti l'avevano aiutata con quel bambino violento?

Quando squillò il telefono, rispose subito. «Infermiera Blackiston» disse seccamente. Spesso le chiamate esterne erano di società di marketing che cercavano di venderle qualcosa, e le trattava sempre in modo brusco.

«Be', buongiorno infermiera. Ho un dolore tremendo e vorrei che lei mi visitasse. Ho sentito dire che ha un tocco incredibilmente rilassante e ho un bisogno disperato di trovare sollievo.»

Ruth sorrise. «Ciao amore.»

«Ciao tesoro. Come va la giornata?»

«Ho appena fatto un pap-test.»

«Wow. Lesbo a gogò nell'ambulatorio? Eccitante!»

«Se vedessi come vanno in realtà queste cose non le troveresti tanto divertenti, ne sono sicura. E a te come va?»

«Ti chiamo per questo. Hai presente McTavish, il nostro cliente? Ha anticipato la scadenza. Questo significa più o meno un'altra settimana di lavoro non stop. Il mio progetto è solo abbozzato e il cliente vuole vedere una presentazione del modello finito dell'unità di dispersione la prossima settimana. David ce l'ha appena comunicato.»

«Oh, tesoro, che sfortuna.»

«Eh già. Perciò non aspettarti di vedermi nei prossimi giorni. Ma ci hanno promesso un po' di riposo compensativo e un piccolo bonus, se rientriamo nella scadenza, quindi dopo possiamo fare qualcosa di carino, se ti va...»

«Va bene.» E con una vocina infantile aggiunse: «Sarò tutta sola...»

«Non puoi invitare qualcuno? Non mi piace saperti in casa da sola. Magari potresti andare da tuo padre, oppure vedere Valentina o una delle altre.»

«Magari inviterò Cordy. Non le ho ancora fatto vedere dove vivo.»

«Buona idea. Ti scrivo quando sto per tornare.»

«Va bene amore. Spero che non sia troppo dura. In bocca al lupo!»

«Grazie. Ciao, tesoro.»

«Sono in ritardo?» chiese Cordy, entrando in casa trafelata come al solito. «Ho fatto tardi, vero? Quegli schiavisti mi hanno trattenuta, come sempre.»

«Lo sai che sei in ritardo. Ma se siamo d'accordo per le sette e mezzo, so già che non arriverai prima delle otto. Così ti ho chiesto di venire alle sette. Sei praticamente puntuale.» Ruth si fece dare il cappotto dalla sorella e lo appese.

«Come sei previdente.» Cordelia sogghignò. «Brrr, si muore di freddo fuori. Ho il riscaldamento della macchina che non funziona, mi sono quasi congelata venendo qui.» Aveva le guance e la punta del naso arrossati. «Qui però è bello caldo. Oh, ma che casa carina! Ruth, sai che fai proprio ridere? L'hai arredata tu vero?»

«Sì» rispose Ruth. «Perché? Cos'è che fa ridere?» Diede un'occhiata alla pittura fresca, alle tende nuove, alla semplicità con cui aveva disposto i mobili, e si sentì offesa. C'era qualcosa di comico che non riusciva a vedere? A lei sembrava tutto perfetto.

«È solo che... ovunque vai, cerchi di ricreare casa. È davvero adorabile, e non te ne accorgi nemmeno.»

«No, non me ne accorgo! E comunque non è affatto uguale a casa.»

«Non com'è adesso, ma com'era allora. Prima che papà si mettesse a trafficare con la cassetta degli attrezzi e la vernice. Ma non devi offenderti. È stupenda! Molto carina e accogliente.»

«Non l'ho fatta tutta come avrei voluto» continuò Ruth, mentre l'accompagnava in soggiorno.

«Sì, si vede che prima era la tana di uno scapolo. Ma guarda che stereo!» In un angolo della stanza, una montagna di tecnologia color nero opaco costituiva l'impianto acustico. «Dove sono le casse? Caspita! Sembrano statue dell'Isola di Pasqua.»

«Da lì esce anche l'audio della tv.»

«Ah, quello poi è ancora un altro discorso. Un televisore al plasma con schermo piatto! Sarà costato un occhio.»

«Ned l'ha comprato prima di avere un matrimonio da pagare. Non mi fa impazzire lì, sopra il camino, ma non sapevo dove metterlo.»

«No, la verità è che tu sei più un tipo da specchio e candelabri, vero?»

«Sono così prevedibile?»

«Solo un po' tradizionalista. Dov'è Neddy? E posso bere qualcosa? Del gin, se c'è.»

«Ti concedo solo un gin. Oppure un bicchiere di vino a cena. Devi guidare. Cosa preferisci? Vieni in cucina.»

«Signorsì, infermiera.» Cordelia la seguì nella piccola cucina. «Prenderò un gin. Abbonda pure. Lo sai che hai una casetta carinissima?»

«Mi ci sono affezionata» disse Ruth, cercando di nascondere l'orgoglio che provava per quella casa. Dopo un duro lavoro di verniciatura e un'accurata pulizia, le stanze sembravano più chiare e vivaci. Ruth aveva tirato fuori la sua macchina da cucire, ricavando tende da vecchie stoffe trovate in vendite di seconda mano, mercatini dell'antiquariato e negozi di soprammobili d'epoca. Il divano era rivestito con un telo di stoffa Mulberry a quadri color sabbia e lampone che Ruth, con sua grande gioia, aveva trovato in un negozio di tessuti di seconda scelta, e le lampade antiche davano un tocco di calore e allegria alla stanza, insieme ai vari gingilli che comprava in continuazione. Ned la prendeva in giro, dicendole che era come Katie Brown in *Non sparare, baciami!*, quando aveva trasformato la capanna di legno di Doris Day in una casa accogliente e femminile, con tende a quadretti e vasi di fiori.

«E la finestra con il divanetto!» aveva esclamato Ned, dopo che Ruth aveva trasformato il basso davanzale di pietra in un angolino accogliente, sistemandovi cuscini decorati con uno sbiadito motivo floreale. «Gli dà un tocco femminile che, tra l'altro, è quello che preferisco.»

Ruth aveva sgombrato la libreria dalle cianfrusaglie e dalle vecchie riviste, per esporre alcune raccolte di libri cartonati di seconda mano, con rilegature in tela sgualcita verde scuro, blu oltremare e porpora, e una logora stampa dorata. C'erano anche i suoi vecchi libri preferiti, oltre ad alcuni classici per tenere alto il tono. Riordinando uno degli scaffali, aveva trovato un libro di poesie di Rupert Brooke, con una dedica sul risguardo: «A Orso. Diventiamo neoplatonici assieme. Con affetto, Ricciolona x x».

Ricciolona era il nome con cui Ned, una volta, aveva chiamato Erin. Ruth ricordava il commento di Erin riguardo a una poesia di Brooke, e sfogliò l'indice per cercarla. Quando la trovò, la lesse attentamente.

L'amore è una breccia nei muri, un cancello rotto, cominciava. Era un sonetto di cinica disperazione su come l'amore svanisce. *Lo stupore non è più in una mano o in una spalla, ma si oscura e svanisce un bacio dopo l'altro. Tutto questo è amore, e amore non è che questo.*

Ecco cosa voleva dire con quella frase sulla mano e la spalla, pensò Ruth. Che siamo ancora in preda alle nostre illusioni. Sarà vero? È proprio inevitabile che il nostro piacere l'uno per l'altra scompaia?

Un senso di tristezza la investì. Notò che un verso della poesia aveva una sottolineatura a matita molto leggera, come se fosse stata tracciata con estrema delicatezza, oppure cancellata, lasciando solo un'ombra. Le parole sottolineate erano: *Hanno conosciuto l'onta di amare non riamati*. Passò un dito sulla pagina, come per sentire il solco lasciato dalla matita. Brooke è morto giovane, pensò Ruth. Aveva scritto quel verso famoso sull'angolo di un campo straniero che è per sempre Inghilterra. E a quelle parole gli si era spezzato il cuore. Ripose il libro sullo scaffale, accanto agli altri volumi di poesia, e continuò a pulire.

Oltre a decorare la casa, Ruth aveva intrapreso la tacita missione di liberarsi degli oggetti più orrendi di Ned, compreso un cucchiaio da gelato parlante che lei trovava particolarmente fastidioso. «Drin drin!» strillava, quando lo sfiorava inavvertitamente nel cassetto. «Geeee-lato!» Finalmente era zitto, chiuso nel ripostiglio, sepolto sotto sacchi di attrezzi da giardino. Ora, eliminata la collezione di sottobicchieri da birra, i tegami incrostati di grasso e le piante morte, la cucina aveva un'aria tranquilla, accogliente e ben attrezzata.

Cordelia prese il gin tonic che Ruth le aveva versato. «Oh, grazie. Mhm... Allora, dov'è l'uomo di casa? Il futuro sposo?»

«Lavora fino a tardi.»

«Ha già un'altra? Di solito i mariti aspettano almeno di essere sposati!»

«Ah ah. Ha una scadenza a giorni. Sono sola già da tre sere. Ma ci manca poco, dice lui. Dopo il weekend sarà tutto finito.»

«Meno male. È bello sapere che riesce a mantenerti.»

«La cena è quasi pronta. Intanto sediamoci.»

Tornarono in soggiorno, e Cordelia si buttò sul divano

mentre Ruth metteva un altro pezzo di legna sul fuoco. Cordy cominciò a chiacchierare di lavoro e degli uomini all'ospedale. «I dottori, a dire la verità... in vita mia non ho mai visto nessuno lavorare e giocare tanto quanto loro. Sono tutti fumatori accaniti, alcolisti e tossicodipendenti, sul serio. Quelli sposati non fanno che puntare le infermiere e quelli single si portano a letto tutte quelle che possono. Anche le donne non sono molto serie. In ospedale succedono tresche più squallide che in qualsiasi altro posto.»

«Molto più eccitante del nostro ambulatorio. Mi sembra di capire che non hai ancora adocchiato nessuno...»

Cordelia si strinse nelle spalle. «L'altra sera ho baciato uno, dopo un'uscita con alcuni colleghi. Ma non penso che ne verrà fuori qualcosa, credo che stia per trasferirsi a King. Un gran bel radiologo. È alto due metri, ufficialmente un gigante, a quanto pare. Il che sarebbe un bell'argomento di discussione. Sai, io e il mio gigante. 'Ti presento il mio gigante. Sarà anche grande, ma ti assicuro che è gentile.' Va be'... A essere sincera, sono troppo impegnata anche solo per pensare a qualcosa di più di un bacio fugace, una pomiciata e poi ognuno per la sua strada.»

«Cordy, è un po' triste. Sei sicura di non sentirti sola?»

«Sola?» Cordelia roteò gli occhi. «Vorrei avere un po' più tempo per me! Sono quasi sempre in mezzo alla gente.»

«Be' sai... una persona con cui condividere qualcosa...»

«No, Ruth. Io non sono come te. Sarò felice quando succederà, ma di certo non vado a cercarmelo. E poi lo sai come la penso sul matrimonio. Schiavitù legalizzata.»

«A proposito della mia schiavitù legalizzata, devo chiederti una cosa.» Ruth si accostò. «Non voglio fare troppe smancerie, perciò vado subito al dunque. Ti va di farmi da damigella d'onore? Non proprio damigella d'onore, suona troppo sdolcinato. Non ho mai voluto uno stuolo di bambini vestiti da folletti o con i pantaloni alla zuava. Vorrei solo che mi facessi da testimone. Ned l'ha chiesto a Tom, e io voglio chiederlo a te.»

Cordy abbandonò la sua espressione scherzosa e si raggelò.

«Se non ti va è lo stesso» si affrettò a dire Ruth. «Sono certa che odi l'idea di infilarti in un abito elegante...»

«No, no! Non dire stupidaggini... Sono rimasta senza parole, tutto qui. Non posso credere che tu abbia scelto me.»

«Non c'è nessun altro al mondo a cui vorrei chiederlo» disse semplicemente Ruth. «Nessuno che conti quanto te. E dato che la mamma non ci sarà, vorrei coinvolgerti il più possibile.»

Cordelia scoppiò a piangere. «Oh, Ruthy... Grazie. Sarei felicissima di essere la tua damigella. È un vero onore per me.» Tirò su col naso e subito si strofinò gli occhi. Poi, quando alzò lo sguardo, il suo volto era tornato normale. «O forse vuoi vendicarti per quella volta che ho seppellito la tua Sindy, facendomi sembrare un maiale in abito da sera...»

«Be', ora che mi ci fai pensare, abbiamo parecchi conti in sospeso io e te.» Ruth sogghignò. «Pensavo a un elegante vestito di seta color albicocca, a vita bassa e con le maniche a sbuffo...»

«Per te farei questo e altro» dichiarò Cordelia in tono eroicomico. «Affronterei anche la meringa più stucchevole del mondo pur di farti vivere il matrimonio dei tuoi sogni.»

«Grazie, sei un tesoro» rispose Ruth abbracciandola.

«Che ne dici di mangiare questo pasticcio di carne e purè? Voglio parlarti del mio abito da sposa.»

Dopo cena, tornarono a rilassarsi sul divano.

«Dovrò darmi una mossa» disse Cordelia guardando l'orologio. «Un altro venerdì sera a letto prima delle undici. Si direbbe che io abbia sessantaquattro anni, più che trentaquattro.»

«Avrai del sonno arretrato da recuperare.»

«Immagino di sì.»

Squillò il telefono. Ruth si sporse verso il tavolino per rispondere. «Questo dev'essere Ned» disse, sollevando la cornetta. «Pronto?»

Dall'altra parte silenzio.

«Pronto?» si rivolse a Cordy, tranquilla: «Sarà qualche venditore. Uno da Calcutta che vuole appiopparmi un cellulare nuovo in un minuto».

«Riattacca» la esortò Cordelia. «Quelli non te li levi più dai piedi.»

«Pronto?» ripeté Ruth. Per un istante pensò che poteva essere suo padre. Non aveva ancora imparato a usare i telefoni moderni e a volte premeva pulsanti a casaccio. «Chi parla?»

Poi sentì distintamente un respiro affannoso e un brontolio sommesso.

«Pronto?» ripeté di nuovo, cominciando a spaventarsi. Sentì ancora quel suono gutturale, ma stavolta c'era in mezzo anche una parola, che però non riuscì a cogliere.

«Chi parla?» esclamò. «Insomma, chi è?» Inserì il vivavoce, lasciando risuonare quell'ansito per tutta la stanza, e fece una smorfia a Cordy. Ascoltarono per un attimo il riecheggiare del misterioso respiro accompagnato dal brontolio.

«Questo è un maniaco. Pervertito... maiale!» sbottò Cordy avvicinandosi al telefono. «Non rompere le palle!»

Il suono si interruppe per un istante, poi ricominciò più forte, e il ringhio osceno si trasformò in una voce roca che gridò: «LURIDA PUTTANA!».

Ruth, sconvolta, riagganciò. Il silenzio calato nella stanza sembrava risuonare ancora di quelle parole rivoltanti. Le sorelle si guardarono negli occhi, scosse.

«Dio mio, sembrava l'*Esorcista*» mormorò Cordy. «Hai presente quando dalla bocca della ragazzina esce quella voce spaventosa, dopo che ha vomitato verde? Puah! Da far venire i brividi. Sarà stato uno scherzo telefonico.»

«Tu dici?» Ruth cercò di reprimere la paura.

«Senz'altro. Non richiamerà. Avrà fatto un numero a caso. Probabilmente è un ragazzino che non ha niente di meglio da fare il venerdì sera. Stai bene? Vuoi che resti? Mi sembri un po' sconvolta.»

«No... no, sto bene. Hai ragione, sarà stato un demente che sperava gli rispondesse una donna.»

«Villano, però» osservò Cordy. «Certo che al mondo ce n'è di gente strana. Chissà perché fanno queste porcherie.»

Molto più tardi quella sera stessa, quando Ned si infilò nel letto, lei era ancora sveglia. Le si sdraiò vicino e Ruth si voltò verso di lui, rannicchiandosi contro il suo petto nudo.

«Sono così felice che tu sia tornato» sussurrò lei nel buio, e il caldo profumo di Ned ebbe l'effetto di un calmante, alleviando le sue paure e facendola sentire di nuovo tranquilla e al sicuro.

«Perché non dormi ancora, tesoro?» chiese Ned, baciandole la fronte. Ruth sentì il profumo del suo alito, fresco di dentifricio alla menta.

«Ho ricevuto una bruttissima telefonata.»

«Davvero? Da chi?»

«Non lo so, anonima.»

«Cosa diceva?»

«In realtà niente. Niente di troppo sconcio, qualche parolaccia. Ho riattaccato quasi subito. C'era qui Cordy, l'ha sentita anche lei e pensa che fosse solo un pazzo.» Le balenò in mente un pensiero. «Sai chi poteva essere, forse? Ti ricordi quando sono stata aggredita in ambulatorio? La dottoressa Fletcher mi ha detto che avrebbe tolto quel ragazzino dal registro dei pazienti. Magari è stata la madre in un momento di rabbia. Forse ha trovato il mio numero da qualche parte.»

«Probabilmente è stata lei.» Ned sbadigliò. «Povera bimba» disse dolcemente. «Non avere paura, ora ci sono io con te. Andrà tutto bene.»

Capitolo 8

Ruth era in fondo alla sala d'attesa a godersi un momento di relax. Una delle centraliniste aveva montato dei fari da discoteca che proiettavano incessantemente luci rosse, blu e gialle, e alla fine Ruth pensò che avrebbe rischiato una crisi di nervi se fosse restata lì anche solo un minuto di più.

Osservò l'ostetrica e la centralinista grassa che ballavano al centro della sala al ritmo di *I Will Survive*, e prese un'altra tortina di Natale da un piatto di carta. Non aveva fame, ma in quelle feste c'era qualcosa che la spingeva a mangiare uno snack dopo l'altro, fino a provare ogni volta lo stesso senso di pienezza inappagata. Nell'altra mano teneva una tazza con impresso il marchio di qualcosa che si chiamava Niacapazam. Dio solo sa cosa fosse: ormai c'erano talmente tanti farmaci in circolazione che prima o poi i dizionari medici sarebbero stati pubblicati in dieci volumi. La tazza conteneva una versione imbevibile di vin brulé, che derivava gran parte del suo calore da una quantità cospicua di brandy e dai due minuti passati nel forno a microonde. Non aveva il solito sapore speziato che Ruth associava al vin brulé, ma piuttosto quello intenso e ruvido di vino rosso scadente, ravvivato con chiodi di garofano e uno spicchio fibroso di arancia.

Quanto dovrò restare ancora? si chiedeva Ruth. Sentiva già gli effetti del vino, per quanto avesse cercato di impedire alla centralinista che l'aveva preparato, già parecchio su di giri, di riempirle la tazza ogni cinque minuti. Le stava venendo un po' di mal di testa e aveva sete. Buonanotte alle gioie del Natale.

«Ciao, Ruth.» La dottoressa Fletcher si presentò con il cappellino viola di carta ancora in testa dal pranzo, e risultava più regale di qualsiasi altra cosa, perfettamente diritto sui suoi capelli biondi e lisci, mentre a chiunque altro sarebbe scivolato indietro sulla nuca, oppure sarebbe finito su un occhio. Quell'aria da regina era guastata solo da un groviglio di stelle filanti variopinte ammucchiate sopra la corona, che penzolavano da un lato, andando a coprire un orecchino di smeraldo. «Come stai? Come vanno i preparativi? Ormai manca poco alle nozze, vero?»

«Un mesetto...» rispose Ruth sorridendo. «Ci sono così tante cose da fare... non ne avevo idea.»

«Eh, sposarsi è così. Stai facendo tutto da sola? Ai tempi, dei preparativi si era occupata mia madre. Io non ho dovuto fare altro che presentarmi in chiesa. Ho pensato perfino che, se non l'avessi fatto io, ci sarebbe andata lei a sposare Declan.»

«Mia madre è morta, così tocca a me fare tutto» spiegò Ruth con leggerezza. «Ma non importa... Non mi dispiace avere il controllo della situazione. E ci sono un sacco di cose che non mi interessano. Non mi servono un'auto d'epoca o una carrozza trainata da cavalli, tanto abitiamo a due passi dalla chiesa. Se dovesse piovere, mi accompagnerà mio padre in macchina. E il rinfresco sarà al pub, dove fanno da mangiare benissimo. Così non devo litigare con quelli del catering.»

«Mi sembra di capire che non mangerete salmone affumicato, pollo in salsa di funghi e pepe verde e pesca Melba, e dopo non vi darete alle danze sotto un padiglione all'aperto...»

Ruth rise. «Oh no. È tutto molto alla buona. Mangeremo roast beef e purè di patate. La torta nuziale è una di quelle torri di profiteroles, che butteremo giù al momento del dessert.»

«Sembra che tu abbia tutto perfettamente sotto controllo. Brava. Scommetto che passerai una bellissima giornata.» La dottoressa si voltò a guardare il personale dell'ambulatorio, impegnato in balli e chiacchiere nella penombra. «Gennaio sembra lontanissimo. Difficile credere che tra un paio di settimane saremo di nuovo qui, con un altro Natale e un altro Capodanno alle spalle. Da me ci sarà tutta la famiglia di Declan, vengono dall'Irlanda. Sarà il caos più totale. Grazie al cielo andiamo tutti d'accordissimo, se no probabilmente starei per buttarmi da un campanile. Mia suocera è un angelo e dovrò costringerla a stare lontana dalla cucina, altrimenti vorrà fare tutto lei. E voi, andate da qualche parte? Oppure tu e...»

«Ned.»

«Ma certo, Ned. Passerete un Natale da sogno insieme, come due piccioncini, restando a letto tutto il giorno e imboccandovi di aragosta?»

È quello che avremmo dovuto fare, pensò Ruth. Sarebbe stato meglio insistere per starcene da soli quest'anno. Ma mi sa che ormai è troppo tardi. «Andiamo dai genitori di Ned» disse. «Abitano vicino a York.»

«Oh, è una zona carinissima.»

«Sì.» Ruth cercò di tenere a freno la lingua, ma non ci

riuscì. «In realtà sono un po' spaventata. Non ho mai passato il Natale in un posto che non fosse casa mia, sai com'è... ognuno ha le sue piccole usanze e abitudini. Temo che mi sentirò a disagio.»

«Ma con la famiglia di Ned vai d'accordo?»

Per un momento Ruth rimase in silenzio, poi rispose debolmente: «Sua madre a volte è un po' impegnativa...»

«Ah, ho capito. Che peccato. È pesante avere una suocera odiosa. Spero che le cose migliorino.»

A Ruth balenò un pensiero. «A proposito, ti ricordi i Petheridge... quel ragazzino che mi ha aggredita e sua madre? Li hai già tolti dal registro?»

«Sì, me li ricordo. Alla fine li abbiamo tolti. Perché?»

«È possibile che qualcuno recuperi il mio numero di telefono dall'ambulatorio?»

«Assolutamente no. C'è qualche problema?»

«Oh, no... no, stavo solo riflettendo.»

La dottoressa Fletcher prese un'altra tortina. «Ti è piaciuto il regalo a sorpresa?»

«Devo fartelo vedere, è troppo buffo. Non ho mai ricevuto una cosa così assurda. Sono un paio di enormi seni di cioccolato con il reggiseno di pizzo fatto di cioccolato bianco. Non so cosa avesse in mente chi me l'ha regalato.»

«Avevo pensato a una specie di regalo d'addio al nubilato» si giustificò la dottoressa Fletcher. «Ma capisco che possa sembrare strano, fuori luogo...»

«Oddio, scusami! È adorabile... sono adorabili. Sono certa che saranno squisiti. Adoro il cioccolato.»

La dottoressa Fletcher sorrise. «Non preoccuparti. Se ti può consolare, io ho ricevuto esattamente la stessa confezione di sali da bagno che ho regalato lo scorso Natale. Qualche centralinista ha ottima memoria.»

Ruth uscì in strada, infilandosi il cappotto e respirando con sollievo l'aria frizzante del crepuscolo. Quella fresca serata di dicembre la rimise in forze, dopo il lungo pomeriggio passato a festeggiare con i colleghi, e si rallegrò alla vista della gente affaccendata in quell'atmosfera natalizia. Non c'è un altro momento dell'anno come questo, dopo tutto. Su ogni lampione brillavano le luci di Natale – stelle e renne quest'anno – scintillanti e ornate di festoni. I negozi erano animati dalla folla di ritardatari impegnati negli acquisti dell'ultimo minuto. All'altezza del monumento ai Martiri di Oxford, un coro natalizio stava cantando *Ding Dong Merrily on High* a più voci. Un ragazzino dall'aria sveglia con in testa un cappello da Babbo Natale le si avvicinò con un cesto chiedendole un'offerta per i cantanti, e Ruth gli diede una moneta.

Poi volse lo sguardo verso Cornmarket e pensò che avrebbe potuto fare un po' di shopping. Ormai aveva già sbrigato quasi tutto; si era abituata a essere una di quelle persone talmente organizzate da risultare quasi fastidiose, di quelle che comprano tutti i regali a ottobre, prima che cominci la ressa di gente. L'unica cosa che le mancava era un regalo per Jackie Haskell, e il motivo era che non aveva la minima idea di cosa potesse piacere alla sua futura suocera. Al padre di Ned aveva comprato un paio di guanti da giardinaggio, per andare sul sicuro, e un libro di piante della Società Reale di Orticoltura. Aveva detto a Ned di prendere qualcosa per sua sorella Susan, e l'enorme pacco ricevuto da Amazon la settimana precedente aveva l'aria di contenere gran parte dei regali di Ned. Ma Ruth si sentiva in dovere di comprare qualcosa a Jackie, e doveva essere un bel regalo. Un regalo meditato, che mostrasse attenzione e premura, perché sarebbe stato determinante per il futuro del loro rapporto.

«Cos'è che piace a tua madre?» aveva chiesto a Ned.

«In realtà non lo so» era stata la sua risposta.

«Grazie, davvero molto utile. Be', di solito cosa le prendi?»

«Mhm... cose piccole. Le piacciono i profumi. A volte gliene regalo uno.»

«No, non va bene. Non è abbastanza speciale. Deve esserci qualcos'altro. Ha qualche hobby?»

Ned era rimasto disorientato. «Guarda la televisione, esce con gli amici, fa un po' di giardinaggio... Ah, le piace cucinare... potresti prenderle qualcosa per la cucina...»

«Non se ne parla!» aveva sbottato Ruth. «E faresti meglio a non diventare uno di quei mariti che, per Natale, regalano alle mogli un tegame o una lavatrice nuova.»

«Va bene, non ti scaldare. Messaggio ricevuto. Sai che non sono un tipo del genere. Sinceramente, se fossi in te, non mi preoccuperei di mia madre. Non si aspetta proprio nulla.»

Ruth aveva sospirato, irritata. Certe volte Ned era così ottuso. Una madre amorevole può scusare il suo adorato figliolo per non averle preso un regalo particolarmente originale, ma di certo penserebbe tutt'altro se si trattasse della nuora. E che imbarazzo se gli Haskell avessero speso un sacco di soldi per prenderle un bel regalo, e lei si fosse presentata con un misero profumo. Sarebbe stato insopportabile.

Ormai erano passati più di due mesi, durante i quali Ruth era stata assorbita dal tran tran quotidiano e dai preparativi del matrimonio, e non aveva neppure una vaga idea su cosa regalare a Jackie.

All'improvviso si incamminò lungo la strada ed entrò nella libreria all'angolo. Dagli altoparlanti, una piacevole musica corale si riversava sui clienti in cerca di regali. Sugli scaffali, colorati e allettanti, si poteva trovare di tutto, dall'ultimissima autobiografia di una qualche star al vincitore del Booker Prize, per chi volesse sentirsi degno dei più elevati circoli letterari.

Cosa potrebbe piacerle? Si chiedeva Ruth, girando tra i vari reparti. Un giallo? Un thriller? O sarebbe meglio una cosa più tranquilla? Una biografia reale? Un libro comico, o magari una raccolta di qualche autore... Tutto sembrava possibile, ma niente davvero perfetto. Decise di andare sul sicuro, optando per qualcosa che a lei stessa piaceva, un libro convenzionale ma ben fatto. Intelligente ma accessibile. In effetti, aveva in mente proprio la cosa giusta...

Ruth uscì dalla libreria soddisfatta. Era piacevole sentire il peso di un bel romanzo d'amore nel sacchetto di plastica. L'aveva letto durante l'estate e le era piaciuto da impazzire, perciò aveva deciso di spendere qualcosa in più per l'edizione cartonata. Quello, però, non si poteva definire un vero e proprio regalo. La signora Haskell – era il caso che cominciasse a pensare a lei come Jackie, se non come (oddio, doveva proprio farlo?) mamma – avrebbe saputo esattamente quanto aveva speso, perché il prezzo era stampato sulla copertina, e in realtà era stato anche scontato per una promozione.

Seguì un fascio di luce dorata proiettato dai grandi magazzini sul lato opposto della strada, e in un attimo si trovò al pianterreno del negozio, tra cosmetici e borsette. Qui ci dev'essere per forza qualcosa che potrebbe piacerle, pensò Ruth. Hanno praticamente ogni cosa, dai capi firmati agli accessori in plastica, ce n'è per tutti i gusti. Magari un pullover, o dei guanti di cachemire, oppure una sciarpa... Ma sono cose piuttosto banali, e per di più è sempre rischioso comprare vestiti a qualcuno che non si conosce bene.

Vagando tra gli scaffali, Ruth cominciava quasi a pensare che, in fin dei conti, una di quelle confezioni natalizie con un profumo costoso abbinato a bottiglie di oli da bagno e lozioni per il corpo non era poi una cattiva idea, quando il suo sguardo cadde su una vetrinetta scintillante di gioielli. Ruth si avvicinò. Nella parte alta della vetrina spiccavano caroselli di orecchini, da pesanti clip fino a sottili orecchini d'oro a perno, con una vasta gamma di possibilità intermedie. Gli orecchini non vanno bene, pensò. Un po' troppo personali. E poi, Jackie ha i buchi alle orecchie? Non riusciva a ricordarselo. Mentre dava un'occhiata alle schiere di bracciali e collane, fu attirata alla fine dalla vetrinetta dove, su uno strato di velluto nero, erano allineate alcune spille. Posata su un cuscino tutto suo, una spilla tempestata di cristalli brillava, riflettendo centinaia di colori appena le potenti luci del soffitto la colpivano.

«Posso aiutarla?» le chiese una commessa, e Ruth trasalì vedendo comparire all'improvviso il volto della donna sulla vetrina, accanto al suo.

«Stavo guardando questa spilla» disse Ruth, indicandogliela.

«Oh, il fiocco. È stupendo, vero? Vuole vederlo?»

«Sì, grazie.»

La commessa tirò fuori il cuscino con cautela, e lo appoggiò sul coperchio della vetrinetta, sotto gli occhi di Ruth. Notò allora che era a forma di fiocco, con una base d'oro ricoperta di cristalli simili a diamanti.

«Senz'altro avrà sentito parlare di Swarovski...» disse la commessa in tono autorevole.

«Oh, ma certo» rispose Ruth, anche se in realtà non era vero.

«Sono cristalli di Swarovski. Probabilmente questa spilla sarà un gioiello da collezione.»

«Davvero?» esclamò Ruth con stupore, anche se dubitava che fosse possibile.

«È per lei?»

«No, è un regalo.»

«Farebbe un figurone. Vedo già un sorriso raggiante sul volto della persona che aprirà il pacchetto il giorno di Natale. È per sua madre?»

«Quanto costa?» Vedendo scintillare le piccole pietre luccicanti, che proiettavano raggi di luce rosa e bianca, Ruth si immaginava Jackie Haskell che scartava il regalo il giorno di Natale e ne restava impressionata. In qualche modo le sembrava la cosa giusta. Pensava che la spilla si sarebbe abbinata bene a tutta la seta beige e alle mantovane e ai cuscini infiocchettati.

«Sono centocinquantanove sterline e novantanove.»

Ruth fissò per un attimo la spilla. Costava molto più di quanto avesse intenzione di spendere, ma le sembrava proprio perfetta. Era come se le stesse dicendo: *Prendimi, non te ne pentirai. Ti farò guadagnare un posto nel suo cuore.*

Alzò lo sguardo verso la commessa, che aveva gli occhi truccati con un ombretto scuro. «Fate confezioni regalo?» chiese.

Quando uscì in strada sentì di aver fatto un buon lavoro. Aveva scelto dei bei regali, ne era certa. Ora poteva rilassarsi. Bastava che Ned comprasse gli alcolici che lei gli aveva chiesto di prendere alla bottiglieria, e sarebbe stato tutto pronto per Natale. Era strano non dover programmare menu, ordinare carne e precipitarsi all'ultimo minuto a comprare i petardi natalizi.

Dando le spalle a Cornmarket, si incamminò lungo St Giles per tornare alla macchina. L'indomani avrebbe dovuto spedire gli ultimi biglietti – grazie a Dio non doveva lavorare durante le feste. In ambulatorio era di turno un'altra infermiera, sia a Natale che a Capodanno. Ruth si era decisa ad approfittare di quei momenti liberi per concentrarsi esclusivamente sui preparativi del matrimonio. Dopo Natale sarebbero rimaste solo tre settimane prima del grande giorno, quindi doveva darsi una mossa.

Ruth vide due figure che le andavano incontro, camminando vicine. Non erano altro che due ombre scure, chiuse in pesanti cappotti, finché non le furono abbastanza vicine da permetterle di cogliere dettagli e lineamenti. Mi sono familiari, pensò Ruth mentre le si avvicinavano. Poi si rese conto del perché.

«Ned?» chiese Ruth.

Ned sollevò lo sguardo e sorrise alla vista di Ruth. «Ehi, eccoti qua!»

«Ciao, Ruth» disse Erin. I due si fermarono mentre lei li raggiungeva. Alla luce dei lampioni, Ruth vide la cascata di capelli neri di Erin che ricadeva sul suo vecchio cappotto d'astrakan, mentre dal colletto spuntava una sciarpa rosa di cachemire.

«Cosa ci fai qui?» chiese a Ned. Lui lavorava nella zona industriale alla periferia della città, e veniva a Oxford solo di sera, quando doveva vederla. Era sconcertata per quell'incontro così inaspettato.

«Non ti è arrivata l'e-mail?» le chiese Ned, aggrottando la fronte.

«Quale e-mail?»

«L'abbiamo inoltrata a tutti, ero convinto che ci fosse anche il tuo nome... Ho controllato.»

Erin disse: «Certo che c'era. Sei sicura di non averla ricevuta?»

«Sono stata tutto il giorno al pranzo di Natale. Non vado in ufficio da stamattina.»

«Be', questo spiega tutto.» Ned sorrise e l'abbracciò.

«Abbiamo pensato di incontrarci tutti per un bicchiere natalizio prima di separarci per le feste. È stata un'idea dell'ultimo minuto, l'ha suggerita Erin.»

«Ho pensato che fosse assurdo non averlo organizzato prima» aggiunse Erin. «Stavamo andando al pub proprio ora.»

«E tu dove vai?» le chiese Ned.

«Stavo tornando a casa» rispose Ruth, ancora offesa per la facilità con cui era stata esclusa. «Perché non mi hai chiamata, quando hai visto che non ti rispondevo all'e-mail?»

«Ci ho provato» protestò Ned. «Ti ho lasciato un messaggio in segreteria.»

Ruth tirò fuori il cellulare dalla borsa, e si accorse che effettivamente c'era un messaggio. A quel punto si ricordò che aveva tolto la suoneria nel guardaroba, prima di cominciare il pranzo, e poi si era dimenticata di rimetterla. «Era silenzioso.»

«Ecco, lo vedi. Pensavo che ci avresti raggiunti al pub.»

«Ma stavo tornando a casa...»

«Be', ovviamente se non fossi venuta ti avrei telefonato... Ma non importa, perché ora sei qui. Possiamo andare assieme.» La abbracciò stretta. «Non sei felice di aver finito di lavorare? Io sono entusiasta. Adesso si festeggia!»

Ruth si addolcì. Le stava tornando il buon umore. Voleva dire a Ned che aveva trovato il regalo per sua madre, ma non le andava di farlo davanti a Erin. Quindi disse: «Erin, hai già preso tutti i regali di Natale?»

Dopo aver svoltato in Broad Street, mentre oltrepassavano l'elegante Sheldonian Theatre, Erin confessò di essere un vero disastro con i regali natalizi.

«L'anno prossimo mi farò spedire tutto per posta a maggio» esclamò. «Non ha senso infliggermi ogni anno la stessa tortura.»

Percorsero le stradine che si snodavano tra due università, completamente buie ora che il semestre era terminato, a eccezione di un paio di finestre illuminate; poi attraversarono uno stretto passaggio che conduceva a una vecchia taverna al riparo dalle strade principali. L'interno del locale era piccolo, con il soffitto basso e grandi caminetti, ma i due cortili esterni erano pieni di tavoli, e alcuni bracieri a carbone diffondevano luce e riscaldamento. Era affollato di gente che stava festeggiando la fine del lavoro e l'inizio del Natale. Alcuni pranzi tra colleghi si erano inevitabilmente trascinati fino a sera, e c'erano tavolate di operai che, per quanto stanchi e rossi in viso, non avevano nessuna intenzione di andarsene, e cantavano con voce roca, tentando di coinvolgere anche gli altri nei loro cori.

Trovarono un tavolo libero in fondo al cortile, vicino alla parete di pietra sgretolata dall'edera che la ricopriva da cima a fondo.

«Vado io al bancone» si offrì Ned. «Cosa prendete?»

«Io dell'acqua minerale» disse Ruth. «Immagino che dovrò guidare io per tornare a casa.»

«Possiamo prendere un taxi. Dài, Ruth, dobbiamo festeggiare. Puoi lasciare la tua macchina qui, e domani ti accompagno a riprenderla con la mia.»

«E la tua bici?»

«La carichiamo sulla mia macchina, oppure veniamo in pullman, così tu riprendi la tua e io torno in bici.»

«Tanto trambusto solo per un paio di drink. Ho già preso del vin brulé, non ho molta voglia di bere ancora.»

Ned si imbronciò. «E tu, Erin?»

«Credo che Ruth abbia ragione. Non ha senso che ci ubriachiamo tutti. Prenderò un succo d'arancia.»

«Ah, queste donne...» borbottò. «Be', sinceramente non vedo l'ora che arrivino gli altri...» Attraversò il cortile per raggiungere il bancone.

«Come vanno i preparativi del matrimonio? C'è qualche novità?» chiese Erin. «Non ci vediamo da un sacco di tempo. Qualche settimana almeno.»

«Sono stata molto impegnata» rispose Ruth. «In ambulatorio è stato un periodo d'inferno. L'altra infermiera è rimasta a casa malata per un po'. E in più c'è il matrimonio...»

«Dimmi tutto!»

Ruth era restia a parlarne. «Non faccio altro che pensarci tutto il giorno. Se non è per trovare un vestito a Cordy, è per decidere il tipo di fiori. Non è facile trovare qualcosa che non sembri eccessivo con quell'abito.»

«Lascia perdere il bouquet. Potresti prendere una borsetta decorata, o una cosina di semplice, magari delle rose bianche. Puoi anche mostrare il vestito a un fiorista e farti consigliare da lui.»

«Oddio, ne stiamo parlando di nuovo! Dài, smettiamola. Mi hai dato delle buone idee però, grazie.»

«Abbiamo ricevuto l'invito» continuò Erin. «È davvero adorabile. Non sono in molti a farli ancora a mano.»

«Sul serio, ti sembra che vada bene?»

«Oh, è stupendo! Non sapevo che fossi così brava.»

«Ogni tanto mi diverto a trafficare con le forbici e la colla.»

«Se mai ti stancassi di fare l'infermiera, potrebbe diventare il tuo lavoro. Dico davvero.»

«Grazie.» Ruth si sentì compiaciuta per l'elogio.

«Non mi sorprendo di non averti più vista in giro. Ti ci saranno volute ore.» Erin si sporse verso di lei, parlandole in confidenza: «A proposito, l'ultima cosa sul matrimonio, promesso. Volevo solo dirti che Ned me l'ha chiesto, e sono contentissima. Lo farò senz'altro.»

«Che cosa?»

«Leggerò al vostro matrimonio. Ned me l'ha proposto stasera. Sono entusiasta che vogliate farmi partecipare al grande giorno, e prometto che non vi deluderò. Farò un sacco di prove!»

Ruth era confusa. Quando l'avevano deciso? Parlando delle letture, avevano stabilito di scegliere una persona ciascuno, ma Ned non aveva accennato al fatto di volerlo chiedere a Erin, anche se Ruth immaginava che sarebbe stata tra i candidati.

«Be'... sono proprio contenta» tagliò corto Ruth, senza mostrarsi sorpresa. «Ma certo che vogliamo farti partecipare. Ned ti ha già detto cosa dovrai leggere?»

«Dice che avete scelto quel passo meraviglioso del Nuovo Testamento, quello del bronzo che risuona e del cembalo che tintinna e dell'Amore che è la cosa più grande... Quello. Lo adoro. So che lo scelgono tutti, ma lo trovo comunque splendido.»

«Sì, quello. Hai ragione.» Ruth annuì. Ricordava che avevano parlato di quella lettura, e ovviamente Ned aveva deciso che era perfetta.

«Bene, bene.»

«Ciao, signorine! Fa un po' freschino qui, non vi pare?

Il braciere più vicino è là in fondo.» Luke sbucò da sopra la spalla di Ruth e le schioccò un bacio sulla guancia, prima di pressarsi contro di lei sulla panca. «Dobbiamo sfruttare il calore corporeo.»

«Sono certa che Ruth ne avrà fin troppo, con te vicino» osservò Abigail, bassa e grassottella come il marito. «Ciao, ragazze. È da un po' che non ci vediamo.»

«Ciao, Abigail.» Erin le sorrise, porgendole la guancia pallida per ricevere un bacio, e baciando l'aria in risposta. «Che piacere vederti.»

Abigail fece il giro del tavolo per baciare anche Ruth. «Come sta la futura sposa? Già terrorizzata?»

«No, non ancora!» rispose Ruth in tono allegro, ma dentro di sé pensava: Cos'ho che non va? È Natale, il lavoro è finito, sono fuori con gli amici... dovrei essere felice. Invece era sempre più depressa.

«Io sono ancora nel panico adesso, dopo cinque anni di matrimonio!» osservò Abigail, mentre si stipava di fianco a Luke. «Ogni anno non riesco a credere che riusciamo ancora a tenere duro, vero tesoro?»

«Ha passato il ricevimento a dire a tutti che aveva fatto un errore tremendo e sperava di riuscire a svignarsela da sola in viaggio di nozze» disse Luke, facendo l'offeso.

«Non è vero» protestò la moglie. «Volevo svignarmela con il testimone...»

«Con Ned» suggerì Luke.

«Tranquilla Ruth, all'epoca era single. Ma mi ha respinta. Per fedeltà agli amici, o qualche sciocchezza del genere. Oh, ecco qui il bellissimo Tom. Speriamo che si sieda vicino a me. Luke, perché non ti sposti dall'altra parte?»

«Ruth.» Tom la baciò con quel suo strano modo, sfiorandole appena la guancia, come se non gli piacesse il contatto con lei. Vide arrivare Ned con il primo giro di drink. «Ah» disse Tom, con un tono stranamente ostile. «Ecco *Orso.*»

Ned gli lanciò una rapida occhiata, e per un momento sembrò a disagio, ma poi, con aria affabile, disse: «Mi spiace, ma non ho un drink per i nuovi arrivati. Vuoi fare tu gli onori, Tom?»

Me lo sono solo immaginato quel tono? si chiese Ruth, seguendo con lo sguardo Tom che andava a ordinare da bere. Perché mi sento di nuovo esclusa? Vedo questi ragazzi in continuazione. Erin mi ha aiutata a scegliere l'abito da sposa. Li conosco, mi piacciono... Eppure... Non capiva il perché di quella tristezza, ma di certo aveva un assoluto bisogno di parlare da sola con Ned, per discutere di quella giornata e capire come mai non le avesse detto che intendeva proporre a Erin di leggere al matrimonio. Ruth immaginava la risposta di Ned – le sembrava quasi di sentirlo – e sapeva che sarebbe stata perfettamente logica.

Le avrebbe detto: «Sapevo che non ti sarebbe dispiaciuto, e si è presentata l'occasione perfetta. Era così felice. Non è fantastico?»

Ed era vero che a lei non dispiaceva. Solo non capiva perché Ned l'avesse tenuta all'oscuro. Rimase lì seduta a sorseggiare il suo bicchiere d'acqua, ascoltando gli altri che scherzavano tra loro, e cercando di reprimere la depressione che a poco a poco stava sopraffacendola. Dopo una mezz'ora, non riuscendo più a resistere, si alzò.

«Vado alla toilette» mormorò. Ned le sorrise. Uscì a fatica dal triangolo fra il tavolo e la panca e si fece largo tra la gente che affollava il cortile, raggiungendo il bagno delle donne. Dopo aver chiuso la porta, rimase seduta per un po'; si sentiva scossa, sul punto di piangere, senza nemmeno sapere perché. Voleva disperatamente essere a casa, al sicuro, da sola con Ned, ma sapeva che avrebbe dovuto aspettare. Luke aveva appena ordinato la terza pinta di birra per Ned, che era ormai sbronzo, ed era chiaro che si stava lasciando andare, ma se lo meritava dopo tanto lavoro. Il progetto speciale per McTavish l'aveva spossato, stava cominciando a riprendersi solo adesso. E Ruth si rendeva conto che lo stress del matrimonio di certo non aiutava, per quanto lei avesse cercato di sobbarcarsi il più possibile. E ora ci si metteva anche il Natale...

Si sentì nuovamente le lacrime agli occhi, e cercò di reprimerle con tutte le sue forze. Era inutile piangere. Doveva tenere i nervi saldi e non lasciarsi abbattere. In fin dei conti, cos'aveva da lamentarsi? Quello avrebbe dovuto essere il momento più felice della sua vita.

Tirò su col naso e si preparò a raggiungere gli altri. Uscita dal bagno, mentre stava tornando in cortile, si imbatté in Jeremy.

«Buonasera, signorina» disse lui, sorridendo.

Per un attimo Ruth restò a fissarlo, stentando a riconoscerlo, poi tornò in sé. «Oh... ciao, Jeremy. Gli altri sono tutti in cortile.»

«Ah sì?» Jeremy tirò fuori la solita scatoletta del tabacco dalla tasca del cappotto che penzolava, scucita da un lato. Poi prese una piccola sigaretta rollata e se la infilò in bocca. «E tu come stai?» La accese con un accendino di ottone. «Non ti vedo quasi mai da sola.»

Lei Jeremy non l'aveva quasi mai visto, ora che ci pensava. Era il più sfuggente del gruppo, il più riservato. A quanto ne sapeva Ruth, era single e viveva in una casa in multiproprietà a Jericho, una sorta di comunità di artisti all'interno di una vecchia cappella ristrutturata. Stava portando a termine un dottorato in una qualche materia classica, ma Ruth non aveva mai scoperto quale fosse di preciso. Ora che sapeva della sua passata relazione con Erin, Ruth lo guardava con occhi diversi, pensando a loro due assieme. Non era facile immaginarseli come coppia: nonostante in lui ci fosse un che di imponente, era troppo trasandato ed eccentrico per essere il tipo adatto a Erin.

«No... no, non ci incontriamo spesso, eh?»

Jeremy esalò una nuvola di fumo dolciastro. «Tu lavori in quell'ambulatorio vicino al teatro, vero?»

«Sì.»

«Allora un giorno possiamo vederci. Hai una pausa pranzo? Potremmo andare al Museo Ashmoleano o da qualche altra parte. Per assorbire un po' di cultura.»

«Sì, sarebbe carino.» Ruth si sentì confusa. Perché mai Jeremy voleva passare del tempo con lei?

«Okay. Be', magari quando saranno finiti gli orrori delle feste e saremo tornati tutti alla normalità.»

«Dopo ci sarà il matrimonio.»

«È vero. Stai per scambiare le promesse con il nostro Ned. Che coraggio.»

«Perché coraggio?»

La guardò per un attimo, poi continuò: «Ci vuole coraggio a pensare che possiate resistere a lungo. E che il matrimonio in qualche modo vi renderà meno soli. La gente sembra vivere nell'illusione che un amante, un marito, un fratello o un figlio riusciranno a combattere l'immensa solitudine esistenziale. Un errore madornale, anche se comprensibile. Non possiamo sfuggire alla solitudine, è il nostro destino.»

«Siete proprio una compagnia di cinici, eh?» sbottò Ruth. «Quando non ci sono Abigail e Luke a dirmi che non si sopportano più a vicenda, vi ci mettete tu ed Erin, a dirmi che l'amore non dura e che sono una pazza a pensare il contrario.»

Jeremy scoppiò a ridere. «Tanto per cominciare, Abigail e Luke sono l'eccezione a quello che ho appena detto. Non credo di conoscere una coppia più azzeccata, due persone che riescano così bene a colmare quell'immenso vuoto di disperazione e terrore aggrappandosi l'uno all'altra, come fanno loro. Ma mi interessa sentire cosa ti ha detto Erin. Ti ha forse consigliato di stare lontana da Ned?»

«Assolutamente no.» Improvvisamente Ruth si sentì sleale nei confronti di Erin, come se ne stesse svelando un segreto. «È stata solo realista, spiegandomi che l'amore può passare con la stessa facilità con cui è venuto.»

«Lei dovrebbe saperlo bene.» Jeremy sollevò un sopracciglio, soffiando sulla sua piccola sigaretta. «Dài, andiamo dagli altri. Il gruppo ci aspetta.»

Sembravano passate ore dal momento in cui avevano deciso di andare ognuno per la propria strada, e quando finalmente lo fecero Ruth e Ned dovettero scambiare un'infinità di baci e auguri di Natale prima di riuscire a salutare tutti e andare a recuperare l'auto di Ruth.

Ned barcollava leggermente, ma era felice. Si appoggiò a lei, passandole un braccio attorno al collo. «È stato fantastico, eh? Non sono fantastici?»

«Sì, sono tutti fantastici.»

«Ti sei divertita?»

«Sì» rispose Ruth, che non vedeva l'ora di riportarlo a casa.

Ned si fermò davanti a lei, prendendole le mani. Sul lato opposto della strada passò un gruppetto di ragazzi chiassosi, che li beffeggiarono urlando: «Pomicioni!» e: «Dateci dentro!»

«Ruth, Ruth...» disse Ned serio, guardandola negli occhi. «Lo sai che ti amo? Ti amo davvero. Sei bellissima.»

«Anch'io ti amo.»

«No, no, dico davvero. Devi credermi. Sei la cosa migliore che mi sia mai capitata. Non sai che persona orribile sono stato. Non puoi saperlo. Ma non sono più così. Mi credi?»

Era palesemente ubriaco, ma Ruth sapeva che le stava dicendo la verità. Lo stress e la rabbia che aveva provato fino a un attimo prima stavano svanendo, e ora si sentiva di nuovo tranquilla. Si avvicinò a Ned e gli infilò le braccia sotto il cappotto, abbracciandolo stretto.

«Ma certo che ti credo. E ti amo anch'io. Sono così felice che stiamo per sposarci. Insieme possiamo superare ogni difficoltà.»

Capitolo 9

Forse, pensò Ruth mentre l'auto svoltava nel lungo vialetto di cemento, non andrà poi tanto male. Il Natale alle porte la rendeva inevitabilmente più contenta; ormai rassegnata a passare quel giorno via da casa, aveva deciso di vederne i lati positivi. Inoltre, difficilmente la situazione sarebbe potuta migliorare se non cercava di essere ottimista almeno all'inizio.

Mentre si avvicinavano alla casa, Ned non disse una parola. Proprio come l'ultima volta che ci erano stati; trovarsi lì sembrava far emergere quel lato del suo carattere. Quando era stressato o di cattivo umore o giù di morale, si chiudeva in se stesso allontanandosi sempre più da quello che lo circondava. Era una cosa che faceva infuriare Ruth, quando litigavano: a un certo punto Ned smetteva di ascoltarla e si rifiutava di parlare, stando a sentire impassibile, a labbra serrate, il fiume di parole che usciva dalla bocca della fidanzata. A mano a mano che la casa dei suoi si faceva più vicina, comparivano i soliti segni: una certa rigidità attorno a spalle e sopracciglia, e un regresso ai monosillabi.

È teso, pensò Ruth. È preoccupato per come andrà. Comunque non c'è motivo di preoccuparsi, lo sa che farò del mio meglio. Sa benissimo che non farei mai altrimenti. Devo facilitargli il più possibile le cose.

Venne ad aprire Steven Haskell. «Oh, finalmente! C'era traffico? Code? Avete fatto qualche sosta? Ciao, cara...» diede a Ruth un timido bacio sulla guancia. «Ciao, Ned.» Strinse calorosamente la mano al figlio. «Sono felice di avervi qui.»

Mentre si accalcavano nell'ingresso, spuntò dalla cucina Jackie Haskell, che si strofinava le mani sul grembiule.

«Salve!» disse Ruth, allegra. «Eccoci arrivati!»

«Vedo, vedo.» Jackie le sorrise. «Non mi avvicino troppo, sto cucinando. Mi sa che ho odore di mangiare nei capelli. Ciao, caro. Dove sono i bagagli?»

«Questo è uno» rispose Ned, lasciando cadere il borsone con il cambio per la notte. «Il resto è in macchina.»

«Con i regali» aggiunse Ruth. «Ma che carino qui! Che atmosfera natalizia!» L'ingresso era addobbato con biglietti d'auguri appesi con mollettine di Natale a uno spago verde. «Quanti biglietti!»

«Alcuni sono dell'anno scorso» precisò Jackie. «Li ho tirati fuori per fare numero. Non stanno bene gli spazi vuoti sul filo.» Si avvicinò e si mise a guardare l'interno di qualche biglietto. «Questo è di mio fratello George. Quest'anno non può venire, purtroppo. Sua moglie non sta molto bene, anche se – a sentire lei – è in punto di morte ormai da anni, perciò non sappiamo quale sia la verità. Questo è della signora Briscoe. Signora Mendelson. Signora Darling. Qualche vecchio collega di Steve. Questo è di Hannah Taylor... l'ho conosciuta al circolo del giovedì sera.»

Ruth annuiva, mentre proseguivano, e Jackie leggeva a voce alta ogni biglietto.

«Questo ti suonerà familiare» disse Jackie d'un tratto,

aprendo un bigliettino con una stella d'argento sul davanti. «Cari signori Haskell e famiglia» lesse, «auguri sinceri di buon Natale, con tanto affetto da Erin e Tom. Bacioni.» Si fermò, voltandosi a guardare Ruth. «Carino, eh?»

«Sì, molto.»

«Mi stavo chiedendo dove fosse il tuo biglietto.»

«Il mio? Be'... siccome passiamo il Natale con voi... ho pensato... di solito mando i biglietti d'auguri alle persone che non vedo per Natale.»

«Noi ve l'abbiamo mandato.»

Vero. Era arrivato a fine novembre. Adesso ricordava. «Oh certo, vi ringrazio.»

Jackie rimase in silenzio per un lungo attimo. Poi si girò verso Ned, che stava rientrando in casa con altri bagagli, tra cui la scatola del vino che avevano portato. «Volete una tazza di tè?» chiese Jackie.

Ruth colse l'occasione per rimediare alla gaffe del biglietto. «Signora Hask... Mamma, abbiamo portato un po' di vino.» Andò ad aprire la scatola, tirando fuori il Veuve Cliquot. «Et voilà... champagne per Natale! E abbiamo preso anche un po' di chiaretto e una bottiglia di porto.»

Jackie fissava la bottiglia in mano a Ruth, l'etichetta giallo acceso. «Sarà sicuramente buonissimo» commentò con freddezza. «Steven ha messo da parte qualche bottiglia per Natale, è meglio se le dai a lui.»

«Va bene. Spero che vi piaccia.»

«Ma certo.»

Ruth gettò a Ned uno sguardo disperato. Lui rimase impassibile.

«Faccio un po' di tè» annunciò sua madre, tornandosene in cucina.

«Non è andata bene» disse Ruth, «ma non ho capito perché.»

Ned alzò le spalle. «Lascia perdere. Porto la tua borsa nella camera degli ospiti.»

«Non dormiamo insieme?»

«Scommetterei di no.»

«Oh, no!» si lagnò Ruth, sottovoce. «Sul serio, camere separate? Ma viviamo *insieme*! Abbiamo più di trent'anni... stiamo per sposarci!»

«Mia madre è un po' all'antica. Finché non siamo ancora marito e moglie, non vuole.»

Nonostante tutto il suo impegno, Ruth si lasciò prendere dallo sconforto. Forse per lei era troppo, soprattutto adesso che la fonte della sua forza, Ned e il calore del suo corpo, le venivano sottratti.

Uffa... pensò, sentendo all'improvviso una forte nostalgia di casa. A quest'ora, alla vigilia di Natale, di solito si trovava a casa sua, a cercare in giardino un bel paio di ramoscelli d'agrifoglio da mettere sul camino, o a convincere suo padre a tagliare un po' di legna per l'indomani. Si sarebbe sentita amata, tra i suoi cari. E ora, questo Natale come diavolo sarebbe stato?

La risposta venne abbastanza presto. Terribile. Ruth sembrava inciampare a ogni passo, senza mai capire in cosa avesse sbagliato. Trascorsa la vigilia, ebbe la sensazione di trovarsi in un altro mondo, dove accadeva esattamente il contrario di tutto ciò che lei si aspettava.

Finì davvero nella camera degli ospiti, una stanza spoglia e fredda, con un letto singolo addossato alla parete. Camminò avanti e indietro per qualche minuto, fece un respiro profondo e si convinse che non poteva durare all'infinito: trentasei ore al massimo, poi sarebbe andata via di lì. Solo due notti in quel posto orribile, dopodiché sarebbe stata a casa sua.

Porta pazienza, si disse. Porta pazienza, sii gentile, e tutto finirà... e Ned e io torneremo a casa, lontano da tutto questo.

Scese al piano di sotto, in mano il sacchetto dei regali impacchettati con cura, chiedendosi cosa si facesse in quella casa alla vigilia di Natale. Aveva comprato un carta molto chic: pareva semplice carta da pacchi marrone, ma alla luce si riempiva di luccicanti venature dorate. Intorno, un nastro d'oro che dava ai pacchi un aspetto anticato. Poco appariscenti, ma molto carini, pensò. Il regalo speciale per Jackie, invece, era avvolto nella carta lucida rossa dei grandi magazzini, con in cima un vistoso fiocco rosso.

«E l'albero, dov'è?» chiese Ruth allegramente, entrando in salotto. «Sono curiosissima di vederlo!»

Ned e Steven erano seduti sul divano, chini sulle pagine del giornale. Appena Ruth entrò, alzarono la testa e, in risposta alla sua domanda, diressero entrambi lo sguardo verso un angolo della sala.

Ruth era lì lì per scoppiare a ridere, ma riuscì a trattenersi. Grazie al cielo, Jackie era in cucina e non poteva vedere la sua faccia. Si era aspettata un grande abete pieno di addobbi. Vide, invece, sull'orlo di un tavolino, un alberello finto piuttosto patetico che sfoggiava, avvolte intorno ai rami metallici, ghirlande d'oro spelacchiate. All'estremità dei rami stenti pendevano decorazioni imbottite – sembravano dei puntaspilli – che avrebbero dovuto essere biscotti di pastafrolla: marrone, ricamati con ghirigori rossi e bianchi.

«Oh» commentò timidamente. «Bello...»

Sentì Ned sbuffare. Steven disse, come per giustificarsi: «Ce l'abbiamo da anni... Ha un valore affettivo. E poi si evita la scocciatura di pulire tutti quegli aghi di pino».

«Giusto, è verissimo... Questi li metto qui.» Gli altri

regali erano sul pavimento, sotto il tavolo, avvolti da carte allegre raffiguranti slitte, Babbo Natale e renne dal naso rosso. Ruth, chinandosi, aggiunse i suoi al mucchio, poi si avvicinò al camino, dov'erano appoggiati altri biglietti d'auguri. Ce n'era pure uno in carta bianca semplice, stampato a caratteri neri. C'era scritto:

La famiglia Blackstone
ha il piacere di invitarvi
al matrimonio di Ruth
con Edward Haskell

E sotto si leggevano l'ora, la data e il luogo della cerimonia. Agli angoli erano stampati ferri di cavallo e campanelle, mentre in basso c'era una piccola sposa con un vestito a campana accanto a uno sposo con un cilindro nero.

«Cos'è questo?» domandò Ruth, sorpresa. Lo prese in mano, aggrottando la fronte. «Sembra un invito al nostro matrimonio.»

Steven tossì, a disagio. «Ah, sì...»

Ruth si voltò a guardarlo. «Non vi è arrivato quello che ho fatto io?» Ore e ore passate al tavolo della cucina, a scrivere e decorare gli inviti a mano, tutti un po' diversi tra loro. Si mise a ridere. «Questo non è nemmeno il mio cognome.»

Ned si alzò, avvicinandosi a dare un'occhiata. Stufo, fece un sospiro e si rivolse a suo padre: «Papà?»

«Lo sai com'è tua madre, Ned. Le piacciono le cose fatte come si deve. Il tuo invito era bellissimo, Ruth» continuò in tono supplichevole, «ma mia moglie... preferisce le cose acquistate nei negozi a quelle artigianali. Non prende neanche in considerazione la roba che non si compra... Devi assecondarla un po', cara. Apprezzo quel che hai fatto... ma non vuole che i vicini credano che non potete permettervi degli inviti fatti come si deve. Abbiamo visto alla stazione quelle macchine, quelle dove puoi stampare i tuoi biglietti personalizzati, così Jackie ha pensato che sarebbe stato un giochetto innocuo fare un'altra versione del vostro invito.»

Ned la abbracciò, sussurrando: «È un po' fuori di testa, lascia stare... Scusa...»

«Tranquillo...» disse Ruth, tesa. «Ma è pure da parte di mia madre. Tua mamma sa benissimo che la mia è morta. Era imbarazzante che i vicini sapessero anche questo? Forse credevano che non potessi permettermi una madre...»

Steven rise. «Questo è lo spirito giusto! Lo sapevo che non te la saresti presa, cara. Si fa così, per scherzo...»

Ruth ripose il biglietto sul camino, ancora scioccata. Dov'era finito quello che aveva fatto lei con tanta cura? Nella pattumiera? Poi, guardando quell'invito, le parve subito ridicolo. S'immaginò Jackie che buttava via quello di Ruth fatto a mano e poi correva alla stazione per farne uno che ritenesse accettabile, e ci rise sopra.

Ned la abbracciò. «Tu sei la mia preferita, lo sai?» bisbigliò.

Ruth continuava a ridere, con in mente ancora l'immagine di Jackie che si precipitava alla stazione, decisa ad avere tutto come voleva lei.

Una volta che si cominciava a vedere il lato divertente della faccenda, era difficile smettere; tutto sembrava ridicolo, ma, almeno, si sopportava più facilmente. Era chiaro che non ci sarebbe stata nessuna messa di mezzanotte, con la serie di confortanti canti natalizi e un sentimento generale di festa e di gioia. Ci fu, invece, una cena davanti alla tv e Jackie che chiedeva il suo beveraggio natalizio preferito.

«Provalo anche tu, Ruth» insistette Jackie, rilassata e di buon umore adesso che la cena era finita. «Ti piacerà. Steve, portaci due Advocaat con cherry brandy.»

Arrivarono due bevande dall'aspetto disgustoso: una sottile base rossa, coperta da un liquido denso e giallissimo.

«Ecco qui» esclamò Jackie allegramente. «Non bevo molto... ma vado matta per il mio Advocaat con cherry brandy.»

Ruth ne bevve un sorso. «Mhm... Particolare.» Non era così rivoltante come aveva immaginato, le faceva pensare a della crema fredda con un goccio di sciroppo per la tosse.

«È la bevanda nazionale dell'Olanda» spiegò Jackie.

Se l'è inventato, pensò Ruth, immaginandosi tutte le famiglie olandesi che festeggiavano il Natale brindando con quei cocktail rossi e gialli. No, impossibile. È così strano e schifido, che può essere stato preparato solo qui.

«Mi sembra che si chiami bleeding heart» osservò Steven, che per sé e Ned aveva preso della birra.

Appunto, pensò Ruth. Non suona molto olandese. «Buono...» disse, chiedendosi se, di questo passo, sulla lapide della sua tomba avrebbero inciso: *Qui riposa Ruth. Trovava sempre tutto bello e tutto buono.* «Con cosa è fatto?»

«Tuorli d'uovo» rispose Ned, sorridendo.

Ruth guardò il liquido giallo, vagamente nauseata. «Tuorli *crudi*?»

Ned si mise a ridere. «Hai mai provato a bere un tuorlo cotto? Certo, crudi!»

«Forza Ruth, bevi» insistette Jackie. «Se no me lo bevo io.»

Una volta abituata al gusto, andava giù abbastanza facilmente e, quando Jackie ne chiese un altro e poi un altro ancora, le fece compagnia. Piano piano le cose sembravano andare meglio: non ci fu bisogno di chiacchierare, visto che era accesa la tv, e tutti arrivarono a una certa familiarità fra di loro, ridendo insieme davanti agli speciali sulle commedie natalizie. Ruth sentì riacquistare la sua forza. In fin dei conti, forse sarebbe andato tutto bene.

Dopo aver augurato la buonanotte, alle undici Ruth si avviò a letto, mentre gli altri rimasero in salotto. Camminando nel corridoio per andare in bagno, in pigiama e con in mano il beauty case, si sentiva come una ragazzina che resta a dormire a casa di un'amica. In bagno si lavò i denti e si pettinò, guardandosi allo specchio.

Sono un po' ubriaca, pensò, avvicinandosi al suo viso riflesso. Gli occhi verdi sembravano arrossati e più lucidi del solito. Be', e ti saresti ridotta così dopo quattro avocazzosichiama con con cherry brandy. Scoppiò a ridere. «Dov'è il tuo biglietto d'auguri, Ruth?» chiese. «Ooops!». Si mise una mano davanti alla bocca. «Che stupida! Me ne sono dimenticata. Cattiva, Ruth. Buono lo champagne, Ruth. Solo che io preferisco uovo crudo con sciroppo per la tosse. L'hai fatto tu quel biglietto d'invito, Ruth? Che schifo! Roba da morti di fame! Preferirei qualcosa di diverso, quindi l'avrò, sì sì.» Si avvicinò di nuovo al suo volto. «Cosa sto facendo?» mormorò, lo specchio appannato dal calore che le usciva dalla bocca. «Come diavolo è venuto fuori Ned da quei due? È davvero diverso, lui? Deve esserlo. Lo è. Ne sono certa.» Con la punta delle dita, tolse il vapore dallo specchio. «Altrimenti non posso farlo.»

L'indomani, alle undici, arrivò la sorella di Ned. Ruth e Jackie erano in cucina, quando si udì il campanello.

«Sarà lei» disse Jackie, e riprese a pelare le patate.

Ruth era seduta al tavolo della cucina, dopo aver dato una mano a riordinare i piatti della colazione, e si chiedeva perché tutti si comportassero come se non fosse Natale, quando ci sono cose come i regali, per esempio. La mattina presto, Ned era entrato senza far rumore nella camera degli ospiti, con in mano una calza per lei, e si erano scambiati i regalini: libri, cd e le cosucce che entrambi desideravano. Ruth ricevette un paio di calze di cachemire morbidissime. A Ned regalò una cintura nuova, per sostituire quella vecchia che portava sempre, ormai consumata. Ma l'unico avvenimento natalizio fu mangiare nel letto insieme a lui un'arancia al cioccolato, bevendo una tazza di tè. Tutto qui? si chiedeva.

Ruth si rianimò, quando sentì Steven andare ad aprire. Ecco una possibile via di salvezza. Dopo due chiacchiere nell'ingresso, la sorella di Ned si affacciò alla porta della cucina. «Ciao, mamma» salutò. «Buon Natale.»

«Ciao, Susan. Buone feste» rispose la madre.

Come sua mamma, Susan Haskell aveva i capelli biondi, in ordine e ravvivati dai colpi di sole. Anche lei era bassa, esile e vestita molto bene, indossava abiti costosi: completamente diversa dalla zitella che Ruth si era immaginata. «Oh, tu devi essere Ruth. Piacere di conoscerti. Susie.»

«Ciao!» Ruth le sorrise, provando già simpatia per lei.

«Ci hai messo poco, allora.» Jackie si voltò un momento verso la figlia, poi proseguì con le sue patate.

«Le strade erano libere, una meraviglia. Credo che la gente, da brava, abbia preferito restarsene a letto.» La voce di Susie era calda e profonda, con un accento del Nord più marcato rispetto a Ned. «Iniziato bene il Natale?»

«Benissimo, grazie.»

«Magnifico. Be', allora vado a mettere i miei regali sotto il vecchio fantasma – hai visto il nostro albero di Natale, Ruth? Ha più anni di me. Qualcuno dovrebbe dargli il colpo di grazia, al poverino – e poi vado a fumarmi una sigaretta, se no impazzisco.»

«Non in casa, eh» sbottò Jackie, brusca.

«Okay, mamma» rispose Susie con gentilezza. «Vado fuori, in veranda. E cancellerò ogni traccia.»

«Niente segnacci neri per terra, mi raccomando.»

«Neanche una macchiolina. Vieni anche tu, Ruth?»

«Sì, dài» esclamò Ruth, entusiasta. «Io non fumo, ma vengo a prendere una boccata d'aria fresca.»

«Non so quanta aria fresca ci sarà lì, con Miss Ciminiera» commentò Jackie, indicando Susan con la testa. «È una minaccia ambulante alla salute altrui.»

Susan strizzò l'occhio a Ruth. «Ci vediamo fuori tra cinque minuti. Copriti, perché fa un freddo cane.» Ancheggiando, Susie uscì dalla cucina.

Quando Ruth la raggiunse fuori, Susan stava già fumando felice la sua sigaretta, un morbido scialle nero avvolto attorno alle spalle.

«Benvenuta nella famiglia Addams» disse allegra, mentre Ruth si avvicinava. «Come la trovi?»

«Non così male.»

«Aspetta. Vedrai che dopo sarà peggio.» Susie rise. «Probabilmente hai già capito che mia mamma ha un caratterino... Non vorrei scoraggiarti, ma avrai una bella gatta da pelare. Però» e qui fece spallucce «posso anche sbagliarmi. Può darsi che lei abbia una metamorfosi e con te si comporti come un angelo. Comunque, stammi a sentire. Non ti ho fatto nemmeno le felicitazioni per il fidanzamento. Complimenti per aver trovato qualcosa in Ned. Onestamente, questo non è da tutti.» Disse queste parole con una tale giovialità che era difficile capire se fosse seria o se stesse scherzando. «È un ragazzo in gambissima, senz'altro. Solo che non riesco a non pensare a lui come a un adolescente lunatico, con la puzza ormonale e i brufoli.»

«Pare che tu non veda spesso la tua famiglia» azzardò Ruth, affondando le mani nelle tasche del cappotto.

«Faccio il mio dovere. Due volte all'anno» dichiarò Susie. «Nelle occasioni ufficiali, e a cuor leggero. Natale e un compleanno... quello di mio padre, di mia madre, il mio, o di chiunque altro. Ma oltre a questo...» Scosse energicamente la testa. «Non se ne parla. La vita è la mia. Ho sputato sangue per arrivare dove sono – senza grandi aiuti, devo dire, visto che io non ho frequentato una scuola privata, a differenza di Ned – e me la voglio godere fino in fondo. Verrò pure al vostro matrimonio, e sarò tutta felice e contenta. Ma non ha senso fare finta di essere legata alla mia famiglia, perché non è vero. Come potrai capire, non vado d'accordo con mia madre; sono andata parecchi anni dallo psicologo, so perché ce l'ho con lei, e ora posso guardarla negli occhi e sorridere, perché so che tanto alla fine non devo restare e non le devo un bel niente.»

Che ragazza aperta, pensò Ruth, considerando che ci siamo appena conosciute.

Susie proseguì: «Ti dico tutto questo, perché sono tra le poche persone a capire di cosa parli, quando dirai che lei supera i limiti. Non oggi, nemmeno questo mese, ma un giorno di sicuro accadrà. Oso credere che oggi sarai Miss Perfezione, comunque adesso che sono arrivata io».

Susie aveva ragione. Jackie salì a cambiarsi e scese nella sua migliore *mise* natalizia: vestito rosso, tacchi alti, trucco e gioielli in coordinato, la voce ridotta a quel dolce, seducente sussurro.

«Susan, sai che Ruth fa l'infermiera?» esclamò, sistemando le candele sul tavolo. «Bello, eh? Ho sempre ammirato tanto le persone come lei... sono così altruiste! Non danno importanza a vestiti, soldi o cose di lusso, lavorano per il bene dell'umanità.»

«Non le ammirerai mai tanto quanto me, mamma» replicò Susie allegramente.

«Ruth ha rimesso a nuovo la casa di Edward, sapessi ora com'è bella! Che buon gusto che ha!»

Ruth sapeva benissimo che Jackie non ci era mai andata, da quando Ruth si era trasferita lì, ma Susie evidentemente sapeva benissimo come comportarsi con la madre, perciò non s'intromise e stette ad ascoltare.

«Ruth è proprio carina, vero Susan? Ha una bellezza così naturale. Non ha bisogno di farsi la tinta o di truccarsi o di mettersi vestiti costosi. Che fortuna, eh?»

Ruth notò che non aveva lodato la sua abilità artistica nel fare i biglietti a mano. Susie sdrammatizzava tutto quello che diceva sua madre con una risposta brillante e facendo un sorriso a Ruth. Quando tutto fu pronto per il pranzo, finalmente iniziò il Natale.

«Apriamo la bottiglia di Ruth?» suggerì Jackie. «Susan, Ruth ci ha regalato una bottiglia di vero champagne francese. Che carina! Che pensiero gentile, eh? Poi possiamo aprire i regali.»

«Oooh... Veuve Clicquot. Proprio quello che ci voleva» commentò Susan, mentre Jackie andava a prendere la bottiglia in dispensa. «Ravviverà il Natale.»

«Steven!» gridò Jackie dalla porta della cucina. «Vieni tu ad aprire questa bottiglia!»

Steven obbedì e si mise a stappare lo champagne, mentre Jackie urlava «attento al soffitto!» o «attento all'armadio!» o «attento ai vetri!», a seconda di dove puntava. Alla fine, uscì con un botto modesto ma soddisfacente, e l'inevitabile getto di schiuma bianca.

«Questa sì che è vita» commentò Steven, versando il liquido schiumoso. «Questo si chiama vivere! Ecco qui, Susan, il tuo bicchiere. Ned, per te.»

Quando ciascuno ebbe il suo bicchiere di champagne dorato, andarono tutti in sala per l'apertura dei regali. Il mucchio di doni sotto il tavolo sembrava grosso, ma una volta distribuiti, non erano poi tanti. A casa di Ruth, si faceva di tutto per impacchettare l'impossibile, così ci sarebbero stati molti pacchi da aprire, anche se erano solo piccoli oggetti – un anno, suo padre aveva incartato a uno a uno i pezzi degli scacchi e la scacchiera, in modo che Cordy avesse trentatré pacchettini da scartare – e tutti quanti si avventavano sui loro regali, aprendoli con avidità e scambiandosi baci e abbracci di ringraziamento.

Qui i regali erano distribuiti uno per uno al destinatario, che durante l'apertura veniva osservato e ogni sua reazione era notata.

Il regalo degli Haskell per Ruth era piccolo e leggero. Si chiedeva cosa diavolo potesse essere e, quando arrivò il suo turno, lo aprì con un'espressione mista di curiosità e piacere. «È molto emozionante, non ho la più pallida idea di cosa sia...» poi, scartandolo, vide il contenuto: un cubo di plastica riempito di pot-pourri, due cuscinetti di lavanda di quelli che si mettono nei cassetti della biancheria, e due saponette alla lavanda. «Oh, ma che carino! Ne avevo proprio bisogno. Grazie.»

«I sacchetti li ho fatti io, Ruth» sussurrò Jackie, mentre Ruth si avvicinava per darle un rispettoso bacio. «Ti piacciono?»

«Bellissimi» rispose, decisa. «Grazie, Steven.»

«Prego, cara» disse Steven, mentre riceveva il bacetto sulla guancia che Ruth gli stava dando.

Tutto qui? si chiese, con il terribile presentimento che avrebbe fatto la figura della spendacciona, quando Jackie avrebbe aperto i suoi pacchetti. Poi si sentì in colpa per essersi aspettata di più. *Non essere avida, Ruth*, si rimproverava. *È un regalo molto carino*. Anche se, guardandolo, si ricordò di quel che aveva detto Steven su Jackie: che non prende nemmeno in considerazione le cose che non vengono dai negozi.

Il giro proseguì. Il regalo di Jackie per Susan era identico a quello per Ruth, solo che era profumato alla rosa anziché alla lavanda. – «Non dovevi, mamma» disse Susie, senza preoccuparsi di nascondere il sarcasmo –, invece Ned dai genitori ricevette due pacchi. Uno era un paio di scarpe da rugby, che gli fecero chiaramente molto piacere. Mentre apriva l'altro, Jackie precisò: «Questo, in realtà, è per tutti e due».

Eccolo, il vero regalo, pensò Ruth sollevata, mentre si piegava in avanti per aiutare Ned a strappare la carta. Un kit per fare la birra. Lo fissarono per un momento.

«Grazie, mamma» commentò Ned, aggrottando leggermente la fronte. «Come mai hai pensato a un kit per la birra?»

«Presto sarai un uomo sposato» rispose Jackie, vivace. «Se ti fai la birra da te, non hai bisogno di andare al pub, no? Puoi restare a casa con Ruth.»

Susie rise mentre Ruth commentava: «Che bell'idea...», cercando di nascondere la sua perplessità: come si poteva pensare che fosse un regalo per tutti e due? Non si era aspettata chissà che cosa, ma non riusciva a non sentirsi avvilita, mentre osservava il suo mucchietto. Il regalo che le aveva fatto Ned – un bellissimo bracciale d'argento con dei ciondoli – era la sua unica consolazione.

Comunque, non avrebbe dovuto preoccuparsi tanto per il regalo da fare a Jackie. Fu aperto per ultimo, dopo che vennero distribuiti i pacchetti di Susie: una scatola di cioccolatini della Fortnum & Mason, a ognuno di loro. Jackie, sospettò Ruth, l'aveva lasciato di proposito alla fine.

La reazione fu esagerata. Jackie uggiolava di piacere mentre apriva il primo regalo e fissava il libro che c'era dentro, come se non ne avesse mai visto uno prima, mormorando: «Un libro! Un libro!», con una tale contentezza che Ruth si sentì un po' a disagio. Lo mise subito da parte, tuttavia, per aprire il pacchetto rosso lucido che aveva davanti. Mentre toglieva il nastro, sospirava. Appena vide la scatola, rimase senza fiato. Quando sollevò il coperchio e capì cosa c'era dentro, emise un grido acutissimo e poi scoppiò a piangere. «È il regalo più bello che abbia mai ricevuto in tutta la mia vita, Ruth», le lacrime scendevano a fiotti dagli occhi castani. «Non ho mai visto niente di così bello.»

«Oh, non c'è di che...» disse Ruth, pensando che forse una reazione simile era addirittura peggio che se Jackie non avesse apprezzato il regalo.

«Chissà quanto avrai speso...!» sussurrò Jackie, tirandolo fuori il gioiello per guardarlo meglio. Rigirò il fiocchetto tra le dita. «Sono diamanti veri?»

«Sono cristalli» precisò immediatamente Ruth, arrossendo. «Cristalli Swarovski.»

«Cristalli» ripeté Jackie, come se fossero ancora meglio dei diamanti. «Pensa un po'... Me la metto subito.» L'appuntò delicatamente al maglione. «Ecco. Bellissima, vero Susan? E dura per sempre.» Gettò uno sguardo alla scatola di cioccolatini accanto a lei.

«È stupenda, mamma. Senza dubbio, la cosa più bella che tu abbia mai avuto. E che probabilmente avrai. E brava Ruth!» Ammiccò ancora in direzione di Ruth. «Ora che abbiamo finito, vado a prendere un sacchetto per la spazzatura.»

Ruth vide Ned sorriderle con aria incoraggiante e gli lesse il labiale: «Sei fantastica».

Quindi un successo, pensò, sollevata. Grazie al cielo.

Jackie rimase di buon umore per il resto della giornata, durante il pranzo, e per tutto il pomeriggio. Aveva preparato il tradizionale tacchino e i contorni tipici e, infine, portò a tavola un pudding natalizio flambé al brandy. Mangiarono e bevvero, finché non furono intontiti e mezzo addormentati, seduti oziosamente nel buio pomeridiano, con la televisione accesa in un angolo della sala.

«Grazie per il bel Natale, mamma» disse Susan alla fine, alzandosi in piedi. «È meglio che me ne vada, se voglio essere a casa a un'ora decente. Credo ormai di aver smaltito lo champagne e il bicchiere di vino del pranzo, perciò mi avvio.»

«Ciao, ciao» mormorò Jackie dal divano, le si chiudevano gli occhi. Sul tavolino accanto a lei, il suo bicchiere del vino era vuoto. «Va' piano. Sii prudente. Buon viaggio.»

Ruth andò alla porta a salutare Susan.

«E anche per quest'anno sono a posto» disse Susie, infilandosi un bel paio di guanti di pelle nera per guidare. «In bocca al lupo, cara. Ci vediamo al matrimonio. E mi raccomando», le mise in mano un biglietto da visita, «se hai bisogno, chiamami in qualunque momento. Ciao, papà! Ciao, Ned! Buon anno!» Se ne andò nell'oscurità con passo svelto, mentre Ruth rientrava nella casa illuminata, invidiosa della libertà di quella ragazza.

L'indomani mattina, Ruth si svegliò di buon umore. Natale era passato. Presto sarebbero partiti, il loro dovere l'avevano fatto, e con quella che poteva considerare una vittoria in tasca, pensò Ruth. Un buon segno per il futuro e, soprattutto, per il matrimonio.

Lei e Ned scesero presto a far colazione.

«E tua madre, sai dov'è?» domandò Ruth, quando ebbero finito. Guardò l'orologio: già le dieci. Aveva sperato di essere già per strada a quell'ora. Avevano davanti un lungo viaggio da York a Oxford, quindi sarebbe stata una fortuna arrivare alla vecchia canonica prima che facesse buio.

Ned alzò lo sguardo dal suo caffè. «Be', era un bel po' ubriaca ieri sera... È per quello che siamo riusciti ad avere la nostra notte di passione. Immaginavo che non si sarebbe svegliata nemmeno con le cannonate di fianco al letto.»

Jackie, dopo il suo pisolino, si era ripresa e aveva ricominciato a bere con euforia, terminando il vino e chiedendo ancora un po' del suo cocktail preferito rosso e giallo. Mentre gli altri guardavano il film della sera, Jackie era stata lì seduta, chiaramente ubriaca fradicia, e aveva cominciato a russare. Dopo non molto, Steven l'aveva portata di sopra. A quel punto, Ruth e Ned non videro perché non dormire nello stesso letto... e Ruth sentì che, con tutti i punti guadagnati con la spilla, poteva rischiare che Jackie s'infastidisse un po' per la faccenda delle camere.

«Adesso scenderà» la tranquillizzò Ned. «Non preoccuparti. Sai, siccome stamattina non c'è papà che la sveglia... È andato alla partita di golf di Santo Stefano. Vedrai che lei scenderà a minuti.»

Ma arrivarono le undici e mezzo, prima che Jackie si presentasse in vestaglia, tutta spettinata. Il morale di Ruth stava precipitando, a mano a mano che passavano i minuti, e il tempo che avrebbe trascorso a casa sua diminuiva sempre più. Jackie era chiaramente di pessimo umore; Ruth sapeva che un mix di champagne, chiaretto, Advocaat e brandy non avrebbe certo messo di buon umore nessuno, il giorno dopo.

Mugugnò qualcosa in risposta al saluto di Ruth e si bevve un bicchierone d'acqua del rubinetto. Poi si avvicinò al bollitore e lo accese.

Di' qualcosa! fece Ruth in labiale a Ned, seduto di fronte a lei al tavolo della cucina.

«Mamma, oggi siamo dal papà di Ruth» disse lui con calma, «perciò dobbiamo andarcene abbastanza presto.»

«Lo so» osservò Jackie irritata, prendendo le bustine del tè.

«I bagagli li abbiamo fatti, quindi fra poco potremmo partire.»

«Va bene, va bene!» esclamò Jackie, brusca. «Potreste anche rimanere un po' di più, sapete, dopo che ieri vi ho fatto da schiava per tutta la giornata. Ve la svignate così, adesso che avete fatto il vostro bel Natale?»

«Dài mamma, sai che non è così.»

«Ah no? Be', a me sembra proprio così. Non potete nemmeno restare per pranzo?» Si versò l'acqua bollente nella tazza.

Ned guardò Ruth con un'espressione di scusa. Lei gli fece una faccia sconvolta.

«Be'...» continuò Ned.

NO! gli disse in labiale Ruth. Dobbiamo andare! Era disperata, con il forte presentimento che, da un momento all'altro, non sarebbe stata più capace di trattenersi e sarebbe scattata di corsa fuori dalla porta più veloce che poteva.

«Venti minuti, chiedo troppo?» Jackie si voltò a guardarli in faccia, l'aria sbattuta per i postumi della sbornia; la creatura raffinata e allegra del giorno prima era scomparsa del tutto.

«No» rispose Ned, cedendo.

«E tu, Ruth? Non puoi rimanere mezz'oretta a pranzare con me? Steven è fuori e sarò qui tutta sola...»

«Va bene» s'arrese Ruth, incapace anche lei di opporre resistenza. «Ma certo che possiamo.»

«Tuo padre non si offenderà, vero?»

«Ma no...»

«Allora è deciso. Restate a pranzo.» Jackie sembrava soddisfatta, benché incapace di abbozzare un sorriso. «Dove diavolo ho messo il paracetamolo?» borbottò.

Ned si alzò in piedi. «Sai che ti dico? Vado a mettere i bagagli in macchina. Così, quando abbiamo finito di mangiare, possiamo schizzare via e non arriveremo troppo tardi.»

«D'accordo» acconsentì Ruth, amareggiata. Prevedeva che ci sarebbe voluta almeno un'altra mezz'ora prima della partenza. Ned uscì: lo sentì correre di sopra a prendere lc valigic.

«Questa me la porto di sopra» annunciò Jackie, tenendo stretta la sua tazza di tè, «intanto che mi vesto.» Andò verso la porta, poi si voltò a guardare Ruth. «Comunque non dimenticarti di saldare il conto, prima di andare.»

Ruth batté le palpebre, attonita. «Prego?»

«Ho calcolato la tua quota, sono trentotto sterline e sessanta. Puoi lasciarmi un assegno, se non hai i contanti.»

«La mia quota?»

«Del costo del Natale. Non penserai che paghiamo solo Steven e io, eh? Tutto quell'Advocaat che ti sei bevuta non costa mica poco, sai.»

«Oh... no. Certo... Allora farò un assegno... non credo di avere abbastanza contanti.» Quando Jackie la metteva così, suonava quasi ragionevole. Ma, seriamente, il conto di Natale? Valeva per entrambi, o solo per lei?

«Va bene.» Jackie si girò e salì le scale. «Non vorrei che te la squagliassi senza saldare il conto...»

Ruth la fissava con la bocca aperta.

In auto, diretti da suo padre, Ruth era furibonda. «L'ha fatto apposta!» gridò, quasi in lacrime per l'amarezza. «Sono le tre passate e abbiamo ancora un sacco di chilometri davanti! Di questo passo, non saremo a casa prima delle nove di stasera.»

«Mi dispiace.» Ned le gettò uno sguardo di scusa, poi si concentrò di nuovo sulla strada. «Non so se era sua intenzione...»

«Ma certo che lo era!» Ruth diede un pugno sul cruscotto. «Aveva la luna storta, così ha deciso di rovinarci la giornata. E lo sapeva che avrei voluto passare il Natale a casa mia, tanto per cominciare! E poi chiedermi i soldi!»

«Su questo hai ragione» ammise Ned. «Le dirò due parole a riguardo.»

«Dopo che abbiamo portato del vino da più di cento pound, e io ho speso un occhio per quella spilla del cavolo...»

«Le è piaciuta tantissimo. Era al settimo cielo.»

«Ci credo! Lei mi ha regalato una roba da due soldi. Sfido io che non credeva ai suoi occhi.»

«Dài, Ruth, non è così cattiva.»

Ruth si morse la lingua, cercando di calmarsi ed essere ragionevole. Non voleva sembrare materialista, facendo il conto del valore dei regali, quando sapeva che l'essenziale era lo spirito con cui venivano dati. Dopotutto, Jackie non le aveva mica chiesto di spendere così tanto. Probabilmente si era aspettata un regalino come quello che aveva fatto lei.

Ma in cuor suo, Ruth sospettava che Jackie sapesse benissimo che lei non avrebbe badato a spese.

«A te va tutto bene. Le scarpe da rugby sono proprio quello che volevi.»

«È solo perché non ti conosce. L'anno prossimo sarà diverso. Si farà perdonare.»

Ruth rabbrividì al solo pensiero che l'anno dopo dovesse tornare in quella casa fredda, a sopportare un altro giro d'apertura dei regali.

«Mi dispiace che faremo tardi... È che non le piace stare da sola... La vedo pochissimo, così vuole che stiamo insieme il più possibile.»

«E dell'invito? Cosa mi dici dell'invito?»

Ned non disse nulla per un momento. Alla fine sospirò: «Lo so che a te sembrerà strano...»

«*Sembrerà? È* strano, Ned. Mi spiace che tu la pensi così, lo è...»

«Va bene, ma è fatta così. Ci tiene a certe cose.»

«Pensi che io non ci tenga? Ho passato ore e ore su quegli inviti.»

«Lascia perdere, va'...»

Ruth non rispose: guardava fuori dal finestrino.

«Cara?» Le posò una mano sul ginocchio. «Lo so che

ha un carattere un po' difficile... ma non lo fa apposta, anche se può sembrare.»

«Se lo dici tu» concluse Ruth, ma era dura far mostra di crederci davvero.

Quando l'auto si fermò davanti alla vecchia canonica, Ruth ebbe la sensazione di non essere mai stata così felice di vederla in tutta la sua vita. Le finestre erano illuminate e, quando si aprì la porta e suo padre uscì ad accoglierli, si fiondò fuori dalla macchina il più veloce possibile per andargli incontro.

«Oh, papà» mormorò, affondando il viso nel suo maglione, mentre lo abbracciava. «Sono così contenta di essere qui. Mi spiace che abbiamo fatto tardi.»

«Com'è andato il Natale?»

«Peggio di quanto tu possa immaginare» mormorò lei, sperando che Ned non la sentisse. «Non vedevo l'ora di venire via.»

«Povera Ruthy.» Silas rise, facendo rimbombare il suo petto contro l'orecchio di Ruth. «Sapevo che ti saremmo mancati. Cordy e io abbiamo passato una bella giornata... siamo felici che tu sia qui, comunque.»

«Anch'io» disse Ruth in tutta sincerità.

«Entriamo. Mi sa che hai proprio bisogno di una tazza di tè e una fetta di torta di Natale.» La portò nel calore luminoso della casa, tenendola per mano, e Ruth lo seguì, con la sensazione di essersi tolta un grande peso.

Capitolo 10

Gennaio era sempre rigido, ma quell'anno sembrava peggio del solito: la campagna, flagellata dal maltempo, precipitò nel buio e nella malinconia per gran parte del mese. Le giornate erano brevi, e la notte rinchiudeva fra sé le poche ore di luce grigia.

Che mese, per sposarsi..., pensò Ruth mentre era in macchina, diretta al lavoro. Al mattino c'era quasi sempre un buio tale che si stentava a credere fosse sorto il sole. I rami spogli degli alberi erano sferzati dal vento e una pioggerella gelida riempiva l'aria. Acqua, umidità e tristezza ovunque. Oxford guardava torva il freddo; per le strade non c'era un'anima, a parte quella bizzarra e robusta, a cui non importava essere battuta dalla pioggia, o percossa da un vento che correva tra gli edifici come un ladro in fuga.

Era stato un Capodanno tranquillo, rispetto agli anni passati. Erano andati da Luke e Abigail. Non mancava nessuno, tranne Jeremy, che era ancora via. Il cenone, poi i giochi: titoli da mimare e altri passatempi. A mezzanotte tutti avevano gioito e si erano scambiati gli auguri, cantando il *Valzer delle candele*; dopo, nel giro di un'ora, si avviarono a casa. Non come quelle feste scatenate di quando avevo vent'anni, pensò Ruth. A dare il benvenuto all'anno nuovo, pallida e sfinita, ma senza smettere di ballare. Be', sono più grande ormai. Chi vuole stare in giro per locali, a guardare i ragazzini che fanno i fichetti?

Era come se, adesso che stava per sposarsi, non ci fosse più bisogno di quegli svaghi. In fin dei conti, non erano che rituali d'accoppiamento. Si usciva la sera quasi esclusivamente per il desiderio di conoscere qualcuno – era quello che la spingeva a farsi bella e a passare ore davanti allo specchio, preoccupata per il suo aspetto esteriore – e pensò che era così per chiunque. Adesso che aveva trovato il suo compagno, e che una parte della sua vita era conclusa e ormai decisa, gli svaghi acquistavano un senso diverso. Ora contava la qualità; una serata a cena fuori con Ned, chiacchierando senza che nessuno dei due dovesse preoccuparsi di cucinare o lavare i piatti, era uno dei modi migliori di passare il tempo. Oppure Ned avrebbe prenotato i biglietti per il cinema dei film d'autore a Oxford, portandola a vedere qualche documentario bizzarro o un film iraniano semisconosciuto. Lei aveva portato a casa un opuscolo del Playhouse Theater l'altro giorno, quando aveva visto che certi spettacoli di Londra in tournée nazionale facevano tappa lì, e pensava che magari potevano andarci.

Questa era la vita che aveva sempre sognato davvero. Un'esistenza tranquilla e a modo, in cui amava ed era amata, e aveva il compagno perfetto con cui passare il giorno e la notte. Ricordò quel che aveva detto Jeremy: della follia d'avere un partner, nel tentativo d'evitare il terrore della solitudine e la morte. Ma le sembrava che, siccome il terrore e la morte non erano negoziabili, fosse perfettamente ragionevole cercare il più possibile di evitare il terrore. E non riuscendo a immaginare di essere un'altra persona, sentirsi amati attenuava la confusione e la difficoltà dell'essere se stessi. Ruth sorrise tra sé: lei non era nichilista, senza alcun dubbio. Una nichilista non diventa infermiera. Una nichilista non si sposa. Pensò a una storia che le aveva raccontato suo padre; quando lei e Cordy erano piccole, la madre le aveva sentite litigare sul sedile posteriore della macchina. Cordy – otto anni – aveva dichiarato che odiava i ragazzi e non si sarebbe mai sposata.

«Non vuoi sposarti, Cordy?» le aveva chiesto Ruth, quattro anni.

«No!» aveva proclamato Cordy, incrociando le braccia.

«Ma non vuoi avere qualcuno con cui parlare e uscire a cena?»

La madre aveva trovato la cosa piuttosto divertente: si era chiesta come mai Ruth ritenesse il matrimonio fatto soltanto di parlare e uscire insieme, visto che lei e Silas non uscivano quasi mai. A Ruth sembrava ancora quello il fine principale del matrimonio; se un giorno fosse arrivata al punto di non voler più parlare a Ned, la situazione sarebbe stata grave.

In quei giorni, tuttavia, c'era un solo argomento di conversazione: il matrimonio. Stava cercando di non diventare noiosa a riguardo, ma era inevitabile. Benché avesse programmato un matrimonio che le era parso quasi il più semplice al mondo – cosa poteva esserci di meno complicato di una cerimonia nella chiesa a due passi da casa, seguita da una cena nel pub dietro l'angolo? –, era rimasta impantanata nei piccoli dettagli. Una cerimonia non significava solo mettersi un vestito e presentarsi in chiesa. Significava corso prematrimoniale dal parroco, e convincere in qualche modo Ned ad andarci; significava scegliere gli inni, le letture, le preghiere, le canzoni del coro e i pezzi per l'organo da suonare all'inizio e alla fine della cerimonia; significava fiori, e i libretti per la messa (che carattere usare? Quante pagine? Un nastro sulla prima pagina o uno schizzo della chiesa?) e pagare il coro; significava occuparsi delle pubblicazioni di matrimonio che andavano lette, e pagare l'autorizzazione e fare un regalo al prete... eccetera eccetera eccetera, e tutto comportava una spesa. I risparmi di Ruth diminuivano a vista d'occhio, ogni volta che firmava un assegno per lasciare un acconto. Nonostante si fossero messi d'accordo per dividere le spese, a quanto pareva era Ruth a sborsare di più: semplice, organizzava tutto lei. Forse anche perché Ned era al corrente che Ruth, dei soldi lasciati dalla madre, aveva tenuto da parte un gruzzolo per il matrimonio. Comunque, si ricordò Ruth, lui paga il viaggio di nozze.

Tornando la sera dall'ambulatorio, durante il cupo tragitto verso casa, Ruth sperava che sarebbero partiti per un posto caldo e luminoso. Aveva voglia di vedere il sole. Desiderava sentire il caldo sulla pelle. Ned aveva promesso di non dirle dove sarebbero andati; Ruth voleva arrivare là, senza la preoccupazione di dover scegliere nulla. Questo sarebbe stato il suo regalo per Ruth, una meta a sorpresa. Essere là avrebbe significato che il matrimonio era ormai fatto e finito, che erano felicemente sposati e potevano continuare la loro nuova vita insieme.

Ned stava riuscendo a mantenere il segreto; a Ruth non erano capitati tra le mani dépliant o buste misteriose grandi come biglietti d'aereo. Sul computer, Ned non aveva mai lasciato aperta la pagina di un sito che le facesse scoprire la destinazione. Era certa che Ned lo avesse rivelato a qualcuno – Tom ed Erin ne erano di sicuro a conoscenza, e forse anche Luke e Abigail – ma tutti sapevano che non bisognava dirlo a lei. Ruth era emozionata: era bello essere tenuta all'oscuro di qualcosa.

Ogni tanto sentiva un rimorso di coscienza, per aver escluso quasi del tutto Jackie e Steven Haskell dai preparativi. Ma, onestamente, Ruth non aveva idea di quello che avrebbero potuto fare, soprattutto stando così lontani, a York. E, in qualità di genitori dello sposo, erano tenuti soltanto a presentarsi; la tradizione non prevedeva che avessero un gran ruolo. Inoltre, non si erano offerti di contribuire minimamente alle spese. Era abbastanza giusto e, date le circostanze, Ruth non capiva davvero perché scomodarsi a far partecipare anche loro. Inoltre le dava fastidio la storia dell'invito fasullo: dimostrava quanto Jackie fosse intransigente, quanto fosse irremovibile su ciò che per lei era giusto, e non avrebbe tollerato nient'altro. Aveva paura a lasciare che un'impicciona del genere s'intromettesse in una questione tanto delicata e personale, come l'organizzazione di un matrimonio.

Qualche sera prima, quando Jackie aveva telefonato, c'era stato un momento di panico. Ruth si era abituata a non rispondere al telefono, lasciandolo fare alla segreteria. Un po' perché non voleva parlare con Jackie, ma anche perché era ancora vivo il ricordo di quella chiamata sconcia, e non voleva essere la vittima di qualche abuso. Tirò il solito respiro di sollievo per non aver risposto, dopo che Ned sollevò il ricevitore e disse: «Ciao, mamma».

Jackie aveva voluto sapere quanti invitati portare al matrimonio. Quante persone aveva il permesso d'invitare? Bisognava tenere presente tutto il parentado, per non parlare di tutti gli amici del circolo, e di tutti i vicini delle case a fianco.

«Quante persone può invitare?» Esclamò Ruth incredula, appena Ned glielo riferì. «Nessuna! Questo è il *no-*

stro matrimonio, decidiamo noi chi è invitato. Lei è un'ospite. Nessun altro ospite ha chiamato per informarsi su quanti amici poteva portarsi dietro. Non avrò i suoi amiconi a far baldoria al mio matrimonio – gente che non ho mai visto prima e che mai più rivedrò.»

Era assurdo che qualcuno volesse trasformare quel giorno speciale in un'occasione per offrire una festa ai propri amici. Non voleva ritrovarsi, gli anni successivi, a guardare l'album del suo matrimonio, domandandosi chi fosse la gente sulle foto. Ogni persona doveva essere parte integrante della vita sua e di Ned, altrimenti che senso aveva? Al giorno d'oggi, per un matrimonio ci vogliono tanti di quei soldi... Lei non disponeva di una casa aperta a tutti, dove potesse entrare una marea di gente. Bisognava limitare il numero e basta. Quelli del circolo del bingo, o chiunque fossero, dovevano accontentarsi di vedere le fotografie.

Lasciò a Ned il compito di riferire la brutta notizia. Non voleva litigare, ma allo stesso tempo si sentiva assolutamente irremovibile su un punto: era il *suo* matrimonio, suo e di Ned. Nessuno gliel'avrebbe tolto.

La settimana prima delle nozze Ruth era talmente nervosa che si sentiva teso ogni nervo del corpo, uno per uno. Più si avvicinava il gran giorno, più aumentavano i piccolissimi dettagli di cui doveva occuparsi. Telefonarono dal pub, per sapere che tipo di servizio guardaroba desiderava e per domandare a che ora precisa il magazzino avrebbe consegnato il vino, e quanto tempo bisognava far raffreddare lo champagne e quanto lasciar respirare il vino rosso. Per tenere a mente tutto, aveva creato sul computer una tabella che sembrava il programma di una campagna militare: con l'elenco esatto dell'ora in cui, quel giorno, doveva accadere ogni singola cosa: dall'arrivo del bouquet alla vecchia canonica alla sistemazione della torta nuziale ai profiteroles al piano superiore del pub.

«Avrebbe dovuto essere semplice!» si lamentò tra sé, mentre telefonava alla sarta, che stava confezionando i gilet per i valletti: voleva sapere quando avrebbe terminato le ultime modifiche e quando poteva andare a prenderli. Già la settimana prima, Xenia Yasparov aveva finito i ritocchi del vestito da sposa, che adesso stava appeso dietro la porta della camera degli ospiti, in una custodia protettiva fantasia. Ruth non si era preoccupata di avvertire Ned di non guardarlo; era sorpresa che non lo avesse neanche visto lì.

Non fu certo d'aiuto il momento in cui Ned, preoccupato, le riferì che sua madre stava male: Jackie era a letto per una malattia non specificata, affermava di soffrire tantissimo e che forse, da un momento all'altro, doveva andare all'ospedale.

«Non so cosa dobbiamo fare» disse Ned, con apprensione.

«In che senso?»

«Be'... Che si fa, se la ricoverano davvero? Non so se possiamo andare avanti...»

«Non vorrai mica... cancellare il matrimonio?» Ruth era esterrefatta.

«Se va all'ospedale e le diagnosticano qualcosa di grave, non so se abbiamo alternativa.»

Ruth era nel panico, con un diavolo per capello; si trattenne, ma avrebbe voluto dirgli che si sarebbe aspettata che la luna diventasse di gorgonzola, piuttosto che a Jackie diagnosticassero sul serio qualcosa di grave. A suo avviso, tutti i sintomi di Jackie erano il risultato di scenate isteriche autoindotte, e del bere troppo e troppo spesso.

A Ruth pareva – dopo averlo visto con i suoi occhi a Natale – che molte serate a casa degli Haskell terminassero con Jackie che biascicava parole, ripetendo sempre le stesse cose, e alla fine crollava di sonno sul divano, sbronza. Iniziava a capire tutto: l'imprevedibilità, i cambiamenti d'umore e le personalità diverse che telefonavano, in base a quanti cherry brandy Jackie si era concessa quella sera.

Si chiedeva se Ned e Steven l'avessero notato. Come potevano non averci fatto caso? Eppure, nessuno diceva mai nulla al proposito. Ned era stato seduto un'ora appiccicato al telefono, senza dire una parola in risposta ai vaneggiamenti di sua madre: neppure quando finalmente se ne liberò, non fece commenti. Ruth si domandava se, semplicemente, non c'era da preoccuparsi o se erano così abituati che ormai non ci facevano più caso.

Quando, una sera, Ruth rispose al telefono, capì subito che dall'altra parte c'era una Jackie sobria, con una vocina lamentosa. Ruth ascoltò un lungo discorso di autocompatimento sul fatto che lei stava soffrendo tanto e nessuno la capiva.

«Non so come farò a venire al matrimonio. Sarà un tumore, probabilmente» affermò, con un filo di voce.

«Ma tu sei forte...» la consolò Ruth. «Sono sicura che guarirai. Se, però, il medico decidesse davvero di ricoverarti a scanso di pericoli, be'... ci dispiacerà molto non averti qui, ma so che non vuoi che annulliamo tutto, adesso.»

Ci fu un lungo silenzio, poi Jackie disse: «No, certo che no. Non se ne parla neanche».

Qualche giorno dopo, Jackie era già in piedi – con gran sollievo di Ned e il segreto divertimento di Ruth. Forse, pensò Ruth, dopotutto riuscirò a tenerle testa. Quella piccola vittoria la confortava, anche se era esausta per la montagna di dettagli ancora da organizzare.

L'ultima cosa che credeva di poter affrontare era una festa.

«Dobbiamo andarci» insistette Ned. «È il compleanno di Tom.»

«Ma sono stanca morta» replicò Ruth. Era consapevole di non essere molto di compagnia a Ned in quel momento e, a volte, temeva che lui si sarebbe girato per dirle: «Questo matrimonio ti ha trasformato in un mostro. Non ho nessuna intenzione di sposarti. Non se ne fa più niente». Ma si sentiva così sotto pressione per dover organizzare tutto lei, che era difficile non innervosirsi, o arrabbiarsi, o far vedere che il tutto iniziava a diventare un vero stress.

«E, poi, una festa è proprio quello di cui hai bisogno. Non è chissà che, comunque... solo una cena qui in città.»

«Ma vuol dire trovare un regalo, un biglietto... e non possiamo assolutamente permetterci di andare fuori.»

«Ruth, vuoi rilassarti? Dài, prendiamoci cinque minuti di pausa da questo benedetto matrimonio e pensiamo per un attimo a qualcun altro. Tom è stato così gentile ad accettare di farmi da testimone e organizzare il mio addio al celibato per sabato. Credo che fare un salto alla sua cena di compleanno sia il minimo...»

Ruth si era calmata. «Hai ragione. Sto diventando ridicola... Scusami amore, è che in questo periodo non riesco a controllarmi. Certo che ci andiamo e, già che ci sono, consegno anche i gilet ai testimoni, così cancello un'altra voce dalla lista.»

La cena fu sotto tono, come se tutti conservassero le energie per la festa più grande, ormai imminente. Il posto era un ristorante vecchio stile, imboscato in un vicolo del centro, un locale con pareti a pannelli di legno, grandi camini e finestre piombate traballanti. Stavano in una sala privata, distinta dal ristorante principale; c'era un lungo tavolo da refettorio e gli amici sedevano tutt'intorno, scambiandosi ogni tanto di posto, per chiacchierare con gli altri. Ruth si ritrovò di fianco ad Abigail, che era curiosa di sapere tutto sui preparativi del matrimonio; di qualunque cosa parlasse Ruth, però, Abigail non stava nella pelle di raccontarle la sua versione. È strano, pensava Ruth, ti impegni tanto a organizzare un matrimonio a modo tuo, ma in sostanza è come quello di chiunque altro – una cerimonia e una festa. Variavano soltanto i dettagli, e anche quelli erano per lo più gli stessi.

«E così, la nostra torta hanno dovuto trasportarla con tre taxi!» stava dicendo Abigail, mentre la cameriera portava via i piatti del pudding e serviva il caffè. «Roba da matti... ma Luke aveva insistito per farla di cinque piani, e nessuno aveva pensato a come l'avremmo portata al castello...»

Poi venne interrotta da Tom che, ritto sulla sedia a capotavola, batteva il bicchiere con la forchetta. Il chiacchiericcio si affievolì e, ubbidienti, i commensali stettero a sentire.

Una volta ottenuta la loro attenzione, Tom si appoggiò allo schienale, disinvolto ed elegante allo stesso tempo, i folti capelli biondi in disordine, e la barba corta e scura.

«Discorso...» annunciò, sorridendo. «Mi esercito per il gran giorno di Ned. Stavolta, comunque, non sarà lungo... ve lo prometto. A differenza del sermone che ho preparato per te, Ned. Non c'è moltissimo da dire, in realtà... Solo grazie a tutti, per essere venuti a festeggiare il vostro amico, sempre più vecchio e sempre più rimbambito, e grazie per i regali. Siete stati gentilissimi.» Fece una pausa e guardò la tavolata per un lungo momento. Poi si schiarì la voce e allungò una mano a Erin, che lo stava fissando con gli occhi che le brillavano. «E c'è un'altra cosa» aggiunse lentamente.

Si sposano, pensò Ruth. Annunciano il fidanzamento.

Un sorriso raggiante apparve sul volto di Erin, che strinse la mano a Tom.

«Veramente è un annuncio un po' strano da fare, ma non sapevamo proprio come dirvelo. Sarà meglio che lo dica e basta. Ecco...»

L'attesa intorno al tavolo era palpabile.

«Presto sarete tutti zii e zie.»

Ci fu un mormorio di sorpresa generale, poi – appena recepirono il messaggio – dei sospiri e uno scoppio di allegre risate. Seguì un fiume di chiacchiere, strilli di felicitazioni e domande: «Quando nascerà?»; e: «Come hai fatto a tenere il segreto? Di mattina hai la nausea?»; e: «Sai già se è maschio o femmina?»

Ruth vide Ned alzarsi in piedi e correre ad abbracciare Erin, poi girarsi verso Tom a stringergli la mano, ridendo. Mise una mano sulla spalla del suo amicone, e disse qualcosa che li fece ridere tutti e tre. Ruth notò di sfuggita la faccia di Jeremy. Stava osservando attentamente gli altri tre, con un mezzo sorriso che gli torceva un angolo della bocca. Le dita affusolate giocherellavano con il tovagliolo. Cos'ha? pensò Ruth. Non sarà mica geloso? Dopo tutto questo tempo?

«Oh, ma che bello!» esclamò Abigail, eccitata. «Un bimbo! Anche noi ci proviamo da un po'... Chi immaginava che Tom ed Erin ci avrebbero preceduti! Credevo che Erin avrebbe aspettato un po' prima di avere dei bambini... per via della carriera.» Si chinò verso Erin, che stava ancora parlando con Ned, ora accovacciato tra lei e Tom. «Quando nascerà, Erin?»

«All'inizio dell'estate» rispose lei, sempre raggiante. «A giugno.»

«Congratulazioni, cara. È una notizia meravigliosa.»

«Grazie, Abigail.»

«Congratulazioni» le fece eco Ruth, sorridendo. Ma dentro si sentiva cattiva e meschina: per qualche motivo, la notizia non la rallegrava. Egoista come non mai, la faceva imbestialire che l'entusiasmo per il suo matrimonio, per cui lei s'era tanto adoperata, venisse oscurato così.

Entro sabato sera, già si era scordata di aver avuto una reazione così egoistica all'annuncio della maternità di Erin. Le passò in fretta: presto fu d'accordo con Ned che si trattava di una bellissima notizia. Inoltre, aveva tanti pensieri per la testa. Il matrimonio imminente – ormai mancava solo una settimana – assorbiva tutte le sue energie e la metteva in ansia: «Cosa andrà storto? Voglio che sia tutto perfetto...». Ma l'idea che, alla fine, lei e Ned sarebbero stati marito e moglie la inebriava.

Fecero l'addio al nubilato a casa di Cordy e, contrariamente alle sue tendenze – lei prediligeva i locali notturni, vestiti sexy e gadget erotici –, fu molto tranquillo. Una cena con sei amiche intime a casa di sua sorella: era tutto ciò che Ruth desiderava. Ognuna di loro – Cordy, Fran che veniva da Manchester, Valentina, Isabelle, Abigail ed Erin – portò qualcosa da mangiare e una bottiglia di champagne; alla fine della serata erano tutte ubriache – tranne Erin – a ballare nel salottino di Cordy, e cantando al karaoke che la sorella aveva noleggiato per l'occasione.

La sera prima del matrimonio, rispettando la tradizione, Ruth lasciò il cottage dove viveva con Ned, per tornare a casa sua. Pur sapendo che quella non era certo l'ultima sera che avrebbe trascorso alla vecchia canonica, aveva il forte presentimento che lei non sarebbe stata mai più la stessa persona; osservava tutte le stanze, i mobili e i quadri a lei familiari, come se li stesse vedendo in quel modo per l'ultima volta.

Cordelia preparò la cena per loro tre e mangiarono in cucina, cercando di restare calmi.

«Sembra la sera prima di un'esecuzione...» commentò Silas.

«Ma papà!» gridò Cordy. «Neanche per sogno.» Guardò la sorella. «Vero, Ruth?»

«Vero» ripeté Ruth, lentamente. Senza aver toccato quasi cibo, posò la forchetta. «Ma è un momento così importante... se penso a quello che succederà domani, mi sento le farfalle allo stomaco.» Le parole di Erin e Jeremy cominciavano a rimbombarle nella testa. Lei e Ned erano fatti l'uno per l'altra, non aveva dubbi... ma poteva durare? Era ridicolo e da ingenui pensarlo? Incertezze e paure involontarie, destate dai commenti altrui, ora la rendevano insicura.

«Sono sicura che non ci sarà nessun problema» replicò Cordy, decisa. «Le prove sono andate bene, no?»

«Sì, le prove sì – e alla fine la madre di Ned si è presentata, anche se all'ultimo momento – ma non intendevo quello. Dico che domani sarò *sposata*. Prometterò solennemente di stare con Ned per tutta la vita. Tutta la mia vita. Non so neppure se, fra cinque anni, mi piacerà ancora il servizio di porcellana che ho scelto per la lista di nozze. È che tutto sembra così... *cruciale*.»

«Non capisco proprio cosa ci si sposa a fare» commentò Cordy. «Oggi, ormai, quasi tutti convivono e basta, senza bisogno di una cerimonia ufficiale che li autorizzi. A me pare un accordo molto più realistico. Hai perfettamente ragione: non si può dire se, dopo dieci anni, si amerà ancora una persona... molto probabilmente no.» Agitò la mano, in segno di scusa a Ruth. «Sono sicura che tu e Ned vi amerete... però, mi sembra ridicolo costringere la gente in questo modo a promettersi di stare insieme tutta la vita, quando le persone ormai vivono così a lungo... Posso capire che, una volta, le probabilità che marito e moglie riuscissero a sopravvivere entrambi erano talmente poche... allora 'finché morte non ci separi' aveva un senso, diciamo. Ma adesso», scosse la testa, «non so perché si faccia ancora. Cinque anni fa, tutti i miei amici si sono sposati, una coppia dopo l'altra. Ora stanno cominciando i divorzi. Perché ci si prende la briga di farlo?»

Silas tossì, chiaro segno che aveva qualcosa da dire. Si appoggiò allo schienale e unì le mani sul vecchio pullover consumato. Cominciò a dire: «Quello che non capisci, Cordelia...».

Cordy alzò gli occhi al cielo, brontolando: «Eccolo...».

Ma Silas proseguì, senza badarle. «Quello che non capisci è che c'è una grossa differenza tra alzarsi in piedi davanti a tutti, amici e parenti, a dire: 'Prometto di stare con te fino alla morte', e due persone che si dicono: 'Stiamo insieme, finché a uno dei due viene voglia di andarsene, probabilmente fra cinque anni, più o meno'. Ci si sente molto diversi, dopo che si è sposati. Non so perché – forse è un fatto meramente psicologico –, ma è così. Una volta che, dopo quella cerimonia, ve ne andate via insieme, siete ormai una cosa sola. Un'unità. Vi siete alzati in piedi davanti al resto della società, per dire: 'Adesso siamo una nuova famiglia, un'istituzione permanente, una squadra indivisibile'. Ero molto giovane, quando ho sposato vostra madre. Come Ruth adesso qui, mi chiedevo se quella fosse la persona giusta per me... benché sapessi che avrei potuto cercare all'infinito, senza trovarne una migliore. Infatti fa paura – terrore, oserei dire – ipotecare il futuro in questo modo. Ma qual è l'alternativa? Stare da soli tutta la vita? Noi esseri umani non siamo fatti così, non siamo pensati per vivere da soli... è una strada che porta alla solitudine e alla depressione, persino alla follia. Oppure passare da una relazione all'altra, dovendo sempre ricominciare da capo, eccitati dallo slancio iniziale dell'innamoramento, però mai capaci di costruire una vita insieme o condividere una storia? A un certo punto, bisogna rischiare e promettere che sarà per sempre, altrimenti non vale nulla.»

Si rivolse a Cordy. «Quando parli d'amore, mi sembra che tu ti riferisca a tutte quelle romanticherie... lo stomaco sottosopra come se fossi sulle montagne russe, il chiaro di luna, le rose eccetera. Ma l'amore vero, l'amore coniugale, è un'altra cosa. È l'amicizia più profonda che si ha nella vita. È il porto più sicuro che si conosca... è la casa del cuore. È dove si è completamente se stessi e si viene totalmente amati, e in cambio si offrono amore, tolleranza, rispetto e fiducia, e si fa del proprio meglio per ricevere tutto questo dal partner. Certo, è un compito arduo, e molti, molti matrimoni non vengono vissuti in questo modo né ci riusciranno mai, e non dureranno... ma è quello a cui bisogna mirare, altrimenti che senso ha? Queste cose – l'amore, la fiducia e il rispetto – non provengono semplicemente dalle emozioni, da quei sentimenti mutevoli per cui ora si desidera qualcuno, ora si è arrabbiati o stanchi, oppure eccitati. Nasce dalla propria volontà, perché ci si può costringere ad amare qualcuno – e credetemi, ci saranno dei momenti in cui bisogna sforzarsi al massimo per continuare ad amare, quando ci sono delle difficoltà e i soldi sono pochi, o quando l'altra persona è testarda come un mulo – e nasce dal cuore, perché lì risiede la bontà.» Si piegò verso Ruth, posandole una mano sul braccio. «Vi ho visti insieme, tu e Ned, e sono convinto che voi due abbiate quello che ci vuole. Non dimenticate di custodire questo sentimento, perché è prezioso. Mi raccomando, non abbiate paura di attingere da lì quello che vi serve per fiorire nella vostra vita, perché Ned sarà la tua fonte, così come tu la sua.»

Le diede un buffetto sulla guancia, e sorrise.

«Oh, papà» disse Ruth con voce soffocata, strofinandosi gli occhi pieni di lacrime. «Che belle parole! Improvvisamente, ho capito tutto. So di fare la scelta giusta.»

«Lo so, voi due pensate che io sia soltanto un vecchio stupido» aggiunse il padre, «e anche un po' pazzo, ma ho abbastanza esperienza sulle spalle. E il mio matrimonio è stato felicissimo. Auguro lo stesso a te, Ruth. E anche a te, Cordelia, quando verrà il tempo.»

Cordelia rispose: «Scusami, papà... sembra tutto meraviglioso, davvero, ma quante sciocchezze sentimentali. Questa roba insensata di mandare biglietti d'auguri, per esempio, non ha niente a che fare con la decisione di due persone di passare una vita intera insieme. Ma lungi da me essere la guastafeste di turno. Se qualcuno può riuscirci, quella sei tu, Ruth. Ne sono convintissima». Sorrise a Ruth. «Vai a nanna presto?»

«Sì» acconsentì Ruth. «Sarà meglio.»

Non importava quel che dicesse Cordy, le parole di suo padre avevano funzionato: adesso Ruth era tranquilla, e si sentiva pronta ad affrontare la giornata che aveva davanti.

Capitolo 11

«Ruth, sei pronta? È quasi ora» La voce di Cordy risuonò debolmente dal piano di sotto.

Erin fece un passo indietro e guardò Ruth, che stava ammirando la sua immagine riflessa nell'ampio specchio, sul volto un'espressione serena ma stupita.

«Mi sembri pronta, no?» chiese Erin, soddisfatta della sua opera. Il trucco di Ruth era il risultato trionfale dell'esperta mano da attrice di Erin stessa, che sapeva esattamente come valorizzarne i lineamenti in modo da farla sembrare bellissima sia da vicino che da lontano. Entrare in chiesa è come salire su un palcoscenico, le aveva spiegato Erin, e una sposa non può permettersi di essere scialba o pallida, ma non deve nemmeno sembrare uscita da una pantomima, con mascara e rossetto sgargiante. «Perciò meglio evitarli, va bene?» Quindi, con una tenue miscela di colori e lumeggiature, matite scure e fard rosa, aveva messo in risalto gli zigomi alti di Ruth e i suoi occhi verdi, conferendole una bellezza senza difetti. Per finire, le aveva raccolto i capelli ramati, tirandoli indietro dal viso con le violette d'oro e porpora di Xenia Yasparov.

Ruth si voltò verso di lei, con il volto radioso. «Grazie di tutto» disse. «È perfetto. Sono pronta.»

Scese con prudenza gli stretti gradini cercando di stare in equilibrio sui tacchi, con il candido bouquet in mano. Suo padre e Cordy la aspettavano in fondo alle scale e Ruth, osservando la loro espressione appena la videro, capì di aver ottenuto l'effetto sperato.

«Caspita, Ruth» sussurrò Cordy. «Sei splendida.»

Suo padre rimase per un attimo senza parole. Alla fine, con voce roca, disse: «Vorrei che tua madre fosse qui. Sarebbe molto orgogliosa di te.» Poi, tornando al suo tono di voce abituale, aggiunse: «Che stravagante, un abito da sposa verde!»

«È *eau de Nil*» disse Ruth, sorridendo. «Non verde. Nessuno si azzardi a chiamarlo verde.»

«Anche la giacca è fantastica» esclamò Cordy. «Sembra una vecchia carta da parati, è bellissima.»

Ruth rise. «Meno male che non mi sono fatta consigliare da voi due. Vecchia carta da parati verde!»

«È proprio bello, il tuo *odenìl*» si affrettò a dire Silas. «Sei stupenda, tesoro. La sposa più incantevole che abbia mai visto.»

Sembrava che le tormente di gennaio avessero concesso una tregua all'Inghilterra, regalando una giornata chiara e limpida, sebbene stretta nella morsa del gelo. Il fotografo, che aveva aspettato pazientemente in cucina mentre Ruth si preparava, scattò loro qualche foto di fronte al caminetto, con Silas stranamente elegante, in tight e pantaloni a righe grigio scuro, mentre Cordelia indossava il vestito argentato che aveva scelto assieme a Ruth, sulle spalle una giacchetta color lavanda ornata di lustrini e in mano un piccolo bouquet di rose bianche e viola chiaro. In mezzo a loro, Ruth si sentiva come una stella del cinema, con il suo abito di seta e la giacca ricamata. Erin uscì per raggiungere la chiesa e, quando il fotografo ebbe finito, si incamminarono anche loro.

Passeggiando nell'aria fresca e frizzante, Ruth si meravigliò della profonda tranquillità che provava. Tutte le tensioni e le paure delle ultime settimane si erano dileguate – Be', pensò, non ha più senso che mi preoccupi, ormai non posso fare assolutamente nulla – e si sentiva rilassata. Nella sua mente c'era posto solo per Ned, riusciva a pensare solamente a lui che la stava aspettando in chiesa, e al fatto che presto si sarebbero sposati, diventando quella cosa sola di cui suo padre le aveva parlato la sera prima. Chissà come sta Ned, si chiese Ruth, e sperava che anche lui sentisse quella stessa profonda sicurezza.

Immersa nella luce intensa del primo pomeriggio, la chiesa aveva assunto una calda tonalità grigio-dorata, in contrasto con la desolazione dei campi circostanti. È così tranquilla, pensò Ruth avvicinandosi. Non si vedeva anima viva.

«Ma dove sono tutti? Non è venuto nessuno?» mormorò.

«Sono già entrati» la rassicurò il padre. «Ci manchi solo tu.»

Poi vide il parroco, appena dentro il portone della chiesa. Si fermò un momento sulla soglia, sentendo l'organo che cominciava a suonare, e in tono ansioso chiese: «Come sto?»

Cordy passò una mano sui capelli della sorella e le sistemò la giacca, raddrizzando la cucitura. Fecero entrambe un respiro profondo. «Sei perfetta.»

Il parroco uscì e disse: «È pronta? Andiamo. Non si preoccupi, lui è già dentro. E sembra anche sobrio, il che è un bel passo avanti rispetto a molti degli sposi che ho visto. Non è nemmeno arrivato su una trebbiatrice, com'è successo l'ultima volta.»

Silas porse il braccio a Ruth e le sorrise, quindi si avviarono all'altare.

Tutti l'avevano avvertita che il giorno delle nozze sarebbe passato in fretta, ma Ruth rimase comunque sorpresa dalla rapidità degli eventi. Aveva l'impressione che il tempo volasse via in modo confuso, e desiderava a tutti i costi ricordare ogni momento e imprimerselo bene nella mente.

Mentre si avvicinava all'altare le sembrò di trovarsi in un tunnel di volti. La chiesa, in genere poco affollata, era così diversa con tutta quella gente che volgeva lo sguardo verso di lei mentre passava, regalandole sorrisi di affetto e incoraggiamento. Notò alcune di quelle persone, ma si concentrò soprattutto su Ned, che l'aspettava in fondo alla navata, accanto a Tom. Poi si accorse che Jackie, seduta dalla parte dello sposo, teneva lo sguardo fisso di fronte a sé, evitando di guardare la sposa che si avvicinava.

È vestita di nero! pensò Ruth, alla vista del largo cappello e del sobrio completo che sfoggiava la suocera. Ma passandole di fianco si rese conto che era blu oltremare, con una rosa bianca e una gigantesca felce triangolare appuntate al petto. Non penserò a lei, si ripromise Ruth. Oggi è solo per me e Ned.

La cerimonia fu magnifica, proprio come Ruth aveva sperato. Il coro cantò come meglio non ci si sarebbe aspettati da un piccolo coro parrocchiale, nessuno ebbe nulla da dire al momento cruciale, e Ruth non inciampò in una grata come aveva temuto. Suo padre lesse un brano tratto dal Cantico di Salomone in tono alto e monotono: «Le tue labbra stillano miele vergine, o sposa, c'è miele e latte sotto la tua lingua e il profumo delle tue vesti è come il profumo del Libano» e, sentendolo, Ruth dovette trattenere una risata. Erin salì al leggio, bella ed elegante, con un lungo mantello leopardato e un cappellino alla Audrey Hepburn, e lesse il brano di san Paolo con voce dolce e fluente. Quando giunse al finale, rallentò con aria melodrammatica e volse lo sguardo verso Ruth e Ned, proclamando con voce piena: «Fede, speranza e amore... Ma fra essi il più grande...» fece una pausa, come sopraffatta dall'intensità di quel momento, «... è l'AMORE!»

Il parroco parlò alla congregazione del grande passo che la coppia stava per fare e di come i due avrebbero avuto bisogno del supporto di tutti gli amici e i parenti negli anni a venire. Ora non le rimaneva che alzarsi, prendere la mano di Ned e sposarlo.

Durante lo scambio delle promesse Ned la guardò negli occhi sorridendo. Le prese la mano per infilarle la fede e pronunciò i voti con voce alta e sicura.

Va tutto bene. È tutto perfetto, pensò Ruth mentre metteva l'anello al dito di Ned.

Quindi ci furono canti e preghiere, ma sembrarono passati solo pochi istanti quando l'organo attaccò a suonare la *Musica per i reali fuochi d'artificio* di Händel, mentre loro si avviavano nuovamente al portone, uscendo nel giallo pomeriggio invernale.

Avevano deciso di andare al pub a piedi; ma, con grande sorpresa di Ruth, di fronte alla chiesa c'era ad accoglierli una carrozza con i fari ornati di nastri bianchi, un cavallo grigio imbrigliato e un cocchiere in livrea sul sedile posto dietro il tetto.

«E questa cos'è?» chiese Ruth ridendo. Era proprio ciò che aveva cercato di evitare, con quell'aria da finta tradizione. Nei matrimoni e nel Natale c'era qualcosa che spingeva tutti quanti a comportarsi come fossero dei vittoriani. Vista da vicino, comunque, la carrozza era imponente, sorretta da due grandi ruote e con finiture in pelle nera e ottone scintillante. Il cavallo batteva gli zoccoli a terra, sbuffando dalle narici.

«Pensavo ti sarebbe piaciuta. E volevo qualche momento tutto per noi» spiegò Ned.

Salirono a bordo, mentre il fotografo correva da una parte e dall'altra, scattando fotografie a ripetizione per non lasciarsi sfuggire quell'occasione imperdibile: i novelli sposi sulla loro carrozza, radiosi per l'unione appena celebrata. Gli invitati, uscendo dalla chiesa alle spalle della coppia, rimasero stupiti a quella vista. Ned mise sulle gambe di Ruth una coperta foderata di pelliccia e bussò sul tetto. Il cocchiere, obbediente, schioccò le briglie per far partire il cavallo, e girò la carrozza.

Mentre si allontanavano dalla chiesa, affiancando la folla di gente che sospirava di felicità alla vista della sposa in carrozza, Ruth ridacchiò sentendo la suocera che gridava: «Ma le foto di gruppo quando le facciamo?»

Ned la abbracciò e si baciarono con un brivido di emozione. «Ciao, moglie» disse. Quella parola, che un tempo le era sembrata così banale, adesso le suonava assolutamente incantevole.

«Ciao, marito» rispose Ruth, e si baciarono di nuovo.

Ned si era accordato con il cocchiere di fare un giro del paese, e lungo tutto il tragitto la gente salutava e applaudiva alla vista dei nastri bianchi, e le macchine suonavano il clacson per congratularsi.

«Diventerò tutta rossa» disse Ruth ridendo. «Fa freddissimo!»

«Sei stupenda. Non credevo ai miei occhi quando ti ho vista entrare in chiesa. Sono rimasto incantato.»

«Mi sei sembrato un po' deluso.»

«Ma sei matta? Temevo solo che ti saresti resa conto di quello che stavi per fare e saresti scappata via.»

«Te lo aspettavi così?» chiese Ruth, passandosi una mano sull'abito.

«Vuoi sapere se credevo davvero che avresti indossato una meringa gialla?» Ned scoppiò a ridere. «Ero certo che avresti trovato qualcosa di unico, e delizioso. Sei fantastica.»

Quando giunsero al vecchio pub, gli invitati erano già ad aspettarli nell'ampio salone al primo piano. Gli sposini salirono le scale ed entrarono, accolti da un tripudio di acclamazioni e applausi, poi Tom portò loro due calici di champagne e il pranzo ebbe inizio.

Mi sento come sospesa su una nuvola di felicitazioni, pensò Ruth. Ovunque volgesse lo sguardo, non vedeva altro che sorrisi e amore e partecipazione alla loro felicità. Tutti i discorsi vertevano su quanto lei e Ned fossero stupendi e quanto sarebbero stati felici assieme. Suo padre aveva scritto una poesia comica sull'infanzia di Ruth che fece ridere tutti, e poi parlò della figlia con tanto calore e affetto che, quando ebbe finito, Ruth non fu la sola ad avere le lacrime agli occhi.

Ned fece il suo discorso, ringraziando tutti, poi donò a Cordy, a sua madre e a sua sorella un enorme bouquet, e concluse parlando con molta semplicità di quanto si sentisse felice.

«È sorprendente che Ruth si sia accollata uno come me. Sono orgoglioso che abbia accettato di diventare mia moglie.»

«Povera ingenua!» esclamò Luke, tra le urla e gli applausi degli altri. Tom fece un discorso spiritoso e intelligente, come Ruth aveva previsto. In quei momenti, lei era sempre consapevole della presenza di Jackie Haskell al proprio fianco. Malgrado portasse quel vestito scuro, sembrava di buon umore. L'affascinante Jackie era tornata in scena, proprio come il giorno di Natale, con quel suo debole sorriso costantemente stampato sul volto. Durante tutti i discorsi tenne la testa leggermente piegata, come per sfoggiare la sua intima soddisfazione, e si asciugò gli occhi con un fazzoletto quando Ned le porse il bouquet di fiori «per essere una madre così meravigliosa».

Cordy si sporse verso Ruth bisbigliando: «È un regalo per la pensione: la sua presenza non è più necessaria!»

«Ssh» disse Ruth, temendo che qualcuno potesse sentirla. Aveva notato la spilla tempestata di cristalli, quella che aveva regalato a Jackie per Natale, che scintillava sul risvolto della giacca, e si sentì subito in colpa per aver pensato di lei quelle cose orrende. «Non è poi così male.»

Finiti i brindisi, tutti continuarono a bere. Ruth e Ned fecero il giro della sala, salutando amici e parenti, fermandosi ai tavoli a parlare e a farsi scattare fotografie. Susie Haskell, radiosa nel suo abito di velluto nero e con un magnifico scialle spagnolo di seta rossa, fermò Ruth e le disse: «Hai un vestito adorabile, Ruth. Felicitazioni. È stata una giornata splendida, e non lo dico tanto per dire».

Poi, quando l'atmosfera fu ancora più distesa, i camerieri sgombrarono la sala dai tavoli facendo spazio per i balli. Ruth e Ned aprirono le danze da soli, ondeggiando e piroettando assieme – Ned aveva scelto *Embraceable You* – e poi si unirono a loro altre coppie, trasportate dall'atmosfera romantica.

Tra poco il giorno del mio matrimonio sarà finito, si

disse Ruth, euforica per lo champagne e per l'eccitazione generale. Provò anche un gran sollievo al pensiero che nulla era andato storto e che i preparativi avevano funzionato a meraviglia. Si fermò in un angolo della sala per riprendere fiato dopo tutti quei balli. Aveva abbandonato la giacca ricamata, appendendola a una sedia, ma sentiva caldo anche solo con l'abito di seta. Suo padre danzava con Cordy e, pur compiendo movimenti un po' strani, era più elegante di quanto Ruth si sarebbe immaginata. Ned e Abigail si stavano scatenando al ritmo di un be-bop. La sala era affollata e tutti si divertivano.

Ruth sgusciò tra le sedie fino alla porta e percorse il corridoio per raggiungere il bagno delle donne. Lì guardò la sua immagine riflessa nello specchio: aveva retto decisamente bene a quella lunga giornata, tutto sommato. Sembravano passati secoli dal mattino, quando era così elegante e impeccabile. Ora i capelli erano un po' spettinati e qualche ciocca era uscita dai fermagli, ma trovò che questo le dava un'aria romantica. Notò una vampata rosa acceso sugli zigomi – segno che ho bevuto troppo champagne, più che di buona salute, pensò Ruth.

Sentì tirare uno sciacquone, quindi Jackie Haskell uscì dal bagno e camminò vacillando verso Ruth, con un sorriso fin troppo dolce stampato in viso.

È ubriaca, pensò Ruth, riconoscendo gli stessi segnali del giorno di Natale: il passo pesante, la testa che barcollava leggermente e la lentezza con cui sbatteva le palpebre. Non so come comportarmi con lei quando è in questo stato.

Jackie si mise accanto a lei al lavandino, appoggiando con forza la borsetta sul bordo.

«Ciao, Ruth. E così adesso sei mia nuora, eh? Benvenuta nella nostra famiglia. Spero che sarai molto felice con noi.»

«Grazie» rispose Ruth, sforzandosi il più possibile di mantenere un tono neutro. Tutto a un tratto si sentì perfettamente sobria.

«Non te l'ho detto, vero?» Jackie si portò una mano alla bocca, fingendosi scandalizzata. «Sono proprio cattiva! Bisogna sempre dire a una sposa quant'è bella il giorno del suo matrimonio. E lo sei, tesoro. Sei adorabile. È... è una specie di camicia da notte, vero? Carina, però. Un'adorabile camicia da notte verde.» Improvvisamente si fece seria e disse: «Devi stare attenta, però. Cosa penseranno gli altri, vedendo che non sei vestita di bianco al tuo matrimonio? La gente è perfida, ma davvero... Dicono cose terribili alle tue spalle. Cose del tipo: 'La sposa avrà questo o quel problema, sarà incinta o peggio ancora. Non è una brava ragazza'. Una donna che conoscevamo si è sposata in giallo. Dicono che avesse la sifilide. Ha dovuto indossare una collana di perle per nascondere i segni'.»

Ruth sentì il sorriso svanirle dalle labbra. Sta cercando di guastarti la festa. Non darle retta. Sono tutte sciocchezze, si disse. Ma dopo quelle frecciatine la sua felicità scoppiò come fosse una bolla di sapone.

«Questo, però, è molto bello. Non ti sei accorta che l'ho indossato?» Jackie accarezzò il fiocco scintillante che portava bene in vista sul risvolto della giacca. «È stato un gesto molto gentile, Ruth. Davvero, non avresti dovuto spendere così tanto per me. Centosessanta sterline! Sono un sacco di soldi!»

«Proprio così» tagliò corto Ruth. «Come hai fatto a scoprire quanto ho speso?»

«L'ho portato in un negozio a York per farmi dire il

prezzo. Avevi detto che era uno Swarovski. E loro me l'hanno trovato senza problemi. Sono rimasta piacevolmente sorpresa. Be', bisogna sapere il prezzo, per l'assicurazione, no?» Jackie, piegando la testa, le sorrise di nuovo a labbra serrate, con quella leggera smorfia che le dava un'aria così falsa.

Come faccio ad andarmene senza essere scortese? si chiese. Distolse lo sguardo dalla donna e si sistemò dietro le orecchie alcune delle ciocche che si erano liberate dai fermacapelli. «Dovrei tornare di là. Ned si starà chiedendo dove sono finita.»

«Vai pure. Dopotutto, questo è il tuo grande giorno, no? Non vorrai perdertelo, passando tutto il tempo in bagno con tua suocera. In più dovete partire... Ci scommetto che non vedete l'ora di andarvene per conto vostro. Dicono che la Thailandia in questa stagione sia fantastica.»

Con un ultimo sorriso, Jackie prese la borsetta e uscì, lasciando Ruth in preda alla rabbia, mentre cercava di ritrovare le forze appoggiandosi al lavandino.

Ruth uscì dal bagno e attraversò con passo deciso la sala del ricevimento, in cerca di Ned. Era furibonda: come aveva osato quella strega rovinarle la sorpresa? Sicuramente sapeva che era un segreto. Ma ormai non poteva più fare finta di niente: è come quando ti dicono chi è l'assassino prima di arrivare alla fine del libro. Era orribile sapere di avercela quasi fatta a rimanere all'oscuro di tutto, per potersi godere il momento in cui avrebbe scoperto la destinazione, sull'aereo, all'aeroporto, o comunque da Ned.

Quella donna è una strega, una strega maledetta, pensò Ruth, ormai su tutte le furie. Nel salone stava passando un lento. Ruth cercò Ned con lo sguardo e lo vide in mezzo alla pista. Stava ballando stretto a Erin, che gli si era avvinghiata al collo. Si muovevano lentamente, a tempo di musica, e Ned la guardava negli occhi mentre lei gli parlava. Ruth avrebbe voluto raggiungerlo, staccarlo da Erin e riprenderselo. Perché non stava ballando con lei? Era il giorno del *suo* matrimonio, e lui era *suo* marito. Avrebbero dovuto stare assieme.

Era sul punto di precipitarsi in pista per afferrarlo, quando una voce indolente le sussurrò all'orecchio: «Non sono carini?»

Ruth si voltò e vide Jeremy, stranamente elegante nel suo tight, nonostante si fosse tolto la giacca e avesse allentato la cravatta. «Ci stai prendendo il vizio, a cogliermi di sorpresa» disse Ruth con un tono molto frivolo. Non riusciva a distogliere lo sguardo da Ned ed Erin, che ondeggiavano languidamente in pista. «Come stai?»

«Molto bene. Ed è stato un matrimonio incantevole. Le mie più sentite felicitazioni.» Jeremy fece un leggero inchino, e quel gesto le fece ricordare che l'aveva sempre trovato molto all'antica. «Erin ha letto benissimo, vero? Mi ha commosso sentirla riconfermare i valori biblici... sai, fede, fede speranza e carità. Oppure, nella nuova versione, fede, speranza e amore.»

Rimasero un attimo in silenzio. È tutto sbagliato, pensò Ruth. Cosa ci faccio qui con Jeremy? So benissimo dove dovrei stare.

L'intera giornata era stata una prova tangibile di quello che Ruth sentiva nel cuore: che lei e Ned erano diventati una cosa sola. C'era qualcosa dentro di lei che la spingeva verso Ned, un irresistibile magnetismo. Stargli accanto era tutto quello che voleva, di cui aveva bisogno, che desiderava, e sapeva benissimo che se solo gli si fosse avvicinata, lui si sarebbe voltato verso di lei sorridendole, l'avrebbe abbracciata, stringendosela al cuore, e le avrebbe dato quelle rassicurazioni di cui aveva un disperato bisogno.

Devo essere ubriaca, pensò, con un velo di tristezza. Non dovrei sentirmi così insicura. Non dovrei lasciarmi trattenere qui da Jeremy. Eppure la sua assurda cortesia la obbligò a rimanere lì, mentre Jeremy accendeva una sigaretta.

«Sono sempre stati molto uniti» disse infine lui. «Ned sa tutto quello che le passa per la testa. L'ho invidiato per questo, perché io non ci sono mai riuscito. Forse il suo segreto è che l'ha capita meglio di quanto lei abbia capito noi.»

«Cosa intendi?» chiese Ruth. Un'altra coppia si mise a ballare davanti a lei, nascondendo Ned ed Erin.

«Cosa intendo?» le fece eco Jeremy. Si soffiò un pezzo di tabacco sul labbro e lo lanciò via con un dito. «Intendo... quello.»

La sala sembrò svuotarsi davanti ai loro occhi. Ruth vide la scena con molta chiarezza: Ned abbassò una mano per accarezzare dolcemente la pancia di Erin. Lei gli sorrise e lui le sussurrò qualcosa all'orecchio.

«Quella sintonia...» continuò Jeremy in tono languido. «Con lui era molto più forte che con tutti noi.»

Ruth non riuscì a resistere un minuto di più. Lasciò Jeremy lì dov'era, si buttò in mezzo alla pista, facendosi largo tra le coppie che ballavano, e raggiunse Erin e Ned. Allungò la mano e, con tutte le sue forze, afferrò il braccio di Ned. Lui si voltò e, vedendola, le fece un sorriso compiaciuto.

«Ruth! Eccoti qui, ma dov'eri?»

«Ti abbiamo cercata» disse Erin.

«Ned, possiamo andare ora?» supplicò Ruth. «Ti prego, io sono pronta. Possiamo andare?»

Ned sembrava sorpreso. «Ma certo che possiamo andare, tesoro. Ormai è quasi ora, comunque.»

«Non hai ancora lanciato il bouquet» disse Erin.

«Prendilo pure tu» rispose Ruth inferocita. «È là, sulla seggiola. Davvero, prendilo, è tuo.»

«Il taxi non è ancora arrivato» disse Ned, che stava cominciando a preoccuparsi. «Le tue valigie sono ancora alla vecchia canonica.»

«Andiamo allora, le passiamo a prendere e facciamo arrivare il taxi là.»

«Se è questo che vuoi...»

«Sì, è *proprio questo* che voglio.»

Si congedarono con calma, facendosi strada tra gli invitati e salutando tutti prima di dileguarsi. Molti non si accorsero nemmeno che se ne stavano andando. Mentre uscivano, Ruth vide che suo padre stava ancora ballando. Solo Erin li seguì per salutarli, stringendo tra le mani il bouquet di Ruth.

All'aeroporto, quando l'altoparlante invitò i passeggeri del volo diretto in Thailandia a raggiungere il cancello d'imbarco, Ruth si finse sorpresa e felice, e riuscì quasi ad autoconvincersi di non aver minimamente sospettato quale fosse la loro destinazione.

«Sei contenta?» chiese Ned ansioso. «È quello che volevi?»

«È fantastico. Non avresti potuto scegliere niente di più perfetto.» Gli strinse forte la mano, e provò una strana sensazione al contatto con la fede di Ned. Appena saliti sull'aereo, Ruth fu pervasa da un senso di sollievo e da una profonda stanchezza.

Ora siamo solo noi due, pensò. Niente amici, niente parenti. Solo io e Ned.

Raggiunsero un hotel di lusso su un'isola al largo della costa thailandese. Pochi anni prima, quel luogo era stato colpito da una catastrofe naturale, eppure non portava più alcun segno di quella devastazione, tanto che Ruth lo trovò idilliaco, con le sue tonalità d'oro e blu acceso e il fresco sollievo dell'aria condizionata nella stanza d'albergo. Il matrimonio li aveva spossati, e ogni giorno, svegliandosi, si ricordavano a vicenda quanto erano felici che fosse tutto finito. Parlarono in continuazione del giorno delle nozze, richiamando alla mente dettagli e raccontandosi le loro diverse esperienze. Le uniche cose che Ruth tenne per sé furono l'incontro con Jackie e quello che aveva visto mentre Erin e Ned ballavano assieme. Ora tutto le sembrava quasi irreale, e non aveva voglia di pensarci.

Di tanto in tanto, mentre era sdraiata in piscina a prendere il sole sentendo la stanchezza scomparire a poco a poco, Ruth si trovava a pensare a Jackie e a come avrebbe fatto a «gestirla» in futuro.

Tranquilla, si diceva. Ora siamo sposati e lei non può più fare niente. Probabilmente adesso si calmerà. E a ogni modo vive a chilometri di distanza da noi e ha la sua vita. Sarà solo un fastidio una volta o due all'anno, quando dovremo andare a trovarla. Me la caverò, ne sono certa.

Ripercorrendo nella mente la scena del giorno delle nozze, c'erano un sacco di risposte argute e mordaci che avrebbe voluto dare alla suocera. *Esprit d'escalier*, pensò Ruth. Le battute brillanti che vengono in mente troppo tardi.

Una sera a cena, Ruth sollevò con molta cautela l'argomento Jackie. «Hai mai pensato che forse tua madre beve un po' troppo... e che potrebbe essere questo a farla stare sempre così male?»

Ned sembrò a disagio. La sua pelle aveva assunto una sana abbronzatura dorata, che metteva ancora più in risalto gli occhi, e i capelli schiariti dal sole rilucevano di riflessi biondi. Le venne voglia di passarci in mezzo le dita, e di accarezzare il calore delle sue guance rosee. «Secondo te ha un problema? Ti chiedo un parere professionale...»

«Non ne ho idea. Dovrei conoscerla molto meglio. Tu cosa ne pensi?»

«È vero che beve un po', ma mi sembra che abbia la situazione sotto controllo. Non credo proprio che sia un'alcolizzata. Riesce benissimo a farne a meno, per quanto ne so io. Non si tracanna della vodka alle dieci del mattino o cose del genere. Beve solo quando è in compagnia, e al massimo si concede un bicchiere di vino o un cocktail qualche sera.»

«Cherry brandy.»

«Be'... sì. E a volte non mi sento di crocifiggerla per questo.»

«Davvero? E perché no?» Ruth cercò di mostrare un certo distacco, ma quell'argomento stuzzicava la sua curiosità. Forse Ned si sarebbe finalmente confidato con lei sulla madre.

«Per certi versi ha avuto una vita difficile.»

«Cioè?»

«Be', suo padre è morto quando lei era giovane. Era molto legata a lui, e credo che per lei sia stato un duro colpo.»

«Oh, poveretta» disse Ruth, aspettando il seguito. In qualche modo non le sembrava una spiegazione sufficiente a giustificare quella personalità distruttiva non solo verso gli altri, ma anche verso se stessa.

Ned proseguì. «Ha avuto un rapporto difficile con sua madre, e poi lei e Susie non sono mai riuscite ad andare d'accordo, anche se sono molto più simili di quanto tu immagini. Era una lotta continua. Quando sono arrivato io, ormai mia madre pensava di non poter più avere figli, è per questo che mi ha sempre coccolato e riempito di attenzioni, e sono diventato il suo preferito. Ma tu sai di che cosa parlo, l'hai visto.»

«Ti ha adorato. Fin troppo. È difficile essere all'altezza di un amore del genere.»

«Può darsi. Sì, penso di sì. Non è mai davvero riuscita a lasciarmi andare. Ma... be'... non riesco a non dispiacermi per lei.»

«Ti senti in colpa perché lei ti ama tanto.» Ruth avrebbe voluto aggiungere: «Mentre tu non la ricambi con lo stesso amore», ma non lo fece. Sarebbe sembrata troppo meschina. Capiva che Ned stava soffrendo. Capiva anche la sua riluttanza a parlare di Jackie: non era facile riuscire a spiegarne la personalità schizoide. In questi casi, si lascia che la gente scopra le cose da sola, che elabori una propria strategia per affrontare l'indole imprevedibile di quella donna e i suoi mille volti: la dolce, materna Jackie, che più di ogni altra cosa vuole diventare la vostra migliore e più cara amica, oppure la Jackie scortese, o ancora quella volgare, quella ubriaca, quella che si sente perseguitata dagli amici e dai vicini.

«Forse sì» disse Ned lentamente. «Non sono un analista. Cerco solo di mantenere una convivenza pacifica. Non vedo perché dovrebbe cambiare qualcosa.»

Quando il cameriere servì loro la cena, abbandonarono il discorso.

Non c'è motivo per cui dovrebbe cambiare qualcosa, pensò Ruth, mentre prendeva il sole sulla sdraio in piscina. Continueremo semplicemente a evitarla il più possibile, sopportandola quando siamo costretti a farlo. Devo smetterla di fare tante storie. Se Ned non vuole parlarne, non ne parleremo. Posso tranquillamente reggere qualche frecciatina di cattivo gusto da parte di mia suocera senza tirare in ballo Ned. È gelosa di me, tutto qui. Si calmerà quando si renderà conto che non è cambiato nulla, che Ned è ancora disponibile come prima. E poi fa tutto parte del gioco, no?

Si girò a pancia in giù sotto il sole cocente e, con determinazione, scacciò dalla mente la madre di Ned.

«Siete in luna di miele?» chiedevano tutti. «Oh, è fantastico. Felicitazioni! Divertitevi.»

Nel lussuoso ristorante dell'albergo, la gente in sala sorrideva, intuendo che si erano appena sposati dalla loro aria di assorta beatitudine, e offriva loro bottiglie di champagne, mentre i camerieri li portavano direttamente ai tavoli che godevano della vista più romantica; i turisti in vacanza li osservavano con sguardo amorevole mentre si tenevano per mano, e ogni sera trovavano due rose bianche sul cuscino.

«Potrei stare in luna di miele per tutta la vita» diceva Ned trasognato, mentre camminavano sulla calda sabbia bianca, o nuotavano in piscina.

Si sentivano davvero completi solo quando erano assieme. Ned riusciva a resistere senza di lei giusto il tempo di ordinare da bere al bar. Si desideravano costantemente. Nelle settimane prima del matrimonio, erano stati talmente stanchi e stressati da dimenticarsi quasi di darsi il bacio della buonanotte. Ma ora no: erano totalmente pieni l'uno dell'altra, sempre desiderosi di avere di più, e bastava che si sfiorassero per stuzzicare quell'appetito insaziabile.

Passavano tutte le mattine a letto, per poi tornarci il pomeriggio e di nuovo dopo cena, come se non si accontentassero di aver fatto l'amore già parecchie volte durante il giorno.

«È un nostro diritto» disse Ned baciandole il collo, mentre se ne stavano sdraiati tra le lenzuola fresche. «Siamo in luna di miele. Ho letto da qualche parte che se mettessi una monetina in un vaso ogni volta che fai l'amore nei primi due anni di matrimonio, e poi passassi il resto della tua vita coniugale a togliere una monetina ogni volta, non arriveresti mai a svuotare il vaso.»

«Oh, che tristezza!» disse Ruth, appoggiando il viso sul braccio di Ned per respirare il profumo della sua pelle. «Credi che succederà anche a noi? Io non voglio. Voglio che resti sempre così.»

«No, a noi non succederà» la rassicurò Ned.

«Abbiamo fatto la cosa migliore, vero? Sei felice di avermi sposata?»

«Ma certo che sono felice.»

«Non avresti preferito sposare una delle tue ex ragazze?» Sapeva che quella era una domanda stupida, ma voleva sentire la sua risposta, anche se già immaginava cosa le avrebbe detto.

Ned rise. «Continuo a chiedermi perché non l'ho fatto. Fammi pensare... chi avrei preferito sposare? C'era Jasmine. Ragazza adorabile. Però mi aveva stancato, con tutti i suoi orgasmi multipli. Mi bastava toccarla e lei partiva, brrrrrrrrr. Come un giocattolo a molla che non si scarica mai.»

«Non è bello che la tua ragazza abbia orgasmi multipli? Ti sarai sentito un amante eccezionale.»

«All'inizio, sì. Poi ti rendi conto che in realtà tu ti annoi, mentre loro vibrano ininterrottamente e se la godono da matti. O forse avrei dovuto sposare Teresa. Sono uscito con lei un anno intero prima di rendermi conto che era praticamente sempre strafatta. In effetti non capivo come mai mi trovasse così esilarante e mangiasse in continuazione.»

«Deve pur esserci stata una ragazza che ti è piaciuta.»

«Ma certo. Di una o due ero molto innamorato, ma poi non ha funzionato e siamo andati ognuno per la propria strada. E alla fine ho conosciuto te...»

«Molto innamorato?» insistette Ruth. «Dimmi di chi sei stato molto innamorato.»

«Che salamella.» Ned si accoccolò su di lei, abbracciandola stretta. «Perché mi fai queste domande? Ah, le donne! Io proprio non vi capisco. Il giorno del matrimonio è stato splendido, questa luna di miele è la più romantica del mondo, lo facciamo come ricci dalla mattina alla sera... e tu stai a pensare che forse avrei preferito sposare qualcun'altra.» Ned scoppiò a ridere.

«Sembra davvero stupido, detto così. Credo che abbiamo solo un gran bisogno di essere rassicurate.»

«Allora dovrò rassicurarti di nuovo» disse Ned, e le diede un lungo, dolcissimo bacio.

Durante il volo di ritorno Ned e Ruth furono taciturni. Non avrebbero voluto che quei bellissimi giorni di sole e riposo finissero.

«È stato un sogno, vero?» Ruth strinse forte la mano di Ned. «Non dobbiamo mai e poi mai dimenticarci di quanto siamo stati bene.»

«Non ce lo dimenticheremo» promise Ned. «È solo un po' deprimente tornare a casa.»

«Ti capisco.» Tutte quelle cose che Ruth aveva scacciato con forza dai suoi pensieri stavano ricominciando a tormentarla. Tutte le persone che si erano dileguate dalla sua mente durante i giorni passati in Thailandia ora incombevano di nuovo su di lei. Quella era la vita che si era scelta. Adesso era il momento di viverla.

Capitolo 12

«Finirà mai questo tempaccio?» considerò Rhonda, la segretaria, mentre Ruth passava con una cesta di cartelle cliniche. «Non mi ricordo un inverno così brutto»

«Migliorerà per forza» rispose Ruth. «Ormai è quasi primavera.»

«Alla faccia del riscaldamento globale» brontolò l'altra. «Com'è possibile che continuino a tirarlo in ballo, quando abbiamo un tempo del genere? Pioggia, vento. Mi sembra che il sole non si faccia vedere da mesi.» Fece un cenno a Ruth. «Tu, però, stai bene. Sei ancora abbronzata.»

«Davvero?» Ruth si esaminò l'avambraccio scoperto. Le sembrava pallido, neanche lontanamente simile al colorito scuro e dorato che aveva al ritorno dal viaggio di nozze. Facendo uno sforzo, riusciva quasi a richiamare alla mente un ricordo del sole sulla sua pelle e del calore che le penetrava nelle ossa. Sarà un'illusione, pensò. Sapeva che i ricordi fisici non esistono: il corpo non può rievocare il calore sulla pelle, come non può farlo con un mal di denti o con il sapore di una mela. L'unica cosa che si può ricordare è il processo mentale che accompagna la sensazione fisica. Forse è per questo che non ci stanchiamo mai di mangiare e baciare, pensò Ruth. È perché ogni volta, in un certo senso, è come se fosse la prima.

«Hai finito per oggi?» le chiese Rhonda.

Ruth annuì, posando la cesta sullo scaffale per l'archiviazione. L'ambulatorio era chiuso, immerso nella pace e nella tranquillità che aveva solo al di fuori dell'orario di servizio, cioè la mattina presto e la sera tardi. Per il resto della giornata era invaso da anziani dal passo strascicato, da giovani lagnosi, caotici, esagitati, e da chiunque altro ne avesse bisogno. Ora, invece, era di nuovo tutto per loro.

Rhonda tirò fuori lo spray che teneva sotto il banco della reception e lo spruzzò con foga nell'aria. «Prima c'era un tipo che puzzava da matti» spiegò Rhonda. Il forte odore chimico della lavanda artificiale fece pizzicare il naso a Ruth. «Povero vecchietto. Non so quand'è l'ultima volta che si è fatto un bagno ma... puah! Quanto aveva vomitato... ed era anche pieno di pipì.»

«Affascinante» commentò Ruth.

«Ovviamente ti dispiace per loro» disse Rhonda, «ma siamo pur sempre esseri umani e l'olfatto ce l'abbiamo ancora. Povero dottor Potter... gli è toccato ripulirlo per bene.»

«Qui ho finito» disse Ruth. «A domani.»

«Lo sai che devi fare una vaccinazione da viaggio? Un tizio se ne va in Nepal e gli serve il ciclo completo.»

Ruth fece cenno di sì. «Ho già tutto pronto. Ciao, Rhonda!»

Si infilò il cappotto e uscì nell'aria fredda e umida della sera. In teoria le giornate avrebbero dovuto essere già più lunghe. Ogni anno la stessa storia – l'inverno sembrava trascinarsi sempre più avanti, perfino dopo la fioritura di crochi e bucaneve. Ormai quei fiori erano un falso allarme: invece di annunciare l'arrivo della primavera, mostravano quanto fosse ancora lontana, soccombendo impavidi al gelo, fino a scomparire.

Devo portare Ned al bosco di campanule quando sbocceranno, pensò Ruth, cercando di evitare gli schizzi neri che le auto, passando, sollevavano dalla strada. Ma quando? A Pasqua, immagino.

Il bosco di campanule era poco lontano dalla vecchia canonica, su un terreno protetto da un'organizzazione ambientalista. Ogni anno arrivava un momento in cui il bosco sfoggiava la sua veste imperiale: uno scintillante tappeto viola che ondeggiava alla brezza primaverile. Silas portava sempre le ragazze ad ammirarne l'assoluto splendore, spiegando loro che non potevano cogliere manciate di fiori come avrebbero voluto, ma dovevano lasciarli dov'erano.

«Non è permesso cogliere i fiori di campo» diceva Silas alle figlie. «Non si può portarli via. Potete stare a guardarli, ma devono rimanere qui per crescere.»

Solo uno, pensò Ruth un anno, e sradicò un piccolo stelo triangolare, nascondendoselo in tasca. Appena arrivata a casa lo tirò fuori, ma non c'era traccia di quella massa trionfante e orgogliosa che aveva ammirato; ormai era schiacciato, avvizzito, solo, le campanule appiattite e smorte. Tutta la bellezza che aveva posseduto nel bosco era svanita. Si sentì talmente in colpa per averlo strappato alla sua casa e alla sua famiglia, e per averlo condotto a una morte così ignobile, che scoppiò a piangere in preda al rimorso e alla tristezza, e lo seppellì in giardino, cosicché nessuno mai potesse scoprire il gesto orribile che aveva fatto.

Le finestre del cottage erano illuminate, segno che Ned era a casa. Ruth era felice. La vita coniugale sarebbe stata meravigliosa, di questo si era già convinta. Ora capiva perché alle coppie sposate premesse tanto convincere gli altri a seguire il loro esempio. Un tempo credeva che lo facessero solo per trascinare tutti nella loro stessa prigione, ma ora aveva colto il vero motivo. Suo padre aveva ragione: Ruth aveva avvertito il cambiamento appena erano usciti dalla chiesa. Era come se un filo invisibile fosse stato annodato tra lei e Ned, e non importava quanto lo tendessero o quanto fossero lontani l'uno dall'altra: il filo era sempre lì, quasi tangibile, pronto a collegarli e a ricongiungerli.

Sono sposata da due mesi, pensò, ridendo tra sé e sé, e sono già un'esperta in materia.

Alla vista della schiena larga di Ned e della sua figura slanciata in cucina, Ruth si sentì pervasa da una dolce sensazione di felicità. Spero che mi sentirò sempre così. Non cambierà nulla, vero?

Ned si voltò e le sorrise. «Ciao, tesoro. Com'è andata oggi? Sto preparando la cena.»

La facilità con cui affrontiamo la vita domestica mi rinvigorisce l'anima, pensava Ruth mentre parlavano di lavoro, per poi mettere il cibo in tavola e mangiare insieme.

«Ah, purtroppo ho una brutta notizia» disse Ned a bocca piena.

«Cioè?»

Ned fece una smorfia. «Dobbiamo andare a un corso di management il prossimo fine settimana. Davvero deprimente. Non posso credere che David abbia perso la testa per queste stupidaggini, ma a quanto pare sì, e ci ha obbligato a stargli dietro. L'aveva programmato da un sacco di tempo e me n'ero completamente dimenticato. Staremo tutti assieme in qualche campeggio nei boschi, per imparare a fare gioco di squadra e a interagire in modo positivo, con spirito di gruppo, e fesserie simili.»

«Tipo svolgere piccoli compiti a gruppi, disegnare sulle lavagnette per mostrare il valore della comunicazione, scambiarvi piccole buste con su scritto: 'Non è uno scaricabarile'... cose del genere?»

«Aggiungici qualche simulazione di guerra e ci siamo.»

«Magari è divertente. Credevo ti saresti sentito nel tuo habitat, correndo tra i boschi e giocando ai soldati.»

«Ruth...» Ned fece l'offeso. «Ti prego, non sono più un bambino. Sono adulto ormai.»

«Lo so. È proprio questo il punto.»

«E va bene... sì, potrebbe essere divertente. L'unica cosa davvero utile di questi weekend è che migliorano il rapporto con i colleghi. Un modo costoso per farlo, e anche uno spreco di tempo, a mio parere.»

«E così mi lasci sola soletta...»

«Da venerdì a domenica. Mi spiace. Non sto neanche a dirti quanto preferirei rimanere qui con te a fare tutte le cose carine che facciamo nel fine settimana. Magari potresti invitare Erin.»

«Magari sì.»

Da quando erano tornati dal viaggio di nozze, Ruth non aveva quasi più visto Erin. Trovava strano come la gravidanza potesse spingere una donna a tenere alla larga qualsiasi essere umano che non avesse un embrione che cresceva dentro di sé. Ruth non sapeva se era il caso di chiamare Erin, o di passare a trovarla, temeva quasi che potesse essere concentrata esclusivamente sul suo bambino, che fosse seduta tranquilla da qualche parte a visualizzare le piccole dita che si stavano formando e gli organi in miniatura che crescevano, congiungendo tutte le ossicine nella sua mente. «Magari glielo chiedo.»

«Ma sì. Temo che, a un certo punto, dovremo avventurarci fuori dal nido.» Le sorrise. Ruth si rendeva conto che avevano fatto proprio quello – erano regrediti alle primissime settimane della loro relazione, chiudendo fuori il resto del mondo, restii a lasciar entrare qualcuno in quella vita che si erano creati nella loro casetta, una vita che sembrava perfettamente completa in se stessa.

«Sistemerò i regali del matrimonio» disse Ruth. Erano arrivati gli scatoloni dai grandi magazzini, enormi e impacchettati assieme ad altre scatole più piccole, immerse in un mucchio di patatine di polistirolo, come premi di una lotteria gigantesca. Per buona parte li avevano già aperti, ma le porcellane restavano accuratamente imballate. «E comincerò a scrivere i ringraziamenti. In teoria questo dovrebbe tenermi occupata per tutto il weekend.»

Era orribile tornare a casa il venerdì sera sapendo che non c'era nessuno e che sarebbe dovuta rimanere senza Ned per un intero fine settimana. Il tempo sembrava un immenso abisso, un deserto che avrebbe dovuto attraversare da sola.

Andò a letto presto, con un libro e una tazza di tè alle erbe. In fin dei conti il tempo passa in fretta, cercò di convincersi Ruth, anche perché quello era il suo modo abituale di trascorrere la serata. Non sarebbe stata poi così dura da sopportare. Ma, mentre se ne stava raggomitolata vicino alla lampada del comodino, si rese conto che quel letto le sembrava vuoto e freddo senza la presenza di Ned al suo fianco, e al solo pensiero rabbrividì, travolta da un profondo bisogno di lui.

Vai a dormire, si diceva. Domenica sera arriverà in un batter d'occhio.

Il mattino dopo si svegliò più allegra, e sentiva che sarebbe riuscita a convivere con la solitudine. Le paure della sera prima le sembravano piuttosto stupide, ma durante la giornata avvertì ancora quell'assillante, doloroso senso di vuoto. Sfrutterò la giornata il più possibile. Devo sbrigare tutte queste seccature.

Indossati i suoi vecchi vestiti, si occupò dei regali del matrimonio, schiacciando gli scatoloni vuoti per appiattirli e riempiendo sacchetti interi di polistirolo e carta da pacchi, e alla fine le prese la smania.

Potrei fare le pulizie di primavera, pensò guardandosi attorno, le mani sui fianchi. Era la giornata più limpida che si fosse vista nelle ultime settimane, intensi raggi di luce illuminavano la polvere e lo sporco della stanza. Serve una bella ripulita.

Il tempo che lei e Ned trascorrevano insieme era ancora intriso dei lussi dell'autocompiacimento, e non si erano mai messi d'impegno per mandare avanti la casa: fino a quel momento, non avevano fatto altro che colazioni a letto e lunghi bagni, cenette intime, guardare la televisione abbracciati, evitando tutte le questioni pratiche. Le cose, però, dovevano cambiare, Ruth se ne rendeva conto. Non potevano più ignorare la routine domestica. Pulire casa sarebbe stato un buon modo per ingannare il tempo, e per cominciare da capo.

Armata di guanti di gomma, sacchetti della spazzatura e un secchio di prodotti per la pulizia, cominciò a tirare a lucido tutta la casa. Con la radio accesa in sottofondo, Ruth spolverava e puliva e riordinava e gettava via. È terapeutico, pensò, questo tipo di lavoro. I risultati sono immediati e molto, molto appaganti.

Una volta terminato il pianterreno, si spostò di sopra, cambiando le lenzuola e aprendo la finestra della camera da letto per lasciare che la fresca brezza primaverile arieggiasse l'ambiente.

Poi andò nella stanza degli ospiti, una camera vuota in cui non entravano praticamente mai, se non per usare il computer, sistemato su una scrivania vicino alla porta. Oltre a quello, c'era un mucchio di cose di Ned, ricordi della sua vita prima dell'arrivo di Ruth: una vecchia tuta, una cyclette, scatole piene di videocassette e souvenir. Sul letto erano sparpagliati libri e riviste, e l'armadio era stipato di vecchi vestiti, altre scatole e perfino giocattoli.

Che spreco di spazio, pensò Ruth, osservando la stanza come se non l'avesse mai vista prima. Sarebbe un posto così carino, e invece sembra un negozio di cianfrusaglie. La finestra affacciava sul giardino dietro casa e sui campi circostanti. Ruth osservò le macchie verde scuro delle siepi e, in lontananza, quelle ancora più scure dei boschi. Qui dentro potremmo benissimo fare qualcos'altro, non ha senso entrarci solo per usare il computer. Pensò che avrebbe potuto appendere i vestiti umidi ad asciugare, o stirare lì, anziché invadere il salotto con l'asse da stiro. Magari avrebbe potuto mettere un piumino pulito sul letto e una piccola lampada sul mobile, per creare un'atmosfera calda e intima, adatta ad accogliere qualcuno, proprio come una vera stanza degli ospiti.

Ecco qual era il programma: avrebbe sgombrato la camera, mettendo negli scatoloni le cose da portare in solaio, e gettando via quelle che Ned non si ricordava nemmeno di avere, figurarsi se ne avrebbe mai sentito la mancanza. Come quegli orrendi pantaloni della tuta...

Si dedicò al suo compito con molta energia, dividendo tutto in vari mucchi, cambiando le lenzuola – «quando sarà stata l'ultima volta?» si chiese ad alta voce – e riordinando. Si fece strada tra le cianfrusaglie fino all'armadio e cominciò a svuotarlo, tirando fuori gli scatoloni. Erano pieni di carta: giornali, libri, fumetti, biglietti di auguri, quaderni, estratti conto... i detriti degli anni.

Ne aprì uno e diede un'occhiata dentro. Senz'altro si

poteva riorganizzare il tutto in modo più razionale – i sei scatoloni avrebbero potuto facilmente diventare quattro, se non tre. Poi avrebbe chiesto a Ned di portarli nel sottotetto, così da non lasciarli in bella vista. Ruth esaminò il contenuto: l'ennesima palude di cartacce – cartoline, lettere, quaderni. Ne tirò fuori una manciata, chiedendosi quando mai Ned avesse cominciato a conservare tutta quella roba. Sotto quel mucchio di carta intravide un quaderno di scuola, e sulla copertina, con una grafia chiara, anche se tremolante, c'era scritto: Classe 3BT.

Sorridendo, Ruth lo tirò fuori e si mise a sfogliarlo. C'erano disegni tracciati dalla mano di un bambino – omini stilizzati con i capelli ritti in testa, che si sparavano a vicenda con enormi pistole, animali bizzarri dietro un reticolo di staccionate, case con pesanti pennacchi di fumo che uscivano dal camino. Sotto quei disegni si leggevano scritte ancora più irregolari, che qua e là una mano adulta aveva corretto in rosso: *Questo fine settimana sono andato a casa di Ben e abbiamo giocato col suo castelo di tubi e abbiamo mangiato la marmelata sul tost e abbiamo giocato a calcio e poi sono andato a casa e...*

Che tenero! pensò Ruth. La incuriosiva pensare a Ned quand'era un bimbetto adorabile, birichino, iperattivo, e a quando lei stessa, da bambina, faceva i compiti e descriveva i suoi pomeriggi e i fine settimana, mentre il tempo agiva inesorabilmente per avvicinarli. Si mise a sedere e lesse lentamente.

La mia mamma era arrabbiata, aveva scritto Ned sotto il disegno di una donna infuriata, con dei riccioli gialli stilizzati e le mani dalle dita aguzze appoggiate su fianchi squadrati.

Povero piccolo Ned, in balìa di quella donna che ti aspettava ogni giorno a casa.

Siamo andati dalla mia nonna ed è stato bello. Ho mangiato un sacchetto di patatine e poi un altro sacchetto di patatine.

Prese un altro quaderno dalla pila. Qui Ned era più grandicello, la scrittura più chiara e articolata.

Il ragazzo andò alla pista e lui vide le macchine che sfreciavano molto veloci su la pista. Voleva guidare una macchina anche lui. Poi la macchina rossa si è fermata da parte a lui e il guidatore ha detto...

Storie vere e inventate, e alla fine i commenti della maestra scritti in rosso: *Bene. Buona immaginazione. Scrivi dieci volte «esperienza»*, e sotto dieci piccoli, coraggiosi scarabocchi con cui Ned cercava di imprimersi quella parola nella mente di novenne.

Passò al quaderno successivo. Sulla copertina, questa volta tracciata da una mano adulta, c'era la scritta *Ned Haskell. Appunti.*

La prima pagina portava un titolo accuratamente scritto e sottolineato: *Il funzionamento dell'occhio umano. L'occhio è formato da nervi ottici, cornea, retina e...*

Biologia, livello avanzato, ricordò Ruth. Era uno degli esami di Ned. Sfogliò il quaderno. Dopo qualche pagina gli appunti finivano, per lasciare spazio a scritte caotiche: scarabocchi, annotazioni frettolose, abbozzi. Seguivano un paio di pagine scritte fittamente. Ruth si mise a leggere ancora prima di capire cosa stesse facendo.

Oggi è stata la solita giornata di merda. Sono riuscito a tirarmi su solo un bel po' dopo pranzo, perciò ho perso la conferenza a cui sarei dovuto andare, il che non promette bene per il mio voto nell'esame scritto di questo semestre.

Conferenza? pensò Ruth. A scuola?

Poi sono andato in città e ho gironzolato un po', e alla fine ho fatto un salto al centro studentesco nella speranza di vederla. Sono rimasto lì come un coglione cercando di mostrarmi interessato al distributore automatico e poi ai risultati del canottaggio femminile affissi in bacheca. Pare che Esther Otto sia stata selezionata come timoniere per il primo otto. Pazzesco, eh? Ora devono solo trovare otto ragazze chiamate 'Rematrice Grassa' e sono pronte. Mentre stavo esaminando la formidabile carriera di Esther, è entrata lei.

Università, pensò Ruth. È all'università. È un diario. Devo smettere di leggerlo.

Il fatto di essere sua moglie non le dava il diritto di intromettersi in qualsiasi cosa, in fin dei conti. Non le dava il permesso di leggere i diari di Ned. Per il matrimonio valgono le stesse regole di qualsiasi altro rapporto. La sfera privata deve essere offerta, non invasa. Giusto? Nessuno gliel'aveva mai spiegato, ma lei immaginava che le cose funzionassero così. Non si sarebbe mai sognata di aprire la posta indirizzata a Ned senza il suo permesso, e si aspettava lo stesso da lui. E, dopotutto, i diari sono sacri.

Però è di molti anni fa, pensò Ruth. Che fastidio può dare a Ned se lo leggo? Eppure si sentiva fremere all'idea di fare qualcosa di proibito. Devo smettere. Ma di chi starà parlando? Quale sarà, delle sue ex fidanzate? Quella degli orgasmi multipli?

Mi si è avvicinata. È così difficile descrivere l'effetto che ha su di me. È come se fosse circondata da un'aura di bellezza e quando sono con lei la mia vita sembra illuminarsi. Non vedo più niente e nessuno nella stanza, a parte lei. Aveva addosso un top rosso, una gonna lunga e un paio di stivali, e delle bellissime collane di ambra.

Ci siamo seduti a bere un caffè assieme, e abbiamo cominciato uno di quei lunghi discorsi assurdi in cui non so mai se uno riesce a capire quello che l'altro sta cercando di dire. Ho passato quasi tutto il tempo con la fronte aggrotta-

ta e lo sguardo fisso sul tavolo e mi chiedevo se non avrei fatto meglio a dichiararmi.

Se ne stava lì seduta, a dirmi che negli ultimi tempi mi comportavo in modo strano con lei e mi chiedeva perché non volevo più parlarle e se mi aveva fatto qualcosa di male. Poi mi ha guardato con quei suoi occhioni luminosi e mi ha chiesto se volevo ancora essere suo amico. Ha detto che a volte non era nemmeno sicura di piacermi.

Piacermi! Cristo! Lei non è sicura di piacermi, e certe volte a me vien voglia di strapparmi via il cuore perché mi sta distruggendo essere così innamorato di lei e non riuscire a dirle nulla.

Ruth aveva già capito. Cominciarono a sudarle le mani, il cuore le batteva all'impazzata e il respiro si fece pesante. Sentì un prurito al cuoio capelluto.

Poi è arrivato Jeremy, con la sua disinvoltura del cazzo, l'ha baciata e le ha detto che dovevano tornare da lui. Più tardi andiamo tutti alla festa di Luke e lei si prepara a casa di J. perché ha tutta la sua roba lì. È una vera tortura pensarla da lui, mentre cammina nella sua camera da letto, entra in bagno, si veste. E sarà ancora peggio quello che succederà quando ritorneranno lì assieme. Mi viene voglia di vomitare solo a pensarci, perciò non ci penso. Faccio finta che la loro sia una storia totalmente platonica.

Non so come comportarmi alle feste quando c'è anche lei. Non mi stupisco che tutti mi considerino un povero depresso. Alla fine mi rintano in cucina o in giardino o in una camera da letto, o in qualche altro posto deprimente, da solo, a ubriacarmi come uno stupido e a convincermi che devo dirglielo... e poi vado in giro a cercarla, barcollando, per dichiararmi. Ma non riuscirò mai e poi mai a farlo. C'è qualcosa che mi frena, ed è più forte anche di una bottiglia di vodka. Perché? Ma forse questa festa non sarà così male, dato che c'è anche Manda e Tom mi ha detto che è una sveglia e pare che non le dispiaccia il mio scarsissimo fascino, perciò potrei riuscire ad affogare i miei dispiaceri in lei invece che nell'alcol.

Il racconto si interrompeva qui. Sotto c'era scritto:

Erin, devo confessarti una cosa, anche se sospetto che tu la sappia già. Se faccio fatica a stare con te non è perché non mi piaci: in realtà, è proprio il contrario. Sono profondamente, perdutamente innamorato di te e ho bisogno di sapere se prima o poi anche tu potresti provare lo stesso per me.

Ruth si sentì svenire. Quello cos'era? Una prova, una prova scritta. Ned aveva amato Erin. L'aveva amata, eppure aveva detto di non aver mai provato niente del genere per lei. *Proprio mai?* Ned aveva scritto quel diario durante il periodo dell'università. Era chiaro che si era perdutamente innamorato di lei.

Ruth era sconvolta, in preda alla gelosia e alla paura.

Lo sapevo, pensò, l'ho sempre saputo. Come poteva non aver amato una ragazza così bella e affascinante e femminile, che aveva tutto quello che un uomo può cercare in una donna? Si sentì travolgere da una profonda infelicità. Sono un ripiego, pensò Ruth. Non potendo avere lei, si è accontentato di me.

Ora che aveva spalancato la porta sui pensieri più intimi di Ned, non riusciva a fermarsi, pur sapendo che avrebbe dovuto chiudere il diario, rimetterlo nello scatolone, sigillarlo e uscire da quella stanza. Sfogliò le pagine del quaderno: gli inchiostri diversi e i cambiamenti nella scrittura indicavano che era stato portato avanti per parecchio tempo. Era tutto incentrato su una sola cosa: l'amore profondo e non corrisposto di Ned per Erin. Ma... alla fine si è dichiarato? Lei l'ha mai saputo? Devo scoprirlo, pensò Ruth. Si mise a sedere e ricominciò a leggere.

Ned aveva tenuto quel diario con discontinuità: scriveva per giorni consecutivi, poi più nulla per un mese intero. Raccontava lunghe storie intricate, e a un tratto si interrompeva nel bel mezzo di un episodio per non ritornarci mai più. A volte, un paio di righe riassumevano una settimana intera. Alcune pagine le aveva scritte da ubriaco, altre erano vere poesie, in gran parte piene di correzioni. Una era stata cancellata furiosamente con spesse righe rosse, e di fianco c'era scritto: *Dio, questa è UNA VERA CAZZATA.*

Oh Ned, pensò Ruth, con il cuore rivolto a lui. Ora le era tutto chiaro. Le tornarono alla mente le fotografie degli album, e cominciò a popolare la sua mente di immagini di Ned, Erin e Jeremy da ragazzi. Ned era magro, goffo, aveva il viso troppo lungo, i capelli arruffati; portava sempre jeans e t-shirt con stampato il nome dei suoi gruppi musicali preferiti, sulle spalle un vecchio cappotto sbiadito. Tom era più un tipo alla James Dean, con i folti capelli che gli ricadevano sugli occhi, oppure con il ciuffo in stile Elvis Presley, addosso un montgomery scuro e jeans neri. Accanto a loro, Jeremy sembrava un adolescente precoce che cerca di imitare gli adulti, una specie di filosofo beat con il suo vecchio completo gessato e il dolcevita nero, una sigaretta sempre infilata tra le labbra. L'abito lo faceva sembrare smilzo, con le gambe troppo lunghe, come uno dei Beatles nelle loro prime fotografie. Luke, che già allora era più in carne degli amici, era il classico studentello, con le sue camicie a quadretti, i pullover e i pantaloni cachi. E poi c'era Erin. Per Ruth era quasi doloroso richiamarne alla mente l'immagine da quelle fotografie: snella, elegante, sempre perfetta, in qualsiasi posa la macchina fotografica la immortalasse, con i riccioli neri che le ricadevano sulle spalle e gli occhi blu scuro che luccicavano sul suo volto luminoso.

Adesso glielo dico, dichiarava solennemente Ned in una pagina tormentata. *Ora la chiamo e le chiedo di vederci. Poi le dirò che mi spiace infilare i miei sentimenti spregevoli nel suo mondo, che tradire un amico è l'ultima cosa che vorrei, ma devo dirle quanto mi sta distruggendo questa cazzo di passione per lei. Non so ancora come farò a sopravvivere durante le vacanze, quando dovremo stare separati per tutta l'estate. Se penso a casa mia mi sembra di morire.*

Pur sentendosi frastornata dalla paura, Ruth avrebbe voluto correre da Ned e abbracciarlo, dirgli che capiva i suoi sentimenti, che sapeva quanto può essere terribile e affascinante l'amore.

Continuando a leggere, Ruth capì che Ned non aveva confessato il suo amore a Erin, perché proprio nel momento in cui aveva deciso di farlo qualcosa era andato storto, Erin aveva avuto bisogno di sfogarsi con lui per i suoi problemi con Jeremy, e Ned l'aveva lasciata fare, dandole tutto quello che le serviva, anche se dentro era straziato dalla passione per lei. Era il secondo anno di università, e il suo amore aveva continuato a crescere fin dal primo momento in cui l'aveva conosciuta, al punto da diventare un vero tormento. A volte, nei passaggi in cui Ned parlava del suo desiderio fisico per Erin, Ruth chiudeva di scatto il quaderno, inorridita nel trovarsi a leggere una cosa che chiaramente non era stata scritta per essere letta da qualcuno, tantomeno da lei. Quando Ned descriveva quanto sognasse di baciarle i capelli, di accarezzarle il viso, di spogliarla e fare l'amore con lei, Ruth trovava una certa nobiltà in lui, anche se poche righe dopo si malediceva di provare quei sentimenti nei confronti della ragazza di un suo amico. Leggere quel diario la faceva sentire meschina, debole, volgare. Eppure non riusciva a smettere.

Era chiaro che Ned aveva paura di tornare a York. Stava cercando una scusa qualsiasi per tenersi alla larga dalla casa dei suoi genitori, quando Luke se n'era uscito con un'idea: al termine del semestre sarebbero rimasti tutti a vivere da lui, avrebbero trovato un lavoro e guadagnato qualche soldo, per poi viaggiare in tutta Europa, loro cinque assieme.

Per Ned era una soluzione perfetta, per quanto straziante. Da quel momento, e per settimane intere, avrebbe visto Erin ogni giorno, ma soprattutto sarebbe stato consapevole del suo rapporto con Jeremy e del fatto che era irraggiungibile, un tesoro nelle mani di qualcun altro. Durante i loro viaggi, stipati in una piccola macchina e guidando a turno per tutto il continente, si erano fermati spesso a dormire in campeggio, e ogni sera Ned aveva dovuto sopportare l'agonia di vedere Jeremy ed Erin che si infilavano assieme nella loro tenda a due posti, sentirli scherzare e ridere, vedere la luce della torcia che si spegneva e immaginare cosa avrebbero fatto dopo, anche se non aveva mai avvertito il minimo rumore.

Farei qualsiasi cosa per lei, dichiarava Ned in tono solenne. *Mi dedicherei a renderla felice. Sarei completamente suo, senza riserve. Come fa a non capirlo? A volte mi sembra che se ne siano accorti tutti. Quando Jeremy la ignora, o la tratta male di fronte a noi, mi trattengo a malapena dal precipitarmi a difenderla, vorrei prenderlo faccia a faccia e dirgli: «Cosa diavolo fai, non ti rendi conto di quanto sei fortunato? Io morirei pur di averla».*

E durante l'intera vacanza, Ned aveva sentito un profondo senso di inferiorità rispetto a Jeremy. Visitando le capitali europee, le gallerie d'arte e i musei, era Jeremy a proporre dove andare e cosa vedere, era lui a raccontare loro le vite di artisti, re e regine che avevano commissionato gli edifici davanti ai loro occhi, le guerre che erano state combattute e i santi che erano morti, che avevano fondato chiese o fatto miracoli davanti alla folla.

Se Jeremy o Luke si azzardano ancora a darmi una delle loro lezioni sull'arte, li prendo a pugni, cazzo, aveva scritto Ned. Al tempo stesso, però, amava quelle lezioni: Ruth sentiva che Ned aveva assorbito informazioni da loro, che aveva voluto istruirsi a tutti i costi per essere più simile agli amici. E, per quanto tormentato dalla sofferenza per il suo amore non corrisposto, aveva trascorso anche molti momenti belli e divertenti, mentre passavano da una città all'altra. I quattro amici parevano divisi in due fazioni: da un lato Jeremy e Luke, alla testa del gruppo, che stabilivano l'itinerario e sciorinavano tutte le loro conoscenze; dall'altro Ned e Tom, che fumavano e bevevano assieme, interessati ai bar più che ai musei, due ragazzi malinconici che raccontavano storielle macabre e se ne stavano seduti fuori dalla tenda fino a notte fonda, quando gli altri già dormivano. Erin si spostava con facilità da un gruppo all'altro, ben accetta in entrambi. A volte strisciava fuori dalla tenda che condivideva con Jeremy e si sedeva assieme agli altri due, scroccando sigarette e ridendo del loro umorismo nero. E poi, a Roma, Ned aveva scritto una lunga annotazione.

Giornata strana, oggi. Siamo andati al Foro. Erin diceva che sarebbe stato chiuso. Io le ho detto: «Come fanno a chiudere questo cavolo di Foro, ci mettono sopra una coperta gigante?» Siamo entrati e abbiamo fatto un giro. È stato incredibile; ti vengono quasi i brividi a pensare a tutto quello che è successo lì, e tutte quelle vicende diventano così re-

ali. Jeremy ci ha raccontato alcuni grandi momenti della storia di questo posto, ed era talmente vivace e interessante che attorno a lui si è radunata una piccola folla. Un sacco di turisti volevano sapere cosa diavolo stavano guardando. Dopo aver visto il Foro siamo andati al Colosseo, facendoci largo fra gli italiani vestiti da gladiatori e da imperatori, con logori mantelli rossi e finti allori dorati, che cercavano di farci pagare per avere una foto con loro. Il Colosseo fa venire i brividi; mi sono fermato su una delle gradinate superiori e ho immaginato di assistere a uno dei massacri che avvenivano laggiù. Il pavimento è crollato, quindi si può vedere il reticolo di passaggi che si snodano sottoterra, dove gli animali e i prigionieri venivano radunati prima di uscire nell'arena a combattere fino alla morte. Mi sembrava quasi di sentire le grida e le acclamazioni della folla, e mi immaginavo i ricchi cittadini romani che si divertivano un mondo alla vista della sofferenza e dei massacri.

Ci siamo separati per dare un'occhiata in giro. Su una gradinata più in basso ho incontrato Jeremy e mi ha chiesto se avevo visto Erin. Mi ha spiegato che avevano litigato, senza dirmi il motivo, e che lei era sconvolta. Sembrava incazzato nero. Così ci siamo messi a cercarla, ma non c'era traccia di lei, finché non l'ho vista su una gradinata più in alto con Tom, appoggiati alla balaustra di legno, i volti vicini, intenti a parlare. Li abbiamo chiamati ma non hanno sentito. Poi si sono voltati e hanno ridisceso le scale, scomparendo nell'oscurità.

Abbiamo incontrato Luke, ma di Tom ed Erin neanche l'ombra. Li abbiamo aspettati fuori, vicino all'Arco di Costantino, dove eravamo d'accordo di incontrarci se ci fossimo persi, ma non sono mai arrivati.

Alla fine siamo tornati in città e abbiamo mangiato qualcosa in un bar. Poi siamo andati al Campo dei Fiori e Je-

remy ha insistito che cominciassimo a ordinare vino rosso e poco dopo era già sbronzo e molto depresso. Luke e io abbiamo cercato di tenerlo alla larga dal vino, per quanto possibile. Volevo scoprire qualcosa di più, ma lui non si è sbottonato.

Verso sera siamo tornati in campeggio. Tom ed Erin sono arrivati molto tardi. Hanno detto che, dopo averci persi al Colosseo, ci hanno aspettato da qualche parte, poi hanno deciso di non sprecare tutta la giornata e sono andati a Villa Borghese. Jeremy era furibondo. Una serata tutt'altro che piacevole.

Deve essere stato quello il momento fatidico, pensò Ruth. L'inizio della storia tra Tom ed Erin.

Oggi ho parlato con Erin, aveva scritto Ned il giorno dopo. *Le ho chiesto cos'è successo ieri. È stata molto evasiva. Però mi ha rivelato una cosa: Tom le ha detto che sarebbe sempre stato pronto ad aiutarla. Non so come interpretare tutto questo.*

Durante quella vacanza Ned e Tom avevano deciso che l'anno successivo avrebbero condiviso un appartamento. Non avevano accennato all'eventualità che Erin si unisse a loro, o a cosa avrebbero fatto gli altri, ma Ned era chiaramente soddisfatto di quell'accordo.

Tom è il mio migliore amico, aveva scritto. *Sarà fantastico vivere assieme.*

Ma lo sapeva? si domandò Ruth. Ned aveva confessato a Tom la sua passione segreta? E Tom aveva ammesso che stava corteggiando Erin, e che l'aveva quasi conquistata? Ma in teoria non erano migliori amici?

Il quaderno terminò prima che finisse la vacanza, anche se si stava ormai avvicinando l'ultima tappa del viaggio. Ruth chiuse il diario. Si sentiva come se avesse fatto un salto indietro nel tempo, rivivendo la vita di qualcun altro a scorrimento rapido. Ma qui non c'era tutto – il resto dov'era? Sicuramente dovevano esserci altri quaderni, altre spiegazioni, altre descrizioni. Quell'assaggio aveva stuzzicato il suo appetito, e ormai la sua curiosità era tale da non lasciarsi più frenare dai rimorsi di coscienza. Ora voleva sapere, aveva bisogno di sapere, e la soluzione a quel mistero era proprio di fronte ai suoi occhi.

Passò ore intere a frugare tra gli scatoloni, tirando fuori lettere, quaderni, cartoline e fotografie, penetrando al tempo stesso nella vita di Ned e nel suo rapporto con Erin. Trovò lettere che gli aveva scritto Erin, con una grafia chiara e semplice. Leggendole, Ruth si sentì nuovamente torcere lo stomaco. Erin si rivolgeva a lui chiamandolo Orso, e le sue lettere erano intime, amichevoli, creative, di tanto in tanto attraversate da qualche preoccupazione legata alla vita, al lavoro e all'università.

Caro, adorabile, splendido Orso, scriveva Erin, *anch'io ti manco quanto mi manchi tu?*

Oppure:

Sono qui seduta a pensarti, anch'io vorrei che tu fossi con me. Oggi sono sola e ho bisogno che tu mi faccia ridere e dimenticare tutte le cose brutte, orribili che succedono al mondo.

Ma cosa le passava per la testa? si chiese Ruth. Si sentiva indignata per quello che Erin aveva fatto a Ned. Queste sembrano lettere d'amore! Uno che non ne sa nulla penserebbe che sono una coppia. Come ha potuto scrivergli cose del genere? Non poteva non sapere che effetto avrebbero avuto! Forse pensava che, essendo la ragazza di Jeremy, poteva scrivere frasi da innamorata senza essere fraintesa. Ma povero Ned... Ruth si immaginò Ned che apriva quelle lettere e le leggeva speranzoso, convincendosi che lei doveva *per forza* provare qualcosa per lui.

Al mio amato, carissimo Orso. Mi stai pensando oggi? Ti dico cosa sto facendo io. Sono seduta davanti ai miei libri, fissando l'orologio in attesa del momento in cui dovrò consegnare questo stupido saggio, e invece di scriverlo sto scrivendo a te. Sono proprio una ragazzaccia, eh? Ma ho in testa il mio Orso e non posso farci niente. Raccontami cosa stai facendo...

Era il terzo anno di università. Ned e Tom abitavano assieme a un altro studente, mentre Erin condivideva una casa con alcune ragazze, e Jeremy e Luke avevano due appartamenti in affitto.

Ruth trovò altre parti del diario di Ned sparse in vari quaderni. Sembrava che Ned ed Erin fossero sempre più uniti. *Mi ha scritto oggi. Mi arriva una sua lettera quasi ogni giorno. Ma quando ci vediamo assieme agli altri non ne parliamo mai. È come se tra noi ci fosse un segreto indicibile, un legame che cresce giorno dopo giorno. Non capisco. Cosa vuol dire? Deve per forza voler dire che anche lei prova la stessa cosa per me, no?*

C'era un'infinità di lettere, scritte fittamente su due pagine, che finivano con una sfilza di croci e frasi del tipo: *Con amore, Ricciolona*. E ancora, cartoline anonime – in una c'era una poesia, chiaramente scritta da Erin:

Caro Orso
l'anno scorso
tu sei corso
a darmi un morso
qui sul dorso...
che rimorso
ci ha rincorso!

Ruth non riusciva a capire. Erin sapeva quello che provava Ned? Non poteva non saperlo: la spontanea intimità delle lettere e delle cartoline lo lasciava intendere. O almeno, così sembrava a Ruth.

Povero Ned, pensò. Mentre leggeva, Ruth sentiva come se la sua storia d'amore con Ned avesse cessato di esistere: lei era stata trasportata indietro nel tempo per vivere questa esperienza assieme a lui. Non sapeva se augurarsi che Ned avesse conquistato Erin oppure no. È una ragazza subdola, pensò Ruth. Dalle lettere sembrava che l'unico desiderio di Erin fosse che il suo Orso le rimanesse fedele, anche se lei non aveva alcuna intenzione di ricambiare il favore.

Trovò alcuni appunti di Jeremy, quasi tutti illeggibili: e anche quelli che riuscì a decifrare le risultarono ostici, pieni di battute e oscuri riferimenti a lei. Le lettere di Tom erano poche, forse perché lui e Ned vivevano assieme e non avevano bisogno di tenere una corrispondenza. Una l'aveva scritta durante una vacanza.

Ehi! cominciava così. *Oggi ho scoperto i resti di una rivista pornografica mezza bruciata tra le ceneri del falò in fondo al giardino. Probabilmente era del mio stimato padre. L'ho tirata fuori e ho passato un'ora intera a guardare le varie Pauline e Sheena nude, con il pelo bruciato e le tette carbonizzate. Bene, bene. Chi l'avrebbe mai detto, che il vecchio avesse tanto sangue in corpo?*

La lettera proseguiva in toni oscuri, ellittici e stranamente impersonali. Tom avrebbe potuto indirizzarla a chiunque.

È proprio questa l'impressione che ho di Tom, pensò Ruth. Misterioso. Non mi rivolge praticamente mai la parola. A volte sembra non accorgersi nemmeno che esisto, è come se mi stesse sottoponendo a un provino per fare la comparsa nella sua vita, e forse un giorno riuscirò a passare l'audizione ed essere notata.

Era naturale che la scrittura di Tom fosse oscura quanto lo era lui stesso. Ruth trovò un solo riferimento a Tom nelle lettere di Erin.

Sai qualcosa del nemico del topolino Jerry? chiedeva a Ned in una lettera. *Gli ho fatto dei muffin per il suo compleanno e glieli ho lasciati alla conferenza, ma non mi ha più detto nulla e non so se li ha presi. Tu non l'avresti mai fatto, vero Orso?*

Ruth si accorse che nella stanza degli ospiti c'era ormai troppo buio per riuscire a leggere. Si stava facendo sera. Era stata seduta lì per ore, circondata da montagne di carta. Che fare ora? Era esausta dopo quell'esperienza emotiva e, se ne rese conto solo ora, aveva fame e sete. Guardandosi attorno, capì di essere tornata al presente, e le voci di Ned ed Erin, giunte a lei con tanta chiarezza dopo oltre dieci anni di silenzio, si erano dileguate. Ma questa scoperta del passato aveva irrimediabilmente mutato il presente: Ned non era più il suo Ned, era diventato un altro. Quest'altro Ned aveva nutrito per anni una passione per la ragazza del suo amico, una donna che era appartenuta prima a Jeremy e poi a Tom – non aveva trovato nemmeno una pagina di diario che parlasse di quell'episodio, che pure doveva aver sconvolto il mondo di Ned – e non era mai riuscito a realizzare il suo sogno. Cosa ne era stato del suo amore? Se n'era semplicemente andato?

O forse – Ruth avvertì la paura che le strisciava sulla pelle, assieme a un sentimento cupo e doloroso dentro di sé – non se n'era mai andato. Forse l'aveva soffocato per necessità, ma se solo Erin gli avesse dato una minima speranza di successo, quella passione sarebbe tornata a divampare, più forte che mai.

«Oh, Ned...» sussurrò Ruth. «È per questo che non me ne hai mai parlato?» Si coprì il viso con le mani e cominciò a dondolarsi lentamente, cercando di capire che senso avesse tutto questo.

Capitolo 13

Domenica mattina Ruth si svegliò stordita, gli occhi gonfi. Poi ricordò di essere rimasta insonne fino all'alba, rimuginando quello che aveva scoperto.

A mano a mano che passavano le ore, la sua paura cresceva. Rifletté su quello che c'era stato fra lei e Ned: ora vedeva tutto sotto una luce diversa. Adesso non era più il suo Ned, ma il Ned che, in realtà, apparteneva a Erin.

Tutto, dal momento in cui si erano conosciuti, fino al matrimonio e oltre... ricordava tutto. Ned aveva chiesto a Erin di leggere: era il brano sull'amore. Aveva voluto che leggesse proprio quello, doveva avere un significato ben preciso. Forse era un messaggio per lei... No, si stava comportando da sciocca. Non poteva essere vero. Aveva fiducia in Ned, era certa che ogni sua parola fosse sincera, che volesse davvero sposarla e che la amasse.

Ma, ma, ma... ripeteva a se stessa. Ama te, perché non può avere Erin. Se potesse avere lei, ti amerebbe comunque? Ne sei sicura?

Ogni prova sembrava dimostrarle che la risposta era no.

Sta' attenta, si diceva. Te la stai prendendo troppo.

Eppure, non riusciva a fare altrimenti.

Dopo essersi alzata e aver fatto colazione, salì le scale

lentamente, come se stesse andando incontro a qualcosa di estrema importanza. Aprendo la porta della camera degli ospiti, la ritrovò tale e quale l'aveva lasciata il giorno prima, con il passato di Ned sparso su tutto il pavimento. Voleva tornarci. Era come se fosse stata assente per un lungo viaggio, in un posto completamente diverso, insieme a gente nuova ma familiare, e aver poi scoperto – come i bambini che saltano fuori dall'armadio di Narnia – di non essersi mai mossa davvero. Le voci provenienti da estati e semestri universitari degli anni addietro continuavano a chiamarla, desiderose di raccontare la loro storia in quel modo ellittico, per mezzo di lettere e biglietti. Era strano pensare che, se fossero stati di qualche anno più giovani, tutto ciò non sarebbe esistito. Avrebbero potuto esserci cartoline e biglietti d'auguri per i compleanni, ma quelle chiacchiere quotidiane sarebbero avvenute via e-mail, ormai perse su computer abbandonati o sospese lassù nell'etere, inaccessibili.

Entrò, fermandosi un momento a osservare il disordine ai suoi piedi. Nell'armadio c'erano altri scatoloni. Quali segreti celavano? Faceva in tempo a spulciarli tutti, prima che tornasse Ned? Le aveva detto che il corso sarebbe finito alle quattro e poi doveva partire da là, in mezzo al nulla, per tornare a casa in macchina...

Si vergognava di se stessa. «Ma che sto facendo?» si domandò ad alta voce. «Che cosa orribile!»

In una frenesia improvvisa, si accovacciò, iniziando a raccogliere tutti i libri e i fogli, e a ributtarli nello scatolone. Non leggerò più niente! si disse. Se non mi do una regolata, diventerò pazza. Devo smetterla.

Incastrò di nuovo la scatola nell'armadio e lo chiuse, sbattendo l'anta. Ora la camera degli ospiti era quasi come l'aveva trovata il giorno prima.

«È solo una perdita di tempo!» urlò, fuori di sé. «Una stupida perdita di tempo!»

La casa era colma della tranquillità domenicale. Ruth gironzolava in silenzio, terminando i lavori che aveva iniziato il giorno prima, e scrivendo l'elenco delle cose da fare e da comprare la settimana successiva. La sua fervida immaginazione dava forma, nella sua mente, a varie situazioni e metteva in scena diversi personaggi, come se questi recitassero in piccoli spettacoli teatrali (per alcuni prendeva spunto da qualche lettura, altri se li inventava via via). Stava impazzendo, eppure non riusciva a smettere. Quando cercava di concentrarsi su qualcos'altro, subito davanti ai suoi occhi appariva una festa. Erin stava ballando con Tom. Ned se ne stava a guardare in disparte, geloso. Poi lui ed Erin erano nel giardino di casa, o in una stanza degli ospiti, e Ned l'afferrava dicendole «Ti amo» e lei rispondeva: «Oh, Orso, anch'io ti amo», e lui la baciava... NO. Basta, s'impose.

Era come il vaso di Pandora. Una volta liberato il contenuto, non si riusciva a rimetterlo dentro. Saputa una cosa, era impossibile cancellarla. Ormai Ruth aveva perso l'innocenza, e la Ruth della mattina del giorno precedente sembrava un'altra persona: più felice, più buona, più onesta, che non leggeva di nascosto i diari e le lettere non destinate a lei.

Quando torna Ned, che cosa faccio?, si chiedeva. Lo affronto? Rivelargli quel che sapeva, però, avrebbe voluto dire ammettere di aver fatto incursione nel suo passato, e di aver letto i suoi pensieri più privati in modo imperdonabile. Allo stesso tempo, sarebbe stata veramente odiosa, chiedendogli di provarle il suo amore per lei, o almeno difenderlo.

Farò finta di niente, decise. Si sarebbe sforzata di scordare e mettere tutto nel dimenticatoio, farlo sparire, in qualche modo. Ned non se ne sarebbe accorto. Lei non gliel'avrebbe permesso. Adesso le cose erano diverse – era ridicolo comportarsi come se non fosse cambiato nulla. Ned l'aveva sposata, la amava, Ruth lo sapeva. Ed Erin aspettava un bambino da Tom. La vita era andata avanti. Doveva allontanare da sé la scoperta di quell'amore ardente, bruciato così forte ormai tanti anni prima, doveva dimenticarlo.

«Ruth?»

«Sono di sopra.» Lo sentì salire a passi veloci e, restando a letto, si girò verso la porta.

«Dormi?»

«No, stavo solo leggendo.»

«Ciao, cara. Come va? Mi sei mancata.» Ned si avvicinò e si sedette sul letto, abbracciandola. La strinse a sé e la baciò. «Mhm. Proprio quel che ci voleva.»

«Ciao, amore. Anche tu mi sei mancato.»

«Ti sono arrivati i miei messaggi?»

«Sì, certo.» Due sabato sera e ancora un paio mentre lui tornava a casa.

«Non sono proprio riuscito a telefonare. Non ho avuto un attimo di pausa.»

«Ti sei divertito?»

«Direi di sì, guarda. Non credevo, invece è stato divertente impegnarsi in tutti quegli esercizi per fare squadra, e stare su fino a tardi a giocare...»

«Ed è stato utile?»

«Eccome! Non troverai un giocatore di squadra migliore di me. Adesso riesco ad affrontare tutto con disponibilità, in maniera più completa: mi concentro sul far eseguire il lavoro, assicurandomi allo stesso tempo che ognuno sia in grado di valorizzare i propri punti di forza e sentirsi apprezzato. Ora sono ufficialmente un candidato ideale al *middle management*, con tanto di prove: un bell'attestato di battaglia simulata con proiettili di vernice.»

«Sei stato un bravo allievo, a quanto pare.»

«Massimo dei voti.» Sorrise e la baciò di nuovo. «Tu cos'hai fatto?»

Lo fissò, come per cercare d'imprimere nella mente ogni particolare di Ned: quegli occhi verdi e nocciola che lei conosceva così bene, quel sorriso dolce, quelle braccia e quelle mani forti che amava sentire attorno a sé. Ebbe la tentazione di confessargli: «Ned, lo so, so tutto, tutto!» ma si trattenne e pensò, invece: Che sciocca sono stata! Ho rovinato tutto.

La cara familiarità del suo Ned era scomparsa: le pareva un'altra persona, leggermente diversa da lui... era cambiato in modo radicale. Eppure, nonostante Ruth avvertisse che le sue scoperte e la paura creavano tra loro un muro invisibile, il suo amore per Ned sgorgava come nuovo. Sembrava che, vedendolo allo stesso tempo come un estraneo, Ruth lo conoscesse addirittura molto più a fondo; lo conosceva in modo più intimo rispetto a prima, ora che aveva letto i suoi pensieri e percorso con Ned l'agonia dell'amore che lui aveva vissuto. Si sentì sorpresa che Ned non glielo leggesse in faccia, ma la guardava sorridente, ignaro di quello che lei stesse pensando.

Ruth rispose piano: «Non ho fatto granché... Un po' di pulizie... È stato un weekend tranquillo».

Un weekend tranquillo pieno di rumore e rabbia e storie e voci.

«Non è venuto nessuno?» domandò, prendendole una ciocca di capelli e attorcigliandola su un dito.

«No, sono stata sola soletta.»

«Hai avuto nostalgia?»

Ho trascorso tutto il tempo con te, voleva dirgli. D'impulso, gli gettò le braccia al collo, abbracciandolo forte. «Certo che ho avuto nostalgia» mormorò appoggiata a lui. «Ti amo.»

Ned rise, un brusio caldo e confortante contro l'orecchio di Ruth. «Anch'io ti amo. Non siamo fatti per stare lontani, eh?»

«No.» Ruth desiderava poter riversare tutto il suo dolore fuori dal suo corpo, per purificarsi della gelosia che avvertiva crescere dentro di sé.

«Allora che non succeda più.» Ned le annusò i capelli. «Tutto a posto. Sono tornato.»

«C'è una telefonata per te» disse Rhonda: la voce suonava metallica nel ricevitore. «Un certo Jeremy Forbes. Te lo passo?»

Ruth restò immobile. «Sì» rispose. Era come se avesse aspettato molto tempo, prima di rispondere, ma probabilmente fu solo un attimo. «Passamelo pure.»

Udì il clic di Rhonda che inoltrava la telefonata, poi il respiro di Jeremy nel ricevitore. Non si era accorto di essere in linea. Faceva ancora in tempo a premere con un dito la levetta di plastica e interrompere la chiamata. Lo sentì trepestare e tossire. «Pronto? Jeremy?»

«Ah, ci sei. Cosa fai oggi di bello?»

«Lavoro. Curo i malati.»

«Anche le infermiere si prendono la pausa pranzo, comunque.»

«In effetti, sì.»

«Be', cosa fai? A che ora stacchi?»

«L'ambulatorio chiude alle dodici e mezzo. Prima, di solito, cerco di sbrigare qualche pratica.»

«Perfetto. Ci vediamo fuori dall'Ashmolean all'una meno un quarto.»

L'Ashmolean Museum si trovava praticamente attaccato all'ambulatorio. Ruth pensò che ce l'avrebbe fatta a terminare il lavoro, prima di uscire. «D'accordo.»

«Bene, a dopo allora.»

«Lo sapevi che questo è il museo pubblico più antico d'Inghilterra?»

«No, non sapevo...» Alzò lo sguardo verso l'imponente facciata neoclassica bianca e marrone chiaro, decorata con medaglioni di pietra. «Non sembra così vecchio.»

«Questo non è l'edificio originale» spiegò Jeremy mentre attraversavano il cortile, diretti alle maestose porte d'ingresso. «Assomiglia molto allo stile della National Gallery e del British Museum, perché risale all'Ottocento: a quell'età dell'oro della filantropia in cui vennero fondate queste enormi istituzioni per il beneficio della gente. Furono concepite per aiutare le masse a istruirsi da sole, in modo che potessero nobilitare le loro anime, osservando l'arte e i resti del glorioso passato dell'umanità. Questa collezione, infatti, partì come mucchietto di curiosità, pelli di animali e oggetti vari costruiti dall'uomo, accumulati dagli esploratori giacobiti. La famiglia Tradescants raccomandava alla gente di recarsi ad ammirarla nella loro casa del Lambeth. Poi la lasciarono in eredità a Elias Ashmole... la collezione venne spostata qui a Oxford, crebbe e fu esposta gratuitamente al pubblico: un fatto rivoluzionario per il 1683. Anche ai tempi, era costituita da molte cose, ma ora tutti gli oggetti sono stati accuratamente ordinati; i manufatti etnici e quelli di storia naturale sono stati trasportati al museo di Storia Naturale e al Pitt Rivers, e sono state acquisite le ruberie anglosassoni, le monete e le terraglie... e così, ecco qui il bellissimo Museo di Arte e Archeologia.» Mentre camminavano sotto il portico, Jeremy aggiunse: «Quando prenderò il potere e sarò un potente imperatore – e credo possa succedere da un momento all'altro – voglio che questo sia il mio quartier generale. Mi terrò i quadri e le porcellane, un po' di argenteria e le statue... ma farò trasferire tutto il resto da qualche altra parte. Non sono un grande appassionato di monete».

Ruth rise. «Magari si potrebbe destinare tutto a Buckingham Palace... se tanto non servirà più.»

«Persino le monete sono troppo belle per quell'obbrobrio. No, terrò Buck House per i giri turistici... dopo essermi preso i quadri migliori.»

«Non vuoi trasferirti a Londra, quando sarai imperatore? Dopotutto, per tradizione, è il centro del potere.»

«Vorrei stare al centro della cultura» proclamò Jeremy, solenne. «Sarà un paese molto diverso, dopo qualche mese di mio governo, te lo posso assicurare.»

«In meglio, spero.»

«Ma certo. Non c'è miglior governo di una benevola dittatura... e io ho intenzione di essere il più benevolo di tutti, che alla gente piaccia o no.»

«Ma il potere logora» commentò Ruth. «Non ti farai logorare dal potere assoluto?»

«Ho intenzione di escogitare un piano per fare in modo che non avvenga... ma non so ancora bene quale. Potrebbe essere, come per gli imperatori romani, avere qualcuno incaricato di ricordarmi che sono mortale e fallibile. Ecco.» Si fermò nell'atrio principale. Davanti a loro si aprivano diverse gallerie; un'elegante scalinata saliva formando una curva, con sculture classiche poste nelle nicchie lungo la parete. «Cosa ti piacerebbe vedere? Su che terreno ti muovi? Dell'arte? Della porcellana? Delle statue? Dei gingilli medievali?»

«Non saprei» rispose Ruth. Ora riusciva a immaginare come si sentisse Ned durante il viaggio in Europa. Era come se lei avesse deciso di partecipare a una conferenza e non volesse sembrare troppo ignorante. «Arte?»

«Arte. Benissimo. Conosco... Andiamo a vedere le nature morte olandesi. Poi possiamo fare i *preraff*, so che ti piaceranno.»

«Ho già visto dei quadri prima d'ora, eh» precisò Ruth, secca. «Ho anche sentito parlare dei preraffaelliti. Non sono proprio una somara totale.»

«Ma certo, lo so. Andiamo.»

I quadri delle nature morte olandesi si trovavano nella galleria all'ultimo piano del museo; il soffitto di vetro ad arco lasciava cadere la luce naturale sulle pareti verde mare.

«Mi piacciono tantissimo questi» le confidò Jeremy. «Sono incredibili i particolari. Fu l'inizio di qualcosa di molto speciale... gli artisti cominciarono a trovare ispirazione nelle cose della vita di tutti i giorni. Un bicchiere, una mela su un piatto, una tazza di peltro su una credenza. Iniziarono a capire che nell'ambiente domestico c'era da imparare tanto quanto, se non di più, che in tutte le scene grandiose di una storia mitologica, o i voli degli angeli e le invocazioni al cielo, nelle loro allegorie religiose. Cominciarono a esaminare la vita così com'è, non come facciamo finta che sia nelle nostre storie di santi e dei.»

Camminavano tra i quadri: bouquet di fiori enormi ed elaborati, dipinti con colori densi e ricchezza di particolari; avanzi di pasti e giochi di carte su tavoli di mogano; strane composizioni con uccelli da caccia morti e frutta, attorcigliati. Jeremy indicava i quadri che gli piacevano e le sussurrava dettagli sugli artisti, a mano a mano che passavano davanti alle loro opere. Si fermò davanti a uno intitolato *Natura morta di fragole e ciliegie*. «Guarda qui. È perfetto, eh?»

Su uno sfondo quasi nero, un piatto di porcellana contenente fragole rosa e rosse stava in bilico in cima a un tavolo. Ciliegie rosso scuro erano sparse tutt'intorno, un grappolo dietro al piatto; un cucchiaio d'argento era posato tra le fragole con l'incavo all'ingiù, il manico sul tavolo. Dietro, un bicchiere decorato, colmo a metà di vino giallo.

«Sembra abbastanza semplice, vero? Un po' di frutta e un bicchiere di vino. Ma guarda i dettagli straordinari e la riuscita della composizione... il modo in cui il piatto è leggermente inclinato da una parte, e il grappolo di ciliegie spicca sul nero a margine del quadro. E guarda il contrasto fra le superfici. Come fa, a rendere la fragola così chiaramente una fragola – dall'aspetto naturale, palpabile, la pellicina rossa e acquosa – e il piatto di porcellana così chiaramente freddo, duro e impermeabile al tatto, quando usa lo stesso mezzo per ricreare entrambi? E guarda il bicchiere. Su quello sfondo tutto nero, come si fa a raffigurare qualcosa di trasparente? Guarda come fa: usando la luce. Lavorando quasi in negativo. Il bicchiere non si vede, in realtà. Se osservi bene, il vino sembra quasi fluttuare, sospeso nell'aria. Di fatto, sono soltanto il riflesso della luce sull'orlo e il grappolo che creano il bicchiere. Guarda come ha creato la perfetta illusione di un oggetto solido posato lì, con solo tre linee sottili di bianco e una sbavatura all'ingiù. In realtà... non c'è. Vedi?»

Mentre Jeremy lo descriveva, Ruth fissava il quadro: guardandolo, ogni pennellata diveniva più profonda e talmente vivida, che le sembrò quasi di trovarsi all'interno del quadro. Iniziò a capire cosa lo rendesse quello che era; iniziava a notare i diversi stili di pennellata, lo spessore della pittura, le linee sottili di bianco argentato messe in un certo modo per dare significato, consistenza e profondità a ciò che, in fin dei conti, erano solo macchie colorate su una tela. Aveva l'impressione di poter toccare la foglia del grappolo di ciliegie e sentirne la fragilità cartacea, o immergere la punta di un dito nel piatto di fragole e toglierlo inumidito del loro succo.

«Adesso basta» disse Jeremy, all'improvviso. «Hai visto a sufficienza. Andiamo.» A passo svelto, si diresse all'uscita della galleria e Ruth si girò, stupita, per seguirlo.

«Ma come? Mi sembra che abbiamo appena cominciato...» obiettò, raggiungendolo.

«L'arte va guardata in un certo modo» spiegava lui, mentre scendevano le scale; Ruth raddoppiò la velocità, per tenere il passo delle lunghe gambe di Jeremy. «La maggior parte delle persone sbaglia. Tutti vanno in una galleria e i primi cinque o dieci quadri che vedono, li osservano a lungo. Poi, iniziano a stancarsi e passano sempre meno tempo davanti a ogni dipinto. Cominciano a guardare il nome dell'artista e, se non lo conoscono, passano oltre. Vanno avanti così, finché non li vedi letteralmente correre per le gallerie, diretti al negozio dei souvenir – ma sono ancora convinti di aver 'fatto' la galleria. Quello che bisognerebbe fare è – ah, ti va un caffè? Hai già pranzato? Andiamo al bar! – quello che bisognerebbe fare è vedere soltanto uno o due quadri, ma vederli *davvero*. In questo modo vivranno nella tua memoria e ti ricorderai sempre di com'è stato guardarli. Se, per caso, vedi una cartolina o una riproduzione di quel quadro, adesso ti sorprenderà, come se avessi visto qualcosa d'incredibilmente familiare. L'hai appreso, l'hai sentito, hai creduto in lui. Non voglio che tu lo rovini, diventando indifferente davanti ad altri quadri. Ah, siamo arrivati. Adesso dovrai tornare un giorno sì e uno no, per guardare altri quadri nel modo in cui hai guardato quello lì. Pensa a tutta questa ricchezza che stava qui, ad aspettarti, giorno dopo giorno, e tu non c'eri mai andata!»

Ruth si vergognava. Jeremy aveva ragione. Forse avrebbe dovuto provare ad arricchire un po' di più se stessa. Si presero un caffè e dei sandwich, e se li portarono a un tavolo sotto una volta ad arco.

«Com'è la vita da sposata, ciccia?» chiese Jeremy, scartando il suo tramezzino agli scampi. «Ti piace?»

La lezione di arte è finita, pensò Ruth. Era un po' preoccupata, prima di arrivare. Era una sensazione strana vedere Jeremy, appena dopo aver letto il diario di Ned; era come incontrare un attore, subito dopo averlo visto in un film. Jeremy non sapeva affatto quale opinione avesse di lui ora Ruth; né sapeva che lei non stava nella pelle dalla voglia di interrogarlo sul suo passato e sulla sua relazione con Erin, e di chiedergli se fosse mai stato a conoscenza dei sentimenti che Ned aveva provato per lei. Appena fu con Jeremy, però, tutti quei pensieri scomparvero. Jeremy aveva il potere di assorbire completamente l'attenzione di chiunque, svuotando la mente altrui di ciò che non c'entrava con quello che lui stava dicendo. Adesso, davanti al loro spuntino, Jeremy si era concentrato di nuovo su Ruth; così, tornarono indietro tutti quei pensieri che, negli ultimi giorni, l'avevano tormentata.

«È bellissima la vita da sposati. La raccomando caldamente.»

«Bene. È quel che il vostro Forbes voleva sentire. Ero un po' preoccupato per te. Mi sembri un po' a disagio.»

«Ah sì?»

«Te ne stai in disparte... So che magari facciamo un po' paura, quando stiamo tutti insieme. Per gli altri è difficile intromettersi nei discorsi e, se uno è un po' chiuso come te...»

«Io non sono chiusa!»

«Mi fa piacere sentirlo. Eppure è così, o sbaglio? A me sei parsa sempre timida, silenziosa e riservata... e non riesci mai a brillare quando siamo lì noi.»

«Forse è vero...»

«È per questo che ho voluto vederti un po' per conto mio, in modo da poterci conoscere meglio, lontano dalla confusione. Non sono mai riuscito, prima. E volevo assicurarmi che ti trovassi bene... dovendo sopportare tutto ciò.»

«Non sono l'unica *new entry*. C'è anche Abigail. Non era mica una del vostro gruppo... Eppure ce la fa, mi sembra.»

«Abigail sì... È forte come una roccia. Non ho mai avuto dubbi su di lei. E comanda Luke a bacchetta. Con Ned è un po' diverso.» Alzò lo sguardo, gli occhi castani erano seri. «Ned ha sempre avuto un rapporto molto stretto con noi. Sembra che abbia bisogno di noi, più di quanto noi di lui.»

«In che senso?»

Jeremy fece spallucce. «Sicuramente le cose sono diverse, ora che ci sei tu. Ma non dimenticare che Ned e Tom sono migliori amici fin dai tempi della scuola, e che Ned ha sempre ammirato Tom.»

«Dici?»

«Lo adora... non credi?»

«Non me ne ha mai parlato molto. In effetti, lo vediamo abbastanza spesso.»

«Forse la sua magia si sta affievolendo. Più conosco quei due e più mi sembrano simili o, almeno, più Ned assomiglia a Tom. Era piuttosto tenero, davvero, il modo in cui Ned lo copiava... se Tom si metteva qualcosa, dopo non molto Ned si vestiva identico anche lui, o almeno simile. Ascoltavano la stessa musica e leggevano gli stessi libri, usavano tra loro una sorta di linguaggio in codice, fatto di continue citazioni dei loro film e commedie preferiti. Era quasi come una storia d'amore.» Jeremy le gettò un'altra occhiata. «Naturalmente, era una storia d'amore che non poté mai andare da nessuna parte. Era destinata a fallire. Ned non poté mai avere Tom nel modo in cui voleva. Non sto dicendo che Ned fosse gay – di certo tu sai meglio di chiunque altro che non lo è –, ma solo che aveva una specie di idolatria per Tom... e bisognava spietatamente distruggerla in qualche modo, oppure si sarebbe dovuta attenuare ed estinguere, per far vivere a Ned la sua vita.»

«E com'è andata, secondo te?» domandò Ruth. Ascoltava con attenzione, sicura che Jeremy, con quel discorso, stesse cercando di dirle qualcos'altro.

«Forse né in un modo né nell'altro. Forse sopravvive ancora, benché non con la stessa intensità. Ned aveva per Tom una stima tale, che dimostrava come lui voleva *essere* Tom, se avesse potuto. Faceva di tutto per imitarlo, in qualsiasi maniera. L'alternativa era, naturalmente, che trovasse qualcun altro da adorare.» Jeremy la guardò. «*Te*, per esempio.»

«Me...» ripeté piano Ruth, pronunciando la parola né come affermazione né come domanda. Sembrava che Jeremy volesse farle intendere che lei, la moglie di Ned, era solo una candidata al posto, che Ned avrebbe potuto adorare qualcun altro. Cosa sta cercando di dirmi? si chiedeva. Doveva stare attenta a non distorcere tutto quello che aveva sentito, per confermare la sua teoria. «Non credo che l'adorazione sia un atteggiamento del tutto sano. Non è quello che voglio da Ned.»

«Sagge parole. In fin dei conti, tutti gli idoli hanno vita breve... Io sono affezionatissimo a Ned, spero di non darti l'impressione opposta.»

«No, certo che no» disse Ruth, pensando: Deciderò più tardi, dopo aver sentito quel che hai da dire. Non sono sicura che tu sia davvero amico di Ned... vedremo.

«Forse a renderlo tanto insicuro è stato il suo vissuto, la sua infanzia... Per me, è colpa di quella strega malefica che l'ha messo al mondo.»

«Sua madre lo adora.»

«Lo adora nella maniera in cui i vampiri adorano le loro vittime. A tutto vantaggio del vampiro. Non credo che Ned sia uscito dall'infanzia convinto di valere moltissimo. Me l'immagino bene, la signora Haskell, che soffoca ogni traccia di vitalità e indipendenza del suo bambino, assicurandosi che sia docile, obbediente e proprio come vuole lei. In questo modo, Ned non ha acquistato molta fiducia in se stesso. Queste sono le tipiche persone che, più probabilmente, hanno bisogno di eroi e passioni, per dare un senso alla loro vita. Hanno bisogno di sentirsi dire come smussare gli spigoli della loro personalità. Tom è completamente diverso. È il figlio minore, coccolato... l'ultimo di una serie di fratelli maggiori che lo prendevano un po' in giro, costringendolo a difendersi da solo. Viene da una famiglia *bohémienne*, liberale, eccentrica... Anche se, forse, non è il più brillante di loro, continua ad avere fascino per uno come Ned. E ha una grande forza, una personalità forte, con un carisma che non si trova di frequente.»

Fascino, pensò Ruth. È quel che Ned aveva detto di

Erin: che lo affascinava. Avrebbe voluto alzarsi di scatto, prendere l'auto e andare in ufficio da Ned, per stringerlo nelle sue braccia e dirgli che lei non voleva una pallida imitazione di Tom, che lo trovava geniale e affascinante così com'era.

Ruth fu sul punto di prendere le difese di Ned. Era come se avesse indossato i suoi colori e si stesse arruolando per lui, perciò disse: «Mi sembra che, nel vostro gruppetto se ci sono due persone legate da un rapporto complesso, siete proprio tu e Tom. In fin dei conti, lui ti ha rubato Erin, no?»

Jeremy rimase in silenzio per un po'. Mangiò lentamente il suo sandwich, poi si pulì le dita nel tovagliolo di carta e si appoggiò allo schienale. Alla fine, disse: «Naturalmente sai tutto di questa storia. Sarei uno sciocco a pensare il contrario. Tom non mi ha *rubato* Erin. Nessuno può far fare a Erin niente che lei non voglia. Ma ti dirò che Tom me l'ha vinta, e ha organizzato una campagna lunga e intelligente. Erin dà peso a certe cose negli uomini. Apprezza l'indipendenza mentale, l'originalità di spirito e una sorta di riservatezza, il loro essere quasi irraggiungibili. Tom ha lavorato mesi, addirittura anni, su tutte le cose che conosceva di lei; giocando proprio su quello che sapeva l'avrebbe attratta. Poi, quando venne il suo tempo e ci fu la breccia nel muro, Tom usò tutto quello che aveva preparato».

Breccia nel muro. Quelle parole riecheggiarono nella mente di Ruth; ricordava la poesia di Rupert Brooke che Erin le aveva citato: *L'amore è una breccia nei muri, un cancello rotto*. Si ricordò il verso che era stato leggermente sottolineato: *Hanno conosciuto l'onta di amare non riamati*... Be', adesso tutto tornava... «Da come ne parli, sembra così poco romantico. Non può essere andata così. Tom deve averla amata davvero.»

«Certo, e sono sicuro che la ama ancora.» Jeremy alzò di nuovo le spalle, come se ormai la faccenda non lo riguardasse. Naturalmente capirai il perché... non sono molti quelli che riescono a resistere a Erin. Ha tutto quello che un uomo desidera: bellezza e carattere.»

«E non lo odi, perché adesso è sua?»

«Siamo dei gentiluomini. Non ne abbiamo mai parlato e dubito che mai lo faremo. Lo accetto semplicemente in un'ottica ben precisa: Tom è stato migliore come stratega. Ha vinto e si è preso il bottino.»

«È una maniera alquanto insolita di parlare della tua ex. Come se la vostra amicizia fosse più importante della vostra relazione. Un atteggiamento un po' freddo...»

«Non mi sono arrabbiato, perché sapevo che non c'era alternativa. Era come se, così, potessi tenermi Erin. Avevo già avuto la mia occasione con lei, io ero un territorio già conquistato. Non provava più quel fuoco per me. È una colonialista, un'imperialista. Desidera andare alla conquista di nuovi territori, convertirli e trovarne altri.»

«Un momento fa la conquista era lei, adesso è il conquistatore.»

«È il mistero delle relazioni. Siamo conquista e possessore in tempi diversi.»

Ruth si appoggiò allo schienale, fissandolo. «Non capisco perché mi racconti tutto questo. Cosa stai cercando di dirmi, Jeremy? Sei uno di quelli che non fanno mai nulla senza motivo. È da settimane che tenti di parlarmi a quattr'occhi, per riuscire a mettermi la pulce nell'orecchio, non è vero? Solo che non capisco che cosa vuoi ottenere. Se vuoi che io mi metta contro Ned, o Tom, o Erin, sappi che non attacca.»

Jeremy rise. «Direi che ti sei sciolta, eh! È stato difficile riuscire a farti parlare così tanto! Vorrei stare qui a parlare con te tutto il pomeriggio, ma credo che tu debba tornare al lavoro.» Rifletté un attimo, poi aggiunse: «È che noi cinque, credo che... quello che tiene uniti noi cinque in questo piccolo clan è che siamo completamente affascinati da noi stessi. Siamo drogati dalle nostre telenovele personali e dal cambiamento degli equilibri di potere: ci piace vedere chi si avvicina a chi. Voglio solo che tu stia in guardia e basta. O vieni risucchiata o vieni esclusa... a meno che tu non sia davvero molto furba. Ora... Ho voglia di una sigaretta, ma qui è vietato fumare, perciò andiamo: ti riaccompagno all'ambulatorio.»

Un afflusso continuo di pazienti tenne occupata Ruth, quel pomeriggio. Ne era felice; appena fu da sola, non riuscì a smettere di ripensare a quello che le aveva detto Jeremy: riprendeva le sue frasi e le analizzava, tentando di scoprire il significato che – ne era sicura – celavano.

Guidò fino a casa con questi pensieri, come un investigatore preso da un caso difficile e complicato, a mettere insieme le prove che l'avrebbero condotta a qualche risposta. Ma cosa stava cercando? Qualcuno colpevole di qualcosa? Un quadro più chiaro, decise. Capire meglio cosa era accaduto in passato, in modo da conoscere Ned ancora più a fondo. Tuttavia, era consapevole che quel timore palpitante, che s'impossessava di lei ogni volta che ci pensava, era segno che, in realtà, si aspettava di scoprire qualcosa di molto più attuale e pertinente.

Ned aveva amato Erin, non c'era dubbio. Ned, secondo Jeremy, venerava Tom e voleva imitarlo. Il fatto che Erin avesse scelto Tom, perciò, diveniva molto più doloroso. Scoprirlo aveva dovuto ferire Ned profondamente.

Chissà come aveva reagito! Ruth non aveva trovato nulla a riguardo nei suoi appunti e nelle lettere.

Povero Ned. Avrà sofferto tantissimo.

Eppure, anche quando provava compassione per lui, la gelosia che Ned avesse avuto una passione così forte per Erin la tormentava... insieme alla paura che quella passione non fosse esaurita, ma solo latente.

Quando era quasi arrivata a casa, si mise a piovere, le gocce erano così fitte e pesanti, che presto le strade si riempirono di piccoli ruscelli, e i tergicristalli andavano a tutta velocità. Entrò nel vialetto, poi fece una corsa fino alla porta, tenendo un sacchetto sulla testa, per proteggersi dall'acquazzone.

Mentre si avvicinava, vide una figura sotto il portico. Appena la raggiunse, capì che si trattava di Erin.

«Grazie mille» disse Erin, seguendo Ruth nell'ingresso. «Che stupida sono stata, a chiudermi fuori di casa. Non so a cosa stavo pensando... è la gravidanza, ho la testa completamente per aria. Avevo deciso di andare a fare qualche commissione in paese, ho preso il portafoglio e sono uscita. Non mi sono portata né le chiavi né il telefono né l'ombrello e Tom torna tra un sacco... così, ho pensato di venire fin qui e vedere se eri a casa.»

«Hai fatto benissimo. È tanto che aspetti?»

«No, no, da una ventina di minuti.»

«Non dovresti stare fuori con questo tempo, soprattutto nelle tue condizioni.»

Erin indossava un cardigan nero, con una cintura allacciata sul pancione. «Non preoccuparti... non sono così delicata. Ci vuole ben più di un po' di pioggia, per dare fastidio a me o al fagiolino.»

«Ti prendo un asciugamano per i capelli.» Ruth andò a recuperarlo di sopra, nell'armadio della biancheria. Quando prima aveva visto Erin, aveva avuto un attimo di terrore, come se sulla porta fosse comparso Stalin o Dracula; ma ora, davanti alla vera Erin, quelle paure sembravano assurde. La Erin degli anni passati era svanita lasciando il posto a e quella attuale – gravida, cordiale, serena. Era impossibile provare per questa Erin gli stessi sentimenti provati per quella che aveva scritto lettere semiamorose, si firmava Ricciolona e, sotto, riempiva mezza pagina di baci. Ruth si sentiva più calma, quasi normale, per la prima volta dopo diversi giorni; come se trovarsi di fronte a Erin la liberasse da un incantesimo malefico. Scendendo, disse: «Avrai camminato per strada sotto la pioggia, per venire qui. È buio. Avrebbero potuto investirti».

«Lo so, ho detto di avere la testa per aria, ma non sono rimbambita completamente» replicò Erin con gentilezza, prendendo l'asciugamano. «Tutto a posto. Mi andrebbe una tazza di tè, comunque... e un biscotto, se ce l'hai. Non riesco a smettere di mangiare dolci.»

«Come va?» chiese Ruth, colpita ancora da quanto fosse strano vedere quelle persone che ora sentiva di conoscere più a fondo – più di quanto se ne rendessero conto. «Come sta il bambino?»

«Benissimo» rispose Erin, con soddisfazione. Andarono in cucina ed Erin si sedette, mentre Ruth faceva il tè. «Proprio l'altro giorno sono andata a fare l'ecografia della ventesima settimana. È stato incredibile da vedere, ti dico... la cosa sorprendente è che ci si aspetta di vedere un'immagine ferma, come tutte le ecografie che ti mostrano. Sai, un caramellino di gelatina bianco con certe braccia sottili e delle gambette... Invece, a questo stadio puoi quasi vederne i lineamenti, e la cosa incredibile è che si muove, si agita, fa le capriole.» Erin ridacchiò. «Si è messo il pollice in bocca, mentre lo guardavamo.»

«Che tenero!» commentò Ruth. «E procede tutto bene?»

«Hanno detto che va tutto come dovrebbe.»

«Sono contenta.» Ruth lo diceva sul serio. «Hai un aspetto da favola.»

Era vero: Erin corrispondeva esattamente alla futura mamma ideale, con viso colorito, capelli luminosi e un'aria di benessere generale. «*Mi sento* una favola. Forse è lo yoga preparto che sto facendo. Sono fortunata, comunque. Non ho nessunissimo problema. Niente nausea la mattina, solo un po' di stanchezza i primi giorni, e ora sono in piena attività e tutto va liscio come l'olio. Probabilmente significa che avrò un parto bello complicato... bisognerà pur pagarla, no?»

«Non è detto.» Ruth le passò la tazza di tè. «Non puoi farci molto, comunque.»

«Presto comincerò il corso preparto, perciò ci diranno come prepararci al parto, le tecniche per alleviare il dolore e quando fare che cosa. A dire il vero, sembra di tornare a scuola a fare gli esami, con solo quattro mesi davanti per studiare tutto, prima che si debba sostenere l'esame, volenti o nolenti.»

Ruth rise. «Ti tocca di sicuro adesso. Non puoi mandarlo indietro o cambiare idea.»

Erin si toccò la pancia con una mano. «Non voglio mandarlo indietro, voglio che arrivi il prima possibile. Non vedo l'ora. Stai arrivando, comunque, vero fagiolino? Quando sarai pronto, farai la tua apparizione.»

«Dev'essere molto emozionante» disse Ruth, invidiosa per un momento della contentezza che Erin sprizzava da tutti i pori.

«Più emozionata di così non potrei essere.»

«Lo è anche Tom?»

Erin distolse lo sguardo e fece spallucce. «A volte sì, a volte no. È sempre difficile stabilirlo, con Tom. È un tipo misterioso.»

«Be', se c'è qualcuno che lo conosce bene, quella sei tu.»

«Sì... se c'è qualcuno che lo conosce.» Erin fece una risatina e sorseggiò il tè. «Devi venire con me a fare acquisti per il bambino, Ruth. Tom non sembra molto appassionato a questo aspetto della paternità.» Guardò Ruth. «Quando torna Ned?»

«Non so. Presto, credo.»

«Ah.»

Rimasero in silenzio per un attimo. «Ti ho detto che ho un lavoro?» chiese poi Erin.

«No. Cosa fai?»

«Niente di speciale, ma è bello averne uno. Non riesco a pensare a che altro tipo di lavoro potrei avere in questo momento. Faccio uno spot per la tv. Devo andare a girarlo in Germania. Riguarda l'assistenza in gravidanza... un sussidio o qualcosa del genere. Dovrò fare piroette e sembrare molto incinta, felice e piena di salute.»

«Bello... no?»

Erin rise. «Be', non è proprio Hollywood, ma lo farò. Lo trasmetteranno in tutta Europa, quindi dei vantaggi ci sono. Un sacco di gettoni per le repliche.» Sorseggiò il tè. «E quando sarò tornata, forse avrai già qui i nuovi vicini.»

«Come, scusa?»

«I nuovi vicini. Gli Haskell.»

Ruth scosse la testa, incredula. «Non so niente di questo...»

Erin sembrava mortificata. «Oddio... non te l'ha detto Ned? Credevo di sì. Gli ho parlato oggi e me l'ha detto...»

«Detto cosa?» Ruth lasciò che si notasse l'irritazione nella sua voce.

«Dei suoi genitori. Che vendono la loro casa e ne comprano una qui dietro l'angolo. Scusami, Ruth. Pensavo lo sapessi.»

Capitolo 14

Il nostro primo litigio, pensò Ruth con rammarico. Mentre discuteva con Ned, una piccolissima parte di lei se ne stava fuori a guardare; osservava quello che stava accadendo, ma senza riuscire a controllare le azioni di Ruth.

Stavano litigando l'uno di fronte all'altra, nel salotto, e ogni tanto si spostavano, muovendosi lentamente in cerchio. Ned esordì scusandosi, ma presto – esasperato – andò su tutte le furie. In cuor suo, mentre urlava imbestialita, Ruth avrebbe voluto dirgli che non era arrabbiata, ma triste e dispiaciuta. Eppure non ci riusciva, e così, continuarono a girare intorno al salotto discutendo e ridiscutendo per le lamentele di Ruth.

«L'ho detto prima a lei, semplicemente perché, per puro caso, mi ha telefonato subito dopo mia madre. Mi è venuto spontaneo dirglielo... Non immaginavo certo che te lo dicesse prima che potessi farlo io!»

«E perché non mi hai chiamato, per dirmelo? Ero al lavoro. Non mi chiami praticamente mai durante il giorno!»

«Be', abbiamo da fare tutti e due! Ci mandiamo e-mail in continuazione... Non ti ho telefonato, perché pensavo fosse una cosa di cui parlare a quattr'occhi. Volevo darti la notizia con delicatezza e, *oltretutto*, non volevo rovinarti la giornata, come ha fatto mia madre con me!»

«Non avresti dovuto dirlo prima a lei, comunque! Hai idea di come mi sono sentita? Come se di me non te ne fregasse niente.»

«Ma non dire sciocchezze...»

«Ogni quanto vi sentite tu ed Erin?»

«Non so... quasi ogni giorno. Mi telefona abbastanza spesso.»

«Perché non mi dici niente, quando ti chiama?»

Ned era sconcertato. «E... perché, scusa? L'ha sempre fatto. Guarda, spesso e volentieri se ne sta a casa, senza niente da fare. È un'attrice disoccupata... si mette a bere caffè e leggere riviste, in attesa che la chiamino per un provino. Quando le viene voglia di chiacchierare un po' mi telefona... o chiama Tom, o Luke, o Jeremy. È sempre stata così.»

«Il suo manipolo di ammiratori.» Ruth non riuscì a trattenere un tono di disprezzo nella voce. «I suoi fedeli discepoli, sempre pronti a dirle quanto è stupenda, lei! Perché non me l'hai mai detto? Non immaginavo che ti chiamasse ogni due per tre. È una sensazione bruttissima pensare che mi tieni dei segreti, sai? Come per il matrimonio!»

«Il matrimonio? Ma cosa stai dicendo?»

«Hai chiesto a Erin di leggere, e a me non avevi neppure detto che avevi deciso di chiederglielo, né che lettura avevi scelto. Sarebbe stato carino chiederglielo insieme, magari! E invece lei salta fuori a dirmi che è così contenta di leggere in chiesa, e io lì come una stupida, a cercare d'indovinare cosa tu le abbia detto... per non far vedere che non ti sei nemmeno preoccupato di informarmi su cosa hai programmato per il *nostro* matrimonio!»

«Devo essermene dimenticato... non mi avevi mai detto niente. Non ci eravamo messi d'accordo per chiederglielo?»

«Sai come mi sono sentita?» strillò Ruth, la voce stridula per la rabbia. «Sembra che tu faccia le cose alle mie spalle!»

«Ruth! Come puoi dire una cosa del genere? Non te l'avevo detto, perché non credevo avesse tutta questa importanza... e a essere sincero, non mi ricordo neanche quando ho parlato o non ho parlato con Erin, visto che capita spesso e significa quello che ha sempre significato: che siamo amici.»

Bugiardo, bugiardo, pensò Ruth furibonda. Lo so che non siete sempre stati amici. Voleva cogliere l'occasione per confessare davanti a lui, sperando d'un tratto che ci sarebbe cascato e le avrebbe detto tutto, calmando il turbinio delle sue paure. «Ah, davvero? Siete sempre stati solo amici? In fin dei conti, non c'è mai stato un periodo in cui lei non sia uscita con uno o l'altro dei tuoi cari amici. Non hai mai voluto avere la tua occasione con lei anche tu?»

Ned la fissò per un lungo attimo. Nella sala c'era silenzio, ancora più profondo dopo le urla che l'avevano preceduto. Poi Ned disse lentamente: «No, non voglio».

«Hai *mai* voluto?» insistette Ruth.

Ned sospirò, irritato. «Ruth, non capisco da dove salta fuori questa storia. Era un'osservazione innocente, e tu la stai ingigantendo a dismisura...»

«Perché non mi rispondi?»

Ruth vide Ned perdere la calma e sbottare: «Cristo santo, non ti permetto di darmi ordini in questo modo! Erin è una dei miei più vecchi amici. Conosco da molto più tempo lei di te. Quando ho saputo la notizia da mia madre, e poi Erin mi ha chiamato, mi è venuto spontaneo dirglielo e basta. Perché cazzo non avrei dovuto? Essere sposato con te significa forse avere la censura su quello che posso o non posso dire ai miei amici sulla mia vita? E che cazzo! Erin conosce la mia famiglia, sa cosa ne penso e capisce quanto mi ha colpito la notizia. Cristo, che motivo c'è di litigare su come l'hai saputa tu? Il problema è che ci ritroveremo a vivere praticamente appiccicati ai miei e dobbiamo trovare un modo per gestire la situazione!»

«Perché non lo chiedi a Erin?» fece Ruth con freddezza, odiandosi, ma incapace di dominarsi. Dentro di sé tremava, ferita dalle parole che Ned aveva appena detto. Me lo ha confermato, pensò con rammarico. «Evidentemente, lei ti capisce molto meglio di me. Forse avresti dovuto sposare *lei.*»

Ned mormorò qualcosa e si diresse deciso verso la porta, prendendo il cappotto. «Io esco, ciao», sbatté la porta.

Ruth restò dov'era, immobile davanti al camino, sentendo le lacrime agli occhi. Aveva la spiacevole sensazione di aver fatto in modo che Ned se ne andasse. Si lasciò cadere sulla poltrona, un lieve tremolio alle mani. Ned non l'aveva negato. Lei era *sua moglie.* Perché le teneva dei segreti? Perché non lo ammetteva una volta per tutte: «Sì, è vero, una volta ero innamorato di Erin, ma ora non più»? Si sarebbero liberati di quel fantasma. Avrebbe demolito quella brutta cosa che si stava frapponendo tra loro, avvelenando tutto ciò che avevano. Ma non lo ha fatto, pensò Ruth, amareggiata. Non me lo dirà, e può esserci un solo motivo: è ancora innamorato di lei.

Sentì dentro di sé una specie di vibrazione che parve liberare qualcosa, e calde lacrime iniziarono a sgorgarle improvvisamente sul viso. Squillò il telefono, stridulo e meccanico, nel silenzio della casa. Ruth trasalì e lo guardò, il volto luminoso e raggiante. Ned, pensò, afferrando il ricevitore.

«Pronto?»

«Ciao Ruth, sono la mamma.»

La mamma? rifletté, confusa per un attimo, prima di riconoscere quella vocina sommessa. «Ah, Jackie... cioè, mamma. Ciao.»

«Tutto bene? Ti disturbo? Ho chiamato per darti la notizia. Sai, ci trasferiamo.»

Ruth fu presa dallo sconforto, un peso le raggelò il cuore. Non ce la faceva più. In un altro momento, avrebbe tirato fuori una voce allegra e squillante, fingendo di essere contenta che gli Haskell lasciassero York, per trasferirsi vicino a lei. Jackie, però, le aveva offerto una via di fuga; anche se di solito avrebbe detto che andava tutto bene, decise che, per una volta, ne avrebbe approfittato. «In effetti, è un po' un momentaccio. Ned e io abbiamo appena avuto una discussione e sono un po' giù... Ti spiacerebbe richiamare più tardi, oppure domani? Ascolterò volentieri tutto quello che hai da raccontarmi.»

Sulla linea ci fu un silenzio di ghiaccio. Poi la voce di Jackie, secca: «Capisco. Scusami tanto per averti disturbata». E riattaccò con un clic.

«Oh, merda!» gridò Ruth, guardando la cornetta senza vita. «Merda, merda, merda!»

Ned tornò tardi, quando Ruth era già a letto. La luce era spenta e Ruth fece finta di dormire. Lui non provò a svegliarla, ma scivolò piano sotto le coperte accanto a Ruth, la sua schiena lunga e liscia curvata verso di lei, e sospirò. Andò a letto senza darle un bacio, per la prima volta da quando erano sposati.

«Bisogna essere masochisti per venire a Oxford a far compere il sabato mattina» commentò Erin, mentre dall'autosilo entravano nel centro commerciale.

«E quando, allora?» esclamò Ruth, scansandosi per evitare una bimba di sei anni che saltellava freneticamente verso di lei. Ce la stava mettendo tutta, per sembrare il più normale possibile. In realtà si era sentita sollevata, quando la mattina aveva telefonato Erin, per chiederle se aveva voglia di fare un giro in città per un bebè-shopping. La sera successiva a quella brutta litigata con Ned, Erin aveva chiamato e, dopo il «pronto» iniziale, aveva chiesto di passarle Ned. Lui s'era portato il cordless nella camera degli ospiti per parlare con Erin; Ruth era rimasta in cucina ad attendere, alzando gli occhi al soffitto e chiedendosi cosa si stessero dicendo, ma era stata incapace di decidersi a origliare. Ned era sceso con il telefono dopo un'ora e mezzo, ed era parso provare un certo piacere a non dire nulla riguardo alla sua conversazione.

La faceva stare male quest'atmosfera di sfiducia che si era insinuata nel loro rapporto. Era stata contenta della telefonata di Erin, quella mattina; aveva colto al volo l'occasione, per ripristinare un po' della vecchia normalità: Ned era andato a giocare a rugby con gli amici e le ragazze univano le loro forze per svagarsi. In modo quasi masochistico, inoltre, una parte nascosta di lei desiderava stare con Erin: voleva osservarla dal punto di vista di Ned e ammirarne la bellezza elegante, i polsi sottili e le mani bianchissime, la voce melodiosa e il fascino naturale, senza dubbio molto seducenti.

«Come, *quando*?» ripeté Erin, mentre passeggiavano sotto le luci fortissime del centro commerciale. La maternità diventava con Erin un accessorio di moda: il suo bel pancione spuntava sopra ai jeans aderenti, una rotondità dall'aspetto sano, sotto al cachemire rosa. Vista da dietro, era impossibile capire che fosse incinta. «Cara, io faccio l'attrice. E con i miei orari di lavoro, posso andare per negozi praticamente quando voglio. La cosa strana è che, alla fine, capita sempre all'ora di punta o al sabato, o quando è tutto chiuso. Non so proprio come gestire il mio tempo. Sono così poco abituata a essere puntuale... Sono un caso *disperato*, eh?» Ridacchiò.

«Non avrei potuto accompagnarti a un'ora diversa. Ho sempre orari noiosissimi e regolari, purtroppo.»

«A volte vorrei anch'io avere qualcosa di regolare e di gratificante.» Erin sospirò. «Fare l'attrice è un lavoro così frivolo, non ti sembra?»

«Presto avrai talmente tanto da fare, che non ti resterà un attimo libero» disse Ruth, accennando col capo al pancione di Erin.

«Dici?» replicò Erin, con la tranquillità tipica delle mamme in attesa, convinte che il loro sarà un bambino quieto e sonnacchioso, accoccolato dolcemente sul loro petto.

«Oh, sì.» In ambulatorio, Ruth ne aveva viste abbastanza di neomamme con gli occhi fuori dalle orbite, per sapere che la realtà era piuttosto diversa. «Be', in che negozio andiamo prima?»

Quando aveva iniziato a cercare le cose per il matrimonio, le si era aperto davanti un mondo intero di accessori da sposa. Era sempre esistito, ma semplicemente non ci aveva mai fatto caso. Ora, scoprì, lo stesso capitava con gli articoli per neonati e bambini: come diavolo aveva fatto a non vedere quelle megazone del mondo delle compere, dedicate all'infanzia e alle sue molteplici esigenze? Nei grandi magazzini, c'erano interi piani zeppi di lettini, seggioloni, fasciatoi, passeggini, carrozzine, vasche da bagno, protezioni, lenzuola, coperte, giocattoli, biberon e vestiti a non finire. Possibile che un solo bambino richieda tutte queste cose? Erin consultò una lunga lista che aveva portato con sé, mormorando frasi del tipo: «Teli. Mi sa che ne ho bisogno almeno quindici» e «Tiralatte manuale o elettrico, tu che dici?». Riempì il carrello di confezioni di magliettine intime bianche e tutine, spugne piccolissime e calzini microscopici; le merci più ingombranti, ordinò che le fossero consegnate poco prima che nascesse il bambino.

Uscite dal grande magazzino, scoprirono delle boutique di vestiti per l'infanzia – costosi ma bellissimi –, poi negozi di giocattoli con articoli di ogni genere, ideati per stimolare e educare un bambino, fin dal momento del suo arrivo nel mondo.

«Sono un po' in ansia...» le confidò Erin. «Sento il bisogno di dover procurare *tutto,* per qualsiasi evenienza.»

«Ricordati, comunque, che riceverai un sacco di regali, quando nascerà il piccolo» disse Ruth, tenendo in mano un golfino minuscolo a righe arcobaleno. «Carino, eh? In realtà, comunque, un bimbo appena nato non ha bisogno di granché, oltre a cibo, calore e un posticino sicuro per dormire.»

«Naturalmente dovrò chiedere a te tutte queste cose» osservò Erin, prendendo in mano un interfono per neonati. «Sei un'infermiera, del resto.»

«C'è una bella differenza tra fare l'ostetrica o l'infermiera di maternità e quello che faccio io. Non sono esperta di tutte queste cose. Ho lavorato per un periodo in maternità, durante il tirocinio, e ho studiato un po' di teoria all'università, ma ormai sono passati anni.»

«Va be'» disse Erin con noncuranza, rimettendo a posto l'interfono. «Non importa. Andiamo a berci qualcosa? Devo fare una pausa. E ho bisogno urgente di una torta.»

Andarono in un bar piccolo e profumato, dove servivano delle fette enormi di torta alla frutta, accanto a tazze di cappuccino schiumoso.

«Proprio quel che ci voleva» esclamò Erin, raccogliendo con la forchetta la crema al formaggio che ricopriva il dolce. «Ultimamente ho una voglia di zucchero da non credere. Sarà che il mio corpo vuole dirmi qualcosa.»

«Di godertela fino in fondo, probabilmente.» Ruth mescolò, facendo sciogliere nel latte caldo il cacao spolverizzato.

Erin rise. «Forse. Non posso negare che ci sto prendendo gusto a lasciarmi andare un po', ma diventerò una balena, di questo passo. Pensa a che dieta sarò costretta a seguire, subito dopo.»

«Ma poi dovrai allattare. Bisogna assumere calorie in più tutti i giorni, per produrre latte. Non è il periodo giusto per fare rinunce.»

«A parte i miei tre Kit Kat al giorno.»

«Quand'è che vai in Germania?»

«La prossima settimana. Non starò via molto, le riprese durano solo qualche giorno. Tom ha l'ordine di pitturare la cameretta, mentre sono via. Non voglio che il mio fagiolino respiri l'odore della pittura, quindi ho insistito che lo faccia mentre io non ci sono.» Erin la fissò a lungo. «Va tutto bene, Ruth? Sembri un po' giù.»

Non andrebbe così male, se non la odiassi, pensò Ruth; ma Erin non faceva altro che essere sempre aperta e gentile. Quando stava con Erin, tutta quella storia sembrava un po' assurda, come una fantasia che si era inventata di sana pianta. È l'ultima persona con cui potrei parlarne, pensò dispiaciuta, anche se probabilmente mi darebbe buoni consigli. A meno che io non sia pazza e incapace di capire le sue vere intenzioni.

«Sì sì, tutto bene.»

«E Ned come sta? Bene? L'ho visto ieri sera: ha fatto un salto da me tornando dal lavoro.»

«Ah, sì?» Il morale di Ruth precipitò, si sentiva infelice. Ned non gliel'aveva detto.

«Sì. E anche lui sembrava un po' giù. Non voglio fare la ficcanaso, e dimmi pure di chiudere il becco se vuoi, ma... va tutto bene fra voi?»

Perché voleva saperlo? Che cosa la spingeva? La mente di Ruth accelerò alla ricerca di risposte plausibili. Se Ned era ancora innamorato di Erin, non è che Erin facesse di tutto per respingerlo: chiamare a sé Ned per i motivi più stupidi era diventata per Erin una forma d'arte. Perché faceva così? Non sembrava che trattasse Luke o Jeremy allo stesso modo. Canticchiava solo il nome di Ned, toccava solo i capelli di Ned, chiamava tutti i giorni solo Ned. Questa non è normale amicizia, Ruth ora riusciva a capirlo. Perché diavolo non se n'era accorta prima? Ned amava Erin, e lei... cosa provava Erin per lui? Erin aveva il potere di lasciarlo libero, quindi perché non lo faceva? E cosa significava tutto questo nel suo rapporto con Tom, l'uomo di cui portava in grembo il bambino? Guardò Erin per un momento, riconoscendo d'un tratto la ragazza che aveva preso in giro Ned, aveva giocato con lui e l'aveva illuso. Iniziò a piacerle sempre di meno.

«Eh?» insistette Erin. «Va tutto bene?»

«Sì» rispose lentamente Ruth, guardandola dritto in quei suoi grandi occhi azzurri.

«Meno male. Lo so, comunque, cos'è che vi butta giù.»

«Ah, lo sai?»

«Ti capisco benissimo. Anch'io al tuo posto mi sentirei come te.»

«Davvero?»

«Penso sia un comportamento scandaloso. L'altra sera lei mi ha chiamata e mi ha raccontato tutto. A quanto pare, sta architettando questa storia da mesi.»

Intende Jackie, pensò Ruth. «Ti ha telefonato?»

«Sì. Ogni tanto mi chiama.»

C'è anche solo una parte del mio matrimonio in cui tu non c'entri? Ruth si chiese fra sé e sé. La rabbia le montava dentro.

Erin proseguì: «Quando parla con me, spesso si lascia sfuggire qualcosa. Mi ha detto che aveva messo in vendita la casa sin da prima del matrimonio e che questa qui nuova l'hanno trovata subito dopo Natale.»

Ruth era sconcertata, distolta per un momento dai suoi pensieri su Ned ed Erin. «A noi non hanno mai detto niente!»

«Ha detto che voleva farvi una bella sorpresa. Secondo me, invece, sapevano che Ned non sarebbe stato contento.»

«Ma..» Ruth aggrottò la fronte, in preda allo sconforto. «Se sanno che Ned non vuole che abitino vicino a lui, perché lo fanno?»

«Secondo la mia teoria, Jackie mente a se stessa: si è convinta che a Ned farebbe piacere, mentre quella che potrebbe fare storie sei tu. È una scusa, naturalmente. Lei sa benissimo che Ned non vorrebbe mai che abitassero nel suo stesso paese, ne sono certa... Ma ormai Jackie è pronta per traslocare e per voi sarà più difficile protestare: sembrerà colpa della tua influenza, non di quel che pensa Ned.»

«Continuo a non capire il motivo...»

«Dice che è per stare più vicino ai nipotini.»

«Quali nipotini? Siamo sposati solo da qualche mese.»

«Sembra che Jackie non sia indifferente al fatto che tuo padre viva nelle vicinanze. Non vuole che i bambini crescano conoscendo meglio i parenti da parte tua che quelli da parte di Ned.»

«Ma questa è follia pura! E cosa posso farci io?» Ruth sbatté con rabbia il cucchiaino sul tavolo. «Ho la sensazione che voglia controllare la mia vita.»

«Controllare è l'unica sua preoccupazione. Ha sempre cercato di controllare Ned, e lui scappa sempre più veloce che può. All'università, lo prendevamo tutti in giro per questo: lei non lo lasciava mai in pace, telefonate e visite di continuo. Era persino diventata amica della padrona di casa, così lo teneva d'occhio. E trattava noialtri come se fossimo amici *suoi*, non di Ned. Ancora oggi ci chiama, ci manda biglietti e regali, fa l'offesa se non ci facciamo sentire per un po'. Inizialmente era diffidente nei miei confronti, finché s'è resa conto che non avrei provato a uscire con il suo caro figliolo, e quindi non avrei potuto fare male a nessuno. Perciò non credere che sia una novità, è sempre stata così.» Erin si allungò verso di lei. «Vuoi un consiglio? Jackie si comporta in modo strano, mi sembra. A volte le vai a genio, invece altre sembra diffidare di te, delle tue motivazioni, di quello che fai a Ned. Credo che, in questo momento, tu debba fare le tue mosse con molta calma e attenzione. Il trasloco è in corso. È inevitabile. Ha fatto apposta a non farvi sapere cosa era in programma, finché non fosse stato troppo tardi per impedirlo. Sta' in guardia, dunque. Jackie è molto suscettibile e... imprevedibile.»

«La conosci meglio di me» sottolineò Ruth, con una nota di amara ironia nella voce.

«La conosco da più tempo.»

Il vantaggio, pensò Ruth, che avrai sempre.

Al ritorno di Ruth, l'atmosfera a casa era un po' meno gelida di prima.

Dopo la lite, nessuno dei due sapeva bene cosa fare, non essendo abituati a essere in conflitto fra loro. Non avevano risolto e così entrambi continuavano a sentirsi offesi, pretendendo delle scuse; d'altra parte, desideravano fortemente che tutto finisse, per tornare al calore intimo e affettuoso di sempre. La situazione non si sbloccava da giorni.

A Ruth sembrava di vivere due vite parallele: in una era la solita Ruth, moglie felice di un uomo che amava, con una suocera invadente ma il conforto di una cerchia di amici simpatici e di cui poteva fidarsi. Quando faceva colazione o arrivava al lavoro e affrontava la giornata, c'era questa Ruth dentro di lei. Era assai tranquillizzante essere questa Ruth: si sentiva sollevata, perché in grado di proseguire la sua vita. Questa Ruth era capace di uscire con Erin a comprare vestitini per il bimbo, apprezzando quanto fosse semplice e normale tutto ciò.

L'altra Ruth arrivava nei momenti brutti: di notte, quando si svegliava all'improvviso al buio, convinta di aver sentito qualcosa – un passo sulle scale, il clic del telefono appeso – e i suoi pensieri cominciavano a mulinare freneticamente. Questa Ruth era tormentata dalla paura, si sentiva al centro di un complotto ideato per punirla, come se fosse entrata in una banda di criminali con l'ossessione di farle del male. Quando questa Ruth affiorava in superficie – la sera, durante il lungo tragitto in macchina dall'ambulatorio a casa, o a volte mentre era nella vasca da bagno – s'immaginava che Ned l'avesse sposata solo per umiliarla, e che stesse tramando alle sue spalle, fedifrago e subdolo. Ruth non si fidava di Erin e stava cominciando a odiarla.

Era combattuta tra le due Ruth. Benché il suo lato oscuro si mostrasse meno di frequente dell'altro, esercitava un potere più forte, giocando sulla sua paura di essere destinata a venire tradita e abbandonata al suo dolore.

Poi, però, guardava Ned e non riusciva a crederlo. Aveva persino tirato fuori tutte le foto del matrimonio, rivivendo quella giornata in ogni minimo particolare. Alla fine, si era messa a piangere, stavolta di felicità, convinta che fossero soltanto sue fantasie. Sapeva, tuttavia, che le scatole stavano di sopra, negli armadi, con tutte quelle prove scritte, che avevano sollevato nella sua mente domande senza risposta.

Il giro con Erin aveva alimentato i suoi sospetti, facendo sorgere nuove preoccupazioni; allo stesso tempo, però, le aveva ricordato che adesso le cose erano diverse. Erin era incinta di Tom, stavano insieme da dieci anni o più. Quella giornata che lei e Ruth avevano trascorso insieme era proprio il tipo di cose che facevano due amiche: amiche che non desideravano il marito dell'altra o si tradivano alle spalle.

«Ciao» disse Ruth, passando dal freddo del pomeriggio che andava rabbuiandosi al calore leggermente soffocante del salotto.

Ned, sul divano, alzò lo sguardo. Dopo la sua mattinata di sport, si era fatto la doccia; aveva i capelli gonfi e le guance lucide, ai piedi le vecchie pantofole malconce. In televisione c'era una partita di calcio: minuscole figure colorate correvano in giro su uno sfondo verde, inseguendo una macchiolina bianca.

«Oh, ciao. Com'è andata? Fatto acquisti?» C'era ancora un'insolita freddezza nel modo in cui le parlava. Ruth provò una punta di rancore.

«Sì, direi proprio di sì. Non t'immagini neanche di quanta roba ha bisogno un neonato. È quasi come preparare una cerimonia reale. Lenzuola: quattro, di puro cotone. Camicie da notte: tre, con guantini. Coperte di cotone biologico, magliette intime a maniche lunghe e canottiere. Non immaginavo che i neonati richiedessero così tante cose.» Ruth si tolse la giacca e andò in cucina.

Ned bofonchiò qualcosa e si rimise a guardare la tv.

«Vuoi un po' di tè?» gli chiese, riempiendo il bollitore. Il rumore dell'acqua coprì la sua risposta, ma quando Ruth chiuse il rubinetto, lo sentì dire: «... raccontava che hai tagliato corto con lei».

«Eh?» Mise il bollitore nella griglia di sostegno e lo accese. Poi, sulla porta, disse: «Cos'hai detto? Non ho sentito».

Ned aggrottò la fronte, distogliendo lo sguardo dallo schermo, in direzione di Ruth. «Mia madre era un po' offesa per la telefonata dell'altra sera. Le ho parlato stamattina.»

«Ah, oddio.» Ruth si batté una mano sulla testa. «Sì, me n'ero dimenticata. Mi ha chiamato l'altra sera quando noi... subito dopo che... che te n'eri andato. Volevo richiamarla.»

«Dice che le hai attaccato il telefono in faccia.»

«No, no» replicò Ruth, indignata. «*Lei* ha *sbattuto* il telefono in faccia *a me*.»

Ned non parlò e Ruth, d'istinto, si difese. «Ha telefonato proprio quando ero un po' sottosopra e mi ha chiesto: 'Ti disturbo? Altrimenti chiamo più tardi'. Ero così giù che, per una volta, ho pensato di chiederle se poteva richiamare... non lo faccio mai, lo sai bene. Di solito parlo sempre con lei, anche se non è il momento opportuno. Così, le ho detto qualcosa del tipo... non mi ricordo esattamente... qualcosa come: 'Mi piacerebbe tanto sapere tutto sul trasloco, ma che ne dici se ci sentiamo domani', e lei ha detto: 'Capisco, scusa se ti ho disturbato', e ha messo giù il telefono. Pensavo che si fosse offesa, visto che non avevo voluto parlarle, così quella sera non l'ho richiamata subito. Credevo non avrebbe gradito. E ieri sera mi sono scordata di telefonare, e adesso... siamo a oggi.»

«Questa cosa l'ha messa in agitazione» disse Ned, secco. «Faresti meglio a richiamarla e scusarti.»

«Va bene.» L'acqua iniziò a bollire rumorosamente e il bollitore si spense da solo. «Mi credi, comunque, vero? Ci credi che è stata lei a chiudermi il telefono in faccia?»

Ned sospirò. «Santo cielo, non chiedermi di prendere le difese di nessuno. È ridicolo.»

«Va bene, ma... *mi credi*, vero?»

«Be'... sì. Comunque sarebbe tutto molto più semplice, se tu facessi come vuole lei. Parlando per esperienza, l'ho sempre trovata la soluzione migliore.»

Ruth stette sulla porta a guardarlo per un momento. Ned si era rimesso a vedere la partita. «D'accordo» assentì con un filo di voce. «Dopo la chiamo.»

Quando venne sollevata la cornetta, all'altro capo del telefono rispose una voce insolita, aspra: «Pronto?»

«Mamma?» disse Ruth, titubante. Steven non rispondeva mai al telefono, quindi doveva essere sua suocera. Aveva chiamato troppo tardi? Erano solo le nove e mezzo di sera, sarebbe stato scortese telefonare molto prima. Per un attimo non ci fu risposta, solo un lungo sospiro nel ricevitore. «Sei tu, mamma?» Odiava dire «mamma», però ormai aveva iniziato e sembrava non ci fosse un modo educato per smettere.

«Ciao, Ruth.» Il tono di Jackie era sommesso ed estremamente trascinato, come se a malapena riuscisse ad avere la forza per spiccicare anche solo quelle due parole. «Dimmi.»

«Ned ha detto... che volevi che telefonassi. E io ho detto che avrei chiamato.»

«Non è che *voglio* che tu telefoni. Non voglio che tu faccia niente contro la tua volontà.»

«Voglio, voglio...»

«Ah sì?» Jackie rise. «Bene, e cosa vuoi dirmi?»

Nella sua voce c'era qualcosa che induceva Ruth a stare guardinga: biascicava l'inizio e la fine di ogni parola, insinuando in Ruth il sospetto che fosse ubriaca – e non poco.

«Volevo sapere del trasferimento, del trasloco, del fatto che venite ad abitare qui.»

Ci fu un altro sospiro stanco, che dava l'impressione che Jackie fosse troppo sfinita anche per essere arrabbiata. «È uno stress pazzesco vendere la casa. Siamo qui da anni... L'avevo fatta proprio come volevo io. A Steven piace tanto il suo giardino... Ci sono così tanti ricordi.»

«Dev'essere proprio dura...» Ruth cercò di mettere un po' di compassione nella voce, ma pensava risentita: «E allora, perché ve ne andate?»

«Eh sì, l'hai detto.» Jackie sospirò di nuovo. «Be', ormai è fatta ed è già una bella cosa. Quelli che l'hanno comprata... credo che sia brava gente. Lei, però, ha l'aria di una con la puzza sotto il naso, quella brutta strega! Curiosa nella mia cucina, mi fa domande sulla lavatrice e chiede da quanto ho la lavastoviglie. Per me, può andarsene a quel paese.» La voce di Jackie stava acquistando vigore. «Odiosa. Ma chi si credono di essere? Be', avranno una bella sorpresa, quando verranno qui ad abitare, è poco ma sicuro. Perché non ho intenzione di lasciarle neanche un mobile di più di quelli che sono nella lista. Mi porto via le riloghe delle tende, mi porto via il cesso, mi porto via le applique del salotto, mi porto via pure le lampadine, e che cavolo! Be', sono mie o no? Le ho pagate, io! Se quella pensa di avere tutto gratis... lo pensi, pensi pure quel che vuole! Ha già avuto uno sconto di cinquecento, quindi il resto se lo può sognare! Se pretende che io lasci tutte le batterie al loro posto, rivoglio indietro i miei soldi.» La sua voce s'affievolì in un respiro rauco.

«E quando vi trasferite qui?» chiese Ruth. Non aveva intenzione di addentrarsi in una discussione sull'opportunità o meno di portare via i mobili.

«Fra tre settimane, il martedì» rispose Jackie. «A Gables, in via delle Betulle. La casa è carina... Non bella come questa... I soldi non valgono più niente. Ci sono prezzi folli, astronomici... Dovrebbero metterli fuori legge.»

Ruth sapeva dov'era via delle Betulle: si trovava in una zona residenziale piuttosto nuova, dall'altra parte del paese. Tutte le strade portavano nomi di piante: rotonda delle Querce, sentiero dei Frassini, vicolo degli Abeti. Almeno, pensò, non è qui a fianco; ma si sentiva mancare, al pensiero dell'arrivo imminente degli Haskell.

«Spero che tu apprezzi il sacrificio che stiamo facendo» riprese Jackie. «Abbiamo investito tutta una vita nella nostra casa. Pensavo che non l'avrei mai lasciata. Speravo di morire qui.» Un altro lamentoso sospiro.

Eh, magari! fu il commento muto di Ruth; ma si rimproverò subito per aver avuto un pensiero così cattivo.

«Comunque, si fa quel che è necessario. Mettiamo sempre la famiglia prima di noi stessi, Steven e io.»

«Grazie» disse Ruth.

«Sì, *grazie*» ripeté Jackie in tono minaccioso. «Ecco, ricordatelo bene. Io faccio qualsiasi cosa per mio figlio. Ha scelto te, ha sposato te. Non dirò quel che penso, mi tengo i miei pensieri per me, ma chiedo solo un minimo di considerazione. Chiedo troppo? Non credo. O mi sbaglio?»

«No, no, assolutamente. Mi spiace, se l'altra sera mi hai giudicato una maleducata ...» Ruth voleva dire la sua, farle il discorsetto diplomatico che si era preparata prima di telefonare.

«Eh, no... *sei stata* maleducata» rimarcò Jackie, la voce sempre più impastata e forte. «Non prendermi per il culo. Lo *sapevo*, *io*, che eri una maleducata! Un po' di rispetto, chiedo solo questo. Adesso dimentichiamo questa storia. Accetto le tue scuse.»

Ruth era smarrita, non sapeva cosa fare per difendersi. Di norma non si metteva a gridare, né insultava: non era così che normalmente trattava la gente. Ogni volta che la suocera inveiva contro di lei, Ruth sussultava; quando Jackie alzava la voce, la impauriva in un modo mai più provato da quando era bambina. Era come se, in qualunque momento, Jackie potesse essere lì vicino, a minacciarla di darle un bacio.

«Grazie» disse Ruth alla fine; avrebbe desiderato sapere come fare a opporre resistenza alla madre di Ned. Era convinta di aver quasi imparato come trattarla, ma ogni volta che parlavano insieme, si sentiva sempre più impotente. Jackie sembrava guadagnare potere e divenire sempre più forte, come una forza oscura che si alimentava di sentimenti cattivi e di contrasti. Ruth, invece, diventava sempre più debole, arretrava, rattrappendosi tutta davanti a lei.

All'improvviso, la voce di Jackie si fece di nuovo dolce,

un sussurro: «Prego, cara. Bene... Ci vediamo presto. Ciao, ciao». E appese il telefono, lasciando Ruth impalata nella camera degli ospiti con il ricevitore muto in mano, a chiedersi cosa cavolo avrebbe fatto.

Capitolo 15

Dopo alcuni giorni di graduale riavvicinamento, una sera fecero pace. Erano davanti alla televisione, finita la cena che Ned aveva preparato per entrambi. Addolcito dal vino rosso, Ned accolse Ruth nel calore del proprio petto e la strinse a sé, accarezzandole delicatamente i capelli. Ruth respirò l'intenso profumo della sua pelle, assaporando tutte le sensazioni che suscitava in lei: la familiarità, la promessa di un imminente piacere. Poco dopo, lei sollevò il viso e Ned, in risposta, la baciò.

Quando, finalmente, fecero l'amore, fu un momento intenso, travolgente, come se fossero stati separati per settimane intere e, alla fine, avevano ritrovato tutta la loro intimità. Al buio, sussurrando, dissero quanto si erano sentiti soli in quei giorni, e si abbracciarono stretti. Per un attimo Ruth ebbe l'istinto di confessare a Ned quello che aveva scoperto, per costringerlo a dirle la verità, ma dovette trattenersi. Non voleva rivelargli di essersi intrufolata nel suo passato, di aver frugato tra le sue lettere e gli appunti privati, ma non sapeva come, altrimenti, ottenere le risposte tanto desiderate senza porgli domande dirette, che l'avrebbero tradita.

Sebbene in quel momento il loro legame stesse ritrovando tutta la sua forza, Ruth non riusciva a togliersi dalla testa il rapporto tra Ned ed Erin. Forse era solo frutto della sua immaginazione, ma sembrava che le telefonate tra i due fossero sempre più frequenti e ogni volta Erin, dopo aver scambiato due parole con Ruth, le chiedeva di Ned, che regolarmente usciva dalla stanza, per tornare solo una mezz'ora dopo.

«Cosa voleva Erin?» era la domanda fissa di Ruth.

«Oh, niente di che. Solo due chiacchiere. Sai com'è fatta» rispondeva Ned con noncuranza. E poi ci sono anche quelle telefonate di lavoro, pensò Ruth, quelle di cui Ned non ha mai ritenuto necessario parlarmi.

Cominciò a pervaderla un odio viscerale per Erin. Si era convinta che avrebbe tentato di distruggere tutto quello che c'era tra lei e Ned, e cominciò a rispondere al telefono ogni volta che squillava, per tenere sotto controllo la frequenza delle sue chiamate. Ma, ogni volta che riusciva a rispondere, sentiva la voce di Jackie.

«Ciao, mamma» diceva Ruth con voce allegra, per mascherare lo sconforto.

«Sei impegnata Ruth? Ti disturbo?» chiedeva Jackie gentilmente, e Ruth sapeva che non avrebbe mai avuto il coraggio di risponderle «sì», anche se stava lavando i piatti ed era immersa fino ai gomiti nella schiuma, oppure era nel bel mezzo di un programma radiofonico particolarmente interessante, o magari stava preparando la cena. Quindi Jackie cominciava a lagnarsi per le noie del trasloco, mentre Ruth cercava di frenare l'irritazione, anche se dentro moriva dalla voglia di dirle: «Ma allora perché non te ne resti dove sei? Nessuno vuole che tu ti trasferisca qui».

Non le sembrava il momento migliore per affrontare l'argomento con Ned. La loro rappacificazione era ancora fresca e molto fragile. Ruth avvertiva in lui la solita riluttanza a parlare della sua famiglia. Anche quando era lei a tirare fuori il discorso, del tutto casualmente, lui si limitava a brontolare qualcosa, distogliendo lo sguardo, e ogni volta si chiudeva nel silenzio.

Andrà tutto bene, cercava di convincersi Ruth, anche se le sembrava di vivere come una condannata a morte, facendo il conto alla rovescia dei giorni che la separavano dal momento in cui il boia avrebbe calato l'ascia. Ormai gli altri non possono farci niente. Siamo adulti, abbiamo la nostra vita – basterà imporre dei limiti, mettere bene in chiaro come stanno le cose. Sì, è proprio quello che faremo.

Mentre passeggiava per Oxford durante la pausa pranzo immersa nei suoi pensieri, qualcuno la chiamò. Si sentì afferrare il cappotto, mentre una voce trafelata esclamava: «Infermiera, infermiera!»

Voltandosi, vide accanto a sé la madre di Michael Petheridge. Ci mise un po' a riconoscerla: il suo viso era più vivace, senza quell'aria esausta che Ruth aveva scorto in ambulatorio, il giorno dell'aggressione. Era successo tutto prima del suo fidanzamento con Ned. Le sembrava passata una vita. «Oh... signora Petheridge...»

«Infermiera, scusi il disturbo. Volevo solo dirle quanto mi è dispiaciuto che mio figlio l'abbia picchiata. Avrei tanto voluto tornare, ma non ho avuto il coraggio, e poi la dottoressa ci ha chiesto di andarcene... Ci ho sofferto molto. Spero che Michael non le abbia fatto del male. Non era felice in quel periodo. Ora sta decisamente meglio.»

Ruth rimase sbigottita. «La prego, non si preoccupi. Non avevo nulla, solo qualche livido. Mi spiace che vi abbiano tolto dal registro dei pazienti.»

«Oh» disse la madre con tristezza, «non è la prima volta. Ci siamo abituati. Michael non è un bambino facile. Io faccio del mio meglio, ma...» Si strinse nelle spalle, sulla bocca un'espressione infelice. «È pur sempre mio figlio. È mio dovere aiutarlo.»

«Ma certamente. La ringrazio per essersi scusata.»

«Non c'è di che.» La signora Petheridge le sorrise e proseguì per la sua strada.

Ruth rimase a guardarla mentre se ne andava. Era una brava donna, una donna rispettabile. Non il tipo di persona che fa telefonate maligne o impreca alla gente dall'altra parte della cornetta. Ruth conosceva una sola donna capace di cose del genere.

Rientrando a casa, Ruth trovò Tom buttato sul divano davanti alla televisione. Il canale dei telefilm stava trasmettendo un vecchio episodio di *MASH*.

«Oh, ciao» disse Ruth, appoggiando le chiavi. «Dov'è Ned?»

«È andato al supermercato a comprare qualcosa da mangiare.» Tom si alzò dal divano con aria disinvolta, e si avvicinò a darle un bacio sulla guancia. Ruth sentì la barba ispida di Tom sfregare contro la sua pelle e fu colpita dal profumo greve di acqua di colonia. «Come stai?»

«Bene» rispose Ruth. «Hai già bevuto qualcosa? Ned non ti ha offerto niente? Ti porto una birra.» Andò in cucina. «Perché è andato a fare la spesa? C'è abbastanza cibo in casa.»

«Non abbastanza per tre» ribatté Tom.

«Ti fermi a cena?»

«Se a te va bene.»

«Oh, ma certo. Sei solo tu, vero? Erin è già partita per la Germania?» Ruth sapeva benissimo che era partita.

Aveva scoperto che avrebbe preso un volo domenica sera. Alle nove, l'ora in cui era previsto il decollo, Ruth sentì un senso di leggerezza, come se le fosse stato tolto un peso di dosso. Per un po' non avrebbe dovuto tenere costantemente sotto controllo le telefonate intime tra Erin e Ned, gli inviti a casa sua, i nomignoli bisbigliati e le conversazioni private, appena sussurrate, quando erano insieme agli altri.

«Sì.»

«Sono curiosa di vedere lo spot in televisione» disse Ruth, tornando in salotto con una birra per Tom e un bicchiere di vino per sé.

«Non lo trasmettono qui, solo nel continente.»

«Oh, che peccato!» Si sedette di fronte a lui. Tom si era buttato di nuovo sul divano, impossessandosene per tutta la lunghezza, i piedi appoggiati sul bracciolo all'estremità opposta. I suoi capelli biondi si stanno scurendo, pensò Ruth. È uno dei tanti segni dell'invecchiamento, quando i capelli cominciano a essere opachi: quelli rossi sbiadiscono da un fulvo intenso a un rame scuro, quelli biondi diventano grigio topo e quelli neri si fanno brizzolati, privi di vigore e lucentezza. O per lo meno, questo era ciò che stava capitando a Ruth: proprio quella mattina, davanti allo specchio, aveva trovato qua e là lungo la scriminatura qualche capello grigio e ispido. Tom sembra invecchiato, pensò Ruth. O forse, in realtà, era lo stesso di sempre, e a darle quell'impressione era solo il fatto di pensare così spesso a lui come al giovane studente dall'aria lunatica che aveva visto negli album di fotografie. Aveva la barba incolta e una vecchia camicia sgualcita. Portava anche un paio di occhiali da vista malandati, con una montatura spessa e le lenti sporche.

Ruth non si sentiva a suo agio. Si rese conto di non essersi mai trovata sola con Tom e, anche quando erano assieme agli altri, non era mai riuscita a rilassarsi in sua compagnia. Aveva l'aria di uno studentello cocciuto che si diverte a sfidare l'autorità, spesso taciturno, e che sfoggia il suo fascino solo quando gli va di farlo. Sembrava abituato ad atteggiarsi in quel modo, compiacendosi di essere un bastian contrario.

Bisogna stare molto attenti con lui, pensò Ruth. Erin come ci riesce? Immaginava che vivere con Tom fosse un po' come un gioco in cui ben presto ci si deve trasformare in supermanipolatori per ottenere quel che si vuole. Dava l'impressione che, se gli fosse stato chiesto di fare qualcosa, non solo avrebbe fatto l'esatto opposto, ma avrebbe cancellato definitivamente qualsiasi possibilità di esaudire quella richiesta. La sua testardaggine avrebbe impedito a chiunque di ottenere il minimo vantaggio su di lui. Ruth aveva riconosciuto quell'aura intensa che lo rendeva irresistibile, ma non se ne sentiva minimamente attratta.

Erin, invece, ne è affascinata, pensò Ruth. Forse le piacciono i suoi giochetti. Forse è proprio questo a tenere in piedi il loro rapporto: la tensione di vedere chi l'avrà vinta.

Dal programma televisivo giunse uno scroscio di risa.

«Immagino che non vedrai l'ora di diventare papà...» commentò Ruth, cercando di tenere un tono cordiale senza, però, risultare invadente.

Tom distolse lo sguardo dal televisore e le rivolse un'occhiata interrogativa. «Se *non vedo l'ora* di diventare papà?» rifletté Tom. «Non lo so.»

«Be'... come ti senti? Dovrai pur provare qualcosa. Alcuni sono contenti, altri intimoriti...»

«Come mi sento... Credo di essere un po' sorpreso.»

«Oh... intendi che non ti sembra ancora reale?»

«Assolutamente no.» Tom sembrava particolarmente colpito da questo fatto. Aggrottò la fronte. «Non riesco proprio a *immaginarmelo.* È piuttosto frustrante. Ci ho provato, ma non è servito a niente. So che sta per arrivare qualcosa, una persona, e che avrò dei doveri verso questa persona, ma per me rimane un completo estraneo.»

«È tuo figlio. Lo amerai» disse Ruth, come per confortarlo.

«Forse sì. O forse no. Magari non riuscirò assolutamente ad amarlo. Vedremo. Erin risolve il problema non pensando affatto al bambino come a una persona. Preferisce concentrarsi sul parto, quasi dipendesse solo da come gestirà quelle poche ore se il bambino sarà buono o cattivo. Dice di non volere questo antidolorifico o quell'intervento, come se temesse che, solo per quello, il bambino potrebbe prendersela con lei per non essersi impegnata al massimo. Si è autoconvinta che l'unica cosa da fare è spingere, seguendo esattamente le leggi di natura, altrimenti non sarebbe la migliore madre possibile.»

«È un'idea stupida. Non è un esame, nessuno le darà un voto alla fine. E se spingere fuori il bambino fosse così facile, non avremmo dovuto inventare antidolorifici e operazioni varie.»

«Lo so» disse Tom con uno strano sorrisetto. «Ci siamo dimenticati quanto possa essere pericoloso il parto. Mi sono subito messo a cercare informazioni. Fino a poco tempo fa, il dieci per cento delle madri moriva durante o dopo il parto. Nell'epoca elisabettiana le donne incinte avevano l'abitudine di scrivere dei libriccini da fare avere ai loro futuri figli, in caso fossero morte nel darli alla luce. Ne ho visto uno alla Tate Gallery – un piccolo quaderno scritto da una giovane donna al bambino che non avrebbe mai conosciuto. Diceva al figlio che era andata in paradiso ed era felice perché aveva fatto la volontà del Signore, e gli chiedeva di essere buono e di imparare le preghiere. Una cosa davvero triste.»

«È morta?»

«Sì... credo sia per questo che il libro è stato conservato.»

«È terribile.» Ruth si appoggiò allo schienale della sedia. «Hai ragione. Ormai le donne incinte non pensano quasi più alla possibilità di morire durante il parto. Non succede praticamente mai. Siamo davvero fortunate.»

«E quindi trovate qualcos'altro di cui preoccuparvi» osservò Tom. «Erin sta tirando fuori il parto in acqua, l'ipnosi e Dio solo sa che altro.»

«Be', l'importante è che sia felice e rilassata. Diciamo che non è facile come bere un bicchier d'acqua. È vero che non dobbiamo preoccuparci di morire durante il parto, ma c'è comunque la prospettiva di un dolore insopportabile, la possibilità che subentrino complicazioni, il dubbio di come reagirà il bambino alla nascita e se finiremo in sala operatoria per un cesareo d'urgenza. È davvero spaventoso. Ma, in fin dei conti, a te non toccherà sopportare tutto questo, quindi dovresti concentrarti solo a darle il tuo sostegno.»

«Agli ordini, infermiera.» Tom sogghignò.

Ruth scoppiò a ridere, con un certo imbarazzo. «Scusami. Sono sembrata autoritaria e professionale? Non volevo. Ma penso davvero che dovresti assecondare Erin il più possibile.»

«La assecondo fin troppo, continuamente.» Tom gesticolava con disinvoltura. «Non ha bisogno di niente. Ed è proprio quello che riceve... Ovviamente sto scherzando» aggiunse, notando l'espressione di Ruth. «Non so... i bambini, la procreazione... ovunque ci sono presagi di mortalità, non trovi?»

«Sembra che tu non lo voglia affatto, questo bambino» ribatté bruscamente Ruth. Tutt'a un tratto si sentiva irritata. «Pensi che, senza un figlio, resterai giovane più a lungo? Chiudere gli occhi di fronte alla prospettiva di invecchiare non significa che non succederà, o che non morirai. E comunque, fare un figlio è l'unico modo che abbiamo per lasciare un segno duraturo.»

«A parte scrivere un grande romanzo, o dipingere un quadro meraviglioso, o comporre una sinfonia immortale. Platone riteneva che il compito dell'artista fosse quello di astenersi dall'avere figli e riversare il proprio succo creativo nell'arte.»

«Ma i grandi artisti sono pochi. E tu sei un avvocato» ribatté Ruth, lanciandogli una frecciatina. «Hai intenzione di lasciare ai posteri un grande processo?»

Tom rise. «Ti piace riportarmi con i piedi per terra, eh? Il punto è che non mi sarei mai aspettato di fare un figlio così presto.»

«Hai trentacinque anni. Quanto pensavi di aspettare ancora? Volevi portarlo in giro col bastone?»

«No, voglio dire, avevamo appena deciso di avere un figlio e... zac! Erin è rimasta incinta. Diceva che probabilmente ci sarebbero voluti dei mesi, e invece è successo subito. Non mi aspettavo che le sue ovaie fossero così reattive.»

«È stata una fortuna. Non ha senso continuare a rimandare. È più rischioso dopo i trentacinque anni.»

Tom fece un sospiro e la guardò negli occhi. «Sei molto prosaica Ruth, non è vero?»

Ruth ebbe un fremito. «Che cosa intendi?» Ruth aveva

sempre sospettato che Tom la trovasse una persona banale.

«Tu hai le idee chiare su tutto. Sei fortunata. Vorrei che fosse così anche per me.»

«Ho le idee chiare esattamente come chiunque altro.»

«No.» Tom scosse la testa. «È come se tu ti tenessi aggrappata alla vita pratica. Non abiti in quel mondo oscuro e pericoloso in cui viviamo noialtri.»

Ruth si sentì offesa, come se, con quelle parole, Tom volesse sottintendere che lei era superficiale, incapace di discernere le luci e ombre della vita. «Non è vero» rispose Ruth. Pensò alle sue paure e alle fantasie dolorose, seppure affascinanti, che le balenavano alla mente immaginando Ned ed Erin assieme. *Erin*. La compagna di Tom. L'amante di Tom. Lui non aveva mai pensato a quelle cose che la stavano torturando? Non si era mai immaginato quei due – il suo amico e la madre di suo figlio – avvinghiati l'uno all'altra tra le lenzuola sgualcite di un'anonima camera da letto, come faceva lei? Forse Tom aveva la risposta ai suoi dubbi, forse avrebbe potuto mettere un po' di chiarezza, facendo svanire quelle brutte immagini come sogni all'alba. Si sporse verso di lui. «Tom... hai mai... c'è mai stato qualcosa tra... Erin... e... Ned?»

«Oh» rispose lui, inarcando le sopracciglia. Non sembrava minimamente stupito per il risvolto che aveva preso la conversazione. «Ti riferisci a Ricciolona e Orso? Sono tanto teneri assieme, eh? Mi chiedevo quanto ci avresti messo prima di cominciare a fare domande. Sono proprio i *migliori* amici del mondo, non trovi? Credo che finora tu sia stata fin troppo tollerante, a essere sincero. Voglio dire...» Rise bruscamente. «...Erin che legge al vostro matrimonio. Fede, speranza e amore, ma fra essi il più grande è l'amore!» Scoppiò di nuovo in una risatina. «Jeremy mi ha dato una bella gomitata a quel punto, te l'assicuro.»

«Cosa c'è da ridere?» chiese Ruth con freddezza. «Mi piacerebbe che me lo spiegassi.»

«Non c'è niente da ridere. È inutile che ora ti metti a fare la finta tonta con me. Sei stata tu a chiedermi di Erin e Ned, è chiaro che stai cominciando a intravedere quella verità che noi abbiamo capito fin dall'inizio.» Tom si alzò, avvicinandosi al caminetto, poi si voltò a guardarla. Alle sue spalle, i soldati in uniforme si muovevano avanti e indietro sullo schermo, accompagnati da scoppi di risa in sottofondo. «Sei una ragazza adorabile, e sono certo che Ned ti voglia un gran bene, ma purtroppo ti sei accorta anche tu che è innamorato perso della mia donna. Lo è da anni. Noi ormai ci siamo talmente abituati che quasi non ci facciamo più caso. Era proprio tenera la sua infatuazione per lei, la seguiva ovunque, le telefonava in continuazione. Sempre disponibile, ogni volta che lei aveva bisogno di lui. Poi sei arrivata tu e all'improvviso è cambiato tutto. Ci siamo rimasti di stucco. Che intenzioni avrà con questa? ci chiedevamo, perché era chiaro che tu potevi essere l'eccezione alla regola. Prima di te, Ned si era scelto delle ragazze talmente inadatte a lui da risultare comico, quasi patetico. Ogni storia era condannata ancora prima di cominciare. E poi arriva la piccola Ruth, e questa volta Ned è chiaramente cotto di lei. Che l'incantesimo di Erin si sia spezzato? Sono certo che, come me, tutti quanti si sono chiesti: sarà la fine del dominio ininterrotto della regina Erin sul cuore di Ned? Certo che no! Ma quel che è fatto è fatto. E prima che ce ne rendessimo conto, tu sei andata a vivere con lui e avete cominciato a parlare di fidanzamento e matrimonio, ed era fantastico, perché noi ci siamo sempre augurati il meglio per il nostro caro amico Ned.» Ruth era infastidita da quel tono cinico, sarcastico.

«Davvero lo consideri un amico? Non si direbbe.»

«Ma certo. Siamo legati da tanti anni, non abbiamo scelta. Hai mai sentito parlare di quella donna che era diventata talmente grassa da essere costretta a vivere sdraiata sul divano? Ci è rimasta per sette anni e poi, un bel giorno, quando pesava ormai sui trecento chili, ha avuto un problema di cuore e hanno dovuto chiamare l'ambulanza. Ci sono voluti sei uomini anche solo per tentare di sollevarla dal divano e, quando finalmente ce l'hanno fatta, lei ha lanciato un grido straziante. La sua pelle e il tessuto del divano a poco a poco si erano fusi assieme, diventando una cosa sola, e la loro separazione ha provocato un dolore e una sofferenza atroci. Questi siamo io e Ned. La grassona e il suo divano. O il divano e la sua grassona, come preferisci.» Tom la fissò con i suoi glaciali occhi azzurri.

«Così, per tutto questo tempo, voi sapevate che Ned... prova qualcosa per Erin. Sembra che tu ti diverta a dirmi queste cose. Non credi che mi feriscano? E se è tanto importante, perché nessuno mi ha detto niente prima del matrimonio?» Sparava domande a raffica, con aria di sfida. Tom conosceva cose che lei aveva un disperato bisogno di sapere, e voleva provocarlo fino a fargliele confessare.

«Te ne sei accorta da sola, cara! Sei stata tu a tirarlo fuori, non io. E il punto è proprio questo, no? All'inizio sembrava che avresti vinto tu. Eri riuscita a liberare Ned dalla sua schiavitù, gli stavi offrendo un'altra possibilità di essere felice, un nuovo inizio, così che potesse spazzare via la sua passione trita e ritrita come se fosse polvere. Ero contento per lui. Lo eravamo tutti. Eccetto una persona.»

«Erin.»

«Proprio lei.» Tom annuì. «E dalla tua voce è chiaro che hai cominciato a capire com'è fatta. La regista del gioco. La supermanipolatrice. La regina che non ama essere deposta dal trono. Il problema sei tu, dico sul serio» continuò Tom con un sorriso gelido, «perché senza di te tutto sarebbe andato avanti esattamente come prima. Ma sei stata *tu*, con il tuo amore per Ned e con il suo amore per te, a rovinare tutto.»

«Io? Come puoi dare la colpa a me?» Un'ondata di indignazione montò in lei.

«Non ho detto che è stata colpa tua. Ma te la senti di biasimare Erin? Non fa piacere a nessuno scoprire di non essere più al comando. Quale regina vorrebbe perdere la corona? E a questa regina in particolare le sfide piacciono da impazzire.»

È esattamente quello che ha detto Jeremy, pensò Ruth, ormai disperata.

«Quando le viene portato via qualcosa, quel qualcosa diventa il suo unico desiderio! Per tutti questi anni avrebbe potuto avere il povero Ned senza problemi» al che Tom schioccò le dita, «ma prima non lo voleva. Adesso, invece, sì che lo vuole. O almeno pensa di volerlo, o finge di volerlo, o semplicemente non può farne a meno.» Tom si interruppe per bere un sorso di birra, poi mormorò tra sé e sé: «Ma forse lui non c'entra proprio niente, poveraccio. Erin vuole solo mettere alla prova il suo potere per vedere se, con le mosse giuste, riuscirà a farlo tornare da lei. Non sopporta di essere rimpiazzata, e non ti considera affatto una rivale. Cristo, è tutta la vita che cerco di capire a che gioco stanno giocando tutti quanti».

«E... pensi che Ned tornerebbe da lei, se glielo chiedesse?» domandò Ruth, cercando di mostrarsi distaccata, come se la sua vita non dipendesse interamente dalla risposta a quella domanda.

«È un bel dilemma, eh? Tu dovresti saperlo, tesoro. Sei tu quella sposata con lui. Non so quanto in là potrebbero spingersi quei due. Da un lato, devo riconoscere che Ned alla fine ha giocato con più astuzia. È riuscito a trovare un modo per conquistarla, proprio come aveva sempre voluto.»

Con voce flebile e terrorizzata, Ruth disse: «Ma non può essere successo davvero qualcosa, no?» Nella sua immaginazione era già giunta a quella conclusione, eppure non riusciva ad accettare che potesse essere vero. Non il suo Ned. Non dopo tutto quello che erano diventati l'uno per l'altra.

Le labbra di Tom si piegarono in un'orrenda smorfia di disgusto. «Ti sei accorta anche tu di come si stanno comportando da qualche mese a questa parte. Sono diventati così intimi che mi vien voglia di vomitare. Non so come hai fatto a sopportarlo... o forse Ned è più bravo a nasconderlo di Erin. Si telefonano ogni santo giorno, migliorissimi amici.» Fece uno strano sorriso e piegò la testa da un lato, scimmiottando un gesto premuroso. Parlò in falsetto, con un'imitazione oscena e approssimativa di una voce femminile. «Il povero Neddy si sposa... Starà correndo troppo? Sarà convinto? C'è di mezzo sua madre, secondo te? Forse sta solo cercando di scappare da lei. Sta commettendo un terribile errore? Dovrò passare ore e ore con lui per capire.» Poi, in tono quasi normale, sbottò: «Ma se prima ti rompevi a passare il tempo con lui, quando ti seguiva ovunque, depresso fino alla morte con quella cazzo di passione per te».

«Quindi, secondo te sono stati assieme. Hanno d...d...

dormito assieme...» disse Ruth balbettando, e si sentiva male solo a pronunciare quelle parole.

«Mai dire mai.» Tom fece una risata amara. «Senz'altro Ned ha avuto più di un'opportunità, cosa che non gli era mai successa prima. E potrebbe esserci sotto ben altro. Questo bambino, tanto per cominciare. Di sicuro ti sarà passato per la testa che potrebbe essere suo...»

Ruth balzò in piedi, vacillando. «Cosa vuoi dire?» Si sentì sprofondare, come se fosse caduta senza accorgersene in un buco nel pavimento, precipitando in un tunnel completamente buio. Le montò dentro un forte senso di nausea. «No... no... cosa stai dicendo?» balbettò, con un gusto amaro in bocca.

«Ma dài, Ruth!»

Io non conosco affatto quest'uomo, pensò Ruth. Cosa ci fa qui? Ormai si sentiva talmente stordita da non provare quasi più nulla, solo vagamente consapevole della paura che l'attanagliava, come se per sbaglio avesse slegato un cane che credeva buono, ma che si era rivelato una bestia pericolosissima. Sentì cedere le gambe, ma si costrinse a restare in piedi per affrontarlo. Il momento era arrivato. Stava finalmente ricevendo le risposte che aveva tanto aspettato. In tutta la loro dura, spaventosa realtà.

Tom sembrava calmo, ma un muscolo vicino all'occhio, contraendosi, rivelava tutta la sua tensione. «Basta rifletterci un momento per capire che potrebbe essere benissimo di Ned. Vedremo quando sarà il momento, in base a cosa decideranno di fare, lui ed Erin.»

«Oh mio Dio!» Le si riempirono gli occhi di lacrime. «Non posso credere che Erin sarebbe capace di una cosa del genere! Come potrebbe... come *potrebbero*...?» Si sforzò di mantenere un minimo di autocontrollo, temendo che, se fosse crollata, non sarebbe più riuscita a riprendersi.

«La odi?» chiese Tom con freddezza.

«Se la odio?... Non so...» Poi Ruth sollevò la testa con violenza e sibilò: «Sì, la odio! La odio a morte!» Si morse il labbro e riprese fiato. «Come fai a restare così calmo? Il tuo migliore amico e la tua compagna...»

«Guardo avanti. Ormai posso sopportare qualsiasi cosa.»

«Ma pensi che il bambino...» A quel punto le si spezzò la voce. Era un'idea troppo spaventosa da prendere in considerazione. Era mille volte peggio di quanto avesse immaginato.

Tom cominciò a perdere il suo sangue freddo, e improvvisamente si prese il volto tra le mani. Ruth non lo aveva mai visto esternare un'emozione che andasse al di là di un blando divertimento. Vederlo in quello stato era terribile, disorientante, come un bambino che vede la madre piangere per la prima volta.

«Non lo so...» mormorò lui, il viso ancora tra le mani. «So solo che hanno passato un sacco di tempo assieme. Erin diceva di essere preoccupata per lui, per la velocità con cui si era fidanzato. Diceva che aveva bisogno di parlargli. E poi è rimasta incinta. Una volta ho letto da qualche parte che una donna ha più possibilità di avere un figlio da un amante che non dal proprio partner. È successo tutto così in fretta...» Tom la guardò, il viso contratto. «Avevamo a malapena deciso di avere un figlio che già era in arrivo. È successo troppo presto... Ho pensato che forse era incinta già da prima, oppure...»

«Quando è stato?»

«All'inizio di ottobre.»

«Me lo ricordo quel periodo. Ned rimaneva spessissimo al lavoro fino a tardi» mormorò Ruth. «Aveva una scadenza importante.» Si sentì svenire. «Oh, no...» Le tornò alla mente quanto erano stati felici quel mese, quanto tempo avevano passato a discutere del matrimonio. Era possibile che Ned fosse così contento solo perché aveva ottenuto quello che sognava da sempre? Avere Erin?

«Ci avrei scommesso» ribatté Tom con una risata amara.

Squillò il telefono, e Ruth rispose automaticamente. Era Ned.

«Ciao, tesoro. Spero non ti abbia dato fastidio trovare Tom sul divano quando sei rientrata.»

«Ah... no, nessun problema.»

«Sto rincasando, ho comprato la cena per tutti e tre. Non riuscivo a decidere cosa cucinare, perciò sono andato a un ristorante indiano e ho preso del cibo da asporto. Arrivo tra poco, okay? Sarò a casa tra una ventina di minuti.»

«Va bene. Ciao.» Riattaccò il telefono.

Tom sembrava aver ritrovato un po' di calma. «Be', almeno abbiamo tirato fuori tutti gli scheletri dall'armadio, no? Se nessuno ne avesse fatto parola, avremmo potuto tranquillamente tenerli nascosti, fingendo che non stesse succedendo nulla. Ma poi tu hai pronunciato le parole fatidiche... E ora è tutto alla luce del sole, fuori controllo. Immagino che adesso dovremo decidere cosa fare.» Improvvisamente le si avvicinò, quasi schiacciandosi contro di lei. Le mise un braccio attorno alle spalle e la strinse a sé. «Che ne dici di prenderci una piccola rivincita, eh? Che ne dici, Ruth? Tu e io... Potremmo vendicarci assieme...» Avvicinò le labbra a quelle di Ruth, con l'alito che sapeva di birra.

«Levati!» Ruth cercò di gridare, ma la voce le uscì attutita, stridula, e nel respingerlo si sentì impotente, debole, stupida, quasi fosse tutto un brutto sogno. «Vattene!»

Tom rise di nuovo. «Va bene. Non preoccuparti, me ne vado subito. In questo momento non credo che potrei sopportare di stare seduto a cena con voi due. Ma sai cosa ti dico? Ci scommetto che alla fine riusciremo a dimenticarci questa brutta storia e tornare alla vita di prima. La nostra amicizia dura da sempre. Forse neanche questo la spezzerà. Vedremo.» Si diresse alla porta, prendendo il cappotto dallo schienale di una sedia. «Non so quello che dirai a Ned. Fammi sapere cosa decidi.» Si voltò a guardarla mentre si infilava il cappotto. «Ruth, mi spiace. Mi spiace sul serio. Capisco dalla tua faccia che non avevi davvero la minima idea di tutto questo. Uno di noi avrebbe dovuto dirtelo, per avvertirti del guaio in cui ti stavi cacciando. Mi fa male sapere che hai scoperto di Ned in questo modo. Non fare mosse avventate, okay? Mantieni la calma.»

Ruth avrebbe voluto dirgli qualcosa, ma non sapeva cosa, perciò si limitò ad annuire in silenzio.

«Ciao.» Tom uscì dal cottage scomparendo nella notte.

Ruth sprofondò in una sedia e aspettò.

Quando Ned arrivò a casa, Ruth era ancora rannicchiata sulla sedia, i piedi infilati sotto le cosce, completamente avvolta nel cardigan, come per cercare conforto. La gatta le si era avvicinata, balzando delicatamente sui cuscini del divano, e si era raggomitolata sulle sue ginocchia, per dormire immersa nel suo calore.

Ned aveva in mano una busta marrone macchiata d'unto che emanava un profumo di cibo piccante. Si guardò attorno mentre appoggiava la cena sul tavolo. «Dov'è Tom? In bagno?»

«Se n'è andato.» Ruth lo guardò, ma non capiva se vederlo la rendesse felice o furiosa. Sentiva il corpo che tremava, in preda all'emozione repressa.

«Come, se n'è andato?» Ned le si avvicinò, la fronte aggrottata, le chiavi della macchina ancora in mano. «E perché?» si sedette di fronte a lei e solo in quel momento sembrò accorgersi dello stato in cui si trovava. «Ruth... stai bene?»

Ruth parlò con una voce strana, forzata, se ne rese conto lei stessa: era troppo alta e troppo impostata per essere del tutto normale. «No, non sto bene. Devo dirti una cosa.»

«Che cosa?» Ned si sporse verso di lei, preoccupato. I suoi occhi, pensò Ruth, sono così limpidi e fiduciosi. Tutto il suo viso era aperto a lei. Non devi dire nulla. Le cose vanno bene così. Lascia perdere – potete cenare insieme, andare a letto, dimenticare tutto il resto... Ma non riuscì a trattenersi.

«Dimmi!» esclamò Ruth, tremante. «Tu e quegli amici che ti ritrovi. Hai idea di quanto siete *bizzarri*? Girate tutti attorno a Erin come se fosse il centro dell'universo. Tutti tranne Luke, solo lui è riuscito a sfuggirle. È l'unico normale. Cos'altro deve succedere per separarvi?»

Ned arricciò il naso. «Ruth, di cosa stai parlando? Non stiamo discutendo ancora di Erin, vero? Pensavo che fosse acqua passata. Non tirarla in ballo di nuovo, ti prego.»

«Scusami, Ned, ma devo. Non mi hai sentita prima? Devo dirti una cosa.» Ruth accarezzò la testa di Maisie. La gatta sollevò il muso, gli occhi socchiusi in due sottili fessure nere, mentre il brontolio delle fusa rivelava la sua soddisfazione. Ruth affondò le dita nel folto pelo bianco dietro le orecchie della gatta, fino a sentire il piccolo cranio. «Stavo ripulendo la stanza degli ospiti, e ho trovato degli scatoloni pieni di roba... di carte e cianfrusaglie... sai, cartoline e cose varie. So che non avrei dovuto farlo, ma ne ho aperto uno e ho guardato i tuoi vecchi libri di scuola. Pensavo che fossero semplicemente quello. Solo vecchi libri.»

«Quindi...?» L'espressione di Ned si fece sospettosa.

Ruth decise che non sarebbe servito a nulla tergiversare prima di arrivare al dunque. «Ho trovato i tuoi diari. Quelli in cui parlavi di Erin. Mi sono messa a leggerli per puro caso. Ho scoperto che sei stato innamorato di lei.»

Ned rimase immobile, eppure sembrava che indietreggiasse, allontanandosi da lei. Una serie di emozioni gli balenarono sul volto: dapprima un lampo di sorpresa, sconcerto e incredulità, poi rabbia e sconvolgimento e, per finire, la sua espressione aperta si fece chiusa e severa.

Parlò lentamente. «Hai letto *tutti* i miei diari?»

«Quelli che ho trovato in uno scatolone... gli anni dell'università.»

«Capisco...» disse. Lasciò ricadere le spalle e si accasciò, premendosi le dita sulla fronte come se stesse cercando di richiamare alla mente quello che aveva scritto: non solo il senso, ma le parole, le frasi, i paragrafi precisi. Ruth vide il collo di Ned avvampare e, quando lui tornò a guardarla, aveva un'espressione disperata. «Hai letto... tutto?»

Ruth si sentì abbattuta. «Sì» mormorò. «Ora so tutto.» Si arrabbierà? pensò Ruth. Litigheremo?

Ma lui si chiuse in un lunghissimo silenzio, limitandosi a fissare il pavimento, perso nei suoi pensieri. Quando tornò a parlare, non c'era rabbia nella sua voce, solo un senso di vulnerabilità che Ruth non aveva mai sentito prima.

«Sono... sono sconvolto. Non so cosa dire. Non leggo

quella roba da anni. Avevo quasi dimenticato che esistesse. Sapevo che avrei dovuto liberarmene.»

«Sei... arrabbiato?»

«Non lo so... Sì, sono arrabbiato, ma anche...» Gli si smorzò la voce. «Se penso a te che leggi quelle cose... è imbarazzante, umiliante. Non ho mai detto a nessuno cosa c'era scritto in quei diari. Lì dentro ci sono i miei pensieri più profondi, più intimi. È come se tu li avessi violati.»

«Non devi sentirti in imbarazzo...» cominciò Ruth, ma lui la zittì con uno sguardo pieno di rabbia.

«Non puoi dirmi una cosa del genere. Tu che ne sai? Non capisci cosa significa per me? A parte la semplice invasione della mia privacy, c'è ben altro. Lei era la ragazza di uno dei miei migliori amici e io sarei stato pronto a tradirlo in qualsiasi momento. Per anni sono stato sul punto di dirle quello che provavo, nella speranza che lei lo avrebbe lasciato per mettersi con me. Che razza di persona sono? Non capisci? È come averti sbattuto davanti agli occhi i miei peggiori difetti.»

«Non essere così duro con te stesso. Non volevi farlo, non hai avuto scelta.» Ruth, del tutto irrazionalmente, era travolta da un senso di pietà per lui. Ned accusava se stesso della passione che era stata la causa di tutti quegli anni di agonia.

«L'unica cosa che mi dava sollievo» continuò Ned con calma, quasi parlando tra sé e sé, «era che nessuno lo sapesse, non l'ho mai confessato a nessuno. È per questo che ho buttato via tante ore per scrivere tutto. Era l'unico modo che avevo per togliermi quel peso di dosso. L'ho tenuto soffocato dentro di me per troppo tempo. È difficile vivere con un segreto del genere.»

È convinto che nessuno lo sappia, pensò Ruth, affranta.

Non si rende conto di quanto fosse palese, tanto che se ne sono accorti tutti. Non posso dirglielo! Ripensò alle parole di Tom, quando aveva insinuato che tutti loro trovavano divertente la devozione di Ned per Erin. All'inizio, Ruth avrebbe voluto sbattergli tutto in faccia, pregustando la crudeltà con cui lo avrebbe ferito, proprio come si sentiva ferita lei. Ma a quel punto si accorse che non avrebbe mai potuto farlo.

«E così la amavi davvero...»

Ned trasalì. Un attimo dopo disse: «Sì. Certo che l'amavo. Ma non ne ho cavato nulla.»

«Ti sei mai dichiarato?»

Le lanciò un'occhiata. «No, non mi sono dichiarato. Non credo che l'abbia mai scoperto.»

Ma certo che l'ha scoperto! pensò Ruth. Capiamo subito quando qualcuno ci ama. Le tornarono alla mente le lettere, i nomignoli, l'intimità. Erin sapeva. Ed era stata molto abile a fargli fare esattamente quello che voleva lei.

«È stato il periodo peggiore della mia vita, quello dell'università. Era una cosa così opprimente che credevo mi sarei ucciso.» Ned parlava a voce bassa, quasi rivolgendosi a se stesso. «A volte mi chiedevo se non sarebbe stato più facile buttarmi giù da un ponte e farla finita. Non ci ho mai provato sul serio, ma qualche volta quei brutti pensieri mi ci hanno portato davvero vicino. E poi, a un certo punto, poco prima che si mettesse con Tom, quando sapevo che la storia con Jeremy stava arrivando al capolinea, ho creduto di avere una speranza. Le ho chiesto di incontrarci una sera, fingendo di voler andare in un nuovo locale, ma in realtà volevo solo aprirle il mio cuore e chiederle di darmi una possibilità. Le nostre uscite erano strane in quel periodo. Erin beveva un sacco, alle feste e cose varie, e a fine serata, ormai sbronza, cadeva tra le mie braccia, mi accarezzava i capelli ed era dolce con me. All'epoca vivevamo assieme... Cristo, com'era difficile.» Si passò le mani tra i capelli. «Se ne stava sul divano a fumare, ammiccando, giocherellava con i ricci, cantava canzoni per me, con quella voce sensuale, e lasciava che la gonna le salisse ben oltre il limite della decenza. Credevo che quelli fossero dei segnali.» Ned fece una risata amara. «Povero stupido! Devo proprio essere un idiota, cazzo. In realtà stava pensando a tutt'altro. Una sera si è ubriacata, e appena rientrati a casa ha cominciato a flirtare con me in modo sfacciato. Mi si è seduta sulle ginocchia dicendo di amarmi – con quella dolcezza che poteva voler dire 'come un fratello' – ma, cristo, il mio cuore stava impazzendo, davvero.»

Rimase per un attimo in silenzio.

«Ma non avrei mai fatto nulla quando era sbronza, così ho deciso di organizzare quella serata in cui le avrei detto tutto. Dovevi vedermi, ero patetico. Ho passato ore a decidere cosa mettermi, cosa dire, dove scambiarci il primo bacio.» Rise di nuovo. «Non si è nemmeno presentata, ovviamente. Quando sono rientrato non era neanche in casa. C'era solo un biglietto sul tavolo della cucina, in cui diceva che era andata da Tom. Lui era tornato a vivere con la sua famiglia per riprendersi, probabilmente per tirarsi fuori da tutte quelle droghe che prendeva. E lei era sempre entusiasta di andare da lui – e, data la casa enorme in cui viveva, era fin troppo facile restare lì, le bastava trovare una scusa qualsiasi. Perciò non mi aveva stupito più di tanto che le fosse venuto il capriccio di vederlo. Ma poi sono tornati... insieme. Così, dal nulla.»

«Come è stato... quando hai scoperto che stava con Tom?»

«Ah, terribile è stato. Come un doppio tradimento. Se

c'era uno che poteva saperlo, o immaginarlo, quello era Tom. E mi sono reso conto che doveva aver passato mesi a cercare un modo per conquistarla, senza mai dire una parola. E nonostante lei fingesse di fidarsi e di contare su di me, neanche lei mi ha detto nulla. In quel momento ho capito che era finita, davvero finita, e che in realtà non avevo mai avuto speranze con lei.» Ned si strinse nelle spalle. «E così, dopo quella scoperta, speravo solo che mi sarebbe passata, e mi illudevo che, se avessi sofferto per tutto il tempo necessario, alla fine l'avrei superata, come si superano le crisi d'astinenza.»

«E ce l'hai fatta?» domandò Ruth con un filo di voce.

Ned chiuse gli occhi e sospirò, quasi irritato. Quando li riaprì, disse: «Ruth, avevo una vita prima che arrivassi tu. Mi spiace se per te è difficile da accettare. Ma adesso siamo sposati. È ovvio che l'ho superata, perché mi sono innamorato di te».

«Lo so. Però...» Non avrebbe mai voluto chiederglielo, ma sapeva che non si sarebbe messa il cuore in pace finché non ne avesse avuto la certezza assoluta. «È forte come quello che provavi per Erin?»

«Ruth, Ruth...» rispose Ned, in tono quasi supplichevole. «Perché mi fai queste domande? Che senso ha?»

«Perché ho bisogno di saperlo!» gridò. «Devo sapere che non sono un ripiego. Ho bisogno di sentirti dire che mi ami più di quanto ami lei!»

«Te lo dico ogni giorno» ribatté bruscamente. «E sei tu quella che ho sposato.»

«Non so se mi basta.»

«Non posso... non ti dirò niente di più. Mi spiace. Devi fidarti di me.»

Ruth scoppiò a piangere. Questa aveva tutta l'aria di

una scappatoia. Era così difficile dirle quello che aveva bisogno di sentirsi dire?

«Non capisco perché stia succedendo tutto questo» disse Ned con aria malinconica. «È incredibile sentirmi accusato in questo modo. Cristo santo...» Si alzò e fece su e giù per la stanza, poi si voltò verso Ruth. «Se tu non avessi letto i miei diari, non sarebbe successo nulla. È per questo che non te ne ho mai parlato, perché sapevo che avresti reagito così senza alcun motivo. Ti rendi conto di quello che hai fatto?»

Ruth si asciugò le lacrime con il dorso della mano, tirando su col naso. Pensò al pancione di Erin, al bambino per cui aveva comprato un piccolo cardigan bianco. Immaginò Ned che premeva le sue morbide labbra contro quelle di Erin, le mani sul suo seno, sulla sua pancia. «Non ne sono così sicura. Non è giusto accusare solo me per la mia curiosità.»

Ned aggrottò la fronte con aria interrogativa. «Cosa vuoi dire?»

Devo chiederglielo? pensò Ruth disperata. Devo correre questo rischio? C'è almeno una possibilità che sia vero?

Squillò il telefono. Ned rimase per un attimo a fissarlo, quasi si stesse sforzando di ricordare come doveva reagire a quel suono. Infine rispose.

«Pronto? Sì, sono io... Cosa? Sì, lo conosco... Oddio.» Ned sbiancò in volto. «Capisco... No, sua moglie non c'è. Sì... Arrivo subito... Non mi può dire altro?... Capisco. Ma certo. Grazie.»

Riattaccò. «Devo andare.»

«Cos'è successo? Chi era?» chiese Ruth spaventata.

«C'è stato un incidente stradale. Tom è all'ospedale, devo correre là.»

Ruth rimase senza fiato. «O mio Dio. È uscito appena un'ora fa. Che gli è successo?»

«Non lo so. Non mi hanno detto niente. È meglio che vada.» Ned andò alla porta, prendendo il cappotto e le chiavi della macchina.

«Vengo anch'io!»

«È inutile, non puoi fare proprio niente. Ti chiamo appena so qualcosa. Aspettami qui.»

Ruth balzò in piedi e lo raggiunse, afferrandolo per un braccio. «Sii prudente, d'accordo? Vai piano.»

Ned le lanciò una rapida occhiata, la testa chiaramente altrove. «Non preoccuparti, starò attento.»

Ruth andò alla finestra e rimase a guardare i fari dell'auto che scomparivano nell'oscurità.

Capitolo 16

Ruth si rese conto che l'ultima volta che aveva messo piede in una chiesa era stato il giorno del suo matrimonio. Aveva sempre sognato di sposarsi in chiesa, pur non essendo affatto sicura di credere nei dogmi cristiani. Le sembrava più facile riporre la propria fede nell'idea vaga di un Dio onnipotente e benevolo, piuttosto che nelle storie bibliche di Adamo ed Eva, nel parto verginale e nel vino trasformato in acqua. Ned, come Cordy, riteneva che la religione fosse un rifugio per le menti fragili e superstiziose, la causa di tensioni e dissensi nel mondo, quindi il cristianesimo suscitava in lui un certo imbarazzo. Non aveva nulla da ridire sugli inni religiosi e sulla messa di Natale, con le candele e i canti che la gente tanto amava. La vera sciocchezza era mostrarsi disposti a credere che ci fosse qualcosa al di là di questo. Ruth non sapeva bene da che parte stare, e di certo le sue convinzioni non erano abbastanza salde da spingerla a discuterne con qualcuno, eppure le sembrava che ci fosse sotto qualcosa di fondamentale, e sapeva che, quando si fosse decisa a sposarsi, avrebbe voluto farlo in quel luogo solenne e meraviglioso, dove l'impegno che stava per assumersi nei confronti di Ned fosse visto con quel rispetto che lei stessa gli attribuiva.

Entrata nella chiesa, si guardò attorno. L'edificio sorgeva su un terreno immerso nel verde presso il Tamigi, poco lontano dalla casa di Tom, un misto di vecchio e nuovo, con le tipiche finestre gotiche ad arco e un campanile merlato a base quadrata, ma con evidenti tracce di restauri posteriori. All'interno, nella parte più antica della chiesa, le pareti erano ricoperte di sculture e targhe. Un bel monumento funebre in marmo nero sfoggiava cherubini e angeli piangenti in atteggiamento mesto: sui volti lisci era disegnata un'espressione infelice, assente, mentre l'iscrizione dorata enunciava in latino il motivo della loro afflizione.

Chissà cosa c'è scritto, pensò Ruth, che non aveva mai studiato latino. Era stata esonerata da quel corso assieme a pochi altri studenti ritenuti più adatti a portare avanti «progetti classici» – disegnare ritratti di Cesare e delle ville della Roma antica, o descrivere come i romani cucinavano i ghiri.

Lame di luce colorata penetravano dalle finestre, andando a colpire le targhe grigie, alcune adornate di blasoni, che commemoravano la vita e la morte dei ricchi uomini del posto. Sopra la sua testa, Ruth lesse la storia di Margaret Diggory, moglie di Thomas Diggory, morta nel 1765, madre di dodici bambini che l'avevano preceduta in paradiso. Sul pavimento erano incastonate altre lastre di pietra, le cui elaborate iscrizioni erano state cancellate dai passi dei fedeli, e targhe d'ottone ormai quasi completamente levigate. Nell'angolo più lontano, accanto alla cappella, spiccavano le effigie di un cavaliere e della moglie, sdraiati fianco a fianco sotto una volta di pietra, le mani giunte in preghiera e gli occhi chiusi.

Chissà quanti matrimoni e battesimi sono stati celebrati in questa chiesa, pensò Ruth. Eppure, le uniche cose rimaste sono i monumenti ai morti.

Ruth si sedette in una delle prime file, aspettando di vedere come sarebbe stata la cerimonia. Senza dubbio qualcuno ne sapeva di più. Le prime panche erano vuote, pronte ad accogliere la famiglia che avrebbe fatto il suo ingresso al seguito della bara. L'organo – non si vedeva, probabilmente era a un piano superiore – suonava una musica dolce, triste, che accompagnava la silenziosa attesa dell'assemblea.

Abigail, seduta accanto a Ruth e anch'essa sola, le prese la mano con delicatezza e mormorò: «È una cosa tremenda... Come sta Ned?»

«È distrutto» sussurrò Ruth, contenta che Abigail fosse lì. Entrambe avevano avuto un posto accanto alla famiglia solo in virtù del matrimonio. Gli amici intimi di Tom erano seduti più indietro.

«Anche Luke.» Abigail scosse la testa. Gli occhi le si riempirono di lacrime. «È spaventoso, vero? E... povera Erin. Non oso immaginare cosa stia passando.» Abigail cercò un fazzoletto, singhiozzando. «Dio, scusami.»

Ruth la abbracciò, tenendola stretta a sé, mentre una parte di lei invidiava quel dolore. Anche lei avrebbe voluto piangere, mostrare la propria umanità e la paura che le incuteva la morte, così densa di pietà e di terrore, ma non riusciva a farlo. Era raggelata.

Le tornarono alla mente gli altri funerali a cui aveva partecipato: quello di un compagno di università morto talmente in fretta che non si era nemmeno accorta che fosse malato; la cremazione di suo nonno, una cerimonia rapida e fredda, con la famiglia di un altro defunto che se ne stava andando al loro arrivo e un'altra che già stava entrando mentre loro uscivano in fila, dopo che la bara era scivolata sobbalzando oltre la tenda viola. E poi c'era stato il funerale di sua madre, di cui aveva stampato nella mente solo qualche vago ricordo, mentre la cosa che più le era rimasta impressa era quel senso di orrore che tornava ancora a tormentarla di tanto in tanto: una sensazione negativa, sgradevole, che avvelenava tutto il suo essere e la lasciava quasi sopraffatta da un'angoscia disperata.

Avrebbe preferito provare un'emozione simile in quel momento, o qualsiasi altra cosa, pur di non sentirsi isolata dal resto del mondo, immune da tutto. Da quando aveva saputo della morte di Tom, probabilmente fin dall'istante in cui la sua auto era uscita di strada andando a schiantarsi a tutta velocità contro una quercia, si era sentita così. Era come se fosse precipitata in un baratro troppo in fretta, portando con sé solamente il proprio corpo e lasciando che il cuore e i sentimenti la raggiungessero solo più tardi.

Perché non riesco a provare niente? si chiedeva Ruth, il braccio attorno alle spalle tremanti di Abigail. Non capisco.

L'organo cessò bruscamente di suonare, ma dopo una sola battuta ricominciò, questa volta più forte. La congregazione si voltò verso il portone aperto della chiesa, e la bara era lì, una cassa liscia di legno chiaro, portata a spalla da uomini scuri in volto: i fratelli di Tom, Ned, Jeremy e, per ultimo, Luke che, essendo il più basso, sosteneva la bara con un braccio. Avanzarono lungo la navata, seguiti dai chierichetti – uno faceva oscillare un incensiere d'argento decorato, un altro teneva sollevato il crocefisso ornamentale, anch'esso d'argento, e altri due portavano le candele. Dietro di loro il parroco, nel suo rigido abito talare purpureo con ricami argentati, i suoi assistenti dalle tonache più sobrie, e infine la famiglia. Erin, la curva aggraziata del pancione ben visibile sotto il vestito nero, si reggeva a una donna che Ruth immaginò fosse la madre di Tom. Entrambe avevano gli occhi lucidi e il volto pallido, contratto.

La bara fu condotta in fondo alla chiesa. Gli uomini che la portavano la deposero sul catafalco con tutta la delicatezza possibile, mentre i chierichetti sistemavano la croce e la candela sull'altare e la famiglia si accomodava nelle panche.

Ned e Luke presero posto accanto a Ruth, che aveva lo sguardo fisso sulla bara, con quel suo aspetto irreale, quasi fosse un arredo scenico. Tutta la cerimonia sembrava una finta, una prova. Non erano ancora pronti per affrontare la morte, non si aspettavano che sarebbe entrata così presto nelle loro vite.

Ruth ebbe l'istinto di farsi largo fino alla bara e bussare sul coperchio gridando: «Tom, non fare lo stupido. Vieni fuori di lì e sii serio. Non vedi che li hai sconvolti tutti, con il tuo comportamento?» L'impulso era talmente forte che, per riuscire a trattenersi, Ruth dovette mordersi il labbro e stringere i pugni.

Il funerale ebbe inizio. I pensieri di Ruth erano concentrati esclusivamente su Ned, in piedi al suo fianco, le nocche delle dita bianche mentre stringeva tra le mani il libretto della messa, vacillando leggermente. Alzò lo sguardo verso di lui mentre tutti intonavano il primo canto, una nenia di voci flebili prive di qualsiasi fervore. Ned leggeva il testo, muovendo debolmente le labbra senza emettere alcun suono. Ruth gli posò la mano sul braccio e lo strinse dolcemente, ma quel gesto non suscitò in lui alcuna reazione. La sollevava sapere che Ned non aveva altre incombenze durante la cerimonia, era convinta che non sarebbe riuscito ad affrontarle. Da quella sera in cui l'avevano chiamato in ospedale, quando aveva scoperto che Tom non era ferito, come lui si aspettava, ma morto, Ned era in uno stato che oscillava fra la trance di un sonnambulo e il dolore opprimente di chi ha appena subito un lutto. Era stato lui a chiamare Erin il giorno successivo, interrompendo le riprese del film che stava girando in Germania, per informarla dell'incidente. Era andato a prenderla all'aeroporto di Heathrow assieme a Ruth; avevano atteso che sbarcasse e, al suo arrivo, Ruth aveva dovuto tenersi in disparte mentre Erin e Ned si abbracciavano, incapace di condividere con loro l'intensità di quella perdita.

I funerali sono più brevi dei matrimoni, pensò Ruth, mentre la cerimonia procedeva veloce: recitarono le preghiere, quindi Erin avanzò verso l'altare e si fermò di fronte alla bara. Ci fu un sospiro profondo, quasi udibile, da parte dell'intera congregazione, unito a un senso di commozione collettiva alla vista di quella donna che portava in grembo il figlio del defunto. Erin rimase immobile, i piedi uniti e il foglio stretto tra le mani, come una studentessa che deve leggere a un'assemblea scolastica. Nella sua voce non c'era più traccia di quel tono pieno e impostato che aveva al matrimonio di Ned e Ruth; era tremula, bassa, ma infinitamente più toccante.

«Morte, non essere orgogliosa» lesse Erin, «sebbene alcuni ti abbiano chiamato potente e terribile...»

John Donne, pensò Ruth. Aveva studiato le sue poesie a scuola e ricordava che un tempo le piacevano. Ascoltò quelle parole di rimprovero alla morte, osservando Erin, di una bellezza che il dolore aveva sublimato a tal punto da rendere quasi difficile guardare il suo volto così pallido e perfetto.

«Dopo un breve sonno, ci svegliamo per l'eternità» continuò Erin. Levò lo sguardo verso i presenti. «E la morte non esisterà più. Morte, tu morirai.» Si trattenne ancora un istante, fissando la bara e sfiorandosi il pancione con la mano, prima di volgersi con grazia per tornare a sedere.

Che tristezza, pensò Ruth, continuando però a sentirsi come se fosse chiusa in una stanza le cui pareti invisibili la tagliavano fuori dal resto del mondo.

Il parroco cominciò a parlare: «Non ho mai avuto il piacere di conoscere Tom di persona, ma ho parlato alla sua famiglia e agli amici e...»

Ruth lo ascoltò mentre cercava di spiegare il motivo per cui Tom aveva dovuto morire in quel modo così insensato, con un figlio in arrivo che non avrebbe mai conosciuto, cercando di trovare qualcosa di buono in quella disgrazia. Quindi parlò uno dei fratelli di Tom, e fu in quel momento che Ruth, sentendo dei gemiti, vedendo tremare le mani di Ned, si rese conto che stava piangendo anche lui, mentre il fratello di Tom esprimeva ciò che stavano pensando tutti quanti: com'era stupido e pietoso morire in quel modo.

Alla fine, il fratello supplicò i presenti: «Non dimenticatelo. Non dimenticate Tom, è tutto quello che vi chiediamo, perché l'unico modo in cui può continuare a vivere è dentro tutti voi, e dentro suo figlio. Vi prego, venite a fargli visita ogni volta che potete. Resterà qui per tantissimo tempo».

Ruth strinse forte la mano di Ned e cercò di infondergli tutta la propria forza; l'ultimo canto, pur essendo pervaso da un'infinita tristezza, diede loro il tempo di riprendersi prima che il parroco li conducesse al luogo della sepoltura. Gli uomini si rimisero sulle spalle il loro fardello, per l'ultima volta, accompagnando fuori la bara fino alla fossa. Ruth si alzò dalla panca per unirsi alla processione e, passando, scorse Jackie e Steven Haskell seduti in fondo alla chiesa. Accennò un timido sorriso alla suocera, che indossava un abito nero e un ampio cappello, gli occhi rossi per il pianto e un fazzoletto di pizzo premuto sul naso, ma il gesto non fu ricambiato.

La fossa era in fondo al cimitero, all'ombra di un tasso, una desolata buca nel terreno con due mucchi di terra ai lati. Quando giunsero lì, Ruth rimase sorpresa di quanto fosse profonda: sembrava senza fine. Si tenne in disparte dal gruppo, lasciando che fossero gli altri a stare in prima fila, per ripararsi dietro le loro schiene. Non voleva assistere al momento in cui la bara sarebbe stata calata; l'aveva visto già altre volte, e il senso di freddezza e di oscurità l'aveva sconvolta a un punto tale che non voleva ripetere mai più quell'esperienza.

Quando il parroco cominciò l'ultima orazione, Ruth si accorse di essere accanto a Jeremy. C'era qualcosa di confortante nella sua statura e nella stoffa pesante dell'abito che indossava. Avrebbe voluto appoggiarsi a lui, attingere un po' della sua energia, e si rese vagamente conto che nell'ultima settimana, forse anche di più, aveva cercato di tirare fuori tutta la sua forza, per Ned, e questo l'aveva completamente sfinita.

Jeremy abbassò lo sguardo verso di lei, mormorando con calma:

Di que' duri olmi a l'ombra, e di quel tasso,
'Ve s'alzan molte polverose glebe,
Dorme per sempre, in carcere angusto e basso,
De la villa la rozza antica plebe.

Ruth rifletté per un attimo: carcere angusto. Sì, la fossa aveva proprio quell'aspetto. Una stretta, gelida prigione. Ebbe un fremito. «Chi l'ha scritta?»

«Thomas Gray. *Elegia scritta in un cimitero campestre.* Una di quelle adorabili opere malinconiche che un tempo andavano tanto di moda. Non smette mai di essere commovente, e si adatta piuttosto bene al povero vecchio Tom, stroncato prima ancora di raggiungere il fiore degli anni. E la *balba famigliuola* che non prende più i baci invidiati del padre, e i fiori che *per solingo ciel spargon gli odori.*»

Rimasero per un attimo fianco a fianco ad ascoltare i refoli della voce del parroco al di sopra della congregazione.

«Stai reagendo bene» commentò Ruth con cautela, non riuscendo a capire se Jeremy fosse indifferente alla morte di Tom o se, come lei, non riuscisse ad aprirsi e sentirsi partecipe della cerimonia funebre.

«Io sì. A differenza di tua suocera.» Fece un cenno con il capo verso Jackie, che si dondolava avanti e indietro singhiozzando, stretta tra le braccia del marito che la zittiva teneramente. «Senz'altro sta vendendo bene la sua merce.» Si accorse dell'espressione sul volto di Ruth. «Evita quell'aria di disapprovazione. Non ci vedo niente di male a fare sfoggio delle proprie emozioni in queste cerimonie. Sono fatte apposta. Quando la signora Haskell salirà in macchina per tornare a casa si sentirà già molto meglio, e dopo un'ora si starà chiedendo cosa preparare per cena e cosa c'è alla tele. Ma quelli che ora non stanno piangendo – i genitori di Tom, la sua famiglia – sanno che per loro non sarà tutto finito una volta tornati a casa. È per questo che non hanno fretta di piangere e singhiozzare. E poi, se la madre di Tom scoppiasse in lacrime, come credi che reagirebbe quella di Ned? Noto in lei una certa vena melodrammatica, o sbaglio? Magari si butterebbe nella fossa assieme alla bara, come Amleto.»

A Ruth scappava da ridere, e fu un sollievo per lei sentire anche solo il minimo accenno di allegria, dopo la depressione inesorabile che era calata su di loro negli ultimi dieci giorni. «Aspetta di vedere quando si butterà sullo cherry più tardi» ribatté Ruth.

Qualcuno davanti a loro si voltò, aggrottando la fronte. La congregazione stava recitando le ultime preghiere. Un «amen» sommesso giunse al loro orecchio come un telefono senza fili.

«Amen» disse Ruth obbediente, e tutto era finito.

Tom è sepolto sottoterra, pensò, mentre stavano tornando al sentiero che conduceva alla chiesa. D'improvviso le balenò alla mente l'immagine di Tom che la stringeva a sé con aria maliziosa, l'alito che sapeva di birra, e le diceva: «Potremmo vendicarci assieme...» Per un attimo l'attraversò un brivido di preoccupazione, e scosse la testa per scacciare quel ricordo. Non voleva pensarci.

A quel punto, Ruth si accorse che, con il sole che splendeva, la chiesa aveva un aspetto magnifico, e si sentì pervasa da un'intensa, meravigliosa ondata di vitalità. Pare che sia normale sentirsi così dopo un funerale, pensò. Lo aveva letto in un articolo sul lutto: non esiste nulla che ci riempia di energia vitale più della morte. Pensò ai soldati e alle ragazze che facevano baldoria e danzavano e facevano l'amore durante i bombardamenti della Seconda guerra mondiale, alla dissolutezza nelle taverne ai tempi della peste, e venne voglia anche a lei di correre e gridare a squarciagola, ma si trattenne, concentrandosi sulla sensazione del vestito che le sfiorava la pelle, della brezza tra i capelli e del miracolo di inspirare ed espirare.

«Ruth?» Trasalì vedendo Ned al suo fianco.

«Dimmi.»

«Accompagno mamma a casa. Vieni anche tu?» Ned

non sembrava sentire quella stessa euforia di essere vivo, ma piuttosto aveva un'aria cupa, abbattuta.

Ruth non disse nulla, e intervenne Jeremy: «Ruth, se vuoi puoi tornare a piedi con me. Penso che prenderò la strada panoramica per respirare un po' d'aria».

«Va bene, vengo con te, se non è un problema» rispose Ruth, sollevata di non dover salire in macchina con Jackie.

«Come vuoi» tagliò corto Ned, per poi scomparire tra la folla in cerca di sua madre.

«Per di qua» disse Jeremy, indicandole un cancello laterale che conduceva fuori dal cimitero.

Camminarono in riva al fiume, lungo un sentiero costeggiato da antiche mura di pietra sovrastate dagli alberi in un tripudio di colori primaverili. Era una giornata serena e limpida, il cielo di un blu cristallino, qua e là increspato di nuvole. Ruth sentì il calore che le pizzicava la pelle sotto il tailleur nero di lana.

Le mura celavano al loro sguardo vaste tenute, ogni tanto un cancello aperto svelava rigogliosi prati verdi che si estendevano tra verande scintillanti e lussuose ville di mattoni rossi.

«Non sapevo che la famiglia di Tom fosse ricca» disse Ruth mentre camminavano.

«Oh, sì. Hanno ereditato una fortuna, se non sbaglio. Sono parenti alla lontana di certi ricconi e se la passano piuttosto bene.»

«È tutto relativo, però...»

«Be'... sì» rispose Jeremy con aria indifferente. «Come l'hai presa tutta questa storia?»

«Mah... in realtà sono ancora stordita. Non riesco a credere che sia successo. E tu?»

«Temo di essere un po' ostile al sentimentalismo. La

gente si deprime pensando alla morte, e parla dei defunti come se gli fosse stata rubata la vita. Per me è l'esatto contrario. La possibilità di esistere è così infinitamente piccola che essere vivo per un qualsiasi arco di tempo fa già di te un vincitore. Morire dopo i trent'anni vorrebbe dire aver già superato la mezza età, secondo gli standard medievali. Per me Tom ha avuto una vita piena.»

«No, per me no. Non puoi dire che la vita di Tom sia stata completa. È una vita spezzata. Non ha nemmeno conosciuto suo figlio.»

«Ormai per lui è tutto assolutamente immateriale. Noi queste cose le sappiamo, ma lui no, perché è morto.» Jeremy si strinse nelle spalle. Tirò fuori una delle sue piccole sigarette rollate e la accese. «Ascolta, Tom è morto molto in fretta, senza malattie o paura o torture... Non è un brutto modo di andarsene. Oggi sono morte almeno altre cento persone. Un bambino malato. Un padre di quarant'anni in oncologia. Un vecchio nel letto di una casa di riposo. Una giovane alla guida della sua macchina. Qualcuno è caduto da una scala o è stato investito da un pullman. E domani un altro centinaio. Capita. Non è un mistero. Tutte le storie devono finire. D'ora in poi penseremo a Tom come all'uomo destinato a morire ancora giovane in un incidente d'auto. Ciò che ci rende tristi è solo la paura di non sapere a che morte andiamo incontro.»

«Non sono d'accordo» cominciò Ruth, pensando a come dovesse sentirsi la madre di Tom, e ricordando la morte di sua madre. Jeremy la interruppe.

«Ma tu sei stata l'ultima a vederlo, vero? Assieme a Ned?»

«No, Ned no» rispose Ruth, senza riflettere. «Era uscito a prendere la cena.»

Jeremy inarcò le sopracciglia. «Eravate voi due soli? E Tom se n'è andato prima di cena? Di cosa avete parlato?»

Ruth rimase per un po' in silenzio, continuando a camminare. «Non voglio discuterne» disse alla fine. «Ti prego, Jeremy. Non ci sono segreti, non c'è niente da sapere. Tom ha deciso di tornare a casa, questo è quanto.»

«Il nostro destino dipende proprio da queste decisioni insignificanti» osservò Jeremy. «E immagino che abbiano stabilito la causa della morte in modo convincente.»

«La sua macchina aveva la forma di un ferro di cavallo, questa è sembrata una spiegazione piuttosto esauriente.» Ruth cercò di non sembrare troppo sarcastica, ma aveva paura di ciò che Jeremy voleva insinuare: che lei conoscesse qualche motivo per cui Tom fosse morto tornando a casa. Non era ancora riuscita ad affrontare quel pensiero, ma aveva temuto che prima o poi qualcuno le avrebbe fatto domande. «Nessun dubbio sulla causa della morte.»

«Niente alcol in corpo?»

Ruth scosse la testa. «Ned mi ha spiegato cos'hanno detto i medici alla famiglia: non c'era nulla in quantità tale da provocare un incidente. Solo una birra, nient'altro. Tutto chiaro.»

«Nessuna indagine?»

«No.»

«Ruth, posso dirti una cosa? Non mi sembri te stessa.»

Ruth alzò lo sguardo verso di lui. «Ah no? E lo trovi strano? Nessuno sembra se stesso oggi, o forse non te ne sei accorto?»

«Può darsi che io stia parlando a sproposito, e se è così ignorami. Però vorrei chiederti una cosa. Tom... ti ha detto qualcosa? Qualcosa che non sapevi? Qualcosa che ti ha sconvolta?»

Per un attimo Ruth non rispose, e proseguirono in silenzio. Aveva un disperato bisogno di sfogarsi con qualcuno, ma non si fidava di Jeremy. Era certa che avesse qualche secondo fine, pur non riuscendo a capire quale. «No» disse infine. «Non mi ha detto niente.»

«Ovviamente non avresti alcun motivo di dirmelo, se anche l'avesse fatto. Perché mai dovresti confidarti con me? Di certo stai pensando che sono un tipo subdolo, ma c'è una cosa che devo dirti, e devo dirtela adesso, d'accordo? Forse non sarà il momento più indicato, essendo il giorno del funerale di Tom, ma non posso farci niente.» Jeremy si fermò di scatto, afferrando la mano di Ruth e costringendola a guardarlo in faccia. «Qualunque cosa tu possa pensare di me, Tom era un milione di volte peggio. Se credi che io sia un tipo ambiguo e manipolatore, Tom lo era più di chiunque altro. Era lui il vero burattinaio tra noi. Adorava questo ruolo, era come una droga per lui. Pensava di poterci comandare a bacchetta, come fossimo delle pedine su una scacchiera, facendoci vincere o perdere per assecondare i suoi desideri. Eravamo le sue marionette, e dovevamo essere pronti a ballare per lui in qualsiasi momento. E a volte la sua vena distruttiva aveva la meglio.» Lasciò la mano di Ruth, si voltò di nuovo verso il sentiero e ricominciò a camminare, lo sguardo fisso sul terreno ghiaioso. «Non so cosa ti abbia detto Tom quella sera, ma voglio metterti in guardia, ti supplico di stare attenta. Era convinto che avrebbe continuato a muovere i fili, manipolando le nostre vite. Ma non può più farlo ora. Non può più fermare il gioco pericoloso che ha messo in moto, qualunque esso sia.»

«Perché dovrei fidarmi di te?» sbottò Ruth. «Potresti benissimo essere *tu* il burattinaio che cerca di manipolarmi, una specie di inganno dentro l'inganno... Ed è così comodo ora, eh? Ora che Tom non è qui a difendersi o ad affrontarti...»

«È una reazione comprensibilissima. Posso solo dirti che ti stai sbagliando. Forse, dopo quello che ti ho detto, le cose cominciano a quadrare... Pensaci un po' su.» Raggiunsero la casa della famiglia di Tom, passando dal retro. I cardini del cancello cigolarono mentre Jeremy lo apriva. «Dopo di te.»

La congregazione era già quasi tutta riunita per la veglia funebre, e si era riversata all'esterno, in giardino. Ruth si fece strada in mezzo alla gente. All'aria aperta, gli animi si erano risollevati, tutti bevevano vino e discutevano quasi con allegria. In casa, invece, l'atmosfera era ben diversa. Ruth trovò Ned in salotto assieme alla famiglia di Tom e agli amici più intimi. Seduta sulla sedia più ampia, Erin sembrava una regina circondata dai suoi cortigiani, i piedi poggiati su uno sgabello, accanto a lei una tavola imbandita di cibi e bevande che nessuno aveva ancora toccato. Sembrava stanca, stremata, indebolita dal peso di quel pancione che in genere portava con estrema grazia.

Ruth si trattenne solo un momento, giusto il tempo di sussurrare all'orecchio di Ned che l'avrebbe aspettato in giardino, anche se lui la sentì a malapena. Non poteva sopportare un attimo di più quel senso di dolore opprimente. Forse non sarebbe stato poi così male se l'avesse vissuto con la stessa intensità degli altri, ma non ci riusciva. Sentì un immediato bisogno di luce, perciò tornò a immergersi nel sole primaverile e camminò sul prato, sognando di potersi togliere calze e scarpe per sentire l'erba fresca e morbida tra le dita dei piedi.

Era strano osservare questo risvolto della vita di Tom, entrare a farne parte ora che lui se n'era andato. Tutta la vicenda le sembrava ancora irreale, ma il funerale l'aveva resa più immediata. La consapevolezza della morte di Tom stava cominciando a colpire nel segno. Volgendo lo sguardo verso le acque torbide del fiume, mentre una famigliola di anatre si lasciava trascinare dalla corrente, Ruth si concesse un momento per pensare a quelle cose che aveva tentato di allontanare a forza dalla sua mente.

Tom è morto. L'ultima cosa che mi ha detto è stata: «Mantieni la calma». Mi ha detto di non fare mosse avventate. Ha detto che avrebbe potuto sopportare qualsiasi cosa. È possibile che queste siano le parole di un uomo che sta per andarsi a schiantare di proposito contro un albero? Non posso credere che l'abbia fatto. Non posso credere che la nostra conversazione sia stata talmente forte da spingerlo al suicidio. Lui non sapeva nulla, non era sicuro... di ciò che mi ha detto. Non abbastanza da morire per quello. No. Sono certa che è stato solo un incidente.

Ripensò alle parole di Jeremy: sosteneva che Tom fosse il peggiore di tutti loro. E così chi muoveva i fili non era Jeremy, o Erin, ma Tom... doveva credergli? Tom avrebbe davvero corso il rischio di mentire su una cosa tanto importante come la paternità del figlio di Erin, e sul matrimonio di Ned? Lo pensava davvero capace di una cosa del genere?

Assolutamente no, pensò Ruth. A ogni modo, non intendeva pensare a Jeremy un attimo di più. Non voleva mettersi a decidere di chi poteva fidarsi o meno. A quel punto tornò ad attanagliarla la sua paura più profonda, quella che per lei era diventata una vera ossessione.

Era come se tutto ciò che era successo da quando Ruth aveva aperto quel maledetto scatolone e letto quei diari si fosse rivelato inoppugnabile: quelle lettere, le parole di Tom e le cose che Ned non aveva avuto il coraggio di tirare fuori. Tutto portava a un'unica conclusione: la passione che Ned provava per Erin non si era mai affievolita, e il fatto che lei, Ruth, si fosse intromessa, aveva scatenato l'istinto territoriale di Erin, spingendola a riattizzare le fiamme del desiderio di Ned, attirandolo a sé con la promessa di ricambiare il suo amore. Quella era senz'altro la conseguenza più logica. E forse Ned aveva ceduto. Forse avevano perso il controllo. Forse la gravidanza di Erin non era altro che il risultato di tutto questo. Ruth raggelò a quel pensiero.

Ma finché c'era stato di mezzo Tom, tutta quella storia aveva avuto un freno naturale. Ora che se n'era andato, invece, la strada per quei due sarebbe stata spianata ...

Praticamente dal momento stesso in cui aveva ricevuto la notizia della morte di Tom – Ruth se ne accorse in quel momento, sola, in fondo al giardino – aveva vissuto in attesa del momento in cui il boia avrebbe calato l'ascia, quando Ned le avrebbe detto che ora lui ed Erin sarebbero stati insieme. Non lo aveva ancora fatto. Ma era solo questione di tempo. Ruth ne era sicura.

Capitolo 17

Fino a qualche mese fa, pensò Ruth, consideravo me e Ned un fulgido esempio di matrimonio felice... e ora guarda.

La casa, un tempo piena di chiacchiere e di risate, quella casa di cui aveva sempre avuto nostalgia ogni volta che se ne era allontanata, era diventata un luogo silenzioso e angosciante. Ned era l'ombra di se stesso, si era isolato del tutto dal mondo esterno, per concentrarsi sul suo turbinio interiore. Ruth voleva disperatamente aiutarlo e dargli l'amore di cui pensava avesse bisogno; eppure, non solo le voltava le spalle a letto, ma Ruth era sempre più convinta che non avesse più bisogno di lei.

Tra loro si comportavano con assoluta civiltà, tranne quando un nonnulla scatenava rabbia e nervosismo. Di rado divampava un vero e proprio litigio, ma beccarsi in continuazione era stancante, avvilente.

Come se non bastasse, si aggiungeva anche la pressione dei genitori di Ned che abitavano così vicino. Si erano trasferiti la settimana dopo il funerale di Tom; il giorno del trasloco Ruth e Ned erano al lavoro, ma Jackie si era rifiutata di riceverli, finché non fosse riuscita a mettere in ordine la casa. Ci andarono il sabato.

«È ancora tutto in disordine» avvisò Jackie, mentre li faceva entrare. «Non ho ancora avuto tempo di rassettare come dico io.»

Agli occhi di Ruth, invece, la casa era impeccabile: una riproduzione quasi esatta della precedente, per i mobili e i soprammobili sistemati con lo stesso formalismo severo e decoroso. C'era un non so che di quasi vittoriano per la ricchezza di seta, tende e nappe, e gli oggetti ammassati, posti su ogni superficie, che creavano un abbinamento singolare con la modernità della casa: i soffitti bassi, finestre in PVC e faretti.

«Ti piace, Steven?» chiese Ruth mentre si accomodavano in salotto, attenendosi alla solita routine, con il vassoio da tè di metallo sulle gambe. Ruth si sforzava sempre di coinvolgerlo, altrimenti Steven, tra il ciao iniziale e il saluto finale, non avrebbe aperto bocca.

«Sì, come no... però, non posso far finta che non mi manchi la vecchia casa.»

«La gente» s'intromise Jackie. «La gente si dà un sacco di arie qui. La vecchia che abita di fianco a noi mi ha guardato in un modo... non te lo immagini neanche. Quelli del Sud sono fatti così, del resto... Vedremo se miglioreranno.»

«E il giardino?» domandò Ruth. «Come lo trovate?»

Steven rispose: «Non vedo l'ora di iniziare a sistemarlo, anche se ormai non farò in tempo a fare un granché...»

«Steven ha in mente grandi progetti» intervenne Jackie. «Un gazebo... Un giardino giapponese... Un angolino dove bere qualcosa la sera, quando fa caldo... Un orticello sul retro.»

Non lo fa mai parlare, pensò Ruh. Non gli lascia nemmeno fare due chiacchiere. Ruth aveva iniziato a riflettere sul modo in cui Jackie trattava il marito, chiedendosi se quello fosse il motivo per cui Ned era così taciturno in presenza della madre: perché disturbarsi a parlare, se tanto i propri pensieri venivano dirottati? Vide Jackie girarsi verso Ned e mormorargli: «E tu come stai, Ned?» Il volto di Jackie assunse un'espressione triste. «Ti senti ancora giù per il povero Tom?»

«Sto bene» fu la risposta secca di Ned, che iniziò a muovere nervosamente i piedi. È arrabbiato, pensò Ruth.

«Io sono ancora a pezzi» dichiarò Jackie in un sussurro. «Sono sconvolta... Era così giovane! E con un bimbo in arrivo. È una tragedia. Ieri sera non sono riuscita a dormire, vero Steven? Ogni volta che ci penso, piango.»

Ecco un altro dei suoi trucchetti. Non importa quanto stiano male gli altri: quella che sta peggio è sempre lei.

«Adesso, Edward, devi promettermi che sarai prudente in macchina. Non voglio che succeda a me... perdere un figlio... Non ho nessuno che prenda il tuo posto, io...»

Come volevasi dimostrare. La vittima è lei.

«È per Erin che mi dispiace» continuò Jackie. «Quando nasce il bambino?»

«Il mese prossimo.»

«Oh! Povera ragazza... Appena posso, vado a trovarla.»

Ah, ci potrei giurare, pensò Ruth. Brava, intromettiti in questa storia con la tua falsa e stomachevole compassione.

«Erin è via» disse Ned. Ruth cercò di non sembrare sorpresa. Dal giorno del funerale, nessuno dei due aveva nominato Erin. Quel nome aleggiava tra loro, inespresso, ma entrambi ne avvertivano con dolore la presenza. La rabbia e l'odio di Ruth nei confronti di Erin si erano trasformati in paura. Quando sarebbe comparsa all'improvviso per portarselo via? «È andata a stare un po' dalla sua famiglia. Potrebbe anche partorire là.»

«Sarebbe la cosa migliore...» commentò Jackie, annuendo; teneva in mano la sua tazza di tè con esagerata delicatezza, come se l'argomento richiedesse maggiore formalità. «...stare con i suoi cari. In fin dei conti, adesso cos'ha qui? Una casa vuota.» Si protese in avanti, verso Ned. «Però ha te, caro... Le starai vicino, vero? Ho visto come ti sei comportato con lei al funerale, sempre preoccupato ad assicurarti che stesse bene. Sei l'amico migliore che potrebbe desiderare.» Sorrise a Ned, inclinando la testa da una parte, in quel modo tipico che aveva per esprimere il suo lato affettuoso.

Visitarono la casa manifestando una cortese ammirazione. Quando stavano andando, Jackie disse: «Magari più tardi vengo da voi. Va bene?»

«Certo, a dopo» rispose Ned, e Ruth lo seguì sul vialetto.

«Non sapevo che Erin fosse andata via» azzardò Ruth, aumentando il passo, per riuscire a camminare accanto a Ned.

«Be', sì... Può darsi che torni, non so.» Ned si mise le mani in tasca e affondò il mento nel collo della giacca, come per dire che non avrebbe detto nient'altro.

Ruth voleva chiedergli cosa ne pensasse della casa nuova della madre e del suo arrivo lì in paese. Avrebbe voluto parlarne, riderci sopra, fare comunella con lui, anche se sicuramente si sarebbero arrabbiati e morsi la lingua. Ma fra loro c'era questo muro, un ostacolo che Ruth incominciava a chiedersi se avrebbero mai superato.

Ruth non riuscì a confidare a nessuno l'intuizione che il suo matrimonio si stesse disgregando attorno a lei. Era umiliante: sposata da sei mesi e, in qualche modo, era già stata capace di rovinarlo. Ned continuava a essere taciturno – garbato, ma parlava solo quando era indispensabile. Usciva per lunghe passeggiate e, se Ruth si offriva di accompagnarlo, rispondeva brusco che preferiva starsene da solo. Ruth sospettava che Ned si portasse il cellulare per telefonare a Erin senza il rischio di venire ascoltato.

Ironia della sorte, pensò Ruth, vedeva Jackie quasi più di quanto vedesse Ned. Jackie aveva preso l'abitudine di andare da loro la sera. Ruth, quando tornava dall'ambulatorio, aveva sempre più paura di trovare la suocera – come spesso accadeva – ad aspettarla davanti alla porta di casa. Una volta entrata, Jackie si dava subito da fare, riordinando e facendo qualche mestiere, mentre Ruth si sforzava di essere cortese e interessata alle sue chiacchiere.

Dovrebbe essere d'aiuto, pensò Ruth, vedendo che Jackie era stata di sopra a svuotare il cesto della biancheria e stava scendendo con i panni sporchi tra le braccia, ma non lo è affatto. La faceva ammattire. Le dava fastidio come nessun'altra cosa al mondo. E il peggio – stringeva i denti, mentre Jackie si dirigeva verso la lavatrice, apriva lo sportello e iniziava a mettere dentro il bucato – era che Jackie aveva separato accuratamente i vestiti di Ned da quelli di Ruth, e metteva a lavare solo quelli di suo figlio.

«Le donne preferiscono lavarsi la loro roba da sole, no?» era l'unica spiegazione che le dava Jackie. Poi, mentre le mutande di Ned giravano nella schiuma, si metteva a stirargli le camicie, o ad appaiare le sue calze, gli ritirava le cose e chiedeva a Ruth se doveva iniziare a preparare la cena a Ned. Quando Ned arrivava, Jackie era tutta contenta e gli parlava senza interruzione, benché lui per tutta risposta si limitasse a bofonchiare qualcosa. Una volta che, finalmente, Jackie se n'era andata – di solito intorno alle dieci – il silenzio era così gradito, che Ned e Ruth si scambiavano giusto due parole mentre lavavano i piatti e poi salivano a dormire. Entrambi, pensava Ruth, erano alla mercé di Jackie, in un certo senso, e non riusciva a riunire tutte le sue forze per tenerle testa.

Una sera Jackie scese finalmente, dopo essere scomparsa al piano di sopra poco dopo che Ruth l'aveva fatta entrare. Ruth, stufa e sconsolata di avere Jackie ancora tra i piedi, era andata a farsi un tè in cucina e stava sfogliando il giornale, quando Jackie tornò di sotto.

«Ho appena dato al bagno una pulita come si deve» annunciò, trionfante. «Scusa se te lo dico, Ruth, ma era indecente. So che pretendo troppo, ma figlia mia... farai prendere a Ned un'infezione, se non stai attenta. Un virus o roba simile. Può anche capitare.»

Le conversazioni mentali di Ruth con Jackie erano il suo unico modo di ribellarsi, così mentre diceva: «Grazie, mamma, non dovevi, non ce n'era bisogno», pensava in realtà: Vecchia rincoglionita, chi ha mai sentito una cosa del genere? Sono un'infermiera, e che cavolo! Lo so benissimo cos'è l'igiene. Il water era pulito.

«Ho portato la mia candeggina.» Jackie sbatté sul piano d'appoggio della cucina una grossa bottiglia gialla. «La tua non serve a niente.»

«La mia è biodegradabile.» E dentro di sé: E scommetto che hai appena versato tanta di quella candeggina, che basterebbe a sterminare praticamente tutta la vita acquatica tra qui e il Mare del Nord, deficiente!

«Bioinutile» ribatté Jackie, ridendo. «A me piacciono le cose pulite» disse con soddisfazione. «E nessuno ha mai preso malattie in casa mia.» Jackie andò in salotto e si mise a riordinare le riviste e i libri di Ned.

«Questo gatto» fece a Ruth, che arrivò con il suo tè. Jackie osservava Maisie con diffidenza. «Si muove ogni tanto?»

Maisie sonnecchiava sul divano, raggomitolata con la testa sotto le zampe in un cuscino tigrato.

«È vecchia, perciò dorme quasi sempre» rispose Ruth.

«Non mi piacciono gli animali. Portano sporcizia, germi e pulci. Non ne terrei mai uno in casa mia.»

Oddio, non vorrai mica annegarla nella candeggina!

«Maisie non dà fastidio. Ormai non esce praticamente mai.»

«Ma guarda i peli!» Jackie rabbrividì. «Il divano è pieno di peli. Se Erin porta qui il bimbo, devi chiudere il gatto in una stanza. I gatti uccidono i bambini. È risaputo. Ai gatti piace dormire in faccia ai bambini.»

Credi proprio a tutto, eh? Che imbecille... Ruth nascose la sua irritazione meglio che poté. «Penso che qualsiasi bambino sarebbe capace di aver la meglio su Maisie... e lei si metterebbe subito a dormire su un cuscino. E se ne starebbe lì tranquilla.»

Jackie si sedette sul divano, nel punto più lontano da Maisie, e disse: «Ci sono novità di Erin? Il bimbo è nato?»

«No, non ancora.» Ruth sperava che tornasse a casa Ned, per poter almeno dividere con lui il peso di parlare con sua madre.

«Oh, Erin. Adoro quella ragazza. È come una figlia, per me.» Jackie sospirò. «Mi è piaciuta subito, fin dalla prima volta che Ned me l'ha presentata. Voglio essere sincera con te, Ruth.» La guardò di traverso e la sua voce si abbassò in quel sinistro sussurro. «Non ti offendi se te lo dico, eh? Solo che, in cuor mio... ho sempre sperato che lei e Ned si sposassero. Naturalmente, quando Erin ha iniziato a fare il filo a Tom, ho capito che non sarebbe accaduto.» Fece quel suo sorrisino falso. «E poi sei arrivata *tu*. La gente mi ha detto 'ma che matrimonio veloce avete avuto'. Alcuni hanno affermato 'chi si marita in fretta, stenta adagio'. Ho sempre creduto che il mio Ned sa quel che fa, e quello che va bene a lui va bene a me. Se ha scelto te, be', rispetto la sua scelta, non importa cosa ne penso io, o se suo padre e io crediamo che possa rovinarsi la vita.»

Ruth le sorrise con freddezza. Non sapeva come reagire a questo tipo di insulto appena velato, soprattutto dal momento che veniva proferito in una forma così gentile.

«La cosa triste è che...» continuò Jackie, più dolce che mai, «se solo avesse aspettato qualche mese, in fin dei conti Ned poteva avere Erin... E pure un bambino. Sarebbero stati una bella famigliola, secondo me. È quasi un peccato, no? Ma ormai quel che fatto è fatto. E sono sicura che, con il tempo, avrete un bimbo e si rimedierà.»

Ruth stava seduta in silenzio, esterrefatta; era come se le avessero buttato addosso dell'acqua fredda. Jackie le stava rivelando ad alta voce i suoi pensieri più intimi; e se era così per Jackie, magari lo era per chiunque. Forse tutti quanti si dicevano l'un l'altro: «Ma che peccato che si sono sposati così in fretta! Se non si fossero sposati, sarebbe potuto andare tutto così bene. Ma ormai c'è Ruth...»

Quelle persone non sapevano nemmeno che il bambino poteva essere di Ned, comunque. Per loro, un motivo in più perché Ned ed Erin stessero insieme.

Io sono un peso, pensò Ruth. Sono un impiccio. Sarebbero tutti felicissimi, se non fosse per me.

L'autocommiserazione le cadde addosso come una coperta scura e pesante. D'un tratto le si parò davanti agli occhi la chiara immagine di Ned ed Erin che coccolavano un bambino bellissimo e, sullo sfondo, Jackie sorridente, al settimo cielo. Gli altri amici – Luke e Abigail, Jeremy – entravano per far loro le congratulazioni e sostenevano che, in quelle circostanze, era la cosa migliore che sarebbe potuta capitare. Arrivavano i familiari di Tom e dicevano che, se mai doveva farlo qualcuno, sarebbero stati contenti che fosse Ned a crescere il figlio di Tom. Il suo più vecchio amico. Il suo migliore amico.

In quel quadretto non c'era posto per Ruth. Che disastro..., pensò con tristezza. Un vero disastro, accidenti!

«Ora, cosa mangia per cena il mio ragazzo?» chiese Jackie, vivace. «Vuoi che inizi a preparare qualcosa? Tornerà tra poco, no?»

Quando quella sera Jackie se ne andò, Ruth salì di sopra, lasciando Ned sul divano a vedere la televisione, con Maisie raggomitolata sulle sue ginocchia. Salì le scale lentamente, a passo pesante, cercando di ricordare i bei tempi. Rammentava quando si era trasferita lì la prima volta, criticando e ridendo per tutto il disordine lasciato da Ned: l'enorme mucchio di vestiti in un angolo della camera, la catasta di tazze vuote di fianco al letto e, sotto, la collezione di vecchi attrezzi sportivi. Si ricordava di come, quando avevano liberato Maisie dal trasportino, la gatta avesse avuto un empito di energia giovanile e fosse corsa di sopra, prima che riuscissero a prenderla. L'avevano cercata per ore, ed era stato Ned ad alzarsi di notte, quando aveva creduto di sentirla; Ruth lo aveva trovato a torso nudo, disteso sul pavimento, mentre tentava di far uscire la gatta da dietro la libreria, attirandola con un pezzo di burro e una lattina di tonno.

Si ricordava la loro smania di fare l'amore, il modo in cui avevano inaugurato ogni stanza della casa: la volta in cucina era stata la meno piacevole perché Ruth, dalla sua posizione, aveva visto tutti i resti del cibo sotto il fornello e non era riuscita a smettere di pensarci, preoccupata intanto che i vicini potessero vedere attraverso la finestra dal giardino.

Era settimane che non si sfioravano, fatta eccezione per qualche bacetto frettoloso sulle labbra.

Si ricordava di quando se n'era andata da lì la sera prima del matrimonio, con il vestito nella custodia, così emozionata che non riusciva quasi a pensarci. Nel beauty case aveva trovato un biglietto di Ned: l'aveva messo lì, in modo che Ruth lo vedesse come ultima cosa prima di andare a dormire. C'era scritto che l'aveva reso felice, che non vedeva l'ora di passare la vita insieme a lei. Le aveva scritto tante parole dolci e tenere, ma ora le mettevano una tale tristezza, che smise di pensarci con un atto di ferrea volontà.

In camera si guardò attorno un momento, poi prese la borsa da viaggio da sotto il letto e cominciò a riempirla di vestiti. Quando ebbe finito, dopo aver raccolto le sue cose da bagno e qualche libro, la portò giù e la mise nell'ingresso. Poi, prese le chiavi della macchina dall'appendichiavi ed entrò in salotto.

«Ned» cominciò in tono sommesso. Ned guardò un attimo Ruth, poi ancora la televisione. «Ned» gli ripeté di nuovo, un po' più forte. «Ci ho pensato.»

La guardò ancora, e qualcosa sul volto di Ruth lo spinse a darle retta. Spegnendo la tv con il telecomando, Ned chiese: «Pensato a cosa?»

Ora sembra così diverso, pensò Ruth. Era difficile immaginare il Ned di una volta, con gli occhi che brillavano, il sorriso caldo e la forza del suo corpo contro di lei. Ora le pareva più vecchio ed era dimagrito. La bocca sembrava aver assunto un'espressione cupa e indelebile. Era passato tanto tempo dall'ultima volta che lo aveva sentito ridere.

Ruth si sedette di fronte a lui, curvata sulle ginocchia con le mani unite, e parlò molto in fretta. «Ned, me ne vado a casa mia per un po'... Resto lì. Non ne abbiamo parlato, ma non ha senso fare finta che vada tutto bene tra di noi. Lo so che la colpa è in gran parte mia. Le cose sono cambiate dalla sera in cui Tom... ha fatto l'incidente. Non avrei mai dovuto fare quel che ho fatto, ma in un certo senso non ho rimpianti, perché è servito a chiarire la situazione.

«Oddio, in realtà non so bene cosa sto cercando di dire, solo che non so quanto possiamo andare avanti così, a limitarci a vivere nella stessa casa, senza parlare, senza avere più niente che ci tenga insieme. Lo so che stai ancora male per Tom e io ho cercato d'aiutarti, ma sembra che non ci sia nulla che io possa fare. In cambio, abbiamo qui tua madre quasi tutte le sere, non parliamo mai, non facciamo mai l'amore, e così non funziona... Non ti faccio stare meglio e tu non riesci a parlarmi. Credo... non vedo come la situazione possa migliorare, se non stiamo lontani per un po'. Non penso di riuscire a stare qui, stando così le cose. Forse ci aiuterebbe prenderci una pausa di riflessione.

«Vado solo a casa, non sarò lontana. Puoi raggiungermi, se hai bisogno di me. Comunque... credo che sia meglio così.»

Ruth fissò il pavimento e attese. Solo adesso capiva quanto desiderava che Ned le dicesse di non essere così sciocca da andarsene. Che lui l'amava e non poteva sopportare che lei se ne andasse. Ti prego, di' qualcosa, implorò Ruth in silenzio.

Quando rialzò lo sguardo, Ned aveva chinato la testa. Aveva l'aria sconfitta. Sta piangendo? si chiese Ruth, ed ebbe la tentazione di balzare in piedi, andare da lui e gettargli le braccia al collo. Invece, strinse le mani ancora più forte e affondò i gomiti nelle gambe.

Alla fine, Ned guardò in su. «È quello che vuoi?»

«Credo che sia meglio così.»

Ci fu una lunga pausa. Si fissarono, cercando di leggersi in volto cosa pensavano davvero. Ma videro soltanto la propria disperazione riflessa in uno specchio.

«Qualunque cosa tu voglia fare, non mi oppongo» disse Ned a bassa voce.

«Allora...» Ruth aspettò un momento, per dargli l'opportunità di cambiare idea, interromperla e fermarla. Più di ogni altra cosa, Ruth non voleva varcare la porta. Capiva ormai che, facendo la valigia e prendendo le chiavi della macchina, aveva rischiato. Voleva che Ned si alzasse, le strappasse le chiavi dalle mani, buttandole a terra e gridando: «No! Tu non te ne vai!» E se Ned non lo avesse fatto, allora Ruth avrebbe saputo con certezza che sarebbe stato meglio per tutti quanti – Ned, Erin, il bambino, Jackie, tutti quanti – che lei se ne andasse. «Ti prendi cura tu di Maisie per me?» chiese. «Non voglio disorientarla, portandola di nuovo a casa.»

«Ma certo» rispose Ned, prendendosi il volto tra le mani.

«Cosa c'è?» sussurrò Ruth. Sarebbe bastato un nonnulla per farle cambiare ancora idea, dire che non voleva, che sarebbe rimasta.

Per un lungo attimo, Ned si tenne le mani sulla faccia. Poi le abbassò e disse: «Se è questo che vuoi, non mi oppongo. Forse hai ragione. Può darsi sia meglio così. Non è stato facile vivere con me. Lo so. Probabilmente ti farà bene tornare a casa.»

Ruth si alzò lentamente. «Allora vado.»

«Mi chiami presto?»

«Naturalmente.» Ruth prese uno scialle benché la sera fosse calda, e si diresse verso la porta. «Buonanotte, allora.»

Ned si alzò e la accompagnò fin sulla soglia, standole così vicino che era difficile resistere alla tentazione di toccarlo. Chinandosi, la baciò dolcemente sulla guancia. «Stammi bene, Ruthy. D'accordo?»

«Sì» disse Ruth, colta dalla tristezza. «Anche tu. Ciao.» E andò verso la macchina con la sua valigia.

«Ruth, che ci fai qui?» chiese suo padre, sorpreso, quando Ruth entrò dalla porta sul retro. Stava mescolando sul fornello un intruglio nauseabondo. «Ascolta, sai se nella zuppa di ortiche andrebbero messi sale e pepe?»

«Non lo so, mi dispiace» rispose Ruth.

«Cosa ci fai qui?» le domandò di nuovo Silas: e stavolta posò il cucchiaio di legno per ascoltarla con attenzione. «Hai una brutta cera... C'è qualche problema?» Aprì le braccia per abbracciarla. «Vieni qui, piccola.» Ruth andò da lui e si mise a piangere, mentre Silas la cullava dolcemente.

«Su, su. Non scoraggiarti» la calmava. «Andrà tutto a posto, vedrai.»

Capitolo 18

Con stupore di Ruth, suo padre non fu molto comprensivo. Quando gli spiegò che era arrivata per restare un po' di tempo, Silas rimase sinceramente sorpreso.

«E Ned?» chiese Silas. «Viene anche lui?»

Ruth, tra sé, aveva pensato che suo padre sarebbe stato contento del suo ritorno a casa. In fin dei conti, non cercava sempre di convincere lei e Cordy a tornare, in modo da poter rivivere i vecchi tempi? Non aveva sempre voluto che lei ridiventasse bambina? Be', adesso era lì, pronta a essere trattata ancora da bambina, amata e consolata come al solito. Era sempre stata al centro del mondo di Silas ed era questo che ora Ruth voleva: sentirsi importante per qualcuno.

«Ned e io pensiamo di aver bisogno di stare un po' di tempo ognuno per conto suo» chiarì Ruth. Dopo che si fu calmata, andarono nello studio e Silas versò un po' del suo prezioso Laphroaig di trent'anni. Adesso stavano seduti sulle poltrone consumate di pelle, a sorseggiare il whisky grigio fumo.

Silas aggrottò la fronte. «Ognuno per conto suo?» ripeté. «Che diavolo stai dicendo? Siete appena sposati. Perché sei venuta a casa?»

«Ultimamente le cose non vanno molto bene» iniziò Ruth, titubante.

«Bene? Bene? Cosa significa bene?» Silas sembrava piuttosto seccato. «Cosa vuoi dire? Che Ned ha smesso di metterti un cioccolatino sul cuscino tutte le sere o che cosa?»

«Be'... sai che Tom, l'amico di Ned, è morto... ed Erin, la sua ragazza, sta per avere un bambino...» Non riuscì proprio a sforzarsi di aggiungere «che, secondo Tom e me, potrebbe essere di Ned». «I genitori di Ned si sono trasferiti ad abitare vicino a noi...»

«Scusami, ma cosa caspita c'entra?» domandò Silas. «Di sicuro è un gran dispiacere che l'amico di Ned sia morto, ma non spiega perché tu debba andare via da casa.»

«Papà, non capisci...»

«Hai ragione, non capisco. Mi spiace, Ruth. Credevo avessi più capacità di resistenza. Non mi aspettavo che abbandonassi la nave alla prima difficoltà.»

«È più complicato di quanto pensi» disse Ruth, sulla difensiva.

«Lo spero, altrimenti mi dai proprio una grossa delusione. Quali sarebbero queste complicanze?»

«Non mi va di parlarne in questo momento.» Ruth si sentiva le lacrime agli occhi e avrebbe voluto che tornassero indietro. «Non capiresti.»

«Magari sì, magari no. L'unica cosa che capisco, comunque, è che non dovresti correre qui ogni volta che ti senti giù di morale. Non ho intenzione di mandarti via, sappilo. Ma non voglio che tu pensi che questa sia casa tua, perché non lo è. Quando ti ho accompagnato all'altare, questa ha smesso di essere casa tua. Naturalmente, in un certo senso, lo sarà sempre... ma la tua vera casa, la tua casa per sempre, è quella con Ned, adesso. Faresti meglio a mettertelo bene in testa.»

Ruth fissava il suo bicchiere e non disse niente, ma stava pensando: Come faccio, se Ned non mi vuole? Come faccio?

Era strano andare al lavoro per la vecchia strada. Tenne i finestrini aperti in modo che la brezza entrasse con forza e le rinfrescasse le guance. Era una mattina calda. Sembrava che l'estate avesse deciso di arrivare, dopo quella primavera lunga e umida che stavano vivendo. Il giorno dava i primi presagi di lunghe ore di luce e calore nell'aria.

I vestiti estivi li ho a casa, pensò Ruth. Poi si sentì confusa, perché intendeva il cottage, non la vecchia canonica. Oggi mi compro qualcosa di nuovo in città.

Ned telefonò all'ora di pranzo, quando Ruth era alla scrivania ad aggiornare il database con le note dei pazienti che aveva visitato quella mattina. Ned fu gentile: «Come stai? Tutto bene a casa?» A quanto pareva, però, non c'era nulla d'importante da dirsi.

«Non l'ho ancora detto a mia mamma... che sei andata a casa tua» commentò Ned, appena prima di salutare. «Aspetto un po'. Tirerò per le lunghe il più possibile.»

«Va bene» affermò Ruth, pensando a come sarebbe stata contenta Jackie. Aspettò che lui le chiedesse quando tornava a casa, invece terminarono la loro breve conversazione e misero giù il telefono. Ned sta poi tanto male? si domandò Ruth, chiudendo gli occhi: stare lontana da lui la faceva sentire a pezzi. Starà male? Credo di no, altrimenti avrebbe detto qualcosa.

Ruth e Silas evitarono categoricamente di parlare dello stato del suo matrimonio; si divertirono, invece, a curiosare in cantina: Silas spiegò che aveva in programma di trasformarla in una stanza per la musica e i giochi.

«Sai quanto mi piace ascoltare i miei vecchi dischi di rock'n'roll. Qua sotto non disturberò nessuno.» Come se di sopra ci fosse qualcuno a cui importasse qualcosa, se metteva i suoi Rolling Stones a tutto volume oppure no.

Nel fine settimana, arrivò Cordy (dietro suggerimento – Ruth ne era sicura – di Silas). Cordy propose una passeggiata pomeridiana per il paese, così s'incamminarono sulla via principale. Cordy andò volontariamente in direzione contraria rispetto alla chiesa, dove si stava svolgendo un matrimonio d'inizio estate; diedero, invece, un'occhiata in libreria, comprarono liquirizia e caramelle ai negozi dell'ufficio postale e finirono nel parco del paese, dove si sedettero sulle altalene, dondolandosi oziosamente avanti e indietro, mentre mangiavano le caramelle.

«Papà dice che hai deciso di prenderti una pausa di riflessione dalla vita matrimoniale» disse infine Cordy. Ruth si stava giusto chiedendo quando Cordy sarebbe andata sul discorso.

Ruth annuì. «È un momento difficile.»

«Ti va di parlarne?»

Ruth si rese conto che non vedeva l'ora di sfogarsi e Cordy era la persona migliore che potesse desiderare: non avrebbe giudicato, a differenza degli altri. Non avrebbe visto nulla di sbagliato in quel che Ruth aveva fatto, così le raccontò tutto, persino che aveva scoperto i diari di Ned e che li aveva letti.

«Dunque, vediamo se ho capito bene» disse Cordy, con una caramella in bocca che le gonfiava una guancia. «Hai scoperto che, anni fa, Ned era innamorato di questa Erin. Sei convinta che la loro storia vada avanti alle tue spalle, e alle spalle di Tom. Entrambi pensate che questo bambino che Erin sta per avere possa essere di Tom. Cioè, di Ned. Accidenti, sono proprio tutti uguali, eh! Che schifo! Eppure è così... Hai affrontato Ned direttamente?»

«Gli ho chiesto se mi amava più di quanto amasse lei.»

«Ma non gli hai domandato così, a bruciapelo: 'Hai una storia con lei? Tom dice che il bambino potrebbe essere tuo'?»

«No.»

«Allora cos'ha detto, quando gli hai chiesto se l'amava eccetera eccetera?»

«In realtà, non ha risposto. Ha detto che ha sposato me e che quella era la risposta.»

Cordelia fischiò meglio che poté con la caramella in bocca. «Furbo. Mi sa di fregatura... Perché, non poteva dire: 'Sei tu quella che amo veramente, e non sono più innamorato di Erin'?»

«Appunto.» Ruth cercò di ricordarsi esattamente quello che si erano detti, ma non riuscì a rammentare le parole precise. «Mi ha chiesto di fidarmi di lui. Ma è difficile... una volta mi ha mentito. Mi disse che non era mai stato innamorato di Erin, e invece sì.»

«Gli hai chiesto, allora, perché ti ha detto una balla?»

«Dice che era per evitare tutte queste storie... sapeva che avrei reagito così.»

«Be', mi sembra abbastanza plausibile. In ogni caso, capisco che ha rovinato la fiducia che avevi in lui. Quand'è che ti ha mentito?»

«Quando vedemmo Erin per la prima volta... gli chiesi di lei. Ci eravamo appena fidanzati.»

«Mi rendo conto che, per Ned, non era il momento migliore per raccontarti che una volta era stato pazzo di lei. Povero Ned. Dev'essere stata una di quelle decisioni prese d'impulso, quella di mentire. Se, però, ha guastato la tua fiducia in lui...»

«Non lo so nemmeno io! Credo... credo che mi sarei fidata di lui, se mi avesse detto che amava me più di quanto avesse amato Erin. E se Tom non avesse detto quel che ha detto sul bambino. E se Ned avesse cercato di fermarmi, quando me ne sono andata.»

«Quindi, continui a sottoporlo a piccole prove e lui continua a deluderti.»

Quelle parole la ferivano. Arrossì. «Be', non so se è proprio così. Comunque, scoprirò la verità» disse Ruth semplicemente. «Scoprirò che, se non mi chiede di tornare e se va da Erin, allora avevo pienamente ragione... e che ha fatto un grossissimo errore a sposare me e vorrà divorziare.» Al pensiero, si sentì male. Prima di allora, non aveva mai pronunciato la parola «divorzio», non l'aveva neanche pensata. Adesso le era uscita di bocca, di colpo. Smise di dondolarsi, sperando si calmasse la nausea che le saliva allo stomaco.

«Se è così che vuoi fare...» replicò Cordelia con diplomazia. «So che parlo fino alla noia dei mali del matrimonio e di tutti i mali annessi e connessi, ma sono davvero convinta che tu e Ned siate una bella coppia. Sarebbe un gran peccato se voi due vi separaste, e questa tua teoria sulla relazione di Ned non mi convince. Capisco che ti sei agitata per questa storia, ma sai una cosa? A me non sembra verosimile. Neanche un po'.»

«Ma le lettere di Ned, i suoi diari...»

«Ti ricordi di chi ero innamorata, quando avevo diciotto anni? Di John Powell! Ti ricordi? Gli morivo dietro! In pratica, quando camminava sfiorava il marciapiede con le mani... era così scimmiesco!»

Entrambe si misero a ridere.

Ruth esclamò: «Era in grado a malapena di mettere insieme due parole... un ebete!»

«È vero» ammise Cordy, «ma per me era stupendo. Adesso farei chilometri e chilometri di corsa, pur di non stare un solo minuto con lui.»

Ruth era restia ad ammettere che le due situazioni erano fondamentalmente identiche. «Non è la stessa cosa. Ned ama Erin da anni.»

«E chi lo dice?»

«Jeremy. Tom.»

«E questi due sarebbero oracoli di verità? Ti fidi più di loro che di Ned?»

Ruth ci pensò, richiamando alla mente quel che essi le avevano detto diverse volte. Erano sempre sembrati così plausibili. «E perché dovrebbero mentire?»

«Perché no? A essere sincera, mi sono sempre parsi piuttosto strani. In quel gruppo c'è qualcosa che non mi convince del tutto.» Cordy si dondolò un po' avanti e indietro sull'altalena. «Come va con la perfida mamma Haskell?»

Ruth era contenta che avessero cambiato argomento, così poteva non pensare al turbinio di dubbi che Cordy le aveva messo in testa. «Malissimo. Peggio di quanto potessi aspettarmi.» Ruth le raccontò qualcuna delle ultime che aveva combinato Jackie – «lava addirittura solo i piatti di Ned, e lascia i miei a me» – e riferì che Jackie aveva ammesso di aver sempre desiderato che Ned sposasse Erin.

«Brutta bastarda» urlò Cordy, sdegnata. «Con che faccia...! Non devi darle retta, Ruth. Lasciala perdere. Sta cercando d'influenzarti. È l'ultima persona al mondo da cui devi lasciarti influenzare.»

«È una parola. Forse dice solo quello che pensano tutti.»

«Dico davvero, Ruth.» Cordy diventò paonazza, era furibonda. «Già non va bene che Jackie pensi sia normale presentarsi a casa vostra praticamente ogni sera a ficcare il naso, comportandosi come se Ned fosse ancora di sua proprietà. Non cedere. Hai capito?»

«Farò del mio meglio, ma non è facile» rispose Ruth, stupita dalla foga di Cordy.

«Prima ho detto che dovresti cercare di parlare chiaro... e adesso ti dico qualcosa io. Non ti offendere, mi raccomando. Da quando è morta la mamma, cerchi sempre disperatamente l'amore e l'approvazione di chiunque sia disposto a darteli. Non interrompermi, fammi finire» disse in fretta, vedendo l'espressione sul volto di Ruth. «È comprensibilissimo, ma ciò ti ha reso vulnerabile nei confronti di chi vuole usarti, manipolarti e farti del male. Sei diventata ingenua e credulona. Quella donna è molto furba e molto pericolosa. Non è felice, e non riesce a capire perché gli altri dovrebbero esserlo, tanto meno tu. Evidentemente ha problemi seri... il fatto che beva troppo forse è il meno grave. Era stata lei a telefonare quella sera che ero lì da te, eh?»

«Credo di sì» disse Ruth, con rammarico.

Cordy annuì. «Secondo me, è una di quelle persone che non si fermano davanti a nulla... ma tu non devi permetterglielo. In nessun modo. Capito?»

«E cosa dovrei fare?»

«Ostacolarla» rispose Cordy, decisa. «Sfidarla. Non da sola, però: conosce tutti i tuoi punti deboli. Dovete farlo insieme, tu e Ned.»

«Non sono forte come te, Cordy» replicò Ruth. Si sentiva distrutta. «Non credo di farcela. Poi, visto come stanno le cose tra Ned e me al momento...»

«Certo che ce la fai. Lo so che sei capace.» Cordy le sorrise. «Sei più forte di quanto tu creda.»

Domenica mattina – nel letto della sua infanzia, fissando il motivo di rose intrecciate sulla tappezzeria a lei ben nota – Ruth si svegliò al suono familiare delle campane che annunciavano la funzione mattutina.

Quando si alzò, la casa era deserta. Cordy era andata in ospedale, mentre Silas era fuori per il suo jogging della domenica: correva sulla strada per un paio di miglia e poi tornava indietro. «Mi mantiene giovane» diceva lui, quando rincasava paonazzo e ansimante.

Ruth gironzolava per casa, preparando il caffè e chiedendosi cosa stesse facendo Ned. Quando squillò il telefono, lo prese, sperando che fosse lui. Magari anche Ned stava pensando a lei, ed erano stati telepatici.

«Pronto?»

«Spero tu sia soddisfatta!» giunse un urlo dal ricevitore.

Ruth iniziò a tremare, la salivazione azzerata. Sperava che questo confronto non sarebbe mai avvenuto. Si ricordò delle parole di Cordy. Devo tenerle testa, pensò. «Ciao, mamma...» esordì.

«Non osare chiamarmi mamma! Schifosa traditrice!» Il grugnito alla fine della parola le ricordò la telefonata anonima. In qualche modo, aveva sempre saputo che si trattava di Jackie, furiosa perché le aveva messo i bastoni fra le ruote. Adesso eccola di nuovo, ma stavolta dalla sua bocca uscì un fiume di parole. «Non hai nessun diritto... Quando penso a quello che hai fatto a mio figlio, al mio bambino! È a pezzi! Gli hai rovinato la vita, lasciandolo così, senza motivo, dopo che era appena morto il suo migliore amico. Gli ho sempre detto che non andavi bene per lui. Gli dicevo che aveva sbagliato a mettersi con una troietta presuntuosa come te. L'ho capito dall'inizio, sai? Non credere che non l'avessi capito. E ci guardi pure dall'alto in basso! Perché noi non siamo istruiti come te! Ti ho dato tutto, tutte le opportunità. Ti ho accolta come se fossi figlia mia. Ho rinunciato alla mia casa, per stare vicino a te e vicino alla tua famiglia, per darti una mano. E questo è il ringraziamento!» Jackie stava quasi urlando. Poi abbassò di nuovo la voce. «Ascoltami. Ned è *felice* che te ne sei andata. Lo sa che è meglio così. Me l'ha detto. Non vuole vederti mai più, capito? Sei proprio come tutte le altre, vuoi solo rovinare la nostra famiglia. Be', non ci riuscirai, mi hai sentito bene? Non vogliamo vederti mai più!» Sbatté il telefono.

Ruth rimase lì a tremare per un po'. Una voce meccanica nel ricevitore la invitò a riappendere. Dopo qualche minuto, si riprese e mise giù la cornetta.

Riuscì in qualche modo ad arrivare alla fine del pranzo con suo padre. Silas comprese che qualcosa non andava, ma non indagò. Quando Ruth disse che usciva per una passeggiata, non provò a impedirglielo né si offrì di accompagnarla. C'era il sole, quindi si mise qualcosa di leggero – jeans, maglietta e infradito turchesi che le mettevano sempre allegria – e uscì a fare un giro, a zonzo per la strada.

Svoltò in direzione della chiesa e la periferia del paese. Passando davanti alla nuova canonica, vide una Jaguar nera fiammante parcheggiata di fronte; immaginò che il ricco proprietario fosse lì per trascorrere uno dei suoi soliti weekend. In quei giorni non c'era quasi mai. Magari un giorno l'avrebbe rivenduta. Probabilmente ci avrebbero fatto appartamenti di lusso. La bella facciata della casa sembrava promettere una vita migliore all'interno, scevra da problemi, necessità o litigi. Da bambina, Ruth si era immaginata di entrarci, e magari conoscere un ragazzo che si sarebbe poi rivelato il figlio del proprietario, e si sarebbero innamorati – magari lui l'avrebbe salvata da un albero pericolante o da un incendio – e sarebbero vissuti lì felici per sempre crescendo i loro bambini. Quattordici o quindici, Ruth non riusciva mai a decidere quanti ne volesse di preciso. In realtà, sembrava che il padrone non avesse nessun figlio e Ruth non l'aveva mai incontrato, non l'avevano mai fatta entrare da sola.

Ci passò davanti lentamente, costeggiando il cimitero. Fermatasi al cancello d'ingresso, vide i petali di rosa sparsi per terra, ciò che rimaneva del matrimonio del giorno precedente, pestati nella ghiaia dai fedeli della domenica mattina. D'istinto, s'incamminò sul viottolo che portava al portone di rovere della chiesa, dotato di cardini e decorazioni in ferro, e che adesso era chiuso. Il servizio della mattina era finito. Non ci sarebbero state funzioni, fino al vespro della sera.

All'interno, un'atmosfera di tranquillità stantia, la sensazione che l'organo avesse appena smesso di suonare. Entrò, il rumore delle infradito contro i talloni. L'ultima volta che ci era stata, indossava quell'abito, quelle ciabatte con i tacchi d'argento, attorniata da parenti e amici... aveva scambiato la sua promessa di matrimonio. Si guardò la fede, posta subito sotto l'anello di fidanzamento. Sino a ora, non le era mai venuto in mente di togliersela. Forse avrebbe dovuto. Il suo matrimonio era davvero finito?

Secondo Jackie Haskell, sì.

Cordy, tuttavia, aveva fatto promettere a Ruth che non avrebbe ascoltato la suocera... Ma era così difficile! Quelle parole continuavano a rimbombarle nella testa, confermando le sue peggiori paure, tanto che faceva fatica a non crederci.

Ruth scivolò su una panca e si sedette sul legno duro, alzando gli occhi verso l'altare.

Non lo richiamo, decise. Lascerò che sia lui a venire da me. Se ha ragione Jackie, Ned non mi chiamerà. Se invece lei si sbaglia, si farà vivo. Ma se Jackie dice la verità e Ned non vuole rivedermi mai più davvero... be', non posso telefonare. Starei malissimo.

Al pensiero che Ned in persona le dicesse quelle cose, rabbrividì.

«Ruth?» L'eco di quella voce risuonò nella chiesa vuota. «Ruth, sei tu?»

Ruth ebbe un sussulto e si girò verso il punto da cui sembrava provenire la voce; l'acustica, tuttavia, era ingannevole e fu sorpresa di vedere il parroco comparire vicino al soppalco dell'organo, stringendo in mano un enorme libro degli inni. Ruth si alzò, com'era buona educazione, quando un prete entrava in chiesa. Benché lo conoscesse da sempre, in sua presenza non poteva fare a meno di comportarsi in modo timido e formale. «Sì, buongiorno.»

Si avvicinò con un sorriso affettuoso. «Come stai, cara? Sei venuta a trovarci?»

«Be', non proprio...»

«E come va la vita coniugale? Ricordo quella bellissima giornata, uno dei matrimoni più belli che abbia celebrato. L'ha detto anche il coro.» La raggiunse, le prese le mani e le diede un bacio sulla guancia.

Ruth voleva mentire e dirgli: «Oh padre, va tutto a meraviglia, sono contentissima!», ma non ci riuscì, e il suo silenzio disse più di quello che avrebbe voluto.

«Cara figliola» disse, guardandola più da vicino, preoccupato. «Va tutto bene?»

Cos'hanno di speciale, i preti? pensò Ruth, mentre si sedeva sulla panca della chiesa singhiozzando, il parroco accanto a lei, e i suoi modi gentili la inducevano a piangere ancora più forte. Forse non tutti i preti avevano questa qualità, ma lui le faceva venire voglia di raccontargli la storia della sua vita, in modo che potesse darle delle risposte e spiegarle ogni cosa: che c'erano un disegno e un significato e, soprattutto, un lieto fine.

«Credo che sia tutto finito. Ho rovinato tutto. Ned non vuole più essere mio marito.»

«Oh, è tremendo... Ne sei sicura? Dimmi cosa è successo.»

Ruth spiegò tutto quello che era accaduto. Le parole vennero facilmente, visto che il giorno prima aveva raccontato a Cordy quasi gli stessi eventi. Il parroco ascoltò con attenzione, poi disse: «Sua madre ti ha detto che Ned non vuole più vederti?»

«Perché l'ho abbandonato nel momento del bisogno.»

«Be', non ha tutti i torti.»

«Davvero?» Ruth si sentì confermare le sue peggiori paure. «Crede che la madre di Ned abbia ragione?»

«Innanzitutto, devi smettere di girare intorno a te stessa. Ecco la risposta: ce l'hai davanti, basta riuscire a guardare le cose con un certo distacco, per un momento. Tutto quello che mi hai raccontato si basa su congetture e supposizioni, ma assai poco sui fatti. Ora, Ruth, ti parlerò con franchezza. Potrò sembrare duro, comunque non è mia intenzione esserlo. Voglio solo aiutarti, e credo che tu sia qui per un motivo ben preciso. Penso tu sia venuta a cercare aiuto e io voglio dartelo. Perciò ecco qui.

«Devi smettere di porre te stessa al centro di tutto. Non ruota tutto intorno a te... Esistono le altre persone, con le loro vite e i loro legami privati. In secondo luogo, devi pensare all'impegno che hai preso. Sei sposata. Ricordi il corso, cosa vi ho detto riguardo a ciò che stavate per fare? Hai preso un impegno che non ti permette di scappare, quando non ti piace quel che sta succedendo, o di negare il tuo amore, perché senti che non vieni ricambiata nel modo giusto. Sarebbe diverso, se stesse accadendo qualcosa di grave – se Ned ti maltrattasse – ma non è questo il caso, vero? Cos'ha fatto Ned?»

«Be'...» Ruth era titubante. Adesso che era lì, non le veniva in mente quasi nulla. Tutto quello che negli ultimi mesi aveva avuto un'importanza fondamentale e l'aveva ossessionata, sembrava svanire.

«Hai scoperto una parte del suo passato che Ned ritiene ormai superata e conclusa. Devi fidarti di lui, anche se il suo comportamento fa pensare il contrario.»

«È proprio questo il punto» esclamò Ruth. «Potrebbe avere una relazione con la ragazza di cui è sempre stato innamorato.»

«Certo, sono d'accordo, non va bene. Ma mi hai solo detto quello che pensi, non quello che sai. Se Ned non è fedele, allora naturalmente tutto va visto sotto una luce diversa. Tu ne sei sicura, comunque?»

«No. Non sono sicura.»

«È quello che sto cercando di dirti, mia cara. Devi appurare i fatti. Gli hai chiesto direttamente dell'altra ragazza?»

«No.»

«Allora questa è la prima cosa da fare.»

«Ma sua madre dice che lui non vuole più vedermi.»

«Sua madre? È ridicolo, se posso essere sincero. Le coppie sposate non comunicano per mezzo di madri, padri, zie o di chicchessia. Parlano tra loro due. Senza questo, non c'è speranza.» Le mise una mano sul braccio.

«Ruth, sono sposato da trentadue anni... Non ti parlo da un punto di vista zuccheroso e sentimentale, bensì dalla consapevolezza che ciò comporta un duro lavoro e grande sforzo. Ma per affrontarlo veramente, devi essere perspicace. A me sembra che ti stai trasformando nella vittima delle tue stesse delusioni. Hai un'idea vaga di quel che potrebbe essere accaduto, o che sta accadendo, e su ciò stai basando tutto quello che pensi e fai. Allo stesso tempo, non stai facendo nulla, se non scappare da una situazione difficile e dolorosa.»

Ruth ricominciò a piangere. Perché tutti si comportavano come se fosse tutta colpa sua? Non era giusto.

«Ascoltami» disse il parroco, in tono serio. «Sei stata messa alla prova. Comunque, non è troppo tardi. C'è ancora tempo di riparare il danno, devi solo ricordarti cos'è l'amore... l'amore profondo, che dà e perdona, quello che hai promesso a Ned appena qualche settimana fa proprio qui, in questo posto. Tu hai un dovere: non una scelta, bensì il dovere di fare del tuo meglio, per farlo diventare un diritto. Lo sai, lo sai bene, no? Non ti aspettavi mica che dicessi qualcosa di diverso?

«Se i tuoi sospetti sono fondati e Ned ha una relazione con un'altra, allora devi verificare per averne l'assoluta certezza. Prima d'allora, gli devi più di questo, Ruth, non ti sembra?»

È stato come saltare, aspettandosi un atterraggio morbido, e ritrovarsi invece a essere caduta sui rovi, pensò Ruth. Era venuta a casa per essere consolata, ma tutti dicevano la stessa cosa: che doveva tornare indietro e risolvere la faccenda. In un certo senso, era un sollievo. Adesso si sentiva più tranquilla, dopo il discorsetto del prete. Ora aveva le idee più chiare. La sera stessa avrebbe telefonato a Ned, magari sarebbe anche andata a trovarlo; si sarebbero seduti insieme a discutere a fondo di tutta questa storia e avrebbero ricominciato, se era quello che volevano entrambi. Sperava tanto che fosse così. Affrontare la vita da sola, senza di lui, sembrava proprio la cosa più brutta che potesse immaginare; d'un tratto, si sentì una stupida per averlo abbandonato, per aver aperto la porta alla possibilità che il loro matrimonio potesse essere finito.

Rimedierò, promise. Ci riuscirò, ne sono sicura.

Per il resto del pomeriggio Ruth osservò le lancette dell'orologio spostarsi lentamente verso la sera. Gli avrebbe telefonato alle nove, aveva deciso. Quella sembrava l'ora adatta per chiamare. Nel frattempo, era diventata più allegra e suo padre era evidentemente sollevato, nel vederla sorridere un poco e comportarsi, nel complesso, quasi come la Ruth di una volta.

Alle sette e mezzo, Ruth sentì il telefonino che suonava nelle profondità della sua borsa e si mise a rovistarci dentro, per trovarlo prima che smettesse di squillare.

«Pronto?»

«Ruth?» Una voce fioca, spaventata e ansimante.

«Sì.»

«Sono Erin.»

Ruth trasalì. Non aveva assolutamente riconosciuto la voce e aveva preso il telefono con una velocità tale, che non era rimasto neppure registrato il numero. «Oh, ciao. Come stai?»

«Sono a casa. Sono tornata stamattina per fare un po' di pulizie. Solo che adesso ho delle contrazioni e... lo so che non sei un'infermiera della maternità, ma ho pensato che sei l'unica che posso chiamare. L'ambulatorio è chiuso.»

«Quando è il termine?» chiese Ruth, ragionando in fretta.

«Mancano ancora due settimane. Mi sono arrivate poco fa, ma non mi sono preoccupata troppo. Credevo fossero false contrazioni e che piano piano sarebbero passate. Tutti mi dicono che i primogeniti nascono in ritardo, perciò non mi aspettavo che fosse il momento, e le contrazioni sono abbastanza distanti... a volte ogni venti minuti. Solo che... diventano sempre più forti e...» Proprio in quel momento, Erin smise di parlare ed emise un gemito soffocato, che divenne più fievole quando Erin allontanò il ricevitore dal viso. Ruth riusciva a sentire il lamento di Erin, che poi tornò al telefono, esausta per lo sforzo. «Ecco, l'ultima era stata venti minuti fa. All'ospedale mi hanno detto di non chiamare e di non andare lì, finché non mi si sono rotte le acque o finché le contrazioni non sono ogni cinque minuti, e siccome non è successa nessuna delle due cose...» Sembrava che Erin iniziasse a entrare nel panico. «Solo che non so cosa fare! Tu sei l'unica persona che ho pensato di poter chiamare. Sono così contenta di averti trovato sul telefonino. Quando a casa non ha risposto nessuno, avevo paura che fossi via. Non sei via, vero?»

«No, sono da mio padre. Sei da sola?»

«Sì.»

«A me pare quasi che tu abbia le doglie, ma se le contrazioni sono così distanti, può darsi ci voglia un bel po', prima che sia necessario andare in ospedale. Qual è il tuo ospedale?»

«Il Radcliffe.»

«Senti, arrivo subito. Così se hai bisogno di me, sono lì. E se poi passano e alla fine sono soltanto false contrazioni, meglio. Va bene?»

«Grazie, Ruth.» Il tono di Erin era sollevato. «Grazie. Se sei convinta che sia tutto a posto...»

«Non dire sciocchezze, certo che è tutto a posto.»

Dalla vecchia canonica alla casa di Erin, ci volle poco più di mezz'ora di macchina. Per Erin, il tempo di avere circa due contrazioni. Niente di grave. Mentre guidava nella luce fioca della sera, con le ombre delle siepi lungo la strada, Ruth cercò di ricordare il più possibile di quanto le avevano insegnato sul travaglio e sul parto. Sembrava fosse passato tanto tempo, ma da quel che riusciva a ricordare, doveva mancare ancora molto. Essendo il primo figlio, le doglie di Erin potevano anche durare giorni, se era sfortunata. C'era la probabilità che ci volesse ancora qualche ora, le si sarebbero rotte le acque e poi sarebbero potute andare in ospedale con ancora un sacco di tempo davanti. Il bambino magari non sarebbe uscito fino alle ultime ore di lunedì, o addirittura alle prime ore di martedì. E questo faceva presagire un travaglio difficoltoso... anche se Ruth sapeva benissimo che i primogeniti potevano nascere in qualsiasi momento, benché tutti pensino sempre che tarderanno. E due settimane prima del termine erano piuttosto normali: poteva darsi che il bambino fosse pronto a nascere senza che si trattasse di parto prematuro.

Ma povera Erin, trovarsi sola in un momento come questo. Ruth aumentò leggermente la velocità. Non voleva lasciarla da sola più di quanto dovesse già stare. Erano emersi tutti i suoi istinti da infermiera e allontanò con decisione tutti gli altri pensieri. Per quelli ci sarebbe stato tanto tempo, dopo.

Capitolo 19

Ruth si precipitò a casa di Erin. Le strade erano deserte, come in ogni serata oziosa dopo una domenica di sole quando sembra che tutti abbiano deciso di stare in casa a rilassarsi, evitando di stiparsi in auto con la famiglia urlante alla ricerca di chissà quale tipo di divertimento.

Parcheggiò nel vialetto e raggiunse l'ingresso. Suonò un paio di volte il campanello ma non ricevette risposta, perciò fece il giro della casa per controllare la porta sul retro, che trovò aperta. Entrò in cucina, ma non c'era nessuno.

«Erin?» chiamò Ruth. Aggrottò la fronte, cercando di cogliere qualche segno di vita, poi si spostò in soggiorno, chiamando di nuovo. Udì un suono flebile provenire dal piano di sopra. Si precipitò su per le scale e, arrivata al pianerottolo, chiese: «Erin, sei qui?»

Da una delle camere da letto venne un gemito. La porta era socchiusa; Ruth la aprì un poco e guardò dentro. Non era mai entrata nella stanza di Erin e Tom prima di allora. Era dominata da una sontuosa testiera anni trenta in legno di noce, con morbide volute e colonne a spirale intagliate su entrambi i lati, sul letto una coperta di pizzo bianca. Una toeletta d'epoca in vetro era nascosta nel bovindo, ricoperta di boccette di profumo e utensili d'argento per la cura dei capelli. Era una stanza incantevole, ricordava quasi un set cinematografico per la scelta accurata dei mobili, perfettamente abbinati all'architettura della casa. Di fianco all'enorme armadio in noce c'era una porta affacciata sul bagno e, passando accanto al letto, Ruth vide un corpo che giaceva immobile sulle mattonelle bianche e nere.

«Erin!» esclamò Ruth; poi si precipitò dall'amica, temendo il peggio.

Erin sollevò la testa. Era sdraiata su un fianco, il grosso pancione di fronte a lei, il vestito prémaman sbottonato. Il volto era di un bianco spettrale, segnato da ombre verdi e grigiastre e imperlato di sudore, i capelli madidi. Alla vista di Ruth, gli occhi spenti e intorpiditi di Erin subito si rianimarono.

«Grazie al cielo sei arrivata» disse debolmente. «Sono diventate fortissime. Oddio, ecco che tornano.» Il viso le si contorse per il dolore mentre si premeva le ginocchia sul ventre, stringendo i pugni, e per quanto si sforzasse non riuscì a trattenere le grida. A Ruth parve che la contrazione fosse durata circa un minuto. Quando cominciò ad attenuarsi, il volto di Erin si distese. «Cristo, credo che vomiterò. Sembra la sbronza peggiore della mia vita.»

«Non sono false contrazioni» disse Ruth, inginocchiandosi accanto a Erin per tenerle la mano umida di sudore. «Da quanto sono così?»

«Mhm... in realtà non lo so» ansimò Erin. «Prima tenevo i tempi, ma a un tratto il dolore è diventato insopportabile. Ora non lo so proprio. Ho cercato di andare avanti a contare ma non riuscivo più a leggere l'orologio.»

«Ti si sono rotte le acque?»

«No. Ma sono andata in bagno e c'era del sangue.»

Sangue, pensò Ruth, cercando di non lasciar trasparire il panico. È normale? Non dovrebbero esserci problemi, e a volte le acque non si rompono nemmeno... Si lambiccò il cervello per ricordare le cose che aveva studiato all'università e i casi su cui aveva lavorato anni prima, nel reparto maternità.

Erin gemette di nuovo. «Oh, no...» Si agitò convulsamente, lanciando grida di dolore, e rannicchiandosi stretta, fin quasi ad avere i conati di vomito.

«Dall'ultima sarà passata mezz'ora.» Ruth parlava in fretta. «Erin, devo visitarti, per vedere quanto sei dilatata.»

«Tre minuti?» ansimò Erin. «Erano otto l'ultima volta che ho controllato.»

«In poco tempo sei passata da otto minuti a tre. Okay. Sta succedendo tutto così in fretta, eh? Tieni duro, vedrai che andrà bene. È tutto assolutamente normale. Adesso ti visito e poi chiamo un'ambulanza, non penso sia il caso di portarti in macchina in questo stato. Va bene?»

«Sì, sì» rispose Erin con gratitudine. «Sono così felice che tu sia qui.»

«D'accordo, ora prova a sederti sul gabinetto. Quando arriva la prossima, spingi forte in giù verso la tazza, ti farà bene. Ma senza comprimere la cervice... non credo tu abbia voglia di farlo, vero?»

«No. È solo che mi sento malissimo. È terribile!» Negli occhi di Erin si poteva leggere tutto il suo terrore. «Per quanto andrà avanti ancora? Non mi avevano detto... nessuno mi aveva detto che avrebbe fatto così male. Oh, Cristo, di nuovo!» Afferrò il braccio di Ruth e vi affondò le dita, attanagliata dal dolore. Quando la contrazione passò Ruth fu sollevata quasi quanto Erin, ma non disse nulla. La aiutò a sedersi sul gabinetto e poi si lavò le mani. Dopo averle pulite a fondo, tornò da Erin e la aiutò a sollevare il vestito sopra il pancione, quindi la visitò, tastando con le dita la dilatazione della cervice.

Fai finta di essere in ambulatorio, si disse Ruth. Su, dài, è il solito lavoro. «Va bene, Erin, sono circa sei centimetri, sei già oltre la metà. Ottimo lavoro. Sei stata brava, stai facendo tutto alla perfezione. Continua a controllare il dolore e a respirare come ti hanno insegnato al corso. Te lo ricordi? Pensa allo yoga: inspira profondamente, espira lentamente.» Erin, ubbidiente, tirò un lungo respiro, quindi buttò fuori l'aria con piccoli sbuffi, arricciando le labbra. «Bene, bravissima. Ora, la cosa migliore sarebbe portarti all'ospedale, perché non sappiamo a che velocità ti stai dilatando. Potresti arrivare a dieci centimetri in fretta, ma potrebbero anche volerci ore. Per andare sul sicuro chiamo un'ambulanza, va bene?»

Erin rispose con un gemito, travolta di nuovo dal dolore, poi serrò le mascelle e si mise a urlare a denti stretti, il suo corpo scosso da una nuova contrazione.

Farei meglio a tenermi pronta, pensò Ruth, che si era calmata dopo aver tirato fuori il suo lato professionale. Coperte. Un telo impermeabile, se ne trovo uno. Oppure potrei tagliare dei sacchetti della spazzatura e stenderli sul letto. Posso disinfettare un paio di forbici e una scodella, così avrei anche dell'acqua sterilizzata. Mentre pensava a tutte queste cose chiamò con il cellulare un'ambulanza, spiegando con calma la situazione e pregando che venissero il prima possibile.

Rimase per un attimo a fissare il telefono, quindi chiamò subito Ned, prima al cottage, poi sul cellulare. Non rispose. L'ambulanza arriverà tra poco, pensò. Ce la caveremo da sole. E comunque non potrebbe fare molto.

Adesso che Ruth era con lei Erin non doveva più preoccuparsi di dominare la situazione, e poté concentrarsi esclusivamente su quello che stava succedendo al suo corpo. La sua mente si era richiusa in se stessa, riservando ogni attenzione all'evento straordinario che stava vivendo.

Ruth le disse con gentilezza che l'avrebbe lasciata sola, ma solo per pochi istanti – giusto il tempo di scendere di sotto a prendere alcune cose – e le ripeté di nuovo di usare la tecnica della respirazione e di spingere sulla tazza del gabinetto per alleviare il dolore. A quel punto si precipitò in cucina e cercò con foga nei cassetti e nelle credenze quello che le serviva, quindi mise una pentola d'acqua a bollire sul fornello per sterilizzare tutto. Prese alcuni sacchetti della spazzatura, un rotolo di carta da cucina, dello spago. C'era anche un kit di pronto soccorso, da cui prese il cotone idrofilo che gettò nella pentola assieme a una scodella e un paio di forbici, e portò il resto al piano di sopra. Nell'armadio della biancheria trovò alcuni teli da bagno, un lenzuolo, asciugamani per il viso puliti e una borsa dell'acqua calda. Mise tutto in camera da letto, passò a controllare Erin e poi tornò di sotto per mettere il bollitore sul fuoco, controllare la pentola e cercare della spremuta da dare a Erin per tenere alta la glicemia. Una volta pronto il bollitore, riempì la borsa dell'acqua calda, che sarebbe servita a Erin per lenire il dolore premendosela sulla pancia; quando fosse giunto il momento, Ruth l'avrebbe usata anche per riscaldare gli asciugamani e gli impacchi.

Ti prego, ti prego non costringermi a far nascere il bambino, pensò Ruth. Ma sapeva di doversi tenere pronta a quell'eventualità. *Quante cose mi mancano! Non ci sono antidolorifici, siringhe, ossigeno o sangue, niente stetoscopio, niente per suturare. Non posso nemmeno misurarle la pressione!* Per la prima volta si sentì davvero spaventata di fronte a quella responsabilità che le sembrava quasi insostenibile. Eppure, si disse per tranquillizzarsi, le donne hanno partorito così per migliaia di anni, ce la possiamo fare anche noi. Devo pensare positivo.

Nel bagno, Erin stava facendo un debole tentativo di svestirsi. «La vasca» ansimò quando vide Ruth. «Voglio entrare nella vasca. Posso?»

«Ma certo. È una buona idea... Può servire ad alleviare il dolore. Ci penso io.» Fece sgorgare acqua calda dal rubinetto. Cominciarono a salire piacevoli nuvole di vapore, e per un attimo a Ruth sembrò che tutto fosse tornato alla normalità, finché i gemiti di Erin le ricordarono che le cose erano tutt'altro che normali. Ma dovevano andare avanti... l'ambulanza non sarebbe arrivata prima di venti minuti.

Quando la vasca fu piena per metà, Ruth aiutò Erin a togliersi il vestito e la sorresse mentre si immergeva nell'acqua barcollando, facendola sedere con molta cautela. L'acqua la calmò quasi subito e rimase lì sdraiata, con il pesante pancione che affiorava sulla superficie, le ginocchia divaricate, il viso appoggiato sulla fresca ceramica della vasca.

«Va meglio» mormorò Erin. Poco dopo, quando sembrava essersi assopita, di scatto si risvegliò, gli occhi sgranati, il corpo teso, travolto da un'altra ondata di dolore. «Cr...isto! Oh mio Dio, oh mio Dio!» gridò durante tutta la contrazione, e quando fu passata ricadde all'indietro, esausta. «Sono così stanca» gemette. «Voglio solo dormire. Posso dormire? Se potessi fare una piccola pausa mi servirebbe a ritrovare le forze per ricominciare. Posso?»

«Riposati più che puoi tra una contrazione e l'altra» disse Ruth dolcemente.

«Non possiamo bloccarle, vero? Non possiamo fermarle per un po'?»

«Erin, il bambino è in arrivo. Tra non molto nascerà.»

Erin gemette di nuovo e si abbandonò in uno stato di dormiveglia, godendosi quel momento di sollievo finché poteva. Le contrazioni andavano e venivano, e ogni volta Erin era sempre più stanca e debole. Ne arrivò una fortissima, che la fece urlare a più non posso, e Ruth vide dapprima il pancione sollevarsi e poi, con suo grande stupore, un forte gorgoglio dell'acqua, mentre i muscoli di Erin si contraevano, tendendosi verso il basso.

«Sto spingendo!» urlò Erin, nel panico. «Ci provo a non spingere, ma... MERDA!»

«Brava, stai andando benissimo. Sei perfetta. Ma prova a non spingere, se ce la fai. Se cominci a spingere troppo presto diventerà tutto più difficile.»

Erin la ignorò, tornando ad assopirsi. Ruth le diede della spremuta, e lei la bevve, ancora stordita. Poi, quando tornarono le contrazioni, Ruth vide nuovamente la pancia sollevarsi e di colpo abbassarsi, come schiacciata da un enorme pugno invisibile.

«Prova a non spingere» la pregò Ruth.

«Ci sto provando!» strillò Erin, furiosa. «Oh Cristo, non posso farci NIENTE.»

«Così va bene.»

«Cosa cazzo significa *così va bene*? Mi stai dicendo di non spingere, e io sto spingendo. Non mi sembra che vada bene!»

Ruth si sedette accanto a lei, tenendole la mano, passandole la spremuta negli intervalli tra le contrazioni ormai fortissime, pregando che l'ambulanza arrivasse presto. Ancora cinque minuti, si disse, e poi richiamo. Controllò l'orologio e si rese conto di essere lì da più di due ore. Erano passate così in fretta – non certo per la povera Erin, tormentata dalle fitte atroci che la colpivano a pochissima distanza l'una dall'altra.

Dieci minuti dopo tornò in camera per telefonare all'ospedale. Il centralino del pronto soccorso la rassicurò, spiegando che l'ambulanza era già per strada e sarebbe arrivata a momenti.

«Vi prego, fate presto» supplicò Ruth, e poi tornò in bagno per controllare Erin. Adesso era molto più tranquilla di prima, gli occhi chiusi, sembrava che dormisse profondamente. Strano che riuscisse a rilassarsi così tanto tra le contrazioni. Forse in quel modo il suo corpo si stava prendendo una tregua, per ritrovare le forze necessarie a sostenere l'immane sforzo di spingere fuori il bambino.

Per un quarto d'ora Erin non ebbe altre contrazioni.

Oh no, pensò Ruth. Che sta succedendo? Si sono fermate? Si arrovellò per ricordare tutte le situazioni che si potevano presentare durante un normale travaglio. C'è la possibilità che si interrompa, ma in quel caso il bambino potrebbe essere in pericolo. Dove diavolo è l'ambulanza? Di questo passo, pensò Ruth, avrei fatto prima ad accompagnarla all'ospedale in macchina.

Erin continuava a dormire, immersa nell'acqua della vasca che ormai si stava raffreddando. Trascorsero altri cinque minuti senza contrazioni. Era assurdo sperare che tornassero le grida di dolore delle ore precedenti, ma quella quiete era davvero agghiacciante.

Improvvisamente Erin aprì gli occhi. «Voglio uscire» esclamò. «Ho freddo.» In quel momento cominciò a tremare. «Brrr, è gelata.» Sollevò le braccia, e Ruth la sorresse mentre si alzava per tirarsi fuori dalla vasca. La avvolse in un asciugamano e andarono insieme in camera da letto. Ruth aveva tolto la coperta e steso sul letto i sacchetti della spazzatura, gettandovi sopra degli asciugamani e un lenzuolo.

«Il mio letto» disse Erin, che sembrava non desiderare altro, e si sdraiò, affondando piacevolmente nel materasso. Sul comodino, rivolta verso il letto, c'era una fotografia di Tom ed Erin in spiaggia, abbracciati, sorridenti.

«Tra un minuto controllerò di nuovo la dilatazione» disse Ruth. Le balenò alla mente una parola, e a un tratto si ricordò di quel momento di transizione che interviene tra la prima e la seconda fase del travaglio. Nella prima fase la cervice si dilata. Nella seconda, il bambino viene spinto lungo il canale del parto e preme contro il collo dell'utero. Tra questi due momenti può subentrare un periodo stranamente tranquillo, durante il quale alcune donne provano un forte senso di rabbia o di paura, mentre altre, come Erin, si sentono stanche e deboli, e non vedono l'ora che sia tutto finito. Erin non aveva ancora accennato una volta al bambino; era come se non si ricordasse nemmeno che scopo avesse tutto quel dolore.

Ruth si fece coraggio. L'ambulanza non arrivava. Forse si era persa, forse aveva ricevuto una comunicazione sbagliata. Non aveva importanza. Avrebbe fatto nascere lei il bambino. Scese al piano di sotto per raccogliere gli strumenti sterilizzati, ripercorrendo con la mente i vari passaggi: devo fare in modo che continui a spingere, senza mai fermarsi, dicendole come sfruttare ogni singola contrazione. Quando compare la testa del bambino, ci vorrà solo qualche altra spinta prima che esca, e una volta fuori devo accertarmi che dia segni di vita, controllare le vie respiratorie, rimuovere il meconio, legare il cordone ombelicale, reciderlo... e far uscire la placenta, controllando che sia intatta. Be', facile! E tutto questo ammesso che non subentrino complicazioni...

Se solo avessi uno stetoscopio, pensò Ruth, quantomeno potrei controllare il battito cardiaco del bimbo. Non sapeva nemmeno in che posizione si trovava. Se anche avesse tentato di palpare la pancia, non era certa di riuscire a capire se fosse podalico o meno, e comunque ormai poteva essere troppo tardi.

Devo solo fare tutto quello che posso. Prima o poi l'ambulanza arriverà.

Tornata in camera da letto, Ruth disse: «Dobbiamo far ricominciare le contrazioni, se ci riusciamo». Aveva verificato nuovamente la dilatazione cervicale, e ormai era di dieci centimetri pieni. «So che stai bene sdraiata, ma ora dovresti alzarti e muoverti un po', così il travaglio si rimetterà in moto.»

«Non voglio» ribatté testardamente Erin. «Sto bene così.»

«Lo so, ma devi farlo. Forza.» Aiutò Erin a sedersi, poi le fece mettere le gambe a penzoloni dal letto. «Su, adesso ci alziamo.» La sollevò e cominciarono a camminare insieme per la stanza.

«Partorirò il bambino qui?» chiese Erin con una voce che suonava quasi normale.

«Non lo so. Forse.»

Erin si guardò attorno, e sembrava contenta. «Sarebbe... be'... adatto. Dopotutto l'abbiamo concepito in questa stanza. Quella è stata una sera felice. La cosa strana è che sapevamo esattamente cosa stavamo facendo. Ci siamo detti: 'Facciamo un bambino! Facciamolo qui, ora!' E l'abbiamo fatto. Non lo trovi assurdo? Ho detto fin da subito alle ostetriche la data precisa, ma non mi hanno mai creduta.»

«E così... sapevate entrambi quando avevate concepito il bambino? Anche Tom?»

«Oh, sì. Ne parlavamo spesso.» Guardò Ruth. «Vorrei che Tom fosse qui. Mi aveva detto che sarebbe stato accanto a me per tutto il tempo. Non voleva essere uno di quei padri che se ne stanno al bar ad aspettare un messaggio. Ci teneva a essere presente, per veder nascere il nostro bambino.»

Sulla stanza sembrò calare un velo di tristezza. Erin è depressa, pensò Ruth. Questa situazione lo sta facendo emergere. Erin era certa che anche Tom conoscesse la data del concepimento, e questa sua sicurezza sembrò liberare Ruth da un peso enorme, la fece sentire più forte. «Forse Tom c'è davvero» disse Ruth con affetto.

Erin rise. «Non credo a queste cose. Ma sarebbe carino pensare che una parte di lui sia ancora qui, nella nostra stanza. Però Tom, se ci sei, lasciati dire che sei stato un vero idiota a finire ammazzato, lasciandomi da sola in questa situazione.» Dopo un attimo di pausa, aggiunse: «Dicevano che ero troppo vecchia per partorire in casa».

Fecero un altro giro della stanza, molto lentamente.

«Tom era un uomo strano» disse Erin trasognata. «Non sono mai riuscita a capirlo davvero. A volte faceva le cose più assurde, senza riuscire a spiegarne il motivo.» Poi tirò un brusco sospiro. «Oddio, ci risiamo.» Strinse con forza la mano di Ruth. «Prima che ricominci, voglio solo dirti grazie. Grazie per essere qui, per il tuo aiuto. E se le cose si mettessero male, se dovesse succedermi qualcosa, promettimi di pensare prima di tutto al bambino, d'accordo?»

Si guardarono negli occhi per un istante.

«Starai bene» disse Ruth convinta. «Andrà tutto bene.» E, mentre le parlava, Erin fu colpita da una contrazione fortissima, che la fece crollare pesantemente addosso a Ruth.

Ci siamo, pensò Ruth. Il bambino sta per uscire. A quel punto si rese conto che il suono che qualche minuto prima echeggiava lontano, adesso era un ululato: l'ambulanza si stava avvicinando.

Ruth andò in auto all'ospedale, dato che Erin l'aveva supplicata di starle vicina, e giunse poco dopo l'ambulanza, quando il travaglio era ormai nella fase finale. Consentirono a Ruth di entrare in sala parto, dal momento che non c'era nessun altro ad assistere, e tenne stretta la mano di Erin durante le ultime contrazioni, mentre lei spingeva ogni volta con tutte le sue forze, tendendo i muscoli per far uscire il bambino.

Erin partorì poco dopo l'una di notte una creatura piccola, il corpo di un bianco bluastro, inzuppato di sangue e muco. Era una bambina, e la misero tra le braccia di Erin solo dopo averla sottoposta a una visita accurata e a un'iniezione di vitamina K. Mentre le poche ore precedenti erano durate un'eternità, i momenti immediatamente successivi alla nascita passarono stranamente in fretta. In un attimo, Erin era già a letto, lavata, con indosso una vestaglia pulita, mentre la bambina a poco a poco acquistava un colorito roseo, avvolta nei suoi vestitini e nella coperta dell'ospedale. Le infermiere le lasciarono sole.

Erin teneva in braccio la piccola con un'aria al tempo stesso stupita e distaccata, come se non riuscisse a credere che era tutto finito e che quella era sua figlia. La bambina, appoggiata al petto della madre, aveva gli occhi chiusi, la boccuccia mezza aperta, una manina stretta in un pugno e l'altra attorno al dito di Erin.

«Avevate già scelto un nome?» chiese Ruth. La neonata era perfetta, vederla la colmava di meraviglia. Fino a poche ore prima, quella piccola creatura era rannicchiata dentro la pancia di Erin. Aveva trascorso sonnecchiando i primissimi minuti della sua vita nel mondo esterno, dove sarebbe rimasta fino alla morte. Il miracolo della nascita, pensò Ruth. Riesce sempre a sorprenderci.

«Ne avevamo in mente due da femmina... Dolly o Violet.»

«Sono carinissimi tutti e due» commentò Ruth con garbo, anche se il nome Dolly non le piaceva per niente.

«Allora direi... Violet. Violet Gwendoline, come la madre di Tom.»

La madre di Tom, pensò Ruth. Guardò la bambina per cercare qualcosa in lei che facesse capire chi era il padre, ma quel visino rincagnato, senza mento e con il naso troppo largo, non le ricordava nessuno. Le tornò alla mente ciò che Erin le aveva detto in camera da letto, la certezza sua e di Tom circa la data del concepimento. Non le era sembrata una bugia. Aveva capito immediatamente e senza ombra di dubbio che quella bambina non era figlia di Ned. E in quello stesso istante si era anche resa conto di non averci mai creduto davvero. Non aveva fatto altro che mettersi paura da sola, come una ragazzina che rievoca immagini di vampiri.

«Ruth...» disse Erin titubante.

«Sì? Cosa posso fare, devo chiamare la tua famiglia? Qualcuno si starà domandando dove sei finita.»

«Sì, sì, dovrò chiederti di prestarmi il cellulare. Il mio l'ho lasciato a casa, in macchina. Però prima devo dirti una cosa. Voglio scusarmi con te.»

Ruth la guardò attentamente per la prima volta da quando era nata la bambina. Era pallida, l'aria stanca, i capelli raccolti in una coda e tenuti fermi da forcine. Le labbra avevano ancora un colorito bluastro, segno dello sforzo immane del parto. Di solito le neomamme non sono euforiche? Erin sembrava piuttosto calma, quasi non fosse affatto consapevole di ciò che le era appena successo. Eppure guardò Ruth con occhi pieni di fervore.

«Scusarti di cosa?» Il cuore di Ruth cominciò a battere all'impazzata.

«Be'... io... è difficile. Non so come dirtelo.» Scoppiò in una risata nervosa. «Mi sono comportata male con te, e mi dispiace. Tu sei stata meravigliosa oggi, e io non me lo meritavo, lo sappiamo tutte e due.»

«Non so di cosa stai parlando.»

«Oh, sì che lo sai. Devo confessarti una cosa che fino a poco tempo fa non ammettevo nemmeno a me stessa. Quando hai cominciato a uscire con Ned, io ero gelosa. È così stupido, vero? Ero abituata a sapere che mi amava più di chiunque altra, non importava quante ragazze avesse. Ma quando sei arrivata tu è cambiato tutto, me ne sono accorta subito, e sono diventata gelosa da morire, anche se assieme a Tom ero felicissima. Non so come spiegarlo... ero davvero convinta di non fare del male a nessuno. Credevo di fare la cosa giusta per Ned, assicurandomi che non avesse dubbi su di te. Ma ora mi rendo conto che le cose non stavano così. Stavo solo cercando di fare in modo che continuasse ad amarmi. Perché anni fa aveva una cotta per me... immagino che te l'abbia detto. Mi sono sempre sentita molto lusingata... be', chiunque lo sarebbe stato al mio posto, no? E mi ha dato parecchio fastidio quando sembrava che gli fosse passata.» Erin volse lo sguardo verso la bambina che teneva tra le braccia, sistemandole il lenzuolo attorno alla testa, con quei pochi ciuffetti di capelli castani. «Ho sbagliato tutto.»

«E...» Ruth si schiarì la voce. «E Ned che cos'ha fatto?»

«Di certo era confuso. Ma non su di te, su di me. Non capiva perché mi stessi comportando così con lui, chiamandolo in continuazione, chiedendogli di vederci. Ma mi dava retta perché ha sempre fatto tutto ciò che volevo. Immagino che per lui sia un'abitudine. L'ha fatto per oltre dieci anni, non è facile smettere da un giorno all'altro.» Erin arrossì. «Spero che non ti dia fastidio sentirmi parlare così.»

«Assolutamente no» rispose Ruth con fervore. «Dimmi tutto.»

«Be', non c'è molto da dire. Ho solo fatto il possibile per convincermi che ero io quella che lui amava di più. Ma ben presto ho capito che le cose erano cambiate, anche se sarebbe sempre restato il migliore amico che ho al mondo, dopo Tom.»

«Quindi... quindi... non avete... non ha mai... non è mai successo nulla!»

Erin alzò lo sguardo verso Ruth, fissandola con occhi limpidi e sinceri. «Oh, no. Come ti salta in mente una cosa del genere? Non c'è mai stato niente.» Rise debolmente. «Sono certa di avergli fatto credere in qualche modo che poteva nascere qualcosa tra noi, se lo voleva. Anche se forse non sarei mai riuscita ad andare fino in fondo. Lui, comunque, non ha mai reagito.»

Ruth si sentì sollevata, quasi riscaldata da una felicità che non provava ormai da settimane. Ma insieme a quella gioia la prese anche un accesso di rabbia nei confronti di Tom, che l'aveva trascinata nei suoi giochetti malvagi e assurdi. A quella rabbia subentrò poi un senso di pietà per quel ragazzo che era morto troppo giovane, senza avere la possibilità di rimettere a posto le cose. Ora non avrebbe più potuto conoscere sua figlia. E non avrebbe più potuto capire quanto fosse profondo l'amore che Erin provava per lui – sempre che ne avesse dubitato davvero.

«Ho visto Ned proprio ieri» proseguì Erin. «Ha detto che sei tornata a stare da tuo padre. Mi sono sentita uno schifo, temevo che fosse un po' anche colpa mia. Avevo già intenzione di venirti a trovare per parlartene... solo che è successo un po' prima di quanto mi aspettassi.» Fece un sorrisetto ironico. «E non proprio nelle circostanze che avevo in mente.»

Ruth le prese la mano. «Anch'io devo chiederti scusa. Ho pensato delle cose orribili su di te.»

«Lo immaginavo. Sono felice che ci siamo chiarite. Adesso mi odierai...»

«No» disse Ruth, ed era la verità. Sentiva troppo sollievo per lasciar spazio a sentimenti negativi.

«Mi hai vista nel momento di maggiore debolezza. Ora c'è un legame tra noi. Non sono molti gli amici che mi hanno controllato la dilatazione e che mi hanno vista sbraitare nuda nella vasca da bagno.»

«Be', spero di no.» Ruth sorrise. «Grazie per avermi detto tutto.»

«Penso che dovresti correre da Ned» suggerì Erin. «Sul serio.»

Capitolo 20

La giornata sembrava promettere bene. Ruth avrebbe dovuto essere esausta dopo i fatti del giorno prima, e invece si sentiva serena e piena di energia. Si era resa conto di quanto fosse stata apatica e depressa solo ora che era di nuovo felice e ottimista. Il tragitto per andare al lavoro fu incantevole, in quella classica giornata d'inizio estate: ovunque, tinte azzurre e dorate, mosse da una brezza leggera e immerse nel rigoglio di una nuova vita. Gli aerei solcavano il cielo tracciando bianche scie di vapore. Il traffico, perfino a Oxford, era stranamente scorrevole e Ruth riuscì addirittura a trovare posto nel suo parcheggio preferito.

Buon segno, pensò Ruth. Si incamminò verso l'ambulatorio ma, essendo in anticipo rispetto al solito, decise di deviare in Little Clarendon Street per guardare le vetrine dei negozi di lusso. Doveva trovare un regalo a Erin, qualcosa per la bambina. Un giocattolo, un sonaglio, o magari un vestito carino. Ruth si ripropose di tornare a dare un'occhiata all'ora di pranzo.

Mentre raggiungeva l'ambulatorio, riepilogò i suoi piani per la giornata. Durante una pausa avrebbe chiamato Ned, offrendosi di passare a casa per preparargli la cena.

Aveva in mente di portare una bottiglia di vino e di comprare qualche bistecca costosa dal macellaio al mercato coperto e, perché no, poteva prendergli anche un regalo; senz'altro avrebbe trovato un momento per passare in libreria e scegliere qualcosa che potesse piacergli. Poi, dopo il lavoro, sarebbe andata al cottage prima che lui rientrasse, e lì avrebbe avuto tutto il tempo di farsi un bagno, cambiarsi e prepararsi prima del suo arrivo. Aveva deciso di smettere i panni della vecchia moglie sciatta, voleva farsi bella per lui. Puntava su rossetto rosso, collant e tacchi alti per ricordargli com'era fatta la donna di cui si era innamorato e che ancora desiderava, almeno questa era la speranza di Ruth.

Fece un sorrisetto e si stampò nella mente quel programma. Se tutto fosse andato secondo i piani, avrebbero passato la notte assieme. A quel pensiero, sentì un piacevole fremito di attesa: era passato molto tempo dall'ultima volta, e il corpo di Ruth non avrebbe sopportato un'altra notte lontano dal suo amante.

Giunta in ambulatorio, trovò anche Rhonda di buon umore e, sebbene i telefoni avessero già cominciato a squillare ininterrottamente, Ruth non aveva molti impegni per la mattinata.

Colse al volo l'opportunità di chiamare Ned tra una visita e l'altra, dato che una vaccinazione era saltata, e un asmatico con cui doveva discutere della terapia aveva posticipato l'appuntamento di una settimana. Compose il numero dell'ufficio di Ned con il cuore che le batteva all'impazzata, e mentre squillava deglutì più volte, preparandosi a parlare con un tono il più normale possibile.

È incredibile che telefonare a mio marito mi renda così nervosa! pensò, e quando la chiamata fu deviata alla segreteria si sentì avvilita, pur provando piacere anche solo a sentire la sua voce registrata che diceva: «Ciao, sono Ned Haskell...»

Lasciò un breve messaggio. «Sono Ruth. Pensavo che forse potremmo fare due chiacchiere... avrei voglia di parlarti. A proposito, sai che Erin ha partorito? È una bimba, l'ha chiamata Violet. Be'... carino, eh? Ehm... chiamami quando puoi.»

Poi cercò di rintracciarlo sul cellulare, ma era spento.

Richiamerò più tardi, pensò. Durante la pausa pranzo uscì a fare spese e tornò carica di borse. Provò di nuovo a contattare Ned, ma non rispose nemmeno questa volta. Decise di lasciare un messaggio anche sul cellulare, chiedendogli di richiamarla.

A metà pomeriggio Ruth cominciò a innervosirsi, dato che Ned non si era ancora fatto vivo. Controllò le visite che le restavano da sbrigare, e dopo aver praticato una vaccinazione trivalente a un bambino – con la madre che minacciava di denunciarla se qualcosa fosse andato storto – chiese a Rhonda di cancellare tutti gli altri appuntamenti, dato che nessuno era urgente, in modo da uscire prima della fine del turno. Rhonda, ancora di buon umore, accettò di buon grado e disse a Ruth che si meritava un po' di riposo, perché negli ultimi tempi le era sembrata piuttosto depressa.

Mentre usciva, Ruth trasalì alla vista della dottoressa Fletcher che sbucava fuori dal suo ufficio dicendo: «Ruth, posso parlarti un momento?»

Non poteva certo risponderle che in realtà se la stava svignando in anticipo, perciò le sorrise, disse: «Ma certo!» e la seguì. La dottoressa le spiegò che, durante l'ultima riunione mensile, i medici avevano discusso dei suoi progressi. Tutti concordavano sul fatto che Ruth stesse lavorando molto bene, e ritenevano che fosse giunto il momento di proporle qualche altro corso di formazione, che le avrebbe permesso di assumere la gestione di un ambulatorio, o comunque di dedicarsi a questioni di pianificazione strategica e di «implementazione delle politiche», e così via; una vera e propria promozione insomma, con un conseguente aumento di stipendio.

Ruth si sentì sollevata per questo ulteriore buon auspicio, e si disse lieta di assumere maggiori responsabilità.

La dottoressa Fletcher ne fu entusiasta, spiegò che avrebbero fissato un incontro per discutere delle questioni pratiche, ma che nel frattempo avrebbe comunicato agli altri medici la buona notizia.

Ruth lasciò l'ambulatorio, e si sentiva al settimo cielo. Poi le tornò alla mente che Ned non si era fatto sentire per tutto il giorno, e incrociò le dita. «Ti prego, fa che non ci siano problemi» sussurrò tra sé e sé. Niente panico Ruth. Andrà tutto bene.

All'incrocio appena fuori Oxford, le venne quasi automatico imboccare la strada per la vecchia canonica. Era preoccupante la rapidità con cui era tornata alle abitudini di prima.

Non è passato poi tanto tempo da quando me ne sono andata, pensò mentre si dirigeva in paese, anche se in realtà sembra trascorso un secolo. Tutto era rimasto come prima, e di questo era felice. Quando arrivò al cottage, l'auto di Ned non c'era. Bene, così poteva farsi un bagno e cambiarsi prima del suo ritorno.

Non appena entrò in casa, sentì dei rumori provenire dal piano di sopra. «Ehi!» disse. «C'è qualcuno?»

Si avvicinò alle scale e levò lo sguardo. La suocera fece capolino alla ringhiera e rimase per un attimo a fissarla.

«Oh, sei tu» tagliò corto Jackie, per poi sparire di nuovo sul pianerottolo.

Ruth sentì un tuffo al cuore. Si era totalmente dimenticata di lei. Certo, sapeva che si sarebbe fatta viva – in fin dei conti aveva preso l'abitudine di presentarsi da loro quasi ogni sera – ma non si sarebbe mai aspettata di trovarla lì durante il giorno. Probabilmente Ned le aveva dato le chiavi. Come avrebbe fatto ora a sbarazzarsene?

Jackie comparve di nuovo, il volto acceso da una vampata di rabbia. «Forse è un bene che tu sia venuta» esclamò. «Così puoi portarti via questa roba.»

Scaraventò giù dalle scale un sacchetto della spazzatura nero, chiuso con un laccio, che ruzzolò fino ai piedi di Ruth.

Lei rimase per un attimo a fissarlo. «E questo cos'è?» chiese.

«Dai un'occhiata» disse Jackie, per poi dileguarsi di nuovo.

Ruth lo aprì, e dentro vide alcuni dei suoi vestiti. Lasciò cadere il sacchetto e si precipitò su per le scale, entrando in camera da letto, dove Jackie stava ancora frugando nel suo armadio, accanto a lei un altro sacchetto della spazzatura mezzo pieno. Tirò fuori un mucchio di attaccapanni su cui erano appesi altri abiti di Ruth e cominciò a pigiarceli dentro.

«Cosa stai facendo?» domandò Ruth con la voce che le tremava. Le era sempre riuscito difficile affrontare Jackie, ma non poteva starsene immobile a guardarla mentre faceva una cosa del genere.

«A te cosa sembra?»

«Perché tiri fuori le mie cose dall'armadio?»

«Secondo te?» Jackie scoppiò in una brusca risata. Prese ancora un paio di abiti, tra cui uno dei preferiti di

Ruth, un vestito lungo di seta che aveva comprato per un matrimonio. Jackie, vedendo che stava per scivolare dall'attaccapanni, lo prese, lo appallottolò e lo gettò nel sacchetto.

Ruth si avvicinò alla suocera con le mani che tremavano. «Fermati!» gridò. «Smettila subito!»

«Sto facendo un po' di pulizia» disse Jackie con un tono basso e minaccioso. «Gira alla larga.»

«Ma sono le mie cose.»

«Avresti dovuto pensarci prima di piantare mio figlio.»

«Tu non sai un bel niente!»

«So quanto basta. L'ho visto qui che piangeva disperato per la morte del suo migliore amico. E sua moglie dov'era, eh? Be'? Te lo dico io, se l'è svignata, perché non vuole avere noie.» Jackie si voltò e la guardò in faccia. «Hai avuto la tua occasione e te la sei giocata. Ora vattene.»

«Devo parlare con Ned» ribatté Ruth, facendo tutto il possibile per mantenere la calma. «Dov'è?»

«Qui non c'è» sbottò Jackie. Poi sorrise. «È all'ospedale, a trovare Erin e la sua bimba.»

«Tornerà a casa stasera?»

Jackie si strinse nelle spalle. «Immagino di sì. Ho preparato uno sformato per cena.»

Ruth si sforzò di assumere il tono più minaccioso possibile. «Non azzardarti a toccare anche solo un'altra cosa. Questa è roba mia, e deve stare qui.»

Jackie la fissò impassibile, gli occhi ingranditi dalle spesse lenti degli occhiali.

Ruth lasciò perdere la suocera e scese al piano di sotto per richiamare Ned. Era stato irraggiungibile per l'intera giornata: non poteva aver passato tutto quel tempo all'ospedale. Ma il cellulare era ancora spento. A quest'ora starà senz'altro tornando a casa, pensò Ruth. Andò alla finestra e guardò la strada in lontananza, sperando di vedere arrivare la sua auto: ma non apparve alcun segno di lui.

E ora che cosa faccio? si chiese. Sentì che Jackie si era rimessa al lavoro al piano di sopra, ostinata e per nulla intimorita da lei. Ruth sapeva che avrebbe dovuto seguire il consiglio di Cordy e ribellarsi alla suocera, ma non ci riusciva. La sola presenza di Jackie bastava ad avvelenare l'aria. Come avrebbe potuto farsi un bagno, cambiarsi o preparare la cena – soprattutto sapendo che c'era già pronto uno sformato o qualcos'altro per Ned? Non le restava che aspettarlo e chiedergli di mandare via sua madre.

Si sedette sul divano, chiedendosi quanto sarebbe durata quell'attesa. La colpì subito la strana assenza della sua sonnacchiosa gattina tigrata; sul divano dove era solita accoccolarsi Maisie, era rimasta solo una manciata di peli bianchi e grigi. Ruth si alzò di scatto.

«Maisie! Maisie!» chiamò, guardandosi attorno. Della gatta nessuna traccia. Andò in cucina e aprì la porta di servizio. Ormai Maisie andava fuori solo di rado – non più di un paio di volte al giorno – quindi sarebbe stato insolito trovarla in giardino. Preferiva restare al caldo, godendosi lo spiraglio di sole sul tappeto del salotto, quando non era raggomitolata sul divano. Chiamò di nuovo dalla porta di servizio sperando che la gatta, attirata dal suono del suo nome, si facesse viva, attraversando il prato con la sua solita eleganza. Ma non la vide.

Chiuse la porta e tornò in cucina. «Dove sarà finita?» rifletté ad alta voce, e andò a controllare che nelle ciotole ci fossero cibo e acqua a sufficienza. Ma anche quelle erano scomparse.

«Maisie! Maisie!» chiamò Ruth, ora allarmata. Si precipitò fuori dalla cucina e, dal fondo delle scale, gridò: «Dov'è? Dov'è Maisie?»

A quel punto Jackie, che era già lì ferma sul pianerottolo, cominciò a scendere lentamente; il suo volto sembrava calmo, ma le sopracciglia erano un po' troppo tese perché fosse davvero rilassata.

«Intendi quella gatta?»

«Ma certo. Dov'è?»

Giunta in fondo alle scale, Jackie si trovò faccia a faccia con Ruth, che era una spanna più alta di lei e, lanciandole uno sguardo malizioso da dietro le lenti, disse: «Era molto malata».

«Come?»

«Si capiva subito che era malata. L'ho fatto per il suo bene.»

«Macché malata!» gridò Ruth in preda al terrore. «È solo un po' vecchia. Cosa le hai fatto?» Ma dentro di lei già lo sapeva.

Jackie sospirò e distolse lo sguardo da Ruth, scrollando leggermente le spalle. «Era vecchia e malata, sarebbe stato solo crudele tenerla in vita, povera piccola. Così l'ho portata dal veterinario e l'ho fatta sopprimere. Non ha sofferto. Te l'ho detto, l'ho fatto per il suo bene.»

«No...» mormorò Ruth. «Non posso credere che saresti capace di una cosa del genere.»

«Ma perché te la prendi tanto? Era solo una gatta rognosa. Puoi cercartene un'altra se sei tanto disperata, anche se proprio non capisco perché mai dovresti volere un'altra bestia piena di pulci in giro per casa. L'aria è molto più fresca da quando non c'è più quella gattaccia.»

Ruth si sentì svenire. C'era sempre stata una specie di legame vitale tra sua madre e Maisie, che era entrata nella loro vita da piccola, prima ancora che Ruth e Cordy venissero a conoscenza della malattia della madre. Solo adesso, ripensandoci, Ruth si era resa conto che i suoi genitori avevano preso quella gattina di proposito, per distrarre le bambine dal calvario che la loro famiglia stava per affrontare, per dare loro qualcosa di cui prendersi cura e su cui concentrarsi quando il dolore fosse diventato troppo duro da sopportare. Le tornarono alla mente le sere in cui aveva portato Maisie a letto con sé, anche se le era stato proibito, ed era rimasta ad ascoltare il brontolio delle fusa mentre le raccontava come fosse terribile tutto quello che stava passando la mamma: la malattia, le cure che sembravano peggio del cancro, la consapevolezza che presto se ne sarebbe andata.

Dentro di lei si erano accumulate troppe cose, tutte le tensioni delle ultime settimane, dal funerale di Tom al travaglio di Erin, oltre al timore che ormai fosse troppo tardi per rimettere a posto le cose con Ned.

Scoppiò a piangere. Non essere così debole, si ammonì, non farti vedere da lei in questo stato. Ma non riusciva a trattenersi e, al pensiero della povera Maisie, inconsapevole di quello che stava per succederle quando Jackie l'aveva infilata nella gabbietta da viaggio per portarla dal veterinario, il pianto divenne incontenibile.

Jackie sembrò a disagio. «Oh, andiamo, non cominciare» disse la suocera. «Non fare la piagnucolona con me.» Poi arrivò all'esasperazione. «Ma cos'hai da piangere? Per l'amor di Dio, credi forse di avere dei buoni motivi? E allora cosa dovrei dire io? Sono io che mi sobbarco tutto lo stress! Non è stato facile, sai, cambiare casa. È una delle esperienze più stressanti che esistano. Eppure non vado mica in giro a lamentarmi, no? Io sopporto tutto senza aprire bocca. Mi tengo dentro un sacco di cose, è per questo che mi vengono quei dolori al petto.»

«Ma stai zitta, vecchia egoista che non sei altro!» gridò Ruth, chinandosi a cercare un fazzoletto nella borsetta. Si soffiò il naso, quindi si rialzò. A quel punto aveva smesso di piangere, la collera l'aveva completamente raggelata. «Te ne devi andare! Fuori da casa mia!» Corse ad aprire la porta. «Vattene!»

«Casa tua? Vuoi dire casa di Ned» sibilò Jackie, mettendo le mani sui fianchi come se si stesse preparando a sferrare l'attacco. Lo scontro era il suo pane quotidiano.

«No, questa è anche casa mia. Tu non vuoi proprio ficcarti in testa che Ned mi ha sposata. Sono sua moglie. Tu non hai alcun diritto di stare qui se noi non ti vogliamo. E noi non ti vogliamo. Perciò vattene.»

Jackie rimase a bocca aperta. «Be', di tutte le... ma che razza di un'ingrata!»

«Hai sentito cos'ho detto? Ti prego di andartene immediatamente.» A quel punto Ruth cominciò a sentirsi pervasa da un'estrema calma che la rendeva più forte e decisa. Capì che non c'era bisogno di gridare o imprecare, né di agire in alcun modo che Jackie avrebbe potuto prevedere. Scoprì di avere un'autorità nei confronti della suocera fino ad allora sconosciuta: si limitò ad aspettare.

Jackie arricciò le labbra in un piccolo cerchio grinzoso e strizzò gli occhi. Sembrava che stesse studiando la prossima mossa. Quindi disse: «E va bene, me ne vado. Ma non credere di aver vinto. Nessuno si è mai messo tra me e mio figlio. Hai capito? E tu non sei diversa da tutti gli altri».

«Ti sbagli» ribatté Ruth decisa, mentre Jackie le passava accanto impettita, a testa alta, sfoggiando tutta la sua dignità. «Io sono diversa, eccome. E faresti meglio ad accettarlo il prima possibile.»

Quando Ned rientrò la scena non era affatto come Ruth se l'era figurata qualche ora prima. Si era immaginata disinvolta, affascinante, truccata, con i capelli puliti e un vestito carino, sul tavolo la bottiglia di vino stappata, la cena quasi pronta. Invece era seduta sul divano a gambe incrociate, gli occhi rossi, accanto a lei un mucchio di fazzoletti umidi.

«Ruth!» esclamò Ned stupito, entrando. «Che ci fai qui? Credevo di aver lasciato accesa la luce prima di uscire.»

«Non hai ricevuto i miei messaggi?»

Ned scosse la testa. «Oggi siamo stati fuori per la solita trasferta estiva. Sono partito ieri per non trovarmi bloccato nel traffico di prima mattina. Cellulari spenti, ce l'ha ordinato David. Poi mi sono scordato di riaccenderlo, ora che mi ci fai pensare.» Si avvicinò a Ruth, un po' titubante ma con il sorriso sulle labbra. «È bello vederti. Stai bene? Ma... tu hai pianto!» Ned sembrava preoccupato.

Ruth sentì le labbra tremare. «Ned, perché non l'hai fermata? Come hai potuto lasciarle fare una cosa del genere a Maisie?»

«Di cosa stai parlando?»

«Tua madre! Ha portato Maisie dal veterinario e l'ha fatta sopprimere.» Sentì nuovamente le lacrime agli occhi, ma cercò di reprimerle.

Ned si sedette vicino a lei, confuso. «No, l'ha solo portata a fare un controllo. Mi ha detto di averla trovata in cucina che vomitava, e voleva farla visitare. Il veterinario l'ha tenuta sotto osservazione. Sono certo che sta bene.»

«Non sta bene. L'ha fatta sopprimere. Me l'ha detto lei.»

Ned sbiancò in volto e rimase un attimo in silenzio, perplesso. «Quando le hai parlato?»

«Stasera.»

Ned aggrottò la fronte. «Cosa ci faceva qui? Come ha fatto a entrare?»

«Gliele hai date tu le chiavi?»

«No. Avrà preso di nascosto quella di riserva, per fare una copia. Cristo!» Gli occhi di Ned avvamparono. Si sta arrabbiando, pensò Ruth. «Non posso credere che stia ricominciando la solita storia. Mi era sembrato fin troppo facile liberarcene. So che è stata dura per te, ma non è niente in confronto a quello che ha fatto in passato. Ogni volta mi convinco che sia cambiata. Ma stavolta ha proprio esagerato.» Prese la mano di Ruth e la strinse forte. «Se ha fatto davvero una cosa del genere è imperdonabile. Immagino che avesse in mente di raccontarmi che Maisie si era ammalata ed era morta dal veterinario. Mi dispiace tantissimo. Dio mio...» Lasciò la mano di Ruth, si alzò e cominciò ad andare su e giù per la stanza. Vide il sacchetto della spazzatura in fondo alla scala, i vestiti di Ruth sparsi tutt'attorno. «E questo cos'è?»

«I miei vestiti» rispose Ruth. «Ero tornata per vederti, per dirti quanto mi dispiace, per supplicarti di provare a ricominciare da capo. Ma in casa c'era tua madre. Si stava sbarazzando di tutte le mie cose. Mi ha anche detto che non volevi rivedermi mai più. Le hai chiesto tu di fare pulizia delle mie cose? È vero che non mi vuoi più?» Le tremava la voce pronunciando le ultime parole.

Ned si lasciò scappare uno sbuffo, a metà tra una risata e un'esclamazione di rabbia. Corse da lei, porgendole la mano. «Andiamo.»

Era una calda serata estiva e per fortuna, uscendo di casa in tutta fretta, non si erano curati di indossare la giacca. Insieme attraversarono il paese; Ned camminava davanti a lei, con il volto contratto e un furore spaventoso negli occhi. Costeggiarono il parco, dove alcuni bambini strillavano divertiti, mentre si arrampicavano sul castello di tubi e si dondolavano sull'altalena, spingendosi il più in alto possibile. Fuori dal pub erano sedute coppie e bevitori solitari che si godevano la serata, i bicchieri appoggiati sui tavoli di legno, nei posacenere le sigarette ancora accese. Lungo High Street, dalle finestre aperte dei cottage si riversavano in strada i suoni dei programmi televisivi serali, i rumori di pentole e padelle, l'odore di cibo. Mentre discendevano la collina per raggiungere la casa degli Haskell, passarono accanto a un uomo che lavava la macchina, spargendo rivoli d'acqua saponata lungo il vialetto fin sul marciapiede, mentre una radio suonava a tutto volume. Una donna in giardino stava spruzzando acqua sulle sue piante e il marito potava la siepe di fianco alla casa.

Una normalissima serata in paese, pensò Ruth. Ma non per noi. Il suo corpo era pervaso da un'ondata di adrenalina. Cosa avrebbe detto Ned? E Jackie come l'avrebbe presa? Una volta tanto non era intimorita al pensiero della suocera. Lei e Ned l'avrebbero affrontata assieme, e assieme erano abbastanza forti per tenerle testa, perfino per batterla. Era elettrizzante. Per la prima volta dopo tanto tempo ebbe la sensazione che lei e Ned fossero di nuovo una squadra.

Giunti davanti alla casa dei genitori, Ned suonò il campanello e bussò alla porta quasi contemporaneamente, come fosse impaziente di affrontare la madre mentre era ancora in preda alla collera. Un attimo dopo, Jackie aprì la porta, il volto raggiante alla vista di Ned.

«Ciao, tesoro!» disse in tono allegro, ma la sua espressione si fece immediatamente seria quando scorse Ruth. «Oh...»

«Fammi entrare» disse Ned, spalancando la porta e infilandosi in casa.

«Fai pure come se non ci fossi» sibilò Jackie, sarcastica. «In fin dei conti, sono solo tua madre.»

Ned la ignorò e raggiunse il salotto: dietro di lui sua madre, seguita da Ruth. Steven era seduto in poltrona, davanti al televisore acceso, sulle ginocchia il giornale aperto con un sudoku non ancora risolto. «Che succede?» chiese il padre sbigottito, vedendoli entrare tutti quanti nella stanza.

«Stammi a sentire, papà. Statemi a sentire tutti e due.»

«Se è per quella gatta» cominciò Jackie, «c'è stato un malinteso. L'ho portata dal veterinario perché ero convinta che Ruth lo volesse. Me l'ha detto lei.»

«Risparmia pure il fiato» la interruppe Ned. Ruth si rese conto che Ned faticava a controllarsi e a mantenere la calma. «Ne ho abbastanza delle tue bugie ripugnanti. Sono stanco che tu cerchi di rovinarmi la vita in tutti i modi. Sono stanco di come hai sempre tentato di distruggere ogni storia che ho avuto. Te la ricordi Madeline? Ti ricordi cosa le hai fatto? Poveretta, non si dimenticherà mai di quando ti sei messa a gridarle che era una puttana, per strada, nel bel mezzo di York. Uscivamo insieme solo da un mese!

«Ho cercato di sopportarti, ce l'ho messa tutta, e lo sai perché? Perché mi dispiace per te. Mi spiace che tuo padre sia morto quando eri così giovane, e che ti inebetisca di alcol ogni santo giorno... perché sinceramente credo che tu non possa farci nulla e che ormai, per quanto la tua vita sia deprimente, non riuscirai più a cambiarla. Quando penso a te vedo una vecchia povera e triste, senza amici, incapace di avere un rapporto normale con qualcuno, e mi fai davvero pena. Ma adesso basta. Non ce la faccio più.»

«Ma cosa stai inventandoti?» strillò Jackie, indignata. «Io sono piena di amici!»

«Tu sei piena di persone con cui andare al club e passare una serata in allegria, ma di veri amici non ne hai. Non sai nemmeno cosa significhi. E anche di quei pochi amici che hai, passi metà del tempo a sparlarne, perché hanno una brutta casa, una vita insulsa, un aspetto terribile, come se tu avessi qualcosa di cui vantarti. Vogliamo parlare della tua famiglia? Hai litigato praticamente con tutti. In realtà non parli più con nessuno, o sbaglio? Guarda zio George. Hai discusso con lui quella volta che eravamo fuori a pranzo, per decidere chi dovesse pagare cosa, e da allora non gli hai più rivolto la parola. Sono passati dieci anni! Ti sembra normale?»

Jackie cercò di difendersi: «Voleva che ci dividessimo il costo del vino rosso, io gli ho solo fatto notare che io e tuo padre non l'avevamo nemmeno toccato, e non capivo perché mai avrei dovuto pagarlo».

«Ecco, vedi!» gridò Ned. «Anche adesso non capisci... non capisci quanto sia patetico tutto questo.» Poi la voce di Ned si fece supplichevole. «Non ti rendi conto di com'è ridicolo e meschino il tuo comportamento?»

«Non mi piace che la gente si approfitti di me!» sbottò Jackie. «Non voglio essere lo zimbello di nessuno.»

«Tu non sei proprio niente per nessuno.» Ned le diede le spalle e raggiunse il caminetto, avvicinandosi alla fiamma, come per ritrovare le energie.

«Allora...» intervenne Steven, cercando di riportare la calma. «Qualcuno vuole spiegarmi cosa sta succedendo?»

Jackie si voltò di scatto e puntò un dito in direzione di Ruth. «È tutta colpa sua!» strillò. «Sta mettendo in giro un sacco di bugie per mettermi Ned contro. Dopo tutto quello che ho fatto per lei! »

Ned si rivolse a suo padre. « Papà, tu lo sai cosa sta succedendo. È la solita solfa. Non so perché prendi sempre le sue difese. A dire il vero, non capisco come fai a sopportare di averla vicino. E perché ti sei rovinato la vita stando con lei. »

« Non dire queste cose » lo ammonì Steven. « È pur sempre tua madre. »

« Credi che non lo sappia? » Ned si passò una mano tra i capelli e tirò un sospiro. « Dio mio! Sai una cosa?... Susie ha fatto bene ad andarsene il più lontano possibile da te. »

« Susie è solo una piccola ingrata » disse Jackie con cattiveria.

« Sono tutti ingrati, vero? Non ti sembra un po' assurdo che il mondo intero sia ingrato e ce l'abbia su con te, e che solo tu sia perfetta? Non ti sei mai chiesta come mai chiunque ti conosca finisca per detestarti, per scontrarsi con te, per essere tagliato fuori dalla tua vita? Se fossi in te comincerei seriamente a farmi qualche domanda, cazzo. »

« Sei diventato così villano » singhiozzò Jackie. « Questa ragazza ti sta rovinando. » Fece cenno con la testa in direzione di Ruth.

Ned si avvicinò a Ruth e la prese per mano. « Questa è mia moglie » disse, scandendo bene le parole. « È la persona più importante della mia vita. E tu hai fatto il possibile per metterle i bastoni tra le ruote, o credi che non me ne sia accorto? Vuoi sbarazzarti di lei, proprio come hai fatto con tutte le altre, perché non riesci a sopportare che per me qualcuno conti più di te. Ma ti conviene metterti bene in testa una cosa. Io e lei siamo *insieme*. La nostra vita e la nostra felicità vengono prima di tutto. *Lei* viene prima di tutto. Se tu le menti, o la maltratti, o le fai qualsiasi cosa, è come se la stessi facendo a me. Capito? Tra te e lei crederò sempre a lei, preferirò sempre lei.» Guardò suo padre. «Papà ha fatto lo stesso. Ti è rimasto attaccato in ogni occasione, nonostante tutto quello che hai fatto, semplicemente perché ti aveva sposata. Ha lasciato che allontanassi Susie, al punto che ormai non la vede quasi più. Ti ha permesso di trascinarlo via dalla casa che amava per trasferirvi qui, così che tu potessi portare avanti i tuoi stupidi piani. Avrebbe persino lasciato che ti sbarazzassi di Ruth, se ci fossi riuscita. Be'... tra me e Ruth è tutto diverso. Noi stiamo bene assieme. Siamo una famiglia. Se vogliamo, possiamo tagliarti fuori senza versare mezza lacrima. Ti conviene pensarci bene, okay? D'ora in poi, la nostra vita è solo nostra. Non ti presenterai da noi ogni sera. Puoi venire quando sei invitata, quando abbiamo voglia di vederti, se mai succederà dopo quello che hai fatto. Tutto chiaro? Sarai anche mia madre, ma il mio amore non ti spetta di diritto. Devi guadagnartelo. Hai capito?»

Jackie incrociò le braccia e tirò su col naso.

Ned proseguì: «Spero di essere stato chiaro. Altrimenti sentitevi liberi di chiedermi spiegazioni in qualsiasi momento, vi ripeterò tutto. Dài Ruth, andiamocene da qui».

Mentre risalivano assieme la collina, tornando verso il cottage, Ruth era talmente eccitata che per un po' non riuscì a parlare. Una volta giunti in cima, mentre costeggiavano il parco, Ruth fermò Ned prendendolo per le braccia, e lo guardò fisso negli occhi. «Sei stato sincero? Pensi sul serio le cose che hai detto?»

«Certo.»

«Ma dopo tutto quello che ti ho fatto...»

«Tutto cosa?»

«Ho letto i tuoi diari! Pensavo che avessi una relazione con Erin! E ti ho lasciato...»

«Pensavi che avessi una relazione con Erin?» Ned scoppiò a ridere, incredulo. «Non me l'hai mai detto.»

«No... però lo pensavo.»

«Perché non me ne hai parlato?»

«Non lo so...» Era decisa a non rivelargli la conversazione che aveva avuto con Tom. A cosa sarebbe servito denigrarlo? Non aveva nessuna intenzione di smontare l'immagine che Ned si era fatto dell'amico per sistemare qualcosa che ormai non si poteva più cambiare.

Ned disse: «Continuavi a chiedermi se ti amassi più di quanto avevo amato Erin, ma io non sapevo cosa rispondere... ero un'altra persona a quei tempi. Era tutto completamente diverso, non si può fare un paragone. Mi feriva sapere che volevi quella risposta senza capire quanto ti amassi. Ma non avevo idea che tu pensassi una cosa del genere.»

«Era perché...» Ruth respirò a fondo e lo guardò negli occhi. Ned aveva un'espressione preoccupata, sincera, e a Ruth venne voglia di piangere al pensiero di quanto lo amava e di come aveva rischiato di perderlo. «Quella volta mi avevi mentito. Mi avevi detto di non aver mai amato Erin.»

«Lo so.» Sul volto di Ned comparve un'aria angosciata. «Avrei voluto dirtelo, ma sinceramente temevo che avrebbe solo portato altri problemi. Pensavo che non c'era modo che tu lo scoprissi, perché non l'avevo mai detto a nessuno. Ma ora mi rendo conto di essere stato stupido. Non sopportavo di averti mentito. Dopo quella volta, però, non l'ho più fatto. Perdonami.»

«Non mi hai più mentito, ma eri evasivo. Parlavi in modo così prudente, soppesando le parole per evitare di dovermi dire una bugia. Me n'ero accorta, e questo mi ha reso ancora più sospettosa.»

«Oh, Ruth, mi dispiace così tanto. Riuscirai a fidarti di nuovo di me?» La attirò a sé e la strinse forte. Ruth ricambiò l'abbraccio, poi levò lo sguardo verso di lui.

«So che non avevi una storia con Erin. Era tutto nella mia testa... quasi tutto. Ora l'ho capito. Avrei dovuto parlarne, invece di tenertelo nascosto.»

«Che sciocchina.» Ned la strinse ancora di più a sé e la baciò in fronte. «A me puoi dire tutto, lo sai. Se mi avessi confidato quello che stavi pensando... ma non è solo colpa tua, lo so bene. Siamo stati due idioti.»

«E non è solo colpa nostra... anche gli altri ci hanno messo del loro, Tom, Erin e Jeremy...»

Ruth e Ned si guardarono per un momento, in silenzio, confessando a se stessi qualcosa che avevano taciuto per tutto quel tempo.

«I miei amici...» disse infine Ned con dolcezza. «So che a volte ci vanno giù pesanti. Mi spiace.»

«Ma sono stata io a mollare. In realtà non volevo. Anche mentre me ne stavo andando cercavo di convincermi a non essere così stupida. Non avrei mai dovuto lasciarti.»

«Credi che ti abbia biasimata? Negli ultimi tempi ero diventato insopportabile. Se tu non mi parlavi era perché ti avevo esclusa, me ne sono reso conto anch'io. E poi Tom è morto... Mi sentivo responsabile, per mille ragioni, storie vecchissime. Era dura convivere con il senso di colpa, e ho reagito chiudendomi ancora di più in me stesso. Faccio sempre così quando le cose si complicano. Non ti ho biasimato affatto quando hai deciso di andartene. Pensavo che, avendo letto i miei diari, non avessi più stima di me, che ti fossi resa conto di quanto ero patetico in realtà. E poi, con quella strega di mia madre che ti rendeva la vita impossibile, e il mio silenzio... Anch'io mi sarei lasciato, se avessi potuto.»

«Oh, Ned» disse Ruth con la voce strozzata. «Non posso credere che sia successo tutto questo.»

Ned rise. «A quanto pare sarebbe bastato comunicare un po' di più.»

«Per me significa tanto... quello che hai detto oggi ai tuoi genitori. Parlando di noi due come di una famiglia, dicendo che per te vengo prima di tutto. Lo pensi davvero?»

«Ma certo. L'ho sempre pensato. Ora sei mia moglie... non sei solo una cottarella, o una fidanzatina, o una con cui mi immagino di vivere per un po'. Tu sei l'amore, quello vero. Ci credevo sul serio, quando ti ho promesso che sarebbe durato per tutta la vita.»

Si baciarono, poi Ned si scostò e la fissò con sguardo serio.

«Mi spiace per mia madre. Ti ha fatto passare un inferno, lo so. E io non ho fatto niente per fermarla, speravo solo che prima o poi sarebbe finita. Invece avrei dovuto oppormi a lei fin dall'inizio, quando ha cominciato con le sue solite fesserie. Mi spiace non averlo fatto, dico davvero. Non commetterò mai più lo stesso errore.»

«Perdonato! E ti capisco bene... è una donna... complicata.» Ruth sogghignò. Tutt'a un tratto, Jackie sembrava così piccola e insignificante. Una sconfitta. Mentre lei, Ruth, aveva vinto, con il suo splendido marito e una casa meravigliosa. Tutto l'astio e la rabbia svanirono, e Ruth cominciò a dispiacersi per la suocera. Oh, no, non farlo! si ammonì. Lascia perdere questa roba sdolcinata, è stata la causa principale di tutti i tuoi problemi. Smettila di cercare qualcuno che rimpiazzi tua madre. Ormai sei adulta.

«Complicata è un po' riduttivo. Be', io pensavo sul serio quello che ho detto. Non ci saranno più queste sciocchezze. Io e te veniamo prima di tutto. La vita è la nostra, e dovremmo viverla come pare a noi. Mamma si è giocata quasi tutti i suoi privilegi materni anni fa.» Le strinse forte la mano. «Ascoltami, possiamo cambiare casa, se vuoi. Anzi, penso proprio che dovremmo andarcene. Il cottage è un po' troppo piccolo per noi.»

Ruth scoppiò a ridere. «Andarcene da tua madre? Chissà come sarà felice, dopo tutta la fatica che ha fatto per trasferirsi qui.»

Ned fece spallucce e sorrise. «Chi se ne importa!»

«E che mi dici di Luke e Abigail, e Jeremy... ed Erin? Non vuoi restare qui con loro?»

«È bello essere vicino ai miei vecchi amici, ma tra non molto avremo cose ben più importanti a cui pensare. Magari dei figli. Delle nuove conoscenze. La vita non deve rimanere sempre uguale, no?»

«Hai ragione.»

«Non pensi che ora potremmo smetterla di parlare? Avrei proprio voglia di baciarti di nuovo.»

«Hai cominciato tu» disse Ruth, fingendosi indignata, ma non poté aggiungere altro perché le labbra di Ned sigillarono le sue, e lei si sentì sciogliere in quel bacio delizioso che conosceva così bene.

I bambini nel parco smisero per un attimo i loro giochi bizzarri e cominciarono a strillare e schiamazzare, incoraggiandoli con uno scroscio di applausi.

Capitolo 21

Matrimoni, funerali, battesimi, pensò Ruth. Sono queste le pietre miliari della nostra vita.

Una chiesa molto diversa, stavolta moderna. L'altare e il pulpito erano di quercia lucida, sulle vetrate i colori si intrecciavano a formare motivi astratti. Alla cerimonia partecipò tantissima gente, e l'accompagnamento musicale era affidato a un gruppo di chitarre, flauti e tamburelli, affiancati da un piano elettrico. Ruth si era fatta un'idea decisamente diversa del battesimo di Violet, ma era difficile resistere all'atmosfera festosa che regnava in chiesa. Anche la bambina era adorabile. La lanugine castano scuro che aveva alla nascita era scomparsa, rimpiazzata da una folta chioma bionda simile a quella di Tom. Era una bimba paffuta con le guance rosee, e dormì beatamente per gran parte della cerimonia. Al suo risveglio, mostrò gli stessi occhioni blu scuro di Erin.

Dopo il sermone, il sacerdote radunò Erin, i nonni della bambina, Ruth e Ned di fronte all'altare.

«Wow!» esclamò. Era un uomo affabile, dalla barba folta, e poco prima si era presentato come Mike. «Questa è una giornata importante per tutti noi, che siamo qui riuniti a celebrare il battesimo di Violet e il suo ingresso nella nostra grande famiglia, la Chiesa. Tra un attimo sbrigheremo tutte le formalità, ci saranno risposte e responsori, porteremo Violet al fonte per battezzarla. Ma prima voglio darvi il benvenuto. Siamo felici di avervi qui, Violet, gli amici e i parenti di Erin.» Mike rivolse un sorriso a tutti presenti, ai fedeli che frequentavano abitualmente la chiesa come pure ai semplici visitatori intenti a nascondere l'imbarazzo che quell'ambiente tanto rilassato suscitava in loro. «Unitevi a noi dopo la cerimonia, se vi va. Serviremo un rinfresco nel refettorio, potete passare a farci un saluto e a bere una tazza di tè con noi. Prima di cominciare, voglio dire un paio di cose, altrimenti il battesimo non sarebbe completo. Violet è circondata da una famiglia amorevole, dal padrino e dalla madrina, dalle persone che in futuro si prenderanno cura di lei, la alleveranno, la istruiranno, le insegneranno a diventare un membro produttivo, responsabile, devoto della società. Manca però una persona, il padre di Violet, morto in un tragico incidente stradale pochi mesi fa. Non ha mai conosciuto la sua splendida bambina.»

Dio mio, pensò Ruth. Speriamo che non si dilunghi troppo con questa storia. Abbiamo tutti un disperato bisogno di essere felici, oggi più che mai.

«Però» continuò Mike, «sarebbe felicissimo di vedervi tutti qui riuniti, pronti ad assumervi la responsabilità di occuparvi della sua piccolina. Lui continua a vivere dentro di lei. Potete dimostrare il vostro amore per Tom amando la sua famiglia. Siate presenti... fatelo per *lui*. E ora rallegriamoci! Innalziamo i nostri cuori e diciamo: 'Sì! Alleluia! Alla grande!' Siete pronti?»

Ned strinse la mano a Ruth e lei, sollevando lo sguardo, vide che si stava mordendo il labbro per trattenere una risata.

A volte è la sola cosa da farsi per affrontare momenti del genere, pensò Ruth. Ridere.

«Benone!» disse Mike con un largo sorriso, tendendo le mani verso la congregazione. «Portiamo la bambina al fonte!»

Dopo la cerimonia, ci fu una festa a casa dei genitori di Erin.

In salotto, Ruth e Ned erano in piedi uno accanto all'altra, con un piatto di cibo delizioso che la madre di Erin aveva preparato per l'occasione. In quei giorni facevano fatica a stare separati, sembravano costantemente attratti l'uno all'altra da una forza irresistibile, ovunque si trovassero. Anche ora, mentre chiacchierava con un parente di Erin, Ned era vicino a Ruth e le loro braccia quasi si sfioravano. Avevano passato ore insieme, a parlare di tutto quello che era successo e che aveva rischiato di rovinare per sempre il loro rapporto. Ruth era terrorizzata se ripensava al pericolo che aveva corso. E lo stesso valeva per Ned, riconoscente per quell'amore ritrovato, ma al tempo stesso sconvolto al pensiero di non aver fatto quasi nulla per impedire che venisse distrutto.

Erin entrò nella stanza scrutando i presenti. Quando vide Ruth le si avvicinò sorridendo. Aveva un aspetto raggiante, con indosso un tailleur pied-de-poule e un paio di anfibi militari allacciati al ginocchio.

«Sei fin troppo in forma per aver partorito da appena quattro mesi» esclamò Ruth. «A un tratto mi è passata la voglia di mangiare questa squisitezza.»

«Oh, andiamo Ruth» disse Erin con un forte accento irlandese, «è il nostro stufato tradizionale con i fagottini ripieni. Non lamentarti, goditelo e basta.» Poi, tornando alla sua solita voce, aggiunse: «Sono gli oneri del mestiere, cara. E aggiungici l'allattamento al seno. Mi stanno prosciugando.»

«Dov'è Violet?»

«Probabilmente non la rivedrò mai più. L'hanno fatta prigioniera, sta per essere soffocata da una decina dei miei parenti più stretti che hanno deciso farla fuori a suon di abbracci e baci.» Erin sogghignò. «A dire il vero, se la contendono come tante chiocce affettuose. È dolcissimo.»

«Credo che un giorno ti farà piacere averli vicino.»

«Oh, mi fa piacere anche adesso.»

«Hai passato una giornata piacevole?»

«Sì, è stata meravigliosa. E tutti quei regali adorabili per la bambina. Grazie mille per il tuo... sei stata gentilissima.»

«Be', è da parte di tutti e due... la madrina e il padrino.»

«La sua famiglia cristiana al completo.» Erin sorrise. «Grazie.»

«Non è niente di che...»

«No, voglio dire... per tutto. Per esserci stata quando avevo bisogno di te.»

«Sai che l'ho fatto volentieri.» Si guardarono negli occhi. Quel giorno ci terrà legate per sempre, pensò Ruth. Anche Violet, ma soprattutto quello che è successo il giorno della sua nascita, in qualche modo ci ha unite.

«E tu come stai?» chiese Ruth, rompendo il silenzio.

«Alti e bassi» rispose Erin. «Certi giorni sono insopportabili. Di notte, quando mi alzo per allattare Violet, e sono completamente sola... e quando tira su col naso, o tossisce, e io vorrei avere qualcuno a cui poter dire: 'Pensi anche tu che sia una cosa seria, oppure sto diventando paranoica?'... o quando ha fatto il suo primo sorrisetto, e ha cominciato a scalciare nella vasca da bagno...» Sorrise di nuovo. «È strano, perché a volte i momenti belli sono peggio di quelli brutti. È proprio quando sono felice che mi viene da piangere, quando penso a quello che Tom si sta perdendo. Le volte che Violet non vuole addormentarsi, e continua a piagnucolare e io sono allo stremo delle forze, allora penso: 'Che fortunato, stavolta l'hai scampata bella'. Sono i suoi sorrisi e la dolcezza e il fatto che sta crescendo a una velocità impressionante... sono queste cose a farmi gelare il sangue.»

Ruth le posò una mano sul braccio.

«Oh, lo so che migliorerà» continuò Erin. «Devo avere pazienza. Ma dimmi di te e di Ned. Sembra che le cose tra voi vadano bene.»

«Sì» rispose Ruth con semplicità. «Va tutto... molto bene. Mi sembra di vivere adesso quei momenti da sogno che avremmo dovuto goderci subito dopo il matrimonio.»

«E il cottage?»

«Sono passati in molti a vederlo, ed è arrivata qualche buona offerta. Dobbiamo solo decidere quale accettare.»

«Allora avete deciso di comprare casa? Se non sbaglio ne avete già trovata una che vi piace, vero?»

«Sì... dalla parte opposta di Oxford. È una casa stupenda, in stile vittoriano, con quattro stanze da letto e giardino. Probabilmente la prenderemo, ora che mi hanno dato la promozione.»

«Oh, questo non lo sapevo! Congratulazioni» disse Erin con entusiasmo.

«Grazie. Sono davvero contentissima. E avrò anche un aumento, così potremo permetterci un mutuo più consistente. Ma abbiamo anche altre idee per la testa. A un certo punto potremmo dare in affitto la casa e partire, andare in giro per il mondo. Vivere per un po' a Londra, o a

Edimburgo. Provare com'è la vita in città. O magari passare un anno a Sydney.»

Erin scoppiò a ridere. «Caspita, grandi progetti. Mi sembra fantastico. È stato un periodo soffocante per tutti. Ci farà bene ampliare i nostri orizzonti. Anch'io sto pensando a qualcosa del genere. Potrei portare Violet a Londra per un po' finché è ancora piccola, e vedere di procurarmi qualche lavoro a teatro, ammesso che riesca a trovare una buona babysitter.» Poi lanciò un'occhiata maliziosa a Ruth. «Scommetto che Jackie non sarà molto entusiasta...»

«È stata buona buona come un topolino. Dico davvero, sono mesi che non sentiamo più i suoi squittii. Ned la sta ancora tenendo alla larga. Dice che per lui non sarebbe un problema se non si facesse sentire mai più. Ma prima o poi lo farà, ne sono certa.»

«Avete fatto bene a tagliare i ponti. Era ora. E non ho mai visto Ned così felice. Be', a quanto pare le cose si stanno mettendo bene per voi.»

A fine novembre, in una tiepida domenica autunnale, Ruth era invitata a pranzo con Ned alla vecchia canonica, per festeggiare il suo compleanno in famiglia.

«Ti avverto» disse Ruth durante il viaggio. «Mio padre non sa cucinare, e ne va molto fiero.»

Al loro arrivo, però, trovarono ad accoglierli l'immagine di Silas che rigirava le patate nel sugo dell'arrosto e, dandosi arie d'importanza, spiegava che il manzo era a riposo.

«Priscilla mi ha dato qualche lezione di cucina» raccontò Silas, «e io le ho insegnato a usare la caldaia. Uno scambio equo, gli affari sono affari, sai com'è. Questa ricetta l'ho imparata alla perfezione.»

«Ma papà, lo mangi spesso l'arrosto?» chiese Ruth, dandogli un bacio sulla guancia.

«Almeno una volta alla settimana.»

«Deve costarle parecchio» commentò Ned.

«Eh sì» ammise Silas. «Per questo stavo pensando di allevare delle mucche in giardino. Credo che mi basterebbe abbatterne più o meno una all'anno.»

«O magari» intervenne Ruth, «potresti imparare a cucinare qualcos'altro... Sarebbe più facile ed economico che non allevare mucche solo per ucciderle e mangiarle.»

«Bah» ribatté Silas. «Ci ho messo un sacco di tempo a imparare questa ricetta. Sai com'è, Ruth. Sono un uomo. Cucinare è un lavoro da donna. Un conto è preparare un buon arrosto, credo che sarebbe stata una cosa degna perfino di un guerriero vichingo. Ma dubito che mi vedrai mai gingillarmi con burro e grembiuli e pesare la farina e cose del genere. Non ci riuscirei proprio, devo essere sincero. Sono cose che a noi uomini non interessano. Vero, Ned?» sollecitò Silas, passandogli una bottiglia di birra presa dalla dispensa.

«Be', non saprei» rispose Ned in tono affabile. «In realtà cucinare non mi dispiace affatto.»

«Davvero?» Silas era sorpreso. «Cosa sai fare?»

«La mia ricetta preferita è una specie di salmone alle erbe con crème fraiche e un trito di dragoncello, prezzemolo e aneto. È davvero delizioso con le verdure al vapore. Ma delle buone salsicce con un sughetto di cipolla sono davvero imbattibili. Con la salsiccia le patate sono il massimo, ma per il mio pasticcio di carne preferisco un purè di pastinaca. Ha un qualcosa in più... è quel sapore dolce, credo. L'ha mai provato?»

Silas lo squadrò con diffidenza, quasi temesse che Ned lo stesse prendendo in giro, anche se pareva piuttosto serio. «Mhm... Purè di pastinaca? No, direi di no. Non sembra molto complicato. Credi che andrebbe bene anche con l'arrosto?»

Cordy arrivò in ritardo come sempre, anche se questa volta non poteva dare la colpa all'ospedale.

«Avevo sonno» confessò. «Ma non intendo certo scusarmi. Ho dormito beatamente.»

«Te lo sei meritato» osservò Ruth.

«Grazie, sorellina» disse Cordy, porgendole la guancia per ricevere un bacio. Quando Ruth le fu abbastanza vicina, Cordy sussurrò: «Una dormita postcoito. Non c'è niente di meglio. Non dirlo a papà, però, preferisco evitare l'Inquisizione» e sogghignò con aria ammiccante.

«A patto che dopo mi racconti tutto» ribatté Ruth.

«Ma certo. Ah, Ned! È un piacere vederti, come sempre» disse Cordy, abbracciando il cognato. «Dunque, papà, fammi indovinare. Questo profumino delizioso non sarà *per caso* dell'arrosto?»

Mangiarono in sala da pranzo – per una volta Silas aveva sgombrato il tavolo dalle solite cianfrusaglie – e alla fine comparve una torta di compleanno, gentile omaggio della signora Jackson, completa di candeline e con il nome «Ruth» scritto in glassa rosa.

«Oh, che bel pensiero!» esclamò Ruth. «Dovrò passare a ringraziarla.»

«Possiamo fare un salto dopo pranzo, se vuoi» propose Silas. «Per portargliene una fetta. Non che ne abbia bisogno. È ancora convinta di essere dimagrita, ma a me sembra sempre una balena.»

«Oh... oh, sarebbe carino.» Ruth tagliò lo spesso strato

di glassa. «Ma forse oggi è meglio stare in famiglia. Guarda che farcitura... gnam!»

«Esprimi un desiderio!» la esortò Cordy.

Ruth obbedì, chiuse gli occhi e pensò a qualcosa. «Fatto! Bene, chi ne vuole una fetta?»

Dopo aver mangiato la torta fecero due passi, per smaltire gli eccessi del pranzo domenicale. Silas andò avanti con Ned, mentre Ruth e Cordy li seguivano. La giornata, fino a quel momento rischiarata da un tiepido sole, cominciò a ingrigirsi, mentre un vento pungente sollevava turbini di foglie.

«Allora» cominciò Ruth. «Chi è questo tipo?»

«Solo un tale che conosco» rispose Cordy con leggerezza. «Magari non se ne farà nulla, ma onestamente dall'ultima scopata era passato talmente tanto che temevo di non essere più capace. Avevo paura di lasciarmi scappare un: 'Dio, che strana appendice'. Per fortuna mi sono ricordata tutto appena in tempo.»

Ruth scoppiò a ridere.

«Però» aggiunse Cordy, «vedere te e Ned così felici fa bene al mio povero cuoricino. È tornato tutto come prima, come quando vi siete conosciuti.»

«Sì.» Ruth guardò Ned che camminava vicino a suo padre, ammirandone la figura slanciata e il modo in cui teneva le mani infilate in tasca. «Siamo davvero felici. Il peggio è passato, dopo un periodo di alti e bassi.»

«Allora sei riuscita a liberarti di quella strega di sua madre. Sono orgogliosa di te.»

«Sì, ma in realtà ha fatto tutto Ned.»

«Mi pare che l'abbiate fatto assieme. Quella donna è una vecchia megera, vero?»

«Be', sai...» Ruth si strinse nelle spalle.

«Oh, Ruth!» esclamò Cordy indignata. «Non devi dispiacerti per lei! Dico davvero, hai il cuore troppo tenero...»

«L'altra sera è venuta a cena da noi la sorella di Ned. Mi ha raccontato alcune cose che le ha combinato Jackie, le mie lamentele a confronto sembrano sciocchezze. Non sto scherzando, ti farebbero rizzare i capelli.»

«Dio, è incredibile.»

«Però mi ha anche spiegato che il padre di Jackie si è suicidato quando lei era ancora una ragazzina. La famiglia ne è uscita distrutta, ma più di tutti Jackie. Non si è mai ripresa completamente. Aveva un rapporto quasi morboso con sua madre, che oscillava da un profondo affetto a un odio spaventoso. Ha avuto un controllo compulsivo su tutta la sua vita, e secondo Susie questo spiega molte cose. Ha il terrore di essere abbandonata di nuovo, forse teme addirittura di essere stata lei a spingere il padre a quel gesto, perciò ha un disperato bisogno di sentirsi amata.»

«Mhm» commentò Cordy con prudenza. «È una storia triste, ma comunque non la giustifica. Alla fine ognuno deve assumersi le proprie responsabilità, e lo sai. Anche nostra madre è morta, ma non per questo tu vai in giro a gridare e sbraitare, pretendendo che il mondo ti ruoti attorno.»

«Ma c'è anche il problema dell'alcol...»

«Allora deve prendersi la responsabilità anche di quello. Scusa se sembro insensibile, ma è la verità.»

Per un po' camminarono in silenzio. Poi Ruth disse: «Sai, la cosa strana è che mi ero completamente sbagliata, su tutto. Avevo paura degli amici di Ned, temevo che potessero intromettersi in qualche modo fra noi; e mi terrorizzava il passato che aveva condiviso con loro, perché per quanto mi impegnassi non avrei mai potuto farne parte. Potevo stare lì seduta ad ascoltare tutte le loro storie, ma il problema era che non le avevo vissute. Era diventata la mia croce. Pensavo che per lui tutto questo fosse più importante del nostro futuro assieme. Ero davvero convinta che, se solo avesse potuto, Ned avrebbe fatto un salto indietro nel tempo e sarebbe rimasto per sempre con la sua piccola compagnia, quando in realtà era felicissimo di essersi fatto una vita al di fuori di loro. Ora mi rendo conto che il mio arrivo gli ha offerto per la prima volta una via d'uscita da quel gruppetto soffocante. Senz'altro lui ha voluto un bene immenso a tutti loro, e continua a volergliene. Ma non si può vivere di soli amici, no? Alla fine c'è bisogno di qualcosa di più».

Cordelia fece un cenno di assenso, scacciando con i piedi alcune foglie che si erano accumulate lungo la strada.

«Ho concentrato tutte le mie paure sul suo vecchio amore per Erin. Era la valvola di sfogo delle mie insicurezze, e sono arrivata a pensare che tra loro non fosse mai finita.»

«Mentre il vero pericolo era in agguato da tutt'altra parte» osservò Cordy.

Ruth aggrottò la fronte. «Sapevo che sua madre era una donna difficile, ma non avrei mai creduto che avrebbe tentato di separarci. E non mi ero resa conto che ci sarebbe anche riuscita, se solo gliel'avessi permesso.»

«Fossi in te, non mi addosserei tutte le responsabilità. Non potevi di certo affrontarla da sola, no?»

«Hai ragione. Io e Ned potevamo farcela solo assieme. Prima non l'avevo capito. Sembra tutto così stupido ora. E il fatto che non riuscissimo più a comunicare le ha permesso di insinuarsi tra noi e mettersi a manipolare tutto a modo suo.»

«Sei stata un po' sfortunata. Non credo che al mondo esistano molti altri parenti perfidi quanto Jackie.»

«Mi auguro di no.»

«Però...» Cordy le lanciò uno sguardo furtivo, «cerca di tenere a mente come fare per evitare tutto questo. Probabilmente un giorno diventerai madre anche tu, no?»

«Forse» disse Ruth sorridendo.

«Mi stupirei se non succedesse.»

«Adesso devo pensare alla mia promozione, alle nuove responsabilità che mi hanno affidato. In più dobbiamo cambiare casa. Nel giro di un mese concluderemo la vendita, e devo ancora chiamare l'impresa di traslochi e organizzare un sacco di cose... E poi abbiamo in programma di viaggiare.»

«Tutte scuse... I bambini si possono portare in giro, sai? Comunque, scommetto che ben presto ci darai la buona nuova.»

«Vedremo» ribatté bonariamente Ruth. «Vedremo.»

«Ti consiglio di muoverti a dare un nipotino a papà» scherzò Cordy, «prima che diventi completamente suonato. Mucche in giardino! E poi che altro? Ha bisogno di nuovi interessi... un bimbetto molto suggestionabile a cui mostrare i suoi folli progetti, per esempio.»

«Sarà un nonno meraviglioso. I compagni di scuola stenteranno a credere che esista davvero.»

Entrambe rivolsero uno sguardo amorevole al padre, che gesticolava con foga mentre camminava accanto a Ned, e si misero ad ascoltarlo. «Ma è proprio per questo che li chiamano *assassini di massa*, no? Perché ammazzano una *massa* di persone! Non sprecheranno di certo il loro talento con me che sono solo. Ho cercato di spiegarlo a Priscilla, quando mi sconsigliava di andare in campeggio nella New Forest da solo, nel caso avessi incontrato un *assassino di massa*. Non ha senso, le ho detto. Dovrei essere terrorizzato al pensiero di uno schizofrenico solitario con delle vocine nella testa che gli dicono di uccidere i vecchietti in campeggio? Ma quante possibilità ci sono?»

«Pochissime» rispose Ned.

«Esatto» ribatté Silas soddisfatto.

Cordy prese Ruth per mano. «Te lo sei scelto bene. Chiunque riesca a sopportare papà dev'essere per forza un tipo serio.»

«Lo so» disse Ruth felice. «Lo so.»

E proseguirono sulla stradina, incamminandosi verso casa.

Ringraziamenti

Un sincero grazie alla mia editor Jane Wood e a tutti quelli della Orion, in particolare a Susan Lamb, Lisa Milton, Sara O'Keeffe, Juliet Ewers, Jenny Page, Gaby Young e Bea Hemmings; grazie anche allo straordinario ufficio vendite, all'ufficio diritti e a tutti gli altri. Lavorano tutti magnificamente.

Grazie infinite a Lizzy Kremer, la mia agente, e a tutti quelli della David Higham Associates.

Un grazie grande come una casa ai miei amici – nessuno dei quali assomiglia agli amici che compaiono in questo romanzo (be', non molto comunque) – e alla mia famiglia.

Infine, un grazie speciale ai miei suoceri Judith e David Crawford che nella loro squisita gentilezza mi hanno appoggiato e offerto rifugio ogni volta che ne ho avuto bisogno... e che non assomigliano *per niente* ai suoceri di questa storia!

ROMANCE

Ángela Becerra, *Il penultimo sogno*
Elizabeth Berg, *L'arte di ricucire*
Mary Jane Clark, *Detective per amore*
Mary Jane Clark, *Danzando nel buio*
Mary Jane Clark, *Va in scena il delitto*
Kirsty Crawford, *Le altre*
Kirsty Crawford, *La vita segreta dei mariti*
Diana Gabaldon, *La straniera*
Diana Gabaldon, *L'amuleto d'ambra*
Diana Gabaldon, *Il ritorno*
Diana Gabaldon, *Il cerchio di pietre*
Diana Gabaldon, *La collina delle fate*
Diana Gabaldon, *Passione oltre il tempo*
Diana Gabaldon, *Tamburi d'autunno*
Diana Gabaldon, *La croce di fuoco*
Diana Gabaldon, *Vessilli di guerra*
Diana Gabaldon, *Nevi infuocate*
Diana Gabaldon, *Cannoni per la libertà*
Diana Gabaldon, *Destini incrociati*
Stephanie Gertler, *Il sogno di Claire*
Stephanie Gertler, *Solitudini di coppia*
Simonetta Greggio, *La dolcezza degli uomini*
Simonetta Greggio, *Passo dell'Angelo*
Simonetta Greggio, *Stelle di provenza*

Simonetta Greggio, *A mani nude*
Kirstan Hawkins, *Donna Nicanora e il negozio di cappelli*
Rachel Hore, *Una casa da sogno*
Rachel Hore, *La figlia del decoratore*
Rachel Hore, *Il giardino dei ricordi*
Marya Hornbacher, *Al centro dell'inverno*
John Jaffe, *Ladra di parole*
Milly Johnson, *Il club delle sorprese*
Milly Johnson, *Veri amori, falsi amanti*
Judith Lennox, *Tutte le mie sorelle*
Judith Lennox, *Un passo nel buio*
Judith Lennox, *Prima della tempesta*
Marc Levy, *Amici miei, miei amori*
Marc Levy, *Dove sei?*
Marc Levy, *La prossima volta*
Marc Levy, *Se solo fosse vero*
Marc Levy, *Se potessi rivederti*
Marc Levy, *Sette giorni per l'eternità*
Marc Levy, *Lo sparo*
Charlotte Link, *Alla fine del silenzio*
Charlotte Link, *La casa delle sorelle*
Charlotte Link, *La donna delle rose*
Charlotte Link, *La doppia vita*
Charlotte Link, *Nemico senza volto*
Charlotte Link, *Nobody*
Charlotte Link, *L'ospite sconosciuto*
Charlotte Link, *L'uomo che amava troppo*
Charlotte Link, *L'isola*
Charlotte Link, *L'ultima traccia*
Maria Masella, *Belle sceme!*
Charles Martin, *Dove finisce il fiume*
Monica McInerney, *Scomodi segreti*
Monica McInerney, *Le Sorelle Alfabeto*
Anchee Min, *L'Imperatrice Orchidea*
Elizabeth Noble, *Cose che voglio dire alle mie figlie*

Linda Olsson, *Astrid e Veronika*
Linda Olsson, *Sonata per Miriam*
James Patterson, *A Jennifer con amore*
James Patterson, *Il diario di Suzanne*
James Patterson, *Domeniche da Tiffany*
Jodi Picoult, *la bambina di vetro*
Jodi Picoult, *Il colore della neve*
Jodi Picoult, *La custode di mia sorella*
Jodi Picoult, *Senza lasciare traccia*
Jodi Picoult, *Diciannove minuti*
Jodi Picoult, *Un nuovo battito*
Ayn Rand, *La fonte meravigliosa*
Ayn Rand, *La rivolta di Atlante - Il tema*
Ayn Rand, *La rivolta di Atlante - L'uomo che apparteneva alla terra*
Ayn Rand, *La rivolta di Atlante - L'Atlantide*
Danny Scheinmann, *Piccoli gesti di amore eroico*
Dani Shapiro, *Le foto di mia madre*
Pablo Simonetti, *A giochi fatti*
Pablo Simonetti, *La ragione degli amanti*
Carolyn Slaughter, *L'amante indiano*
Carolyn Slaughter, *La ragazza di Dresda*
June Spence, *Una figlia a sorpresa*
Julia Stuart, *Monsieur Ladoucette e il club dei cuori solitari*
Jane Thynne, *La bilancia di Tutankhamon*
Joanna Trollope, *Fratello e sorella*
Joanna Trollope, *Un'amante da sposare*
Mary Wesley, *Un pezzo d'arredamento*
Mary Wesley, *Quel tipo di ragazza*
Mary Wesley, *Una vita sensata*

DIANA GABALDON

DESTINI INCROCIATI

Jamie, ex giacobita e ribelle suo malgrado, ha tre certezze su ciò che sta accadendo nelle colonie americane sul finire del '700: gli americani vinceranno; stare dalla parte di vincitori non garantirà la salvezza; vorrebbe piuttosto morire che doversi trovare faccia a faccia con il suo figlio illegittimo – un giovane tenente dell'esercito britannico – con le armi spianate.
Anche Claire sa che vinceranno gli americani. Quello che non sa è quanto potrebbe essere grande il prezzo da pagare. In ogni caso farà di tutto per proteggere Jamie e la loro felicità.
Il grande ritorno di Jamie e Claire nella serie della *Straniera!*

CORBACCIO

RACHEL HORE

LA FIGLIA DEL DECORATORE

Minster Glass è un piccolo laboratorio polveroso situato nel quartiere dietro a Westminster. Il proprietario, Edward Morrison da anni decora e restaura vetri e vetrate. Ma ora è gravemente ammalato, al punto che la figlia Fran è costretta a tornare a casa. Orfana di madre da quando era ancora piccolissima, Fran è stata allevata dal padre, il quale, uomo difficile e ombroso, non ha mai raccontato alla figlia come fosse morta sua moglie. Per questo i rapporti fra i due non sono mai stati facili, al punto che, una volta diventata adulta, Fran ha deciso di allontanarsi definitivamente da Edward e da Londra per inseguire la sua carriera di musicista in paesi stranieri. Tuttavia, una volta rientrata, Fran decide di occuparsi della bottega insieme al collaboratore del padre, Zac. Per prima cosa i due accettano di portare a termine un incarico particolare: restaurare la splendida vetrata di una chiesa che raffigura un angelo. E mettendo insieme i frammenti di vetro colorato sulla traccia dei documenti trovati in laboratorio, scoprono che dietro quest'opera d'arte si nasconde una straordinaria storia d'amore avvenuta tanto tempo prima...

CORBACCIO

CHARLOTTE LINK
NOBODY

A Scarborough, una località di mare dello Yorkshire, viene trovato il corpo di una studentessa brutalmente assassinata. Per mesi la polizia brancola nel buio alla ricerca non solo di un autore, ma anche di un movente. Fino a quando un nuovo omicidio scuote gli abitanti della cittadina. Questa volta la vittima è una donna anziana. Le modalità dell'assassinio, tuttavia, sono le stesse e la poliziotta incaricata delle indagini si convince che il nesso fra gli omicidi sia da ricercare nel passato delle due famiglie. E, con l'aiuto di un diario trovato per caso, si imbatte in una vicenda accaduta più di mezzo secolo prima, quando in paese era arrivato insieme agli sfollati da Londra durante i bombardamenti, un bambino di cinque anni apparentemente orfano, ritardato e che si era subito attaccato a una ragazzina di poco maggiore. Brian era il suo nome: questo era tutto ciò che si sapeva di lui. Da tutti era stato «battezzato» Nobody e da tutti era stato maltrattato per anni, atrocemente. Che fine abbia fatto nessuno lo sa e a Scarborough tutti hanno cercato di dimenticare questa brutta storia. Ma ognuno, in cuor suo sa che un giorno o l'altro sarebbe saltata fuori...

CORBACCIO

PETER TAYLOR

RITORNO A MEMPHIS

Al crepuscolo di una domenica di marzo, a New York, l'antiquario Phillip Carver riceve due telefonate nel giro di pochi minuti. Sono le sue due sorelle, due allegre e bizzarre signorine un po' in là con gli anni. Chiamano da Memphis, la città del Tennessee che lui ha lasciato vent'anni addietro. La notizia è sconcertante: il loro vecchio padre, il bell'avvocato ottantunenne George Carver è intenzionato a prendere in moglie una più giovane signora conosciuta da poco e di cui non si sa nulla. Betsy e Josephine, le due sorelle, gli chiedono di raggiungerle l'indomani a Memphis: il matrimonio è fissato per il giorno dopo. Phillip accoglie la notizia scoppiando in una risata, ma i ricordi tornano ad affiorare dolorosi e lo spingono a riconsiderare, così come accade con esiti diversi anche alle sorelle, il proprio passato e i rapporti con il padre.
Un libro intenso e straordinario che ha vinto il premio Pulitzer.

CORBACCIO

ANNE ICART
LA STANZA DI MIO FRATELLO

Quando era piccola Philippe era il suo eroe, il suo scudiero, il fratello grande che la proteggeva e la faceva sentire al sicuro nel buio della notte, con la sua tranquillità, la sua allegria, i suoi gesti affettuosi. Ma all'età di sei anni, quando Anne incomincia la scuola e si chiede perché suo fratello sia andato in un altro istituto, i genitori le spiegano che Philippe è «diverso», che lei è «normale» e che d'ora in avanti dovrà lei a essere d'aiuto al fratello maggiore e non viceversa. Da quel momento, Anne sviluppa un sentimento ambivalente nei confronti di Philippe: da una parte la ribellione all'idea di un fratello disabile che, soprattutto nell'adolescenza, le crea un vuoto intorno, la imbarazza, la indispone nei confronti dei genitori che richiedono alla sua «normalità» quel che non possono esigere dall'anormalità dell'altro figlio; dall'altra un amore fraterno profondissimo che proprio di questa diversità si nutre, e una disponibilità via via più esplicita e pacificata a prendersi cura di lui. Costruito sul filo di ricordi più o meno lontani, *La stanza di mio fratello* è un libro che restituisce l'essenza stessa del rapporto tra fratelli, in cui Anne esplicitamente dichiara i suoi bisogni in parte traditi e in parte soddisfatti da Philippe, e cerca con amore di interpretare quelli del fratello, di cui sa che, con la morte dei genitori, finirà per diventare sorella, madre e padre. Un destino al quale non si rassegna bensì che accoglie anche per la felicità che può riservarle.

CORBACCIO

Fotocomposizione:
Nuovo Gruppo Grafico s.r.l. - Milano

Finito di stampare
nel mese di giugno 2010
per conto della Casa Editrice Corbaccio s.r.l.
dal Nuovo Istituto Italiano d'Arti Grafiche - Bergamo
Printed in Italy